JORNALISMO E POLÍTICA DEMOCRÁTICA NO BRASIL

CAROLINA MATOS

JORNALISMO E POLÍTICA DEMOCRÁTICA NO BRASIL

PUBLIFOLHA

Editor-assistente
Rodrigo Villela

Produção gráfica
Soraia Pauli Scarpa

Projeto gráfico do miolo
Paula Astiz

Capa
Fábio Miguez

Revisão
Paulo Verano, Daniel Bonomo e Luicy Caetano de Oliveira

Editoração eletrônica
Pólen Editorial

Dados Internacionais de Catalogação na Publicação (CIP)
(Câmara Brasileira do Livro, SP, Brasil)

Matos, Carolina
Jornalismo e política democrática no Brasil /Carolina Matos. –
São Paulo : Publifolha, 2008.

Bibliografia.
ISBN 978-85-7402-928-3

1. Brasil – Política e governo 2. Imprensa e política
3. Jornalismo – Aspectos políticos 4. Jornalismo – Brasil I. Título.

08-05609 CDD-070.449320981

Índices para catálogo sistemático:
1. Brasil : Jornalismo e política 070.449320981
2. Política brasileira : Jornalismo 070.449320981

PUBLIFOLHA
Divisão de Publicações do Grupo Folha
Al. Barão de Limeira, 401, 6º andar
CEP 01202-900, São Paulo, SP
Tel.: (11) 3224-2186/2187/2197
www.publifolha.com.br

1. A MÍDIA BRASILEIRA NA BERLINDA: DEFININDO UMA AGENDA PARA O DEBATE

INTRODUÇÃO

Nas duas últimas décadas, os países da América Latina experimentaram mudanças políticas e sociais significativas, abraçando a democracia liberal representativa e o livre mercado global, depois de viverem longos períodos sob diferentes tipos de ditaduras. O Brasil – após escapar dos tentáculos dos generais militares, que mantiveram o país preso a um modelo econômico de intervenção estadista e a uma forma fraca de institucionalização política, acoplada à frágil liberdade de expressão – reduziu o papel do Estado e mergulhou definitivamente no mar aberto do livre mercado. À primeira vista, o cenário contemporâneo parece convidar só ao otimismo: o mercado pavimentou o terreno para maior vigilância governamental, que permitiu aos cidadãos acompanhar mais de perto a corrupção política; a democracia nos últimos anos foi enfim consolidada, com eleições competitivas e livres realizadas regularmente; certos agentes políticos, representantes da sociedade civil e de setores menos privilegiados dela acabaram sendo incluídos na arena central da sociedade brasileira; a independência relativa da imprensa e a liberdade de expressão foram também alcançadas devido ao crescimento da democratização política e à expansão do mercado.

O período contemporâneo, no entanto, tem sido altamente contraditório. A consolidação gradual e lenta da democracia política mostra-se problemática. O mercado, o Estado e as diversas esferas sociais ficaram envoltos durante todos esses anos em uma série de tensões. Os meios de comunicação, por sua vez, ficaram sujeitos às influências do crescimento do mercado, bem como dos recém-adquiridos direitos políticos e de liberdade civil, que reimergiram com a democracia liberal. O Estado e o mercado serviram para avançar a democratização, ao mesmo tempo que impuseram limites às contribuições da mídia à ampliação deste mesmo processo.

A mídia, sem dúvida, tem um papel relevante no rearranjo das forças políticas e das estruturas de poder na sociedade brasileira. Ela tem funcionado até como palco teatral, no qual as disputas sociais, políticas e ideológicas realizam-se de forma ora trágica, ora cômica. No período pós-ditadura, a imprensa se viu obrigada a redefinir o seu papel e a maneira como ela se relacionaria com o processo da democratização brasileira. Assumiu assim diversas funções, incluindo a de não ser mais um mero repetidor das decisões governamentais ou um veículo de resistência política ao regime militar. Compromissos de interesse público foram, portanto, expandidos na grande imprensa em conseqüência da democratização política. Tudo isso ocorreu num cenário de maximização da identidade comercial dos meios de comunicação e da transformação da notícia em mercadoria. O mercado, portanto, pavimentou o caminho para a abertura de novos espaços de diálogo na grande mídia, estendendo a representação nesta arena aos interesses de múltiplos e novos públicos.

Nos anos pós-ditadura novos espaços de debate público e escrutínio de atividades do Estado foram criados nas páginas da mídia, em meio à proliferação das pressões de mercado e ao entendimento da notícia como produto destinado ao consumo. Os excessos de mercado acabaram, no entanto, por impor de novo limites à contínua expansão do debate, o que resultou em lutas nas redações, referentes ao predomínio de uma ou outra dentre múltiplas identidades jornalísticas e das diversas maneiras de enxergar o que constitui a atividade jornalística contemporânea. Tais conflitos certamente emergiram num contexto de aumento da concentração da mídia e da penetração de interesses internacionais no setor de comunicação.

Este novo capítulo na história do Brasil tem dado raízes, de forma lenta e contraditória, a novas maneiras de pensar o relacionamento entre a política, a democracia e a mídia. Certamente, a ancoragem da mídia no mercado permitiu melhorias significativas para a prática jornalística, que ganhou em profissionalismo e equilíbrio. Como veremos, a manifestação das agendas da oposição e da sociedade civil, a articulação de vários debates e a discussão de assuntos mais controversos foram alguns dos desenvolvimentos positivos detectados na cobertura das campanhas políticas e das eleições presidenciais do período da pós-ditadura. O crescimento das pressões de mercado, no entanto, também impôs restrições à articulação de um debate mais aprofundado, já que o jornalismo nos anos 90 tornou-se mais comercializado. Em seu anseio por refletir os desejos de multiplicidade de novos públicos, a imprensa se rendeu, às vezes, às práticas sensacionalistas e ao jornalismo denuncista para vender jornais e alimentar os desejos de públicos "indignados" e ávidos por notícias quentes. Pressões de mercado excessivas acabaram, portanto, exigindo uma série de simplificações de mensagens, para atingir um público maior.

Depois do período de redemocratização (1985-89) e principalmente após 1989, o Estado foi visto como uma força em direção à inclusão social e à distribuição de renda. Esses sentimentos foram expressados principalmente durante as eleições presidenciais posteriores à ditadura (1964-85), uma das razões principais que fez com que essas campanhas fossem analisadas aqui. Como veremos, o Estado foi tanto objeto de ataques excessivos por parte das elites, por causa de suas raízes autoritárias e práticas nepotistas, como também começou a emergir como fonte de esperança de uma sociedade mais justa para milhões de brasileiros. É por isso que estudar as principais transformações sociais e políticas das duas últimas décadas através das páginas da mídia é de crucial importância, se a meta é construir um espaço mais democrático e representativo na grande imprensa, e não só nas margens da sociedade. Portanto, é imprescindível entender melhor como a imprensa contribuiu para (re)direcionar a sociedade brasileira em caminhos específicos, em oposição a outros, e também como suas rotinas organizacionais, jornalísticas e seus julgamentos editoriais foram influenciados pelas mudanças que ocorreram no país.

Devido ao aumento da concentração na mídia e à exclusão de segmentos da população como cidadãos-consumidores dos produtos midiáticos, defende-se aqui a criação de um sistema de mídia complexo, capaz de equilibrar melhor a mídia comercial com a pública, advogando a favor do fortalecimento dessa última, como contraponto à atual predominância do setor comercial no mercado de comunicação. Outro argumento articulado neste trabalho diz respeito à fortificação das rotinas do jornalismo liberal na imprensa comercial, como forma de robustecer os potenciais democráticos dessas organizações, preservando melhor as práticas jornalísticas das pressões políticas e/ou econômicas tanto internas como externas.

A MÍDIA BRASILEIRA E AS TEORIAS DA ECONOMIA POLÍTICA

AS HIPÓTESES PRINCIPAIS

Este livro investiga as campanhas políticas, especialmente as presidenciais, realizadas entre 1984 e 2002 para avaliar como se deram as contribuições da grande imprensa e dos jornalistas ao avanço político e social no país. O jornalismo mediou o debate público, oferecendo espaços para posições opostas e incluindo grupos menos privilegiados na esfera pública midiática? Trabalhou para supervisionar as atividades do Estado e defender os valores democráticos, evitando a mera reprodução de pontos de vista oficiais, fugindo da ratificação de preconceitos ideológicos ou se rendendo às práticas sensacionalistas? Como os jornalistas influenciaram esses eventos políticos? Foi com profissionalismo e objetividade ou por militância partidária? Esses são os principais pontos explorados nos capítulos seguintes.

Essa crítica da mídia – chamada aqui de "análise da mídia", dada a conotação negativa associada à palavra "crítica" – não endossa a visão da grande imprensa brasileira como mero veículo de "propaganda", de repetição de um discurso elitista único que serve somente para reforçar as idéias do *status quo*. Neste trabalho, procurou-se não cair em nenhuma dessas duas armadilhas: seja analisar a mídia sob o prisma do pessimismo radical – aquele que não vê nada de bom ocorrer na esfera midiática, e que assim já declara um fracasso antecipado –, ou num otimismo excessivamente ingênuo apoiado numa visão da mídia como se esta fosse um amplo espaço de "troca de idéias livres para o consumo". Ao contrário, procuramos as perspectivas do que acadêmicos como Hallin (2000) identificam como a *flexibilidade* da mídia e a sua adaptabilidade a um contexto no qual sistemas políticos têm se tornado mais dinâmicos, governados não só por uma única elite dominante mas por várias facções de elites rotativas, pertencentes a diferentes partidos e grupos da sociedade (citado em McNair, 1995, 66).

Certamente, o Brasil viu o surgimento de divisões nas elites durante o período da redemocratização. As estruturas das elites tradicionais, associadas aos círculos anteriores do regime militar e aos políticos oligárquicos, por exemplo, tiveram seus poderes enfraquecidos em meio ao crescimento do chamado "centrão" político (centro-direita e centro-esquerda). Na contemporaneidade, portanto, diferentes grupos (CNBB, CUT) e partidos (principalmente PT e PSDB) engajaram-se numa ácida batalha política na sociedade e na mídia, quanto à direção que o Brasil deveria tomar no período da pós-ditadura.

Como diz Peter Dahlgren (1996), a cidadania tem de ser vista como forma de participar – e principalmente de *pertencer* – a certas comunidades; em outras palavras, de ser não apenas política, mas socialmente incluído. Keane (1989) ressalta a definição de Bobbio da democracia como "procedimentos para se chegar a decisões coletivas de uma forma que assegura a maior participação possível das partes interessadas". Portanto, a democracia deve ser entendida como a expansão dos direitos políticos para um grupo maior de pessoas, fora a liberdade dada aos cidadãos para participar da vida política e investigar o poder, para assegurar que este seja usado a favor do interesse público. A democratização de uma dada sociedade, ou o seu desenvolvimento democrático, pode ser entendida como constituída pela ocupação de novos espaços políticos e sociais por novos grupos e por seus valores/idéias.

Nesta perspectiva, a democracia está diretamente ligada a maiores formas de inclusão social e política, e à maior redução das desigualdades econômicas. O Estado democrático maduro não reprime ou marginaliza a oposição e a discordância, mas reconhece a existência de conflitos e do contraditório, e trabalha para superar as divisões que existem na sociedade, estendendo sempre que possível várias formas de direitos para os novos grupos que assim o exigem.

A mídia tem um papel central na mediação e na promoção do debate, permitindo e criando canais para o público ampliar sua participação no processo de decisão política, o que auxiliará na expansão de uma cidadania bem-informada que saberá exercer seus direitos. Vale frisar que a relação entre mídia e democracia vai além disso. Ela se refere também à inclusão de mais atores na esfera pública; à democratização dos discursos da mídia e às práticas jornalísticas; à proliferação de diversos canais de comunicação e ao acesso de maiores segmentos da população ao debate de qualidade e aos meios de produção. As principais questões tratadas aqui podem ser resumidas da seguinte forma:

1. Como e de que forma a imprensa contribuiu para avançar a democracia?
2. Qual o papel desempenhado pelos jornalistas?
3. Quem foi incluído na esfera midiática *mainstream*?

Tais perguntas não são fáceis de responder. Este livro tem meta mais modesta: quer compreender melhor as conexões entre o processo de democratização do Brasil e os efeitos decorrentes nos órgãos de mídia e vice-versa. Examina os avanços realizados pela imprensa, levando em consideração as principais funções democráticas exigidas dos meios de comunicação pela teoria liberal ocidental. Tais práticas são depois inseridas no seu contexto social, econômico, político e histórico brasileiro. A análise da forma como os jornalistas contribuíram para isso é outra questão central. A hipótese apresentada debate as maneiras como as rotinas jornalísticas profissionais levaram à melhor *performance* da mídia. Atém-se também a diferentes tipos de LIMITAÇÕES político e econômicas, incluindo os preconceitos político-ideológicos da mídia, bem como às pressões de mercado que obrigaram a simplificação de debates e contribuíram para alimentar a produção jornalística de escândalos políticos.

Devido a essas pressões diárias sobre o jornalismo, advogamos aqui o avanço do profissionalismo e da objetividade na mídia brasileira como um todo. Pois se entendemos que há desigualdade na apresentação dos pontos de vista, que certas posições são percebidas como mais dominantes que outras, então trabalhar com o equilíbrio é essencial para melhor representar os interesses em conflito de uma sociedade. Essa afirmação difere de dizer que não pode haver opinião ou interpretação no jornalismo – certamente fundamentais. Mas tais elementos, por sua vez, devem funcionar dentro de um ideal de objetividade. Formas de jornalismo militante podem co-existir com o profissionalismo, e em casos particulares podem ser incorporadas à mídia mainstream, como ocorreu com a *Folha de S.Paulo* na campanha das Diretas-Já, por exemplo, o que será discutido no Capítulo 2. Podem ser utilizados assim por grupos sociais e políticos em canais cívicos e alternativos, nos quais a meta é lutar contra determinadas formas de opressão e lançar campanhas específicas a favor de certas causas, como o combate ao racismo.

No entanto, é necessário situar melhor o debate sobre a mídia e a democracia num paradigma internacional, antes de mergulhar na análise da maneira em que se dá a competição das identidades jornalísticas da mídia brasileira e de como estas contribuíram para a democratização.

PERSPECTIVAS INTERNACIONAIS: TEORIAS LIBERAIS SOBRE A MÍDIA

Nas democracias liberais, os sistemas de comunicação são vistos como essenciais para o exercício completo dos direitos de cidadania. Com o crescimento dos conglomerados transnacionais, o aumento da concentração da mídia em escala mundial e as exigências colocadas sobre os veículos de comunicação para maximizar os lucros e atingir audiências maiores, a capacidade dos grupos de mídia nacionais de continuar a manter o compromisso com o interesse público estão cada vez mais sendo colocados em xeque. Preocupações têm surgido em relação ao abuso de poder praticado por donos e acionistas, ao sufocamento de pequenas e médias corporações por grandes empresas devido a uma competição pouco saudável e ainda às limitações da mídia em produzir informação de qualidade.

A teoria liberal da mídia elegeu certos ideais democráticos como vitais para o correto funcionamento da grande imprensa nas sociedades capitalistas. Muitas dessas características são provenientes da teoria de responsabilidade social e das exigências estipuladas pela Comissão de Liberdade de Imprensa de 1947. Entre as principais funções exigidas dos meios de comunicação estão: passar informação "objetiva" aos cidadãos e aos diversos grupos de interesse da sociedade; exercer vigilância crítica das atividades de Estado ou realizar a função de "cão de guarda", ou seja, de fiscalização ostensiva; estimular uma arena de debate público significativo e de qualidade em torno de políticas públicas que afetarão a sociedade e servir como plataforma de acesso a grupos e políticos para que apresentem suas posições, bem como funcionar como uma espécie de arma cultural e educacional para que os cidadãos tenham conhecimento de sua nação e do mundo (Blumler & Gurevitch, 1995; 97).

Apesar de a imprensa nos países de democracia avançada ter sido influenciada por esses valores da democracia liberal, tanto críticos radicais como liberais têm ressaltado os obstáculos que impedem o funcionamento completo desses ideais nessas sociedades. Aflita com o crescimento da concentração da mídia e do poder econômico, até a Comissão de Liberdade de Imprensa, em 1950, admitiu as dificuldades da imprensa em cumprir todas essas exigências. A Comissão acabou indicando formas de intervenção governamental para segurar a deliberação democrática (Siebert & Peterson, 1956). Blumler & Gurevitch (1995; 97-106) contrastaram esses ideais liberais da mídia com as suas práticas diárias, listando quatro impedimentos principais: a) as tensões entre dar ao público o que ele quer *versus* o que ele precisa saber; b) a distância entre o mundo político de elite, retratado na mídia, e os problemas de acesso e participação para os cidadãos comuns; c) a implicação que uma mídia democrática deve servir tanto a um público interessado na política como a um público apolítico, que continua a crescer; e d) a capacidade da mídia de perseguir valores democráticos é limitada porque essa função é quase sempre compatível com o meio sociopolítico e econômico no qual a grande imprensa encontra-se inserida (1995; 98).

Organizações brasileiras de mídia têm passado por todas essas tensões nas décadas passadas. No entanto, o reconhecimento de tais limites não deve servir como razão para descartar a validade e a importância *ainda* dessas exigências da teoria liberal da mídia, que incluem a função de "cão de guarda" e o profissionalismo. No caso de democracias em expansão, como a brasileira, é importante pressionar os sistemas midiáticos para continuarem a cumprir as exigências relativas à performance midiática, que têm suas raízes no pensamento progressista liberal norte-americano e europeu dos séculos 17 e 18. Pois não é a função de "cão de guarda" ou o regime da objetividade que põe em risco os compromissos públicos dos meios de comunicação, contribuindo para o declínio do engajamento cívico, mas sim a mercantilização excessiva e/ou o autoritarismo político.

Muitos acadêmicos têm criticado fortemente a teoria liberal da mídia, ligando a incapacidade dos meios de comunicação de fazer valer todos esses ideais a intenções implícitas das indústrias midiáticas e dos jornalistas de usar tais valores para servir exclusivamente aos interesses do *status quo* (i.e. Schudson, 1992; Hackett e Zhao, 1998). No entanto, alguns parecem tomar o liberalismo democrático como fato consumado, associando-o aos (pecados do) capitalismo, e não vendo que muitas vezes o último está em constante choque com o liberalismo e com a democracia. Esse tem sido o caso do Brasil. Sem dúvida, se forem usados de forma correta, esses ideais liberais podem aprofundar o atual restrito espaço de debate da grande mídia.

Outros estudiosos (Curran, 2000; Baker, 2002) reconheceram a importância das funções de vigilância das atividades do Estado e de cão de guarda realizadas pela mídia. Porém alguns acadêmicos têm argumentado que a tese do cão de guarda tem a tendência de sufocar todas as outras funções democráticas da mídia, situando o abuso de poder como algo restrito à esfera governamental (Curran, 2000). Embora a atividade de "cão de guarda" e a crítica ao governo sejam importantes práticas utilizadas pela mídia, principalmente no caso brasileiro, no qual a grande imprensa mudou sua posição predominantemente passiva diante das autoridades durante a ditadura para ser mais crítica em relação ao Estado no período pós-ditadorial. Como Baker (2002) assinala, o escrutínio da mídia em relação às ações governamentais é uma das suas maiores contribuições para a democracia.

Como será visto, a consolidação desses elementos no jornalismo brasileiro deu nova credibilidade e legitimidade à imprensa, embora pressões de *marketing*, e depois crises financeiras enfrentadas pelas empresas de comunicação, culminassem no declínio do número de leitores e dos padrões de qualidade. O crescimento da publicação de escândalos políticos durante essa fase, ou o que é conhecido negativamente como o jornalismo "denuncista", pode ser visto também como uma conseqüência de uma combinação de fatores que incluem a democratização política, a expansão do mercado, o crescimento do poder do judiciário e o desejo pessoal de jornalistas por prestígio profissional.

De acordo com a perspectiva adotada aqui, as instituições de mídia e o jornalismo são vistos como campos de batalha, lugares em que nem os donos, acionistas, governo ou anunciantes detêm controle total. A avaliação das contribuições realizadas pela mídia brasileira foi feita levando em consideração todos esses diversos pólos de tensões. Esta análise mostrará que no período contemporâneo os principais jornais nacionais diários cumpriram alguns dos ideais liberais/democráticos mencionados por Blumler e Gurevitch (1995). Houve de fato maior atenção à fiscalização das atividades do Estado, reforço do *ethos* da responsabilidade social, maior crítica às autoridades e um ligeiro aumento do diálogo entre posições divergentes. De forma mais significativa, posições e ideais mais à esquerda, por exemplo, foram melhor incorporadas nesta esfera pública midiática pós-ditadura. Esses passaram a ser discursos legítimos, articulados com alguma voz de autoridade ou ainda tornaram-se fontes confiáveis para a publicação de notícias. Como será visto, no entanto, os jornalistas e a mídia de uma forma geral operaram dentro de importantes limites que refletiram o meio político e econômico em que estavam inseridos.

Um Estado brasileiro repressivo deu lugar ao mercado para que este ocupasse um espaço predominante e dinâmico na sociedade. Isso resultou no deslocamento do autoritarismo político para as *restrições* econômicas. Waisbord (2000; 65) apontou para a possibilidade de a crescente ascendência do mercado nos países da América Latina no período da pós-ditadura contribuir para desamarrar mais as conexões entre a imprensa e o governo federal, abrindo oportunidades para a vigilância da imprensa em relação às ações do governo. No entanto, para a teoria liberal da mídia/livre mercado realmente funcionar, os meios de comunicação precisam ter um grau relativo de independência econômica em relação ao Estado. Apesar de a imprensa brasileira ter atingido certo nível de independência *vis-à-vis* ao Estado, principalmente após o impeachment de Collor em 1992, partidos políticos e governos ainda exercem graus (indiretos), e algumas vezes exercem pressões diretas, à produção da reportagem política. No entanto, durante esses anos o Estado se distanciou do autoritarismo, caminhando rumo à socialdemocracia e assumindo um papel mais participativo e público na sociedade brasileira e na vida econômica, e interferindo menos na imprensa.

O mercado tanto exerceu uma série de conseqüências negativas para o jornalismo e para os sistemas de mídia, assim como permitiu *também* avanços significativos. O período coberto neste livro tem sido de crescente comercialização da mídia brasileira e de crises financeiras que atingiram em cheio as empresas de comunicação. Esses fatos, por sua vez, impuseram de novo limites aos compromissos da imprensa com os ideais liberais e às contribuições futuras da mídia à maior aceleração do processo democrático. Portanto, é importante reconhecer que certas responsabilidades democráticas não podem ser assumidas exclusivamente pelo setor da mídia comercial, e que um complexo sistema de mídia com diferentes identidades jornalísticas e papéis seria o mais adequado para assumir todas as necessidades de uma sociedade ao mesmo tempo complexa e incipiente como a brasileira. Para compreender melhor os anos de ausência de uma cultura democrática nas instituições de mídia brasileiras, e os avanços graduais que estão sendo realizados, é necessário examinar os principais debates acadêmicos no Brasil sobre o papel dos meios de comunicação na nossa sociedade.

ESTUDOS BRASILEIROS: AS CRÍTICAS LIBERAIS E AS RADICAIS

A pesquisa acadêmica brasileira começou a se expandir nas décadas de 1970 e 1980, mas nos anos 90 a pesquisa de comunicação começou a ser institucionalizada. O Brasil emergiu durante aquela década entre os principais países com significativo volume de pesquisa científica, ao lado de países como Grã-Bretanha, Canadá e França. Esse fato refletia o dinamismo do setor de mídia no Brasil, com televisão, revistas e jornais de boa qualidade técnica e capacidade de competir internacionalmente. Mais de 50% das pesquisas na área de comunicação foram conduzidas entre 1990 e 1995, contribuindo para expandir os departamentos de comunicação e para conferir a eles mais prestígio (Marques de Melo, 2003; 77-174). É problemático, no entanto, falar de uma escola unificada de estudos da mídia no Brasil. Primeiramente, a área de pesquisa em comunicação é relativamente nova. Segundo, dos anos 70 em diante proliferou uma série de interesses de pesquisa, o que torna a academia brasileira um espaço altamente fragmentado e mergulhado em conflitos (Marques de Melo, 2003), apoiado por alguns poucos competitivos institutos nacionais de pesquisa.

Felizmente, uma diversidade de pesquisas sólidas na área de comunicação foi produzida nos últimos anos. Com o declínio da influência das idéias da Escola de Frankfurt no campo comunicacional, novas linhas de pesquisa emergiram, passando pelos estudos de semiótica à psicanálise e ao pós-modernismo; às perspectivas althusserianas e neogramscianas da mídia e às tradições de pesquisa na área de economia política dos meios de comunicação. Marques de Melo (2003) identificou dois campos que influenciaram os intelectuais brasileiros nos anos 70: a teoria da dependência e a teologia da libertação. Tais teorias eram associadas aos trabalhos de (Mattelart [Chile]; Barbero [Colômbia]; Lins da Silva, Marques de Melo, Fadul [Brasil]). Marques de Melo (1985) e Lins da Silva (1982), por exemplo, focaram na falta de independência econômica do setor jornalístico no Brasil, e como este dependia de receitas do Estado e dos anúncios privados.

Marques de Melo (2003) ressaltou que a dimensão política da pesquisa na área de comunicação tem sido favorecida em relação a outros campos. Ele apontou para certas linhas de pesquisa-chave, incluindo os estudos de memória históricos (Bahia, 1990; Werneck Sodré, 1999); os de "guerra" ou a pesquisa na área de conflito de classes (Marques de Melo, 1980; Lins da Silva, 1982; Marcondes Filho; 1982); a utopia, mudança democrática e estudos sobre a liberdade de imprensa (Caparelli, 1980, 1999; Paiva, 1982) e de comunicação de utilidade, que inclui o trabalho na área de mídia e eleições, o *agenda-setting*, as resistências regionais e a cidadania (Kucinski, 1998; Rubim, 1999; Marcondes Filho, 1985; Lattman-Weltman, 1994; Ortiz, 1994; Martins da Silva, 2002). Outras áreas de pesquisa exploraram questões de jornalismo e poder, as técnicas de notícia, a ética jornalística, a mídia e a exclusão social

(Lage, 1990; Bucci, 2000; Arbex Jr., 2001; Gonzaga Motta, 2002; Kucinski, 1998), a história da mídia e da política, as reformas dos meios de comunicação, a concentração na grande imprensa (Dines; 1974; Werneck Sodré, 1998; Seabra, 2002; Alves de Abreu, 2002; Lima, 1996), as identidades sexuais, o racismo, a cultura popular, a televisão, as novelas e a propaganda publicitária (Muniz Sodré, 2000; Everardo Rocha, 1995; Mattos, 2000; Leal Filho, 1988).

A pesquisa na área de comunicação hoje está mais focada em investigar as contradições nos sistemas de mídia e os focos de tensão entre mídia, sociedade e política. E está menos interessada em produzir leituras simplistas da mídia que endossam rapidamente a idéia de um "discurso dominante" a ser combatido a todo custo, e que entende os meios de comunicação brasileiros primordialmente através da perspectiva das teorias imperialistas da mídia. Tais posições ainda marcam várias pesquisas de linha radical da área. Lins da Silva (1982) foi uma voz pioneira da academia nos anos 80, tendo apontado a importância da produção de pesquisas no campo da comunicação que poderiam investigar de forma mais detalhada os conflitos da mídia. De acordo com ele, estudos deveriam evitar o engajamento único em análises mecânicas da mídia, argumento que pode ser entendido talvez como uma tentativa de se levar a pesquisa na área de comunicação para um campo além das leituras pessimistas influenciadas pela Escola de Frankfurt e pelas perspectivas althusserianas.

Apesar de os estudos na área de comunicação terem se expandido consideravelmente ainda há uma tendência dominante entre os pesquisadores de adotar uma visão pessimista em relação ao que constitui hoje o jornalismo contemporâneo, comparando essas rotinas jornalísticas a um período nostálgico anterior, a uma era supostamente "não-comercial" e intelectual, exclusiva dos anos 70 (i.e. Kucinski, 1998). Esses argumentos foram formulados seguindo uma linha mais divisória, do preto no branco: tendem a minimizar os problemas enfrentados pela mídia brasileira nos anos 70 e colocam também em plano secundário as mudanças que ocorreram no setor de comunicação nas últimas décadas.

Como Hallin (1994) observa, Habermas avançou a crítica feita pelos teóricos da Escola de Frankfurt em relação ao capitalismo contemporâneo e como este produziu um consenso ideológico na mídia, deixando pouco espaço para a resistência. Habermas argumentou que as sociedades capitalistas liberais são na realidade "suscetíveis ao conflito... precisamente na esfera da ideologia e da cultura" (Hallin, 1994; 20). Como Adorno (1972, 1991), Habermas também disse que a forma capitalista de produção responsável pela criação da esfera pública limita o seu desenvolvimento, impedindo que a sociedade se engaje totalmente no processo de diálogo como prometido pelas instituições liberais (em Hallin, 1994; 18). Hallin (1994) também adota uma leitura neogramsciana da mídia que contrasta com o modelo de propaganda apresentado por Chomksy (1988, 2002). De acordo com Hallin (1994; 12), a perspectiva hegemônica difere do modelo propagandístico, que vê a mídia como um "simples porta-voz de uma elite unificada". Aqui ele critica o fato de Herman e Chomsky (1988, 2002) terem descartado a ideologia do jornalismo, e a teoria de que a principal função da mídia é a de apoiar visões dominantes do mundo político: "... eles têm outras funções [...] que incluem providenciar informação que as elites usam para tomar decisões e servir também como um fórum de debate entre elites" (Hallin, 1994; 13).

O debate da perspectiva hegemônica *versus* o modelo de propaganda esboçado acima é de alguma forma similar às discussões traçadas por Lins da Silva (1982, 1985) e Kucinski (1998) sobre a economia política da mídia brasileira. Críticos radicais (i.e. Kucinski, 1998) têm adotado uma visão ligeiramente não-histórica da mídia, com o setor de comunicação brasileiro sendo tomado como elitista e visto como mero reprodutor das ideologias do *establishment*. Eles parecem enxergar dois cenários bastante rígidos: um, de jornalistas militantes engajados que tiveram a sua fase "áurea" nos anos 70 e outro, de jornalistas alienados e conformistas dos anos 90 com suas excessivas práticas de *marketing*. Falando de uma posição crítica liberal, Lins da Silva (1982) adotou uma linha neogramsciana para enfatizar a disputa por hegemonia entre os grupos subordinados e dominantes da sociedade brasileira, vendo na mídia um "campo de batalha" no qual tais disputas ocorrem diariamente. De acordo com essa visão, os conceitos de resistência e conflito estão no cerne dos contradiscursos introduzidos na mídia diariamente, portanto permitem a ação jornalística a favor das classes trabalhadoras ou de grupos pouco privilegiados da sociedade brasileira: "nos sistemas de comunicação, na esfera cultural há contradições, há a luta de classes, há a possibilidade da construção de um novo bloco histórico e uma busca por uma nova hegemonia" (Lins da Silva, 1982; 18).

Alguns anos depois, Kucinski (1998) criticou o trabalho de Lins da Silva sobre as reformas do Projeto Folha de 1984, que introduziu no diário as práticas do jornalismo comercial (ver capítulo 2). Influenciado talvez pela concepção althusseriana do aparato ideológico, Kucinski minimizou a existência de conflito nas organizações midiáticas, classificando a mídia como "burguesa" e mera reprodutora das ideologias dominantes. Fazendo uso do conceito de "filtro", elaborado por Chomsky (1988) na sua discussão do papel da mídia nos Estados Unidos, Kucinski (1998) argumenta que as modernas práticas da grande imprensa estimulam a formação de um "consenso passivo" na sociedade brasileira, embora admita um crescimento do pluralismo na mídia. Kucinski (1998) afirmou, no entanto, que certos assuntos estratégicos nas áreas da política e da economia continuam a ser objeto do controle social. Esse cenário opressivo, assim diz o argumento, reflete o legado autoritário do passado colonial do Brasil e os vícios herdados da ditadura.

Esses argumentos estão apenas parcialmente corretos. Lins da Silva tem uma visão da mídia como um "campo de batalha", mais coerente do que uma postura que parece sugerir que os espaços midiáticos são totalmente controlados por barões da imprensa e pelas elites empresariais. Sem dúvida, lideranças governamentais e empresariais têm mais acesso à mídia e podem influenciar mais as agendas de notícia do que um cidadão comum. Ademais, numa era de maximização dos lucros da mídia em escala mundial, a notícia certamente ficou mais voltada para o entretenimento. Estratégias têm sido adotadas para evitar a disseminação de assuntos controversos e sensíveis que não apelam a um público maior (e geralmente mais conservador) composto pela classe média, geralmente constituída pelos leitores principais dos jornais de qualidade. Isso não quer dizer que o jornalismo comercial *mainstream* não promova o debate público.

O jornalismo brasileiro atual, por exemplo, tem explorado preocupações de cidadania e também assuntos sociais, políticos e econômicos mais controversos, com uma tendência de privilegiar o jornalismo "cão de guarda" e uma reportagem política menos simplista e mais equilibrada – que incorporou maior número de visões de mundo. Pressões de mercado, preconceitos político-ideológicos e de classe e medos em relação a políticas de esquerda realmente influenciaram e impuseram uma série de *restrições importantes*, como veremos.

Apesar da lucidez de alguns de seus *insights* em relação às desigualdades e injustiças que ocorrem na mídia e na sociedade brasileira, Kucinski assume rapidamente uma posição funcionalista, vendo pouco espaço para o conflito e não reconhecendo a capacidade de jornalistas contemporâneos, e até de *publishers* de mídia em certas ocasiões, fazerem certa diferença. A crítica de Kucinski está na linha de outras posições radicais que tendem a assumir uma atitude demasiadamente pessimista em relação à mídia brasileira. Pode-se ser pessimista em relação aos poucos progressos que ocorreram na sociedade brasileira nas últimas décadas, que incluem a permanência do clientelismo estatal e privado, de práticas corruptas independentemente da ideologia governamental e da prevalência de desigualdades econômicas e de diversas formas de autoritarismo. Apesar de todos seus defeitos, que são muitos, a mídia brasileira está um pouco acima dessas práticas. Portanto, ataques que situam a existência de tensões somente na arena marginal, e não dentro do espaço mainstream da sociedade e da mídia, estão errando o alvo. Como veremos, os diários serviram durante esse período como campos de batalha entre diversas agendas, apresentadas por diferentes grupos sociais e políticos. Eles não funcionaram como mera plataforma para a disseminação de discursos conservadores.

Tais ataques radicais estão ligados aos excessos do pensamento crítico da economia política em relação à mídia. Essas posições tendem a ver as instituições da grande imprensa como empreendimentos do mal que só querem maximizar os lucros, controlar jornalistas passivos e um público conformista. Críticos radicais têm argumentado que a mídia brasileira relutou em assumir com maior ênfase a função pública, preferindo aumentar os lucros tratando o público como consumidor (i.e. Moretzsohn, 2002; Kucinski, 1998; Arbex Jr., 2001). Como mostraremos, dada a ausência de um forte setor de mídia pública no Brasil, a imprensa comercial, apesar dos limites impostos pelo mercado, tem funcionado como mediadora influente do debate público, principalmente entre grupos de elites divididos em relação aos rumos que o país tomaria no período pós-ditadura.

Essas críticas radicais, portanto, têm sido válidas devido à ênfase nas práticas injustas existentes nos meios de comunicação e ao destaque dado à influência das elites na produção das notícias. Porém são errôneas por outro lado porque tendem a ver a relação da mídia com a política e com a sociedade de forma às vezes simplista e não-histórica, assinalando também para certa hostilidade em relação ao mercado. A argumentação de Lins da Silva (1982) sobre a importância de identificar disputas dentro dos sistemas midiáticos é, ainda hoje, uma forma coerente de lidar com qualquer estudo sobre o impacto que a grande mídia possa ter nas transformações sociais e políticas de uma sociedade, e de que forma ela pode contribuir para tal mudança. Deve-se evitar, no entanto, uma posição extrema oposta – a excessiva e ingênua celebração dos "poderes do mercado", que aparentemente não quer admitir a INCAPACIDADE deste de atender a todos os interesses de sociedades complexas como a brasileira. Finalmente, para se entender melhor o papel assumido pela grande mídia nas últimas décadas, é necessário examinar as diferentes culturas jornalísticas que influenciaram os meios de comunicação no Brasil, assim como o jornalismo brasileiro.

IDENTIDADE JORNALÍSTICA: UM PERFIL DA MÍDIA BRASILEIRA

A CONEXÃO AMERICANA: PROFISSIONALISMO E COMERCIALIZAÇÃO

A maior parte da mídia na América Latina foi influenciada pelo modelo popular comercial anglo-saxônico – que não tem forte tradição de rádio e de televisão pública, como é o caso da Grã-Bretanha e de outras nações européias. Até a primeira metade do século 20, as influências internacionais sobre o jornalismo brasileiro vieram principalmente da Europa, da França e da Grã-Bretanha.

Após a Primeira Guerra Mundial, porém, o predomínio passou a ser dos Estados Unidos. O modelo do jornalismo norte-americano – que enxerga a notícia com uma lógica comercial e utiliza rotinas jornalísticas profissionais e neutras – foi abraçado com mais vigor no final dos anos 80 e início dos 90. Durante esse período ocorreu a consolidação da modernização da mídia brasileira e do jornalismo impresso. As mudanças incluíram a substituição de máquinas de escrever por computadores, a entrada no mercado midiático de novas tecnologias e a quebra de barreiras entre os departamentos comerciais e as redações. Gráficos e outras técnicas visuais usadas pela mídia norte-americana foram também adotados por jornais brasileiros e pela televisão. No entanto, a consolidação de um estilo jornalístico norte-americano nas redações brasileiras não ocorreu sem tensões. Para começar, há ausência de consenso sobre o papel da imprensa brasileira e o que são as normas da boa prática jornalística. Esses fatores refletem as divisões ideológicas no campo (Anne-Marie Smith, 1997, citado em Waisbord, 2000).

A incorporação do estilo jornalístico norte-americano pela mídia da América Latina ocorreu separadamente, com cada país saindo do jornalismo partidário para o comercial no seu próprio passo. Hallin (1994) apontou como estudos têm mostrado que a emergência de um consenso político impulsionou o desenvolvimento do jornalismo profissional norte-americano. Este não tem sido o caso de países como o Brasil, onde o jornalismo ainda se encontra mergulhado num cenário politizado desde o final da ditadura, o que torna acordos em torno do que significa a objetividade jornalística algo um tanto problemático. Em estudo sobre o jornalismo "cão de guarda" da América do Sul, Waisbord (2000) assinala como a entrada de países deste continente na arena da democracia de mercado facilitou os meios para a proliferação das funções de "cão de guarda" e do jornalismo investigativo na grande imprensa. Ele afirma ainda que algum consenso em torno dos princípios liberais do jornalismo também existiu, com o Brasil colocando particular ênfase na exatidão dos fatos e no profissionalismo, embora tenha mostrado mais suspeição em relação à objetividade e à imparcialidade.

O profissionalismo se expandiu no Brasil nos anos 90, mas ainda falta ser mais fortalecido em toda a indústria de mídia. Ele se desenvolveu tanto em conexão como em tensão com a comercialização e com a democratização política. Durante o intervalo de tempo analisado aqui, os jornalistas procuraram reafirmar o seu profissionalismo jornalístico contra pressões de mercado e da política. O jornalismo contemporâneo brasileiro, portanto, favoreceu a seleção de notícias e os valores profissionais sobre os ideológicos, apesar da permanência de práticas partidárias nas redações, como veremos. Dito isso, o Brasil é, na América Latina, o país que dá mais prestígio profissional aos seus jornalistas. Isso é feito principalmente na forma de prêmios jornalísticos, como o Esso, o Vladimir Herzog e o Líbero Badaró, fornecidos pela revista *Imprensa* e patrocinados pela Associação Brasileira de Imprensa (ABI).

Falar de um sistema de mídia unificado ou de uma consolidação do modelo norte-americano comercial é problemático devido às particularidades das instituições brasileiras de mídia. Esse fator pode ser visto como algo positivo em meio à ameaça imposta aos meios de comunicação em todo o mundo de homogeneização de suas rotinas jornalísticas e da "americanização" de suas práticas. Aqui, será argumentado, ao contrário, que a adoção de valores liberais profissionais pelo jornalismo brasileiro tem sido algo positivo e não pode ser considerado somente um processo de homogeneização e de importação de formatos anglo-saxônicos para o Brasil, seguindo uma linha norte-americana imperialista.

O liberalismo profissional, no entanto, tem colidido com um estilo de jornalismo militante – o que será desenvolvido no Capítulo 6. As redações dos grandes jornais têm sido marcadas por múltiplas identidades jornalísticas – uma conseqüência também da diversidade do setor comunicacional nacional, que inclui tanto os meios de comunicação mais comerciais do sul do país, como as organizações mais partidárias do norte. Disputas no campo jornalístico em torno de diferentes leituras do profissionalismo têm sido, portanto, um reflexo dos choques ocorridos dentro da sociedade brasileira em torno de vários projetos político-econômicos para o país e a defesa desses por determinados grupos.

O DEBATE SOBRE O IMPERIALISMO E A MÍDIA COMERCIAL *VERSUS* A PÚBLICA

A América do Norte começou a ter um papel econômico e político central na América Latina a partir da Primeira Guerra Mundial (Lins da Silva, 1982; Marques de Melo, 1980), com a influência norte-americana sobre os sistemas de mídia intensificando após a Segunda Guerra (Thussu, 2000; Tunstall, 1977). O Departamento Norte-Americano de Estado, que promoveu a concepção de liberdade de imprensa em todo o mundo (Hallin and Mancini, 2004; p. 255-256), começou a dar espaço para a emergência de uma cultura global das comunicações. Essa nova era da comunicação, a atual, tem visto o crescimento da concentração da mídia, a formação de conglomerados transnacionais em todo o mundo e a disseminação da ideologia liberal e comercial jornalística por agências americanas e britânicas, como a CNN e a Reuters (Thussu, 2000).

O modelo de imprensa norte-americano, voltado para o mercado, teve as suas origens na América Latina nos anos em que as economias da América do Sul começaram a entrar na ordem industrial (Lins da Silva, 1990; Waisbord, 2000). Durante os anos 90, as tentativas de se consolidar esse modelo comercial de jornalismo norte-americano começou a ganhar força, mas em meio a diversos problemas. O nível baixo de leitura da população brasileira, por exemplo, tem dificultado a capacidade dos setores de comunicação de operar como empresas econômicas totalmente independentes. O frágil funcionamento da maior parte das indústrias de mídia brasileiras como empresas capitalistas, e a instabilidade da economia capitalista, tem feito a mídia tradicionalmente cultivar uma relação de proximidade com o Estado (Lins da Silva, 1990; Marques de Mello, 1990; Dines, 1986; Waisbord, 2000).[1]

As teorias do imperialismo cultural dos anos 70 e 80 argumentam que a mídia dos países em desenvolvimento importou não só notícias e formatos culturais, mas também valores de consumo.

1 O Estado é o maior anunciante, participando com um total de 7,3% de todo o investimento em publicidade, que é de aproximadamente US$ 493,136 milhões (Lima, 1996, 99). Em 1994, a publicidade governamental somou US$ 210 milhões, com o total de gastos sendo da ordem de US$ 6,6 bilhões em 1994 e US$ 8,5 bilhões em 1995 (Waisbord, 2000, 66).

Essas teorias foram críticas dos argumentos da modernização. Diziam que a mídia anglo-saxônica seria capaz de promover a "modernização" dos países em desenvolvimento (Mattelart, 1978; Thussu, 2000). A teoria da dependência argumentou que essas relações econômicas trabalhavam dentro de um modelo de dependência baseado na exploração, ao promover a mentalidade capitalista nos países em desenvolvimento, numa relação que assegurava a continuidade desta dependência (Mattelart, 1982). Esses pontos de vista foram atacados nos anos 80 por uma série de teóricos da mídia (Tracy, 1985; Fejes, 1981, citado em Reeves, 1993) devido a suas "deficiências teóricas e ao empirismo limitado" (Reeves, 1993; 53). Eles também foram criticados por causa da relutância em propor um novo modelo capaz de prever outros fluxos que ultrapassassem a rigidez do modelo dos fluxos únicos, saindo obviamente dos países do Primeiro Mundo rumo aos do Terceiro.

Teses-chave sobre o imperialismo da mídia afirmaram que fatores externos como a expansão das corporações transnacionais e a agenda do governo norte-americano tiveram impacto significativo na evolução histórica dos sistemas de radiodifusão dos países da América Latina (Waisbord, 1995; 201). No entanto, com a emergência de uma programação regional forte, e o declínio da popularidade de programas norte-americanos televisivos na América Latina, estudos questionaram esta concepção anterior de fluxos de via única (i.e. Sreberny-Mohammadi & Mohammadi, 1994; Straubhaar, 1991). Canais como a TV Globo, por exemplo, reverteram os fluxos do Terceiro para o Primeiro Mundo através da exportação de novelas de sucesso, apesar de a emissora ter sido fortemente influenciada por formatos comerciais norte-americanos. O modelo comercial de fato tem dominado o sistema de mídia brasileiro. A mídia pública praticamente não existe, e tem sido construída no país mais em torno da idéia de uma mídia "estatal" do que de uma mídia voltada para o interesse público propriamente dito. Canais de mídia públicos são dirigidos a uma audiência restrita e são largamente usados por políticos para satisfazer os seus interesses pessoais.[2]

2 Criada em 1967 pelo Governo do Estado de São Paulo, a TV Cultura é a principal TV pública brasileira e goza de boa reputação. É controlada pela Fundação Padre Anchieta e inclui também duas estações de rádio, Cultura AM e Cultura FM, fundadas por uma combinação de recursos públicos e privados.

A BBC, que depende de financiamento público obtido através do pagamento de uma taxa específica, é vista nos meios acadêmicos europeus e em certos setores jornalísticos como veículo de comunicação que se apresenta como contraponto à mídia comercial (Garnham, 1990; Curran & Seaton, 1991; Golding & Murdock, 1991; 157). O modelo de mídia pública no estilo da BBC não existe no Brasil. Discussões sobre a sua implementação têm ganhado cada vez mais força no país nos meios políticos, jornalísticos e acadêmicos, à luz do debate de dar maior impulso à atual rede pública, considerada deficitária e muito dependente de apadrinhamentos políticos. Apesar do atual declínio do sistema de radiodifusão pública em vários países da Europa, num contexto de maximização das atividades comerciais de emissoras públicas como a BBC, aparentemente, o modelo inglês ainda é um ideal para países como o Brasil, revertendo o atual modelo de mídia pública fraca. Este sofre devido à escassez de recursos e aos laços com interesses políticos regionais e locais, salvo exceções aqui e ali, como é o caso da TV Cultura, de São Paulo, e da TVE do Rio, que gozam de prestígio junto a formadores de opinião por causa da qualidade de seus programas, mas ao mesmo tempo lutam para sobreviver financeiramente.

Antes de aprofundar o debate sobre o domínio do setor comercial no mercado brasileiro de mídia e a ascendência dos formatos norte-americanos no meio jornalístico é importante olhar para as várias influências políticas e literárias nacionais e internacionais que marcaram a evolução da história do jornalismo brasileiro.

JORNALISMO BRASILEIRO: INFLUÊNCIAS LITERÁRIAS E POLÍTICAS

O jornalismo brasileiro se construiu com particularidades literárias européias e determinadas influências políticas. Em contraste a muitos países da Europa e dos Estados Unidos, que viram o jornalismo se expandir já nos séculos 18 e 19, o jornalismo chegou ao Brasil com 200 anos de deficiência. A imprensa brasileira emergiu em conjunção com o estabelecimento da família Real portuguesa em 1808. O primeiro jornal brasileiro foi o *Correio Braziliense*. Saiu em 1808 e foi editado por Hipólito José da Costa, em Londres, por causa das restrições impostas pela família Real em relação à publicação e à circulação de jornais no Brasil. Entre 1808 e 1822, o único jornal que podia ser publicado era o diário oficial do governo, o *Gazeta do Povo*.[3] Depois da independência do Brasil, em 1822, quando a imprensa foi autorizada a operar livremente, uma série de jornais políticos e radicais começou a aparecer. Essa fase foi conhecida mais tarde por acadêmicos de comunicação como o "período ideológico", já que os discursos interpretativos e polêmicos eram combinados com particularidades literárias, refletindo o momento histórico vivido pelo país. A imprensa emergente era vista ainda como uma forma de "tribuna estendida" para usar as palavras de um dos fundadores da República Brasileira, Benjamin Constant.

De acordo com a escassa literatura sobre a mídia naquele período, o jornalismo brasileiro começou a se definir na virada do século 20. Breguez (2000) apontou para três fases do jornalismo impresso brasileiro: a) a ideológica ou opinativa (1900-20); b) o estilo informativo e a tendência dos manuais de jornalismo (1920-45); e c) o jornalismo interpretativo (1945-80). Em meio à competição das rádios e televisões, a fase interpretativa foi considerada o período do jornalismo moderno, quando técnicas tradicionais de jornalismo como o *lead* clássico foram relaxadas e estilos mais pessoais começaram a aparecer. Durante os anos 50, o jornalismo brasileiro foi construído finalmente como um empreendimento comercial, apesar de a imprensa continuar a ser partidária e assim permanecer por algum tempo. Essa fase também viu a proliferação de estilos jornalísticos mais interpretativos que hoje se consolidaram totalmente, incluindo análises mais aprofundadas e o jornalismo investigativo.

Utilizando a descrição de Breguez (2000) das principais fases do jornalismo brasileiro, Roberto Seabra (2002; 32-45) identificou cinco estágios de seu desenvolvimento: a) o período de jornalismo literário, que começa com a emergência da imprensa e vai até o final do século 19; b) a fase informativa estética, o período de transição entre o final do século 19 até o final da Primeira Guerra Mundial; c) a fase da informação de utilidade (1950-60); d) o

3 Seabra, 2002; 33.

jornalismo interpretativo (1970-90); e e) o jornalismo plural, o atual modelo do período contemporâneo. A fase plural começou nos anos 70 e é caracterizada por uma diversidade de estilos jornalísticos, refletindo as influências de meios como a internet e os gêneros de entretenimento (i.e. o *infotainment*) no jornalismo. Este livro foca este último período.

Da mesma forma que os jornais europeus, os diários no Brasil também se apoiaram numa forte tradição política. Jornalistas veteranos como Alberto Dines e Mino Carta, ex-editores-chefes do *Jornal do Brasil* e da *Veja* na década de 1970, respectivamente, elegeram o estilo de jornalismo mais militante e ativo, que resistiu ao regime militar como superior ao atual modelo inspirado no gênero jornalístico comercial norte-americano. A imprensa alternativa durante a ditadura funcionou como uma espécie de esfera política e literária (Kucinski, 1991; Waisbord, 2000). Ela floresceu durante os anos negros do regime no Rio de Janeiro e em São Paulo, com a maioria desses jornais deixando de existir após o final da ditadura. Por causa do medo da censura, os grandes jornais encontraram dificuldades em produzir reportagens críticas. A resistência nas redações, portanto, ficou mais restrita a certos períodos da ditadura, o que não quer dizer que o ativismo militante não estava presente nas redações dos grandes jornais. Generais militares eventualmente pressionaram para tirar jornalistas peso-pesados – como Claúdio Abramo, da *Folha de S.Paulo*, e Mino Carta, da *Veja* –, fato explorado em detalhe no Capítulo 6. Com o colapso da ditadura, matérias investigativas sobre corrupção e abuso do poder deixaram os porões dos jornais alternativos para serem incorporadas pela grande mídia como uma tendência prioritária do jornalismo contemporâneo (Waisbord, 2000).

As redações passaram a viver com identidades jornalísticas que competiam entre si a partir da década de 1980, como veremos. Os jornalistas, portanto, não descartaram totalmente as formas militantes de jornalismo, ou o entendimento da profissão como algo que serve aos interesses do cidadão. Depois de se comprometer com o regime da objetividade, a maior parte da grande mídia não assumiu explicitamente nenhuma ligação com um partido político no período pós-ditadorial, e no geral lutou para assumir uma posição de neutralidade durante as eleições presidenciais.

No entanto, o partidarismo e as simpatias em relação ao PSDB, principalmente, e depois os conflitos que foram travados com o PT em relação aos principais dilemas do país, culminaram em ácidas batalhas políticas disputadas nas páginas dos jornais. Todos esses fatores fizeram com que o jornalismo brasileiro adotasse uma identidade distintamente nacional.

O jornalismo brasileiro, portanto, não tem sido um mero imitador das práticas norte-americanas e européias, tendo conseguido cultivar e manter um forte caráter nacional. Pode-se dizer, portanto, que o jornalismo brasileiro se situa em algum lugar entre o modelo liberal norte-americano e o estilo europeu de jornalismo mais inclinado ao partidarismo, lembrando por um lado os sistemas de mídia dos países da Europa do Sul, ao mesmo tempo em que tenta a todo custo refletir no seu modo de operação a ideologia liberal comercial norte-americana (Hallin & Mancini, 2004; Hallin & Papathanassopoulos, 2002). Nas últimas duas décadas, no entanto, o pêndulo balançou em direção ao último modelo, em meio ao aumento da concentração da mídia em todo o mundo e ao crescimento dos debates em torno da exclusão de certas camadas da população como consumidores dos principais produtos da grande mídia.

CONCENTRAÇÃO DA MÍDIA E EXCLUSÃO SOCIAL NA IMPRENSA BRASILEIRA

Uma das características do sistema brasileiro de mídia é a concentração. A televisão é o veículo de informação de maior acesso, e é basicamente o único meio que possui realmente uma audiência de massa. A maior parte da população no Brasil obtém as percepções da política pelo sistema comercial de radiodifusão. Os jornais têm uma pequena circulação e são voltados para os segmentos de elite, embora nos últimos anos jornais populares como *O Dia* e o *Extra*, dirigidos a um público maior, cresceram significativamente. Certos segmentos da população, no entanto, ainda estão excluídos da leitura dos jornais por causa das desigualdades econômicas e dos baixos níveis educacionais. Roberto Amaral (2002) sustenta que a concentração da mídia no Brasil reflete as desigualdades da sociedade brasileira, herdeira de um legado colonial autoritário que impede a participação de maiores parcelas da população como cidadãos/consumidores dos produtos da mídia.

Na década de 1990, uma série de mudanças atingiu o setor, com a concentração se expandindo num momento em que proliferaram alguns novos meios de comunicação cuja meta era atender a diferentes gostos e posições políticas. Isso tem feito acadêmicos (Seabra, 2002; Breguez, 2000; Kucinski, 1998) falarem de uma certa democratização do mercado da mídia a partir de meados dos anos 90, tanto devido à democratização política, como à maximização da competição, o que tem contribuído para minimizar um pouco o impacto negativo da concentração midiática. Essa tendência tem sido detectada principalmente na emergência dos gêneros plurais do jornalismo, como blogging, e na multiplicação dos veículos regionais de mídia, como as rádios comunitárias, fora outros canais midiáticos (revistas como *Carta Capital*), todos dirigidos a uma variedade de públicos e gostos.

Grandes empresas de mídia investiram nos anos 90, com pouco retorno, na privatização do sistema de telecomunicações e em novas tecnologias. Isso culminou em cortes nos investimentos editoriais, no desemprego na área jornalística e na perda de publicidade. Houve certo declínio na circulação dos jornais, uma tendência levemente revertida nos últimos anos. O Brasil foi afetado ainda pelo crescimento que a internet alcançou nesta época, com o desenvolvimento de fusões entre diferentes companhias de mídia – a tão falada sinergia do setor. Estações de televisão a cabo e por satélite também cresceram rapidamente depois da aprovação de leis sobre a regulação do sistema de radiodifusão. Jornais se aliaram com provedores de internet e com companhias internacionais e nacionais de telecomunicações. Assim, apesar das crises financeiras na mídia, os anos 90 viram surgir um mercado mais dinâmico e lucrativo para a grande mídia brasileira, que, no entanto, ainda precisa se tornar mais democrático.

Um número limitado de famílias controla a grande mídia brasileira, incluindo as empresas jornalísticas das Organizações Globo, dos Marinho (TV Globo, *O Globo, Extra, Valor Econômico,* Rádio Globo e CBN, Editora Globo, revista *Época,* portal Globo.com e a TV a cabo Net); o grupo Abril, dos Civita, que publica *Veja* e mais um total de 90 revistas de entretenimento; os Mesquita (*O*

Estado de S. Paulo, Agência Estado, Estado.com); os Frias (*Folha de S.Paulo*, o portal UOL, Agência Folha, *Diário Popular* e *Valor Econômico* (em parceria com Globo). As outras sete principais famílias no setor de rádio e televisão são: nacional – a) Saad (Bandeirantes); b) Abravanel (SBT) e regional – a) Sirotsky (RBS), em Porto Alegre; b) Daou (TV Amazonas); c) Jereissati (TV Verdes Mares), no Ceará; d) Zahran (Mato Grosso e Mato Grosso do Sul) e e) Camara (TV Anhanguera).

De acordo com Lima (1996; 104), a crise financeira da mídia forçou as famílias a se reorganizarem, abandonando aos poucos o estilo de empresa familiar, em favor da "profissionalização" dos cargos principais. No entanto, a grande mídia continua nas mãos de famílias brasileiras, e ainda não sofreu processo de "desnacionalização", devido à entrada recente de interesses internacionais no setor, principalmente no mercado de televisão a cabo e por satélite. A TV Globo, considerada a quarta maior emissora do mundo e o maior conglomerado de comunicação no Brasil e na América Latina, atinge 99,7% da população, o que faz da televisão brasileira a principal instituição da esfera pública no país. Ela merece assim um estudo isolado sobre o impacto de suas notícias políticas sobre a audiência.

Acadêmicos e jornalistas (Bucci, 2000; Conti, 1999; Lima, 1996; Kucinski, 1998) debateram o papel que a TV Globo teve na cobertura das eleições presidenciais e de fatos políticos importantes da história da pós-ditadura do país. A emissora foi acusada de sufocar movimentos populares e aspirações da esquerda em episódios como a campanha das Diretas-Já, em 1984, e as eleições presidenciais de 1989, assuntos examinados nos seguintes capítulos mais em relação à cobertura dada pela imprensa escrita a estes acontecimentos. Os donos dos meios de comunicação têm uma relação complexa com suas empresas. Eles podem avançar posições e contribuir para a expansão do debate público, mas também podem criar constrangimentos ou usar os veículos de comunicação para promover seus interesses pessoais ou comerciais. Golding & Murdock (1991, 2000; 160) afirmaram que os donos de cadeias de jornais como Pultizer e Hearst, nos Estados Unidos, e o Northcliffle, na Grã-Bretanha, usaram seus empreendimentos para "promover suas causas políticas ou designar posições e pessoas com as quais concordavam".

Assim, o papel exercido pelos donos dos meios de comunicação na sociedade brasileira nesses últimos anos será explorado nos casos de pesquisa discutidos nos próximos capítulos.

A televisão e o rádio podem ser vistos, a princípio, como mais "democráticos" do que os jornais, por causa da disseminação de sua informação para um público de massa. É no espaço dos jornais de qualidade, no entanto, que os debates públicos sobre assuntos políticos cruciais são de fato realizados. Pois esses jornais são dirigidos, na sua maioria, a um público formador de opinião e tomador de decisões, funcionando como a principal fonte para as elites se engajarem em discussões sobre temas públicos pertinentes. Eles são, portanto, instituições ativas da esfera pública, e é justamente por essa razão que esta pesquisa escolheu examinar os grandes jornais nacionais de qualidade, e não a televisão aberta brasileira.

De acordo com a Associação Nacional dos Jornais (ANJ), formada por 126 sociedades jornalísticas e representante das indústrias de mídia, de um total de 2.464 jornais, 529 são publicados diariamente. Em 2002, a circulação era de 6,9 milhões de jornais por dia, uma quantidade muito pequena se for levado em consideração que há aproximadamente 180 milhões de pessoas no Brasil. Este fato tem feito muitos críticos afirmarem que o Brasil é um país que não lê jornais. De acordo com Alberto Dines (1974, 1985), em meados dos anos 80 a produção de jornais, revistas e livros juntos atingia pouco mais de 20 milhões de pessoas, um número inferior a outros produtos no Brasil, que chegavam a um público de 50 milhões. Além disso, somente 12 jornais ultrapassavam a média de 100 mil cópias por edição, vendendo menos do que 500 mil nos finais de semana. Assim, a circulação relativamente fraca dos diários nacionais tem diminuído o ânimo do empresariado da mídia de procurar expandir a circulação.

Arquiteto do Projeto Folha, Lins da Silva vê pouco espaço para o aumento da circulação dos jornais. Ele defende que os diários se dirigem apenas ao leitor exigente:

> O jornal precisa se dirigir à elite intelectual [...]. As circulações não vão crescer mais [...]. Isso pode ser diferente [...] se as elites crescerem muito, o que eu não acredito que vai acontecer. Portanto, não é viável expandir mais a circulação. Numa tentativa de fazer isso nos anos 90,

> promoções foram distribuídas e as pessoas começaram a jogar fora o jornal. Para conquistar este público, a qualidade dos jornais caiu. E com isso, os jornais perderam uma boa parte do público sofisticado. O que é possível é você manter uma circulação ao menos fiel, e que permite em alguma maneira que os jornais sobrevivam.

Os jornais brasileiros nunca foram empreendimentos altamente lucrativos como são os diários norte-americanos, apesar de grupos como Folha, Globo e Abril terem lucros bastante razoáveis. De acordo com a Associação Nacional de Jornais (ANJ), depois de quatro anos de crescimento relativo da circulação, os jornais brasileiros experimentaram uma queda de 2,7% em 2001. Em 2002, a circulação média caiu de novo para 9,1%, apesar do pequeno aumento de 5% verificado entre 2004 e 2005. A redução do nível da leitura dos jornais, no entanto, é um fenômeno mundial que tem raízes profundas na inauguração da televisão nos anos 50. Falando a partir de um contexto norte-americano, Hallin (2000; 221) identificou as teorias de *stockholder* (acionista) e de *readership* (leitorado) como as principais escolas de debate neste assunto. Ele destacou como os jornais norte-americanos escolheram lidar com o declínio da leitura através de investimentos em histórias curtas, gráficos e cores, distanciando assim a notícia de assuntos políticos e substituindo-a cada vez mais pelo entretenimento.

Argumentos que apóiam essa teoria apontam para o fato de que as pessoas estão trabalhando mais horas e tendo menos tempo para ler jornais. O argumento do *stockholder* coloca ainda a culpa nos diários, afirmando que a opção feita pela mídia de obter lucros em curto prazo afetou profundamente a qualidade e aumentou os preços, alienando o leitor comum na sua busca por um *publico* com maior poder aquisitivo (Hallin, 1996; 223). Entre 1967 e 1991, a porcentagem de adultos norte-americanos que liam jornal todo dia caiu de 73 para 51 (Kurtz, 1993b; 62, citado em Hallin, 1996). Na Grã-Bretanha, no final de 2004, menos da metade da população estava lendo um jornal nacional diário (*The Guardian*, 11/09/2005), com muitos prevendo o fim do suporte em papel impresso e a transferência dos jornais para o formato eletrônico, com o objetivo de atrair consumidores mais jovens.

A situação brasileira é mais complexa e bastante diferente em comparação aos países desenvolvidos. Ao contrário do que está acontecendo na Grã-Bretanha e nos Estados Unidos, pode-se argumentar até que devido ao processo de democratização do Brasil, a inclusão de mais jogadores na mídia e a recente proliferação de novos veículos de comunicação são fatores que sinalizam para um possível crescimento futuro da circulação. Apesar das crises financeiras que atingiram a mídia e a concentração dos meios de comunicação, o mercado de mídia que emergiu nos anos 90 possui potencial mais democrático do que no passado. Certos aspectos do meio, no entanto, precisam ser fortalecidos e ampliados para que a mídia brasileira possa cumprir mais integralmente as exigências democráticas que lhe são feitas.

A questão que surge é como fazer para democratizar mais esses novos espaços, criando mecanismos para corrigir falhas de mercado e garantindo, assim, mais diversidade e debate ao meio. Evidente que a exclusão de certos públicos como leitores dos jornais de qualidade, devido a um baixo poder econômico e nível educacional, é um fator que a mídia por si só não tem capacidade de corrigir. Isso só pode ser revertido se o Brasil conseguir reduzir as desigualdades econômicas e dar um salto na inclusão educacional e na criação de uma educação de maior qualidade. A mídia só pode, então, se dirigir a um público de massa bem-informado se houver crescimento significativo das taxas socioeconômicas e dos níveis de educação, permitindo assim a inclusão de segmentos maiores da população num mercado de massa propriamente dito. A mídia pode contribuir através da mediação do debate público, pressionando para o maior avanço do processo democrático e lutando para que se cumpram as exigências liberais democráticas, e assim ganhando mais independência.

QUESTÕES DE TEORIA E MÉTODOS

ASSUNTOS METODOLÓGICOS

Este livro favoreceu o paradigma empírico, interconectando discursos midiáticos com rotinas jornalísticas organizacionais e situando-as na arena das idéias dominantes que circularam na sociedade brasileira durante os 18 anos cobertos aqui (1984-2002). Os estudos de caso das campanhas políticas e presidenciais examinados são: a) a campanha das Diretas-Já de 1984, que exigiu o retorno de um governo democrático; b) as eleições presidenciais de 1989, a primeira desde o final do regime militar, e o *impeachment* de 1992, que veio logo depois; c) as eleições presidenciais de 1994, que elegeram o sociólogo e intelectual Fernando Henrique Cardoso e d) a disputa histórica de 2002, na qual pela primeira vez um governo de centro-esquerda assumiu o poder pelas mãos do ex-sindicalista Luiz Inácio Lula da Silva. Foi investigado aqui como a imprensa influenciou o resultado desses eventos políticos e as formas como ela foi pressionada pela realidade socioeconômica e política da época.

Foi adotada uma metodologia qualitativa neste trabalho, com limitado enfoque na quantificação, para poder estabelecer melhores generalizações e identificar certas tendências temáticas e políticas. Dada a complexidade dos temas tratados aqui, a opção adotada foi utilizar a metodologia qualitativa, interconectando a análise dos textos midiáticos com a participação e a observação das indústrias da grande mídia, e ainda com as práticas de produção jornalística. Procurou-se, também, discutir as mudanças sociopolíticas ocorridas no país, indo além do exame tradicional dos termos lingüísticos utilizados nos textos da mídia. Os textos não podem ser examinados isolados das influências externas. Por esse motivo, adotou-se uma estratégia mais complexa para investigar esses textos midiáticos, indo além da indagação sobre como as palavras expressam certos valores, normas ou preconceitos. Em vez disso, a análise de palavras, frases e títulos está interligada a argumentos com as histórias contadas nas matérias, os julgamentos editoriais feitos pelos jornalistas e o determinado contexto socio-econômico e político no qual essas matérias estavam inseridas.

A análise quantitativa de conteúdo foi utilizada num estudo de caso particular, como forma de explorar o deslocamento dos discursos do campo político para o econômico, à luz do impacto no resultado das eleições de 1994. A análise quantitativa, no entanto, tem os seus limites. Esse método permitiu identificar as tendências das campanhas políticas e os temas enfatizados pela mídia na campanha de 1994 (i.e. o real, a pobreza, as greves) e também ajudou a apontar os momentos de preconceito ideológico. As categorias "negativo", "positivo" e "neutro" foram usadas de forma limitada para examinar esses exatos preconceitos ideológicos, embora tenha sido mantida uma distância crítica em relação a esses termos. Defende-se aqui que um discurso "neutro" pode ser entendido como excludente de elementos "negativos" ou "positivos". Ele pode ser visto como um discurso com frases sem grau de partidarismo, fracas em compromissos ideológicos e que conseguem, de alguma forma, equilibrar a informação de grupos de interesse opostos. Isso é um contraste aos discursos negativos e positivos, que se apóiam em determinados alinhamentos e simpatias pessoais e político-ideológicas.

Portanto, se ambas categorias, positiva e negativa, bem como os discursos neutros, são utilizadas pelos jornais de forma equilibrada quando surge um debate sobre algum candidato político ou partido, é possível dizer que um balanço ou um equilíbrio foi tentado na cobertura, ou até que isso foi de fato conseguido. Dito isso, dada a ambigüidade dos discursos midiáticos e a subjetividade inerente ao próprio ato de colocar certos textos em categorias específicas, a análise de conteúdo realizada aqui não ficou sem seus problemas no que tange ao processo de fazer julgamentos sobre determinadas unidades semânticas. Devido ao caráter polissêmico dos textos midiáticos e às dificuldades encontradas em definir o que constitui exatamente um discurso "neutro", em alguns casos foi feita uma segunda interpretação da unidade de análise depois de um breve período de intervalo. Assim, a validade dessa análise de conteúdo precisa ser julgada não contra uma "leitura mais verdadeira" dos textos, ou em relação à segurança das frases destacadas, mas em termos do assentamento desses textos nas principais hipóteses levantadas.

Como Fairclough (1995; 184) destaca, Bourdieu (1991) descreveu o discurso político como palco de disputas externas e internas: uma para sustentar um discurso político coerente dentro de uma estrutura interna e outra para constituir um público e uma base de apoio para este mesmo discurso político, ou seja, os indivíduos e as instituições associadas a ele. Nos estudos de caso apresentados aqui, mostra-se que as disputas políticas em torno de determinados discursos foram realizadas por diferentes grupos da sociedade brasileira, durante esses anos todos, em meio ao conflito e à contradição; aponta-se, ainda, como certas perspectivas e discursos, como por exemplo a necessidade de maior participação política e inclusão social, começaram a ser legitimizados de eleição em eleição.

Foram usadas algumas das idéias de Foucault (1972) sobre a importância de o discurso ser situado no devido contexto histórico, vendo assim uma relação entre o discurso, a representação e o conhecimento, de maneira que a "verdade" seja vista como significando algo que esteja de acordo com a especificidade do determinado contexto histórico. Defende-se aqui, portanto, que os discursos e as formas de conhecimento são produzidos em certos períodos, e que diferem de uma fase para outra sem uma necessária continuidade entre eles. Esse parece ser o caso do período de 18 anos coberto neste livro, que não viu sempre o desenvolvimento contínuo de idéias progressistas. Casos de corrupção no governo Lula, por exemplo, emergiram em 2005, indicando que essas práticas ainda estão enraizadas nas estruturas de poder do Brasil, independente da ideologia política. Muitas não foram enterradas com o passado autoritário do Brasil. Portanto, apesar de aparentemente existir uma linha de continuidade entre os eventos nestes últimos 18 anos, e que aparentemente são ressaltados, o período investigado aqui foi de eterno retorno a velhos vícios de corrupção e a práticas ideológicas na mídia.

Fairclough (1992) vê uma proximidade entre a mudança social e o discurso. Ele defende a democratização dos discursos da mídia, o que é endossado aqui. Essa posição, no entanto, é menos um problema lingüístico e mais um fator relacionado ao tipo de *práticas discursivas* assumidas pela mídia diariamente; como a necessidade de se colocar ênfase na rearticulação das suas ações, algo que pode ser feito por exemplo através do fortalecimento maior das práticas profissionais e da autonomia jornalística em detrimento da excessiva politização do noticiário e da comercialização. Não se acredita aqui no objetivo de meramente apontar discursos oprimidos pelos "discursos dominantes", que supostamente existem em todos os textos. Sem dúvida, diferentes variações de discurso existem na mídia. Não se pode assumir uma divisão simplista entre "ideologia dominante" *versus* "alternativa". Ideologia é ainda um termo altamente contestado. Não se pretende discutir o seu significado aqui. Em vez disso, deu-se preferência à palavra discurso. Dito isso, é importante enfatizar que a ideologia pode ser vista como algo que reúne uma série de valores, ora tomados como fatos consumados ou não, aparecendo ou como fato ou como opinião (por exemplo: as mulheres são fisicamente mais fracas que os homens). Esses discursos podem ser articulados na mídia através de estratégias textuais complexas e competidoras entre si; em outras palavras, através de variações diferentes de *discurso*.

O tipo de análise de discurso adotado não foi baseado somente no texto. Foram examinados discursos contraditórios presentes em contextos socioeconômicos e políticos específicos, interligando-os a diferentes interesses sociais e identificando como foram articulados na esfera pública midiática. O foco se deu no que estava ausente e presente no texto e no impacto de fatores externos, como as ideologias de jornalismo profissional nos discursos midiáticos.

Da mesma forma que a análise de discurso utilizada pelo Glasgow University Group (GUMG), também foi investigada uma série de discursos presentes na sociedade brasileira sobre questões políticas, econômicas, movimentos sociais e a cultura nacional. No exame sobre o conflito do Oriente Médio, por exemplo, os acadêmicos do grupo de Glasgow adotaram uma análise temática. Eles afirmaram que uma série de suposições compartilhadas por um grupo sobre um evento em particular competiu com várias outras idéias de outros grupos. Argumentaram ainda que certos valores de um grupo específico tentam explicar o mundo enquanto justificam sua própria posição dentro dele, em contraste com outros, que buscam entender o mundo de forma diferente. Essa concepção particular guiou este trabalho: uma diversidade de narrativas sobre a política brasileira e a história e a sociologia do Brasil, relacionando *assim* os resultados apurados aos discursos competitivos sobre esses temas que dominaram o debate no país nas últimas décadas.

Grande parte da literatura discutida aqui é norte-americana ou européia, mas o trabalho empírico é focado especificamente no Brasil. Ele e o resultado de uma pesquisa de campo intensiva que durou de seis a oito meses no país, realizada principalmente entre os meses de dezembro de 2003 a junho de 2004; inclui a pesquisa de arquivos históricos nacionais, nos quais foram colecionados artigos de jornais e material publicado na grande imprensa sobre as campanhas políticas e as eleições presidenciais do período pós-ditadorial. O material principal foi extraído de quatro jornais nacionais e de duas revistas localizadas no eixo Rio – São Paulo – Brasília (*Folha de S.Paulo, Estado de S. Paulo, O Globo, Jornal do Brasil, Veja* e *Isto É*). Foi produzida uma amostra de matérias específicas para cada estudo de caso, usando técnicas de coleta de dados ao acaso para selecionar o material. Durante o período coberto aqui, foi feita uma pesquisa diária nos jornais diários mencionados, a fim de selecionar o que era considerado relevante sobre os assuntos debatidos em cada campanha. Foi dada importância não ao tamanho da amostra ou à necessidade de se colecionar um número médio de matérias de cada jornal ou revista, mas ao tema explorado no texto e ao impacto que o assunto teve na sociedade brasileira em cada evento político analisado.

As amostras de cada estudo de caso incluem histórias de vários tamanhos e de diferentes formatos noticiosos e gêneros jornalísticos (reportagens, entrevistas, comentários, análises, editoriais, histórias factuais curtas e manchetes). Os assuntos selecionados incluem as negociações de bastidores dos partidos políticos; os debates e as propostas de campanha; os protestos e as demonstrações de rua; os eventos de campanha oficiais e os ataques trocados entre políticos rivais. O foco deste livro está também na forma como as matérias foram construídas. As matérias consideradas mais "objetivas" e mais equilibradas foram selecionadas em oposição àquelas que podem ser vistas como mais ideológicas. A compreensão adotada sobre o que constitui o preconceito é que esta é uma distorção que acaba favorecendo determinados interesses particulares e grupos de poder. Isso se aplica à mídia quando ela não representa, ou ignora, determinados pontos de vista (McQueen, 2003; 105). Ao contrário de Schudson (2004), no entanto, o preconceito aqui é visto como algo menos enraizado nas práticas rotineiras profissionais e mais o resultado de constrangimentos institucionais internos, influências sociais e culturais da visão de mundo dos jornalistas e as diversas formas de restrições externas econômicas e políticas. O preconceito certamente pode ser detectado em várias esferas, incluindo nas estruturas das instituições, nos procedimentos de seleção das notícias e nos valores pessoais dos jornalistas.

O critério utilizado para selecionar os "melhores" e mais precisos textos jornalísticos sobre as campanhas políticas e presidenciais privilegiou: a) matérias com fatos; b) a publicação de pontos de vista opostos em matérias cuja meta era produzir um retrato mais justo ou complexo da situação em questão, e que assim tenta ser uma interpretação crítica coerente do evento; c) *features*, ou matérias de análise, onde há uma ausência de clichês, idéias do "senso comum" ou uma linguagem altamente ideológica (por exemplo, os "vermelhos"); e d) matérias com um tom de debate racional e crítico em oposição aos discursos emocionais e apaixonados. Dito isso, não se descartou totalmente a validade dos discursos apaixonados, ressaltando a significância dos estilos jornalísticos mais militantes que tiveram como objetivo pressionar para o maior avanço da democracia e da correção das injustiças sociais e econômicas.

Os capítulos 2 a 5 contêm a principal parte da pesquisa. Já o Capítulo 6 parte da teoria para debater o papel que os jornalistas tiveram no avanço da democracia. Nele, fundem-se o material das entrevistas com uma análise das reformas de *O Globo*, um jornal que também teve um papel relevante na construção do jornalismo contemporâneo brasileiro. No Capítulo 7 está a conclusão. Todos os capítulos empíricos (2 a 5) incluem bibliografia com mais matérias sobre cada estudo de caso. Da amostra de matérias, incluindo uma média de 900 textos e artigos de cada campanha, foram examinados com mais detalhe aproximadamente 40% a 50% desse total; já os outros textos serviram como material de suporte para as análises.

No Capítulo 2 há a análise do papel que a imprensa e a *Folha de S.Paulo* tiveram na cobertura da campanha das Diretas-Já de 1984. De um total de 871 matérias analisadas, mais da metade veio do jornal *Folha de S.Paulo*. O foco foi o período intenso da campanha, entre novembro de 1983 e abril de 1984. O modo como as manifestações foram retratadas na imprensa e as articulações do movimento receberam atenção particular. A *Folha* foi escolhida devido a seu papel de liderança no endosso à campanha e também porque contribuiu para moldar o jornalismo contemporâneo brasileiro logo depois.

No Capítulo 3 são explorados dois períodos diferentes: as eleições presidenciais de 1989 e o subseqüente *impeachment* de Fernando Collor em 1992. A análise textual crítica utilizada permitiu investigar um total de 1.010 matérias sobre a campanha presidencial e o *impeachment*. Isto incluiu o período de seis meses que começou em junho e terminou em dezembro de 1989, bem como os momentos cruciais do processo de *impeachment*, que começou basicamente no mês de maio e foi principalmente até outubro. O exame dos textos foi feito para avaliar a construção da imagem de Collor na imprensa, seguido de sua queda em 1992, em meio ao crescimento do jornalismo investigativo. Ela justapôs os discursos da campanha de Collor em 1989 àqueles que circularam na imprensa durante aquele ano, e também aos de 1992, incluindo os discursos em torno da privatização, do combate à inflação e da consolidação da entrada do Brasil no mercado global. No Capítulo 4 foram examinadas 1.256 matérias sobre o Real e a eleição de Fernando Henrique Cardoso, com o intuito de debater o deslocamento das formas políticas de *pressão* para a área econômica em meio à expansão da imprensa de mercado no país.

No Capítulo 5 foram analisadas 1.237 matérias das eleições de 2002, na qual venceu o primeiro governo de centro-esquerda desde 1964. Explora a mudança de lado das elites empresariais, que emigraram em direção à aliança capital-trabalho orquestrada por Lula; examina a forma como a imprensa conseguiu produzir uma cobertura mais equilibrada, apesar das restrições impostas pelo mercado financeiro. O total de matérias de cada estudo de caso está na tabela a seguir:

Tabela 1.1 – Matérias das campanhas políticas

Capítulo 2	871
Capítulo 3	1.013
Capítulo 4	1.256
Capítulo 5	1.237
Total de matérias	4.377

Foram realizadas 30 entrevistas de maior profundidade com um grupo de jornalistas envolvidos profissionalmente com os eventos políticos debatidos aqui. Entrevistas informais e anônimas também foram conduzidas com outros oito profissionais os quais serviram como material de apoio para as deliberações. Em sua maioria os jornalistas entrevistados são profissionais de prestígio que tiveram papel significativo na definição do jornalismo brasileiro, tendo influenciado a vida política e social do país tanto no período contemporâneo como nos anos da ditadura. Muitos trabalharam como correspondentes políticos, diretores de redação e colunistas durante as campanhas presidenciais, enquanto outros foram assessores de imprensa do governo. A maioria pertence a um grupo privilegiado de profissionais de elite do jornalismo brasileiro. Eles são representativos do sistema de mídia brasileiro dada a sua influência pessoal e profissional e ao prestígio que gozam junto às elites empresariais e governamentais que tomam decisões no Brasil. Estes jornalistas eram os que mostraram maior interesse e vontade de participar desta pesquisa, em contraste com outros que ocupam posições mais subordinadas na hierarquia da mídia, e que no geral se sentiram constrangidos ou incapazes de falar.

O contato com os jornalistas foi feito por e-mail, telefone ou com a colaboração de outros jornalistas. A maioria das entrevistas foi realizada entre dezembro de 2003 e julho de 2004, e as últimas em dezembro de 2004, janeiro e agosto de 2005. As datas estão incluídas na Bibliografia. As entrevistas foram realizadas geralmente no local de trabalho dos entrevistados e sempre foram gravadas. O intervalo entre o contato inicial e a entrevista variou de algumas semanas, no geral, a meses. Somente sete de um total de 38 entrevistas foram feitas por e-mail, devido às dificuldades de agenda. As questões foram preparadas levando-se em consideração as experiências profissionais de cada um. As entrevistas tiveram o tempo médio de 120 minutos e foram transcritas e resultaram num total de 178 páginas corridas. A Tabela 1.2 mostra o número total de jornalistas entrevistados e a Tabela 1.3, a porcentagem de entrevistas realizadas:

Tabela 1.2 – As entrevistas

Editores-chefes	7
Assessores de imprensa	4
Colunistas	13
Acadêmicos	6
Repórteres	8
Total	38

Tabela 1.3 – Respostas dos jornalistas

Entrevistados	38	81%
Recusaram	0	0%
Sem resposta	9	19%
Total	46	100%

INFLUÊNCIAS TEÓRICAS

O pensamento influenciado pela crítica da economia política está correto em sublinhar a importância de se analisar as dimensões econômicas dos sistemas de mídia e as desigualdades em suas estruturas. Assumindo, no entanto, uma linha mais crítica do pluralismo liberal, defende aqui a validade de aplicação dos valores do liberalismo clássico no jornalismo, sem os considerar defasados. Ao mesmo tempo, há de se reconhecer os limites impostos à autonomia jornalística, o que na verdade faz parte da realidade atual de qualquer meio de comunicação em toda sociedade capitalista. Como mencionado anteriormente, o consenso sociopolítico e econômico predominante de uma dada sociedade pode funcionar para constranger ou impedir o funcionamento total dos ideais democráticos da mídia, o que não é o suficiente para descartar a validade dos valores liberais democráticos e a aplicação deles no jornalismo. Está clara aqui a preocupação com os problemas de contestação e reafirmação das idéias predominantes no Brasil e com as questões de distribuição dos recursos políticos e econômicos. Foi dada ainda ênfase às *maneiras* como as organizações de mídia podem contribuir, e como contribuíram, para a mudança social e política, além do papel assumido pelos jornalistas em tal processo.

Neste livro, portanto, há a obrigação de se posicionar em relação à própria "objetividade". Evidentemente, o exame conduzido aqui não é um ato desinteressado. No entanto, procurou-se minimizar a "subjetividade" para poder explorar as complexidades da realidade da forma mais correta, exata e apropriada possível, admitindo que vários interesses estão em jogo e falando mais a favor de um amplo projeto socialdemocrata para o Brasil, inserido dentro de uma visão de mundo que se poderia classificar de centro-esquerda liberal, do que defendendo algum determinado programa partidário. Pois ser politicamente motivado ou consciente não quer dizer necessariamente que o autor está assumindo uma posição partidária ou de afiliação a algum partido. A política como um todo não deve ser entendida como algo reservado exclusivamente para os partidos, mas como um macrocampo de batalha em que grupos lutam e competem entre si para apresentar as suas visões de mundo em nome de interesses coletivos ou até individuais. Isso não quer dizer que não é importante discutir o impacto que partidos como o PT e o PSDB tiveram na sociedade brasileira e na política nas últimas décadas – e o relacionamento deles com a grande mídia. Mas o interesse acadêmico neste tema está relacionado principalmente ao nosso desejo, como cidadãos e profissionais, de ver uma democracia mais inclusiva no Brasil, o desejo de ver uma melhoria no sistema político e nas práticas políticas, bem como a vontade de contribuir para a construção de um setor comunicacional que possa atender melhor às demandas democráticas.

Eu estou ultimamente interessada nas relações de poder, principalmente entre o campo de consenso macro sociopolítico dos determinados períodos em questão e a sua relação com os microníveis da atividade jornalística. Uma série de teóricos influenciou a minha perspectiva de economia política. Certos aspectos do trabalho de Foucault (1975, 1980) e de Habermas (1992, 1997) foram utilizados, assim como as teorias de acadêmicos como Hallin (2004), Waisbord (2000), Curran (2001) e Baker (2002). A literatura brasileira consultada incluiu o trabalho de autores como Lins da Silva (1982), Marques de Melo (2003), Da Matta (1979),

Kucinski (2000) e Bucci (2000). Este trabalho pretende contribuir assim para a escassa literatura internacional sobre sistemas de mídia não anglo-americanos e também para o trabalho de pesquisadores como Waisbord (2000) e Hallin (2002), que chegaram a analisar o funcionamento dos meios de comunicação na América Latina e na Europa do Sul. Essa pesquisa também pode contribuir para escolas diferentes do pensamento brasileiro, como o debate sobre a cidadania e a relação entre a mídia e a política.

A deliberação sobre até que ponto a imprensa cumpriu os ideais democráticos ainda permanece um assunto vital para examinar, considerando que a mídia está inserida num país que só recentemente começou a fortalecer o seu caráter democrático, e que ainda precisa lidar mais abertamente com os problemas da desigualdade econômica e social, bem como com a corrupção política. Parece essencial debater até que ponto a imprensa brasileira contribuiu para avançar a democracia, e mais importante ainda, como isto foi feito e quais foram as contribuições realizadas, salientando os pontos que precisam ser fortalecidos para se construir uma imprensa mais livre, representativa e independente para o país.

2. JORNALISMO DE MERCADO EM BUSCA DA DEMOCRACIA: UMA ANÁLISE DA *FOLHA DE S.PAULO* E A COBERTURA DAS DIRETAS-JÁ

INTRODUÇÃO

A campanha das Diretas-Já, de 1984, marcou profundamente a história brasileira. Menos pelo fato do movimento cívico não ter sido bem-sucedido ao exigir o retorno da democracia representativa civil, e mais porque ofereceu um desafio inquestionável à continuidade da ditadura militar (1964-85) no país, servindo como catalisador para o fim de um regime autoritário que começava a entrar em definitiva decadência. Manifestações cívicas em massa exigindo Diretas-Já ocuparam as principais ruas das capitais do Brasil durante os últimos meses de 1983 e os primeiros de 1984. As marchas tinham como objetivo principal pressionar os deputados a aprovar no Congresso, em 25 de abril de 1984, a emenda constitucional de Dante de Oliveira, restabelecendo as eleições diretas para presidente. A emenda foi rejeitada, deixando vários segmentos da população e representantes da sociedade civil frustrados. A campanha das eleições diretas pode então ser vista como um movimento crucial na luta para acelerar a queda do regime militar. Muitos setores da sociedade finalmente acordaram de seu longo sonho nos primeiros meses de 1984 para exigir o fim da ditadura.

Apesar de ter sido oficialmente anulada, a censura de Estado sobre a mídia ainda era utilizada. Em 1984, ela parecia ser uma sombra escondida em todas as redações. Devido aos temores, a maioria da grande imprensa se engajou inicialmente de forma tímida na campanha das Diretas-Já, com uma tendência a reproduzir os pontos de vista do regime e a de se atrelar aos discursos oficiais, apoiando o movimento cívico basicamente nos últimos meses. O jornal *Folha de S.Paulo* emergiu como o primeiro grande diário a explicitamente levantar a bandeira a favor das eleições diretas, ao assumir uma posição militante e ativa destacada na época em relação aos outros jornais, principalmente devido às críticas agressivas ao *establishment* militar.

Outros grandes veículos de comunicação como os jornais *Estado de S. Paulo* e *O Globo* hesitaram mais, decidindo apoiar as eleições diretas pouco antes do voto no Congresso. Como a *Folha*, mas com menos empenho, revistas como *Veja* e *Isto É* também endossaram o movimento, como maneira de sinalizar para o público que estavam cortando os laços com a ditadura militar. A *Folha* viu no apoio uma oportunidade para se capitalizar jornalisticamente. Mesclando pragmatismo de mercado com interesses políticos e econômicos, optou por explorar o vácuo deixado na grande esfera pública midiática, anteriormente ocupado principalmente por fontes tradicionais militares e empresariais. O jornal começou então a se apresentar como um novo tipo de porta-voz da *intelligentsia* brasileira.

Em competição com o rival mais conservador – o *Estado de S. Paulo*, que durante o final dos anos 70 havia se erguido como o principal jornal do país, apesar de ter apoiado, sem grande entusiasmo, o golpe militar de 1964 – a *Folha* abandonou a posição passiva em relação à ditadura. Dos anos 70 em diante, começou a adotar uma linha editorial de confronto, defendida em meio aos compromissos assumidos pelo regime de promover uma transição lenta e gradual de volta à democracia civil.[4] Neste contexto, a cobertura das Diretas-Já pela *Folha* marcou o pico de seu engajamento com o jornalismo militante político. Com isso, conseguiu criar os meios para pavimentar sua posição como o diário político mais influente do país. A *Folha*, como a maior parte da grande imprensa, deu apoio ao golpe militar de 1964 e a deposição do então presidente João Goulart, um político que planejava realizar reformas sociais controversas no país. Os anos da ditadura viram, portanto, o alinhamento da maior parte da mídia com o regime, com a imprensa alternativa funcionando como palco da resistência militante (Alzira de Abreu, 2003; Waisbord, 2000). A grande imprensa, no entanto, também lutou contra a censura e

4 A abertura do regime ocorreu em meio às tensões entre os militares da linha-dura que temiam a subida da oposição e os setores mais moderados que eram favoráveis ao aceleramento do retorno à democracia. O governo de Ernesto Geisel (1974-79) foi o responsável por tirar as leis de censura impostas à imprensa e as medidas repressivas do Ato Institucional de 1968 (AI-5), criadas no ano que inaugurou a fase mais negra da ditadura.

chegou a brigar com os generais durante todos esses anos, o que será examinado no Capítulo 6.

Apesar de a censura ter acabado em 1984 e o país ter entrado numa fase de transição, temores em relação ao retorno dessas práticas repressivas eram realidade. As ações dos jornalistas estavam limitadas pelas rotinas de autocensura e pelo possível retorno de uma censura explícita. Muitos jornalistas ou se engajavam no jornalismo militante, ou reproduziam as visões oficiais que reafirmavam os medos dos generais de um retorno rápido à democracia. Outros viram a oportunidade para usar as páginas da mídia para pressionar por mudanças. Este capítulo disseca, portanto, a cobertura da campanha das Diretas-Já realizada pela imprensa escrita à luz desta perspectiva específica.

A cobertura da *Folha* aparece aqui como o estudo de caso principal deste capítulo. Os seis meses da campanha realizados antes da rejeição da emenda Dante de Oliveira, no dia 25 de abril de 1984, são explorados criticamente. A análise textual contou com um total de 871 matérias jornalísticas sobre o movimento, incluindo 378 textos e artigos dos jornais *Folha de S.Paulo*, 342 do *Globo*, 74 de *O Estado de S. Paulo*, 70 do *Jornal do Brasil*, 15 das revistas *Veja* e 12 da *Isto É* (Tabela 2.1). Esta investigação cobre o período de novembro 1983 a abril de 1984, e se concentra principalmente na última fase da campanha.

Tabela 2.1 – Matérias das eleições diretas

Imprensa	Matérias
Folha de S.Paulo	378
O Globo	342
Estado de S. Paulo	74
Jornal do Brasil	70
Veja	15
Isto É	12
Total	871

Este capítulo debate a dimensão do impacto que a grande imprensa teve e, em especial, a cobertura da *Folha* no avanço da democracia; discute as reformas realizadas pelo jornal em 1984, e como estas contribuíram para moldar o atual jornalismo contemporâneo brasileiro. Há bastante controvérsia em relação às contribuições realizadas pela *Folha de S.Paulo*. Críticos radicais (Carta, 1988; Arbex Jr., 2001; Kucinski, 1998) sugeriram que a cobertura da *Folha* foi pura estratégia de *marketing*, um "projeto democrático para o mercado". Essa afirmação é parcialmente verdadeira, embora o assunto seja muito mais complexo e mereça ser mais bem examinado. Uma análise mais detalhada merece ir além do preconceito de mercado, levando em consideração narrativas históricas e as influências que elementos socioeconômicos e políticos tiveram sobre o jornalismo, bem como as múltiplas culturas jornalísticas nas redações e os diferentes projetos democráticos para o país.

Sem dúvida, a *Folha* soube, talvez melhor do que qualquer outro órgão, fazer uso das divisões que emergiram nos grupos das elites da sociedade brasileira em relação ao futuro do país. Certos grupos, entre eles intelectuais e políticos de centro-esquerda, representantes da sociedade civil, de sindicatos, de alguns setores do mundo empresarial, bem como segmentos de uma classe média desiludida, perceberam que o ciclo do regime militar havia chegado ao fim. A *Folha de S.Paulo* também acreditava que a mudança era necessária, e logo entendeu que o jornal só iria prosperar de fato numa sociedade capitalista avançada inserida numa lógica liberal de mercado (Lins da Silva, 1988; Novelli, 2002).

Este trabalho teve início com a reconstrução da campanha, examinando as diferentes fases do movimento e a posição ambígua tomada pelos generais militares. A segunda metade deste capítulo olha para a cobertura da *Folha*, mesclada com um exame crítico das particularidades do modelo de jornalismo opinativo do diário à luz do compromisso com o seu projeto editorial de 1974. Segue-se depois uma deliberação sobre as reformas pró-mercado conduzidas pelo jornal que, como veremos, não representaram uma ruptura total com as ações do passado. Após as Diretas-Já, a *Folha* deixou de lado o jornalismo mais opinativo para atender às demandas de mercado, consolidando-se dentro do modelo de jornalismo comercial norte-americano. O sucesso da cobertura elevou a circulação do jornal, ao atrair novos grupos de leitores entre diversos setores da sociedade brasileira. O número de leitores cresceu, expandindo-se para além dos representantes da sociedade civil organizada e as elites intelectuais, militares e empresariais.

Em analogia ao argumento de Habermas (1989) sobre o declínio da esfera pública em meio ao crescimento da imprensa comercial, pode-se dizer que as mudanças da *Folha* foram um reflexo tanto da evolução da imprensa como da esfera pública naquele momento particular na história do Brasil. De forma semelhante à discussão de Hallin (1994) sobre a transformação da imprensa norte-americana de veículos de debate político nos séculos 18 e 19 para empreendimentos comerciais jornalísticos, um fato que paradoxalmente democratizou o mercado dos jornais, as reformas de 1984 da *Folha de S.Paulo* tiveram dupla função. Democratizaram o acesso aos jornais de qualidade mas, ao mesmo tempo, indicaram que uma ameaça poderia surgir em relação à expansão dos valores de cidadania no jornalismo. Entretanto, antes que esse debate seja explorado em maior detalhe, é necessário avaliar o significado da campanha das Diretas-Já para entender melhor os motivos que levaram a *Folha* a ganhar por ter apoiado o movimento.

"EU QUERO VOTAR PARA PRESIDENTE!": DISSECANDO AS DIRETAS-JÁ

Historiadores brasileiros e sociólogos argumentam que a campanha das Diretas-Já representou o acordar inicial da sociedade civil brasileira e da opinião pública após um longo período de relativo silêncio. Alguns protestos famosos, como a manifestação de cem mil pessoas, que reuniu artistas e intelectuais no Rio de Janeiro em março de 1968, conseguiram quebrar esporadicamente a relativa imobilidade que havia predominado durante a maior parte dos anos da ditadura. A campanha das Diretas-Já, portanto, contribuiu, junto com as eleições indiretas para presidente de Tancredo Neves, em 1985, para colocar um final definitivo ao regime militar (Abreu, 2003; Lamounier, 1990). O movimento ganhou em peso após uma sociedade civil organizada e consciente ter se unido, deixando as suas diferenças de lado, com o objetivo de formar uma plataforma suprapartidária capaz de favorecer um retorno à democracia política representativa, e promover ainda maiores mudanças sociais, políticas e econômicas. De novembro de 1983 até abril de 1984, as capitais do Brasil foram transformadas em palcos para o cumprimento de importantes papéis de participação cívica. Aproximadamente 4,7 milhões de pessoas chegaram a invadir as ruas durante esses meses para exigir eleições diretas para presidente (Rodrigues, 2003).

O movimento das Diretas-Já foi o resultado de disputas anteriores, como o movimento da anistia de 1979, que culminou com a assinatura de uma lei de João Baptista Figueiredo (1979-85)[5] autorizando a volta de ativistas políticos exilados para o Brasil. Ela também refletiu o crescimento da influência política do partido de oposição, o MDB (Movimento Democrático Brasileiro), que desde 1972 havia declarado a intenção de lutar pela libertação de prisioneiros políticos, o estabelecimento de uma Constituição e o retorno à democracia civil representativa.[6] O movimento das eleições diretas também ganhou força em meio às divisões que estavam sendo criadas no corpo das elites do país em relação à continuidade do regime militar. De um lado estavam políticos representantes das tradicionais oligarquias autoritárias, uma elite militar e empresários conservadores; e de outro, uma geração mais jovem e mais progressista composta por políticos, empresários, sindicalistas e estudantes, bem como uma classe média desapontada com o milagre econômico militar. Esses grupos começaram a prever o colapso do regime militar, e logo iniciaram as articulações para acelerar a volta da democracia.

Vastos segmentos das classes média ficaram insatisfeitos com o declínio do "milagre econômico" (1967-73), baseado numa fórmula que culminou em crescimento da dívida externa e no

5 Figueiredo avançou a estratégia de abertura do regime que começou durante o governo Geisel. Eleições diretas para governo dos estados foram estabelecidas em 1980. Essas medidas irritaram os militares da linha-dura, que começaram a realizar campanhas de seqüestro e a bombardear agências de notícias que vendiam jornais alternativos.

6 O sistema de dois partidos – o oficial Arena e a oposição autorizada MDB – foi imposto pelo regime militar em 1965 e alterado em 1979 para o sistema multipartidário. Novas regras eleitorais permitiram a existência de cinco partidos (PT, PDT, PTB, PMDB e PDS): os primeiros dois ocuparam o espaço da esquerda, o PTB e o PMDB, o centro e a centro-esquerda, e o PDS, a ex-Arena, a direita.

controle rígido dos salários dos trabalhadores. O regime militar havia criado um modelo econômico estatizante que dependia da substituição das importações e dos subsídios do Estado. O declínio do "milagre econômico" em 1973 começou a suscitar ataques ao regime. As duas crises do petróleo (de 1973 e 1979) multiplicaram os preços dos barris. Nos países industrializados, a inflação foi crescente, e em 1983 era de aproximadamente 11% ao ano no Brasil. Durante os anos de "milagre econômico" a repressão governamental foi mais forte, com ataques proferidos contra vários movimentos de resistência. Apesar de o repressor AI-5 (Ato Institucional Nº 5) ter sido suprido por Ernesto Geisel em 1978, a Lei Nacional de Segurança foi mantida, o que permitiu o confisco de material impresso. O ano de 1977 foi, portanto, de choques, tanto de medidas repressivas ditadas por Geisel como pelo Pacote de Abril, implementado para impedir o fortalecimento da oposição, como grupos organizados da sociedade civil e sindicalistas, os quais pressionavam por mudanças. O movimento sindicalista se fez presente pela primeira vez desde 1964, com Luiz Inácio Lula da Silva surgindo como o líder das greves organizadas em 1978 e 1979 por um grupo de metalúrgicos de São Bernardo e Diadema.

A campanha das eleições diretas foi orquestrada como uma estratégia política no começo de 1983. Em março desse ano, o Congresso Nacional reabriu com uma nova representação que equilibrava deputados da oposição com governistas. Logo depois, a emenda Dante de Oliveira foi aprovada entre deputados do PMDB, com o partido lançando a campanha no dia 15 de junho. Oito governadores da oposição ratificaram o movimento integralmente a partir de outubro, produzindo material de propaganda e organizando reuniões com representantes da sociedade civil para preparar os protestos. Mobilizações cívicas nas cidades de São Paulo, Rio de Janeiro e Porto Alegre contaram com a participação inicial de um pequeno grupo de pessoas, por volta de 20 mil. A primeira, realizada na praça Charles Miller no dia 27 de novembro de 1983, no Pacaembu, em São Paulo, foi um exemplo. Depois, os números oscilaram entre 250 mil a quase 1 milhão de pessoas em abril de 1984, mês que acabou representando o pico da força do movimento e de sua aceitação entre vários setores da sociedade brasileira.

De janeiro de 1984 em diante, as diretas deixaram a arena dos partidos políticos para tomar as ruas. Representantes de cerca de 70 grupos da sociedade civil, incluindo setores progressistas da Igreja e Bispos da CNBB (Confederação Nacional dos Bispos do Brasil), a OAB (Ordem dos Advogados do Brasil), o movimento estudantil da UNE (União Nacional dos Estudantes), partidos comunistas procurando a legalização (PC do B e PCB) e líderes sindicalistas representados pela CUT (Central Única dos Trabalhadores) apoiaram a campanha com entusiasmo. O PT, o PMDB, o PDT e seus líderes, Lula, Ulysses Guimarães, Tancredo Neves, Mário Covas, Fernando Henrique Cardoso, Franco Montoro e Leonel Brizola, começaram a adquirir visibilidade nacional, estimulando a mobilização da sociedade e trabalhando para unir grupos de interesses diversos. A reação dos generais militares às mobilizações cívicas logo mudaram da propensão à negociação para o puro ódio. Inicialmente, personagens-chave do círculo militar não tinham descartado a possibilidade de eleições diretas para presidente, confirmando vagamente a possibilidade de um pleito para 1988 ou 1990. No dia 16 de novembro, Figueiredo deu uma entrevista, afirmando que defendia as eleições presidenciais diretas, mas considerava que seu partido, o PDS, não iria apoiar a medida.

A aprovação do projeto de Dante no Congresso acabou sendo sufocada pelo regime militar. Muitos deputados do PDS se abstiveram de votar. Um projeto presidencial foi depois apresentado para aprovação no mesmo momento em que a emenda de Dante, propondo eleições diretas para 1988. Figueiredo também impôs medidas repressivas no Distrito Federal a partir do dia 18 de abril, impedindo a filmagem da capital de Brasília sem autorização governamental. Portanto, durante toda a campanha das Diretas-Já, o governo estimulou um clima de ansiedade e de medo na população brasileira. Eles condenaram a participação no movimento, afirmando que aqueles que faziam parte da campanha eram um "bando de comunistas e perdedores". O regime militar, portanto, temia um retorno rápido à democracia e uma subida da esquerda, o que para eles significava que poderia haver uma possível represália das ações repressivas cometidas durante a ditadura. Assim, a rejeição da emenda Dante de Oliveira acabou por legitimar a tese das eleições indiretas, garantindo a próxima fase de negociação entre os segmentos mais moderados da oposição com os *players* mais moderados do regime.

As eleições indiretas acabaram dividindo a oposição. O nome do político mais moderado, Tancredo Neves, apareceu como o único capaz de agradar tanto setores militares, como a oposição, sendo usado finalmente para consolidar a gradual transição para a democracia. Numa decisão altamente criticada, o PT votou contra a eleição indireta de Tancredo Neves. No que pareceu ser uma ironia do destino, Tancredo morreu no dia 21 de abril de 1985, sem ser empossado. O vice-presidente José Sarney, um político do PDS que havia servido como negociador, e que representava na aliança uma certa continuidade dos interesses anteriores, ocupou a vaga de Neves. Este fato acabou fazendo a transição para a democracia civil ser um ato um tanto controlado, como haviam imaginado os estrategistas militares. Os brasileiros teriam de esperar mais alguns anos – até 1989 – antes de poderem votar para presidente.

Um longo ciclo de opressão e ausência de direitos políticos e civis havia finalmente chegado ao fim. No entanto, as esperanças de muitos brasileiros de ver o país avançar na representação política e enfrentar de fato os problemas sociais e econômicos que tanto o assolavam à época foram abaladas com o processo de retorno lento à democracia. A batalha para a inclusão social e o restabelecimento dos direitos civis foi transferida para a arena da Constituição de 1988. O movimento das Diretas-Já, no final, foi derrotado.

A realização da campanha, no entanto, estava longe de ter sido em vão. Refletiu o conflito entre diferentes projetos democráticos e autoritários para o Brasil, bem como as múltiplas posições que começaram a emergir à luz do colapso do regime. Esses interesses múltiplos foram unificados a favor da maior participação política e da inclusão social e econômica, representando, portanto, um desafio à ordem militar autoritária, bem como ao modelo econômico estatizante. E a *Folha* entrou nesse contexto como o principal veículo de mídia economicamente independente o suficiente para mobilizar de forma ativa os diversos segmentos da sociedade brasileira, contribuindo tanto para moldar como para refletir a opinião pública, e assim capitalizar comercial e politicamente com o aceleramento do retorno à democracia.

FOLHA DE S.PAULO: HISTÓRIA E IDENTIDADE

Rebelde, "pós-moderno" ou simplesmente dotado de senso crítico. Essas foram algumas das expressões utilizadas por jornalistas e acadêmicos para descrever a *Folha de S.Paulo*, um dos principais jornais da chamada grande imprensa brasileira, que talvez seja o que melhor vivenciou as contradições das culturas jornalísticas da militância política e da comercialização. O diário começou a ocupar um lugar especial na sociedade e na política brasileira, principalmente a partir dos anos 70, tornando-se um dos jornais mais influentes do país. Rival do diário carioca *O Globo* e do paulistano *O Estado de S. Paulo*, a *Folha* construiu a sua reputação durante os anos 70 e 80, como um jornal liberal que se identificava com o bom capitalismo moderno em prática. Ela tentou se distanciar dos chamados empreendimentos mais pré-industriais, ou seja, daqueles negócios que trabalhavam com uma mentalidade mais provinciana ou que refletiam o autoritarismo brasileiro.[7] O jornal proclamou ter sensibilidade especial em relação às necessidades dos brasileiros, indicando consciência das injustiças sociais; e querer responder às aspirações dos setores mais progressistas da sociedade brasileira. Ao mesmo tempo, se destacava como um jornal que celebrava os poderes do mercado e do capitalismo avançado.

Duas reformas importantes definiram a atual identidade da *Folha*: a editorial de 1974, que resultou numa atitude mais agressiva e questionadora do regime autoritário, e o projeto de 1984, que introduziu a concepção da notícia como um produto

7 O documento da *Folha*, de 1978, enfatizava a linha editorial do jornal, defendendo "melhores condições de vida para a maioria da população através da organização de um regime democrático, liberdade de informação, fortalecimento da sociedade civil [...] mais igualdade na distribuição da renda nacional, apoio à iniciativa privada, submissão da economia ao interesse social e a preservação da cultura [...] nacional" (Lins da Silva, 1998; 46). O documento deve ser inserido no contexto das reformas da *Folha* de 1970, apesar de o texto de 1985 ter destacado também que o objetivo do jornal era "lutar por reformas estruturais [...] capazes de contribuir para fazer a sociedade menos injusta [...] e mais desenvolvida" (citado em Novelli, 2002; 197).

destinado a um determinado público consumidor. Elementos das duas reformas, no entanto, estão ainda bastante presentes hoje no jornal, e estão inseridos profundamente no sucesso da *Folha*, bem como nas suas contradições. As reformas de 1984 definiram a transição do jornal de uma fase mais pré-industrial, marcada por um estilo de jornalismo político-opinativo, de acordo com a linha editorial crítica introduzida pelas reformas de 1974, para o atual modelo de jornalismo popular comercial norte-americano. As transformações realizadas pelo projeto de 1974 culminaram no apoio do jornal à campanha das eleições diretas, o último momento de respiração de um jornalismo autoral antes do engajamento do diário em meados dos anos 80 com a comercialização. No entanto, é um erro entender essas reformas como tendo sido tão distintas e diferentes entre si. Em 1977, por exemplo, o jornal foi pressionado por forças militares, que identificaram "subversivos" trabalhando na redação da *Folha*. Tais pressões forçaram o jornal a demitir o diretor de redação, Cláudio Abramo. Anos depois, o apoio dado pela *Folha* às eleições diretas foi então visto por alguns jornalistas (Conti, 1999) como um avanço em relação ao evento envolvendo Abramo, e também como uma reversão da postura de docilidade anterior do jornal.

Tanto a cobertura das Diretas-Já como o Projeto Folha de 1984 contribuíram para consolidar a identidade do jornal e dar impulso à circulação. A circulação do jornal era de aproximadamente 120 mil cópias diárias em abril de 1984; cresceu para 200 mil em fevereiro de 1987 e ultrapassou 300 mil no final de 1990 (Lins da Silva, 1988; 29; Arbex Jr., 2001; 141). Em 1995, a *Folha* atingiu a posição 150 entre as 500 maiores empresas brasileiras (Waisbord, 2002; 72). De acordo com a Associação Nacional dos Jornais (ANJ), em 2001 a *Folha* estava entre os jornais diários mais lidos do Brasil, atingindo um público de aproximadamente 500 mil pessoas nos dias de semana e quase um milhão aos domingos. Em 2003, o jornal viu uma queda na sua circulação, vendendo cerca de 350 mil cópias diárias durante a semana e 430 mil aos domingos, fato diretamente ligado à crise financeira enfrentada pelas indústrias de mídia, que começou a surgir em meados dos anos 90.

Nos anos 70, o jornal começou a se distanciar da sua imagem anterior um tanto oficialista. Percebendo que o *Estadão*[8] não tinha independência econômica suficiente para confrontar diretamente o regime, a *Folha* resolveu assumir o papel. De acordo com Abreu (2003), círculos militares influentes perceberam que era necessária a mudança da *Folha*. Viam que o jornal era o que podia ajudá-los a mediar a transição para a democracia. A *Folha* também estava consciente de que sua futura expansão dependia de um retorno do país à economia de mercado. "A *Folha* entendia a equação entre o avanço da democracia e a transformação de um capitalismo incipiente para um moderno", disse o jornalista veterano Mino Carta em Lins da Silva (1988; 215).

Abramo foi o responsável por implementar as reformas no jornal, principalmente entre os anos de 1975 e 1977. Ele introduziu certas práticas mais identificadas com a imprensa alternativa, como a inclusão no diário de duas páginas de debate (a seção "Tendência e Debates"), em 1976, que funcionavam como espaços para os oponentes do regime e segmentos da sociedade civil se expressarem. As páginas de tendências e debates estão entre os elementos apontados por Lins da Silva (1998; 47) como exemplos da criação de uma voz "opinativa" no jornal. Em 1978, foi feito o convite para setores da sociedade civil participarem da comissão editorial da *Folha*. Na época, o jornal trabalhava com vários jornalistas de esquerda e outros com ideais de compromisso com o serviço público, incluindo o próprio Abramo, Alberto Dines, Mino Carta, Ricardo Kotscho, André Singer e Clóvis Rossi. Esses jornalistas aproveitaram a luz verde dada pelo regime e pelo jornal, e decidiram utilizar com entusiasmo as páginas do diário para lutar contra a ditadura.

O *establishment* militar brasileiro, portanto, acabaria por ter um papel indireto no estímulo à realização das reformas da *Folha* de 1974, apesar de não ter imposto ou exercido uma ação de controle direto sobre as mudanças, como as disputas entre os jornalistas

8 O *Estadão* tinha um papel mais predominante durante os anos 70, quando o jornal despontava como uma voz crítica em relação ao regime. Ele chegou a publicar uma série de matérias sobre os privilégios de servidores públicos e políticos em Brasília, escrita pelos jornalistas Clóvis Rossi e Ricardo Kotscho. A *Folha* depois tomou a liderança, em meados dos anos 70 para início dos anos 80.

de esquerda da *Folha* com o regime logo mostraram. O general Golbery do Couto e Silva teve uma reunião com o proprietário do jornal, Octavio Frias de Oliveira, no começo de 1974. Argumentou que o Estado de São Paulo precisava de outro jornal de influência política com condições de competir com o *Estadão* (Abreu, 2003). Otavio Frias Filho, atual diretor de redação da *Folha* e filho de Frias de Oliveira, admitiu que seu pai teve realmente um encontro com Couto e Silva, que sublinhou o interesse do governo de ter dois jornais fortes em São Paulo. Frias Filho enfatizou que esta conversa se resumiu a este fato somente: "Golbery não propôs nada para meu pai. Essa reunião não foi a causa das reformas da *Folha* e não a determinaram. Ele apontou para elas, e meu pai entendeu que eles estavam querendo promover a abertura do regime. E isso portanto ajudou a dar impulso às mudanças na linha editorial da *Folha*... Foi um sinal favorável do contexto político da época".

No início dos anos 80, os jornais enfrentavam uma série de dificuldades para conduzir reportagens políticas críticas sobre o momento político do país. As culturas jornalísticas do profissionalismo e do equilíbrio eram fracas nas redações, com os jornais agindo principalmente de acordo com a linha política e econômica ditada pelo governo. O jornalismo militante estava mais associado à imprensa alternativa e era uma atividade restrita na grande mídia. O *Estadão*, por exemplo, começou a se situar no campo oposicionista a partir de 1968, mesclando algumas críticas com elogios e conclamando o Brasil para um retorno a suas "raízes liberais" (FGV, 2001). *Veja*, que foi lançada em 1968 por Mino Carta, funcionou durante os primeiros anos como um veículo de resistência esporádica, publicando matérias como a tortura de dissidentes por forças militares (10/12/1969). Mino acabou sendo demitido em 1976 por pressão dos militares. O jornalista veterano Alberto Dines foi tirado à força da redação do *Jornal do Brasil* em 1978, depois de ter desobedecido ordens de censores militares em relação à publicação de matérias controversas.

Mino, que também trabalhou para a *Folha*, mas era diretor da revista *Senhor* em 1984, contou como certos jornalistas, como ele, participaram da organização da campanha das Diretas-Já: "Montoro (na época, governador de São Paulo) estava coordenando um grande protesto e veio falar comigo sobre a grande manifestação do dia 25. Ele disse que eu tinha um bom relacionamento com Lula, que eu devia falar com ele e com o Ulysses. Eu almocei com o Lula num restaurante da Alameda Santos e disse a ele: 'Os caras querem a sua participação'. O ato de São Paulo foi bem preparado...", afirmou Mino. Tal postura militante também foi adotada por vários jornalistas de influência que trabalhavam em redações de grandes jornais. Isso acabou servindo de fator de contraste em relação a outros setores da mídia, que se encontravam tolhidos por diversos constrangimentos, com muitos não tendo a força econômica para confrontar o regime: "*Folha*... tornou-se a vanguarda da grande mídia na defesa do movimento em prol da democracia que havia surgido no país, e que atingiu o seu apogeu durante a campanha das eleições diretas em 1984", escreveu Tascher (1992, 16: citado em Waisbord, 2002; 74). A cobertura das Diretas-Já pode ser vista então como uma continuidade natural das reformas da *Folha* de 1974, e em muitas maneiras ela também representou os últimos momentos deste projeto editorial.

JORNALISMO MILITANTE E DEMOCRACIA NA *FOLHA DE S.PAULO*: UM EXAME DA COBERTURA DAS DIRETAS-JÁ

A cobertura da campanha das Diretas pela *Folha* foi uma combinação única de jornalismo militante com autoral, com o jornal iniciando a construção de um pacto de lealdade com os seus leitores. Certamente, a desilusão de vários segmentos da populaçao brasileira com o regime serviu de combustível para que a *Folha* assumisse um compromisso com a campanha. Uma pesquisa realizada pelo Instituto Gallup, publicada pelo jornal em 17 de julho de 1983, indicou que 76,2% dos brasileiros queriam que o governo e a oposição discutissem as maneiras de solucionar a crise, e que para 40,8% a melhor forma de se fazer isso era através de eleições diretas. A *Folha* publicava os horários e os locais das reuniões, os artigos e opiniões de intelectuais e opositores do regime e ainda dava uma cobertura mais aprofundada das principais manifestações cívicas realizadas pelo país.[9] Como veremos, a

9 Veja Bibliografia, "Artigos e Outros", para matérias principais.

maioria da grande imprensa, talvez com exceção da revista *Isto É*, adotou um tom mais oficialista na cobertura da campanha, com alguns apoiando de fato o movimento pelas eleições diretas nos meses finais (como *O Estado de S. Paulo* e *O Globo*), enquanto outros endossaram a tese, mas por outro lado também se engajaram com o tema através, principalmente, do ponto de vista dos militares (como a *Veja*). Haveria assim enorme espaço para a *Folha* explorar o jornalismo militante para seu benefício próprio.

As matérias da *Folha* analisadas aqui em mais detalhe foram tiradas de momentos-chave da campanha. Elas incluem: a) o lançamento oficial do movimento em São Paulo no dia 27 de novembro; b) a defesa da tese das eleições diretas pelo jornal no dia 1º de janeiro de 1984; c) o protesto realizado na Catedral da Sé de São Paulo no dia 25 de janeiro; d) a manifestação na Candelária do Rio no dia 10 de abril; e e) a rejeição da emenda de Dante de Oliveira no Congresso no dia 25. No dia 27 de março de 1983, a *Folha* publicou um editorial declarando pela primeira vez que iria levantar a bandeira das eleições diretas. A matéria "Apoio à Campanha das Diretas Aumenta Prestígio Político do Jornal", escrita pelo jornalista e ex-porta-voz do primeiro governo Lula (2003-2006), o cientista político André Singer, foi incluída no material preparado pela *Folha* para celebrar o seu 80º aniversário. O texto afirmou que Frias Filho teve a idéia de levantar a campanha na mídia durante uma reunião realizada no jornal no final de novembro. Frias Filho, que estudou Direito na USP e foi influenciado pelo movimento estudantil, não confirmou nem negou a informação.

Ricardo Kotscho, ex-assessor de imprensa do governo Lula, também teve desempenho central na campanha. Kotscho estava trabalhando para o jornal à época e defendeu o envolvimento do diário: "A *Folha de S.Paulo* teve um papel crucial [...] porque foi o primeiro jornal a abraçar as Diretas no final de 1983. A coisa nova no tempo era o fato de que um grande jornal estava embarcando numa campanha [...] Por que a história da imprensa é uma de [...] imparcialidade, o que não aconteceu neste caso. Desde o início ela deu total apoio [...]. A sugestão foi minha. Eu apresentei a idéia no final de 1983 para o meu chefe direto, Adilson Laranjeira, e ele levou-a ao Octavio Frias de Oliveira (dono), que concordou...," disse Kotscho, autor de um livro sobre a cobertura que ele realizou para a *Folha*.

A posição da *Folha* não ficou imune a críticas. Alguns condenaram a decisão do jornal. Ela foi vista como meramente uma estratégia de *marketing* adotada para dar impulso à imagem do jornal como o principal veículo de comunicação que contribuiu para avançar a democracia (Arbex Jr., 2001; Kucinski, 1998; Dines, 2003). O jornal também foi criticado pelo que pode ser entendido como uma ambigüidade ideológica do diário, que posou como mediador entre a sociedade civil e o governo, embora ainda defendesse as leis do mercado. Mas não há ambigüidade aqui. Como afirmou Keane (1998), há uma dependência mútua entre mercados e a sociedade civil e na campanha das Diretas-Já esta relação tornava-se evidente.

Como argumentado anteriormente, o movimento emergiu devido às divisões nos grupos de elite em relação ao futuro do regime, e que representavam o começo da formação de um consenso sobre o fim da ditadura. É simplista achar, portanto, que as intenções da *Folha* eram meramente mercadológicas, embora evidentemente elas eram em parte também. Mas o apoio à tese das eleições diretas foi acima de tudo um projeto político, se for levada em consideração a proximidade do jornal com líderes oposicionistas emergentes, como o sociólogo e intelectual Fernando Henrique Cardoso, futuro presidente, e também com alguns setores do PT. Como veremos, essas inclinações ideológicas seriam refletidas nas futuras disputas vistas na *Folha* entre os jornalistas que se simpatizavam mais com o PSDB ou com o PT, apesar do declínio do jornalismo militante na redação da *Folha* nos anos 90.

Por razões tanto políticas como econômicas, a *Folha* queria operar numa sociedade capitalista liberal mais democrática, e não levantar a bandeira para o socialismo, algo que talvez alguns jornalistas durante aquele momento pensavam que ela perseguia. Portanto, até que ponto a *Folha* ofereceu uma contribuição nesse período precisa ser avaliado levando-se em consideração uma série de fatores históricos, políticos e econômicos, e não assumindo uma postura meramente de preconceito em relação às atividades e leis de mercado, *apesar da constatação dos limites desta mesma contribuição e da influência da agenda econômica no espaço midiático, como veremos adiante.* É difícil assim subestimar o papel que o jornal teve na história do jornalismo brasileiro, e o fato que este tem sido o principal diário que representou as tensões entre o jornalismo militante e a comercialização, em meio às batalhas travadas na sociedade brasileira por diferentes projetos democráticos para o país. A *Folha* também embarcou numa corajosa campanha jornalística, numa época em que as *restrições* políticas eram ainda relativamente fortes. Finalmente, a campanha foi um momento de militância a favor de uma posição difícil de ser contrário: a de apoio aos valores universais democráticos e ao retorno aos direitos civis e políticos. É justamente aqui que reside o principal sucesso do jornal na cobertura da campanha das Diretas.

A FASE INICIAL: A CAMPANHA INVADE AS RUAS

A paixão demonstrada nos editoriais do jornal e na cobertura da campanha deu novo impulso e legitimização às mobilizações cívicas que ocorriam em todo o país. O jornal fez isso através da adoção consciente de uma postura agressiva, publicando manchetes fortes e de apoio ao movimento e abusando dos verbos de ação quando os líderes oposicionistas e os representantes da sociedade civil eram mencionados. A cobertura buscava estimular o engajamento de diversos setores da sociedade na campanha através da publicação de datas dos encontros cuja meta era organizar futuros protestos.[10] Em comparação aos outros jornais, a *Folha* ofereceu mais análises aprofundadas que tinham como objetivo discutir o significado do movimento para o Brasil. Matérias como "Unida, Sociedade Civil Anseia Pelas Eleições Diretas Já" (24/4/1984) indicavam a centralidade do lugar que líderes políticos da oposição e representantes da sociedade civil começavam a ocupar no jornal. O texto "Volta das Diretas Polariza o Debate Político" (06/11/1983) consta como um exemplo de uma peça jornalística crítica que debatia a importância da tese das eleições diretas, e que destacava ainda

10 Exemplos: "Semana das Diretas"; "Começa Campanha Pelas Eleições Diretas" (12/11/1983); "Eleições Diretas Mobiliza o País de Norte ao Sul" (22/01/1984) e "População Se Engaja em Festa Nunca Antes Vista" (26/01/1984).

como o mundo político havia de repente começado a falar de um assunto tabu guardado em segredo durante 19 anos.

O protesto da praça Charles Miller marcou o início da agitação nas ruas. O governador de São Paulo, Franco Montoro, do PMDB, deu apoio oficial às Diretas. A *Folha* publicou o material sobre o lançamento oficial da campanha em São Paulo, que recebeu o nome de "Fala Brasil", mas que logo foi apelidado popularmente de Diretas-Já! Um documento foi lançado pedindo eleições diretas para presidente como única forma de se sair da crise. Em preparação para o protesto, o jornal saiu com a manchete "Eleição Direta É o Caminho" (27/11/1983) e uma foto de uma reunião realizada por Montoro com mais seis outros governadores do PMDB. O editorial "Aos Cidadãos" enfatizou o direito do povo de participar do governo, com o diário declarando que ele esperava que as manifestações pudessem refletir o desejo da maioria dos brasileiros por eleições diretas. Dizia: "A *Folha* dá importância ao protesto [...] Nós esperamos que a presença forte, madura e pacífica dos cidadãos de São Paulo possa traduzir o desejo de todo o povo brasileiro [...]". Um grupo de apenas 15 mil pessoas apareceu na praça Charles Miller, incluindo Cardoso e Lula. A *Folha* logo reconheceu a passividade do movimento, e começou pouco depois a pressionar para uma maior participação cívica através da publicação de vários editoriais que criticavam o governo e a sua postura em relação à campanha.[11]

Principalmente depois de novembro de 1983, o jornal começou a defender explicitamente as diretas. A nova mensagem da *Folha* em 1984 enfatizou particularmente a necessidade das eleições diretas. "Eleições, a Maior Esperança em 84" (01/01/1984) é um exemplo de matéria lírica da *Folha*. Um poema do Haroldo de Campos foi colocado no topo da página principal e, abaixo, uma referência foi feita ao livro de George Orwell, *1984* ("1984 ano número 1, era de Orwell"). Aqui, uma ligação foi estabelecida entre a situação pouco democrática do Brasil com a profecia de Orwell. Ao lado do poema, uma foto de um grupo de mulheres da classe trabalhadora preparando bolinhos de arroz no bairro da

11 Exemplos: "Diretas nas Ruas" (28/11/1983); "Amarelo, Sim" (12/02/1984) e "Cassando a Vontade Nacional" (07/03/1984).

Liberdade, em São Paulo, foi publicada. Esta foto parecia enfatizar a luta diária de certos segmentos da população pela sobrevivência. Matéria sobre um debate conduzido pela *Folha* com intelectuais, empresários e outros membros da sociedade brasileira em relação ao futuro do país foi publicada na capa do jornal. A maioria dos entrevistados defendeu ainda as eleições diretas como caminho para superar a crise econômica. O editorial "O Direito às Diretas" (08/01/1984), publicado alguns dias depois, claramente mostrou o compromisso do jornal. Afirmava que a *Folha* apoiava "[...] a caminhada pacífica e resoluta da sociedade brasileira rumo à reconquista de um direito necessário e irrecusável. Querer calar o clamor público em todos os pontos do país é que seria, isso sim, provocador...".

Algumas semanas depois, a esperança de recuperação dos direitos políticos e civis foi expressada numa histórica manifestação realizada na Catedral de São Paulo. Todos os demais jornais e revistas cobriram o protesto.[12] As revistas *Veja* e *Isto É* ofereceram uma cobertura das manifestações cívicas na Sé mais entusiasmada e de maior profundidade do que os outros jornais. *O Globo* publicou uma enorme matéria que foi incluída num quadro sobre o assunto. Um editorial criticou ainda o comportamento "histérico" dos líderes da oposição. O *Jornal do Brasil* dedicou alguns parágrafos com pequenas fotos sobre o tópico. O *Estadão* publicou matéria de uma página sobre os protestos, seguido de um editorial que questionava as intenções da oposição. "Aqueles que zelam pela democracia, desejando a sua evolução com segurança, não se deixarão perturbar pela gritaria e pela parafernália propagandística dos defensores dos direitos imediatos" disse *O Globo* ("O Comício da Sé", 27/01/1984).

A cobertura da *Folha* começou a desapontar como exemplo de reportagem jornalística opinativa, com os repórteres deixando de assumir uma postura "desprendida" e objetiva para se misturar de forma eufórica à multidão. A *Folha* dedicou cinco páginas ao ato.

12 Exemplos: "Comício Pelas Diretas Reúne Multidão Durante 4 Horas em São Paulo" (*Jornal do Brasil*, 26/01/1984); "Multidão Vai a Sé Pedir Eleições Diretas" (O *Estado de S. Paulo*); "Ato por Diretas Leva Multidão à Praça da Sé" (*O Globo*); "Diretas, Diretas, Diretas" (*Isto É*, 01/02/1984) e "Eu Quero Votar Para Presidente" (*Veja*, 01/02/1984).

O editorial "Depois da Praça" reforçou o compromisso do jornal, com a manchete na primeira página: "300 Mil nas Ruas Pelas Diretas". Incluiu uma enorme foto na capa que chegou a ocupar três quartos da página, e que parecia ter sido tirada de um helicóptero. A foto, tirada do alto da Catedral, dava uma visão geral do número de pessoas na praça, enfatizando o envolvimento de toda a cidade com a mobilização cívica. O enquadramento escolhido favorecia uma visão que mostrava milhares de pessoas exigindo pacificamente um retorno à democracia civil, o que ressaltava que o movimento era poderoso e devia ser levado a sério. Assim, desde a legitimidade adquirida no escritório de Montoro em novembro, a campanha havia finalmente conquistado as pessoas nas ruas.

O artigo escrito pelo repórter Carlos Brickmann (*e assim*) sublinhou como o protesto foi o maior realizado nas ruas de São Paulo desde a marcha conservadora de 1964 a favor da "Família, Liberdade e Deus", um protesto que foi uma reação das classes médias ao governo de Goulart. O artigo de Brickmann admitiu que não havia acordo em relação ao número exato de pessoas presentes – policiais afirmaram que o local tinha capacidade para cem mil pessoas. A matéria apontou ainda como Montoro havia argumentando que os números eram irrelevantes porque no final, de acordo com ele, o protesto estava representando as ansiedades de 130 milhões de brasileiros. Explorando a idéia do mito do herói, o texto questionou até que ponto Montoro também não era o herói do dia, se distanciando de forma inteligente do foco político em particular para frisar o caráter não-partidário do protesto num artigo separado intitulado "Na Praça Que É Nossa, o Paulista Foi Suprapartidário".

O texto "Na Sé, um Brado Retumbante Pede Eleições Diretas", escrito por Ricardo Kotscho, é outro exemplo do jornalismo combativo da *Folha*. Carregado de lirismo, Kotscho disse que o grito que estava preso na garganta de muitos brasileiros durante mais de 20 anos havia finalmente saído na praça da Sé. "Quatro horas de discurso, que poderiam ter sido resumidas numa só – chega desse regime, queremos o Brasil de volta para os brasileiros decidirem sobre o seu próprio destino...", escreveu o repórter. Kotscho ressaltou o canto do Hino Nacional que ocorreu durante o ato: "Ouviram do Ipiranga, às margens plácidas/De um povo heróico o brado retumbante.." O artigo mesclou ainda discursos apaixonados com verbos de ação com o intuito claro e firme de atacar o regime militar.

O editorial "Lições da Sé", publicado no dia seguinte, manteve o tom eufórico. Aplaudiu a mobilização, acrescentando como o caráter suprapartidário da campanha contribuiu para o seu sucesso. Criticou a arrogância do governo federal, dizendo que "se continuar insistindo na tática de fingir-se de surdo às aspirações da sociedade civil [...] o PDS correrá sério risco de vida a médio prazo [...]". A cobertura da *Folha* explorou ainda várias narrativas de como as pessoas deixaram as suas casas para, de ônibus, irem para os protestos nas capital, como os servidores públicos foram autorizados a deixar o trabalho para participar das campanhas, como as celebridades deram apoio e como grupos de comunistas disputaram com seus rivais os melhores lugares no protesto. Assim, a partir da manifestação da Sé, a campanha começou a invadir o país.[13]

ENGAJAMENTO E MOBILIZAÇÃO: O PICO DO MOVIMENTO

Depois da grandiosidade do protesto na Sé, o movimento cresceu em importância na mídia e entre vários setores da sociedade brasileira. Os meses de fevereiro, março e abril indicaram o pico do movimento cívico. No dia 12 de fevereiro, a *Folha* publicou o editorial "Amarelo, Sim", convidando e estimulando os cidadãos a usarem a cor em apoio às diretas. Também começou a publicar o *slogan* "Use Amarelo Pelas Diretas!" na capa, em cima da manchete principal, a partir do dia 18 de abril. A cobertura celebrava a festividade dessas manifestações e parecia contrastá-las com o silêncio cívico dos anos anteriores da ditadura. Outras matérias examinaram como o apoio à tese crescia no Brasil, e como esta estava vagarosamente se tornando uma mania nacional que contaminava até o Carnaval.[14]

Havia um forte envolvimento cívico dos jornalistas que cobriam a campanha. Aos poucos, muitos repórteres de outros

13 Exemplos: "Praça da Sé Continua a Falar, diz Ulysses" (16/02/1984) e "O Impacto das Eleições Diretas Muda o País" (15/04/1984).

14 Exemplos: "Diretas-Já Gera um Novo Marketing" (12/01/1984); "Festa Pelas Diretas Abre o Carnaval" (13/02/1984) e "Festividade Política Invade as Ruas" (06/03/1984).

veículos também começaram a se juntar à campanha. Os jornais chegaram a publicar uma lista de categorias profissionais que estavam exigindo eleições diretas, com a profissão de jornalista sendo uma delas.[15] Frias Filho contou que o entusiasmo dos jornalistas da *Folha* que cobriram os protestos afetou de fato a reportagem do número de pessoas presentes nas mobilizações cívicas, geralmente colocando para cima os números. Colunistas como Janio de Freitas, Alberto Dines ("Se Não Agora, Quando?", 01/01/1984) e Tarso de Castro escreveram artigos diariamente na *Folha* exigindo eleições diretas.

O colunista Clóvis Rossi confirmou a militância dos jornalistas da *Folha*:

> Foi um momento raro de panfleto jornalístico na nossa história recente. A *Folha* [...] editorializou a cobertura como raramente acontece hoje. O fato que os seus jornalistas tinham o mesmo desejo e aspirações fez todo mundo vibrar com a cobertura como se fossem donos da campanha, do jornal e, por extensão, da derrota. Não obstante, ou talvez pelo envolvimento, fizemos (a equipe da *Folha*) uma das melhores coberturas do jornalismo brasileiro em todos os tempos. Viva, pulsante, engajada (o que nem sempre é qualidade), mas fiel aos fatos. Não inventamos nada para que a emenda fosse aprovada nem rasgamos laudas (ainda era o tempo das laudas) porque as matérias contariam a história da nossa derrota.

A manifestação da Candelária, no início de abril, foi considerada o pico do movimento das Diretas-Já. Um milhão de pessoas foram às ruas. Nesse momento, praticamente toda a mídia mostrou o seu apoio de forma entusiasmada.[16] Ainda em contraste com os seus rivais, a *Folha* aprofundou o tom apaixonado e continuou a reforçar a sua postura mais combativa. O jornal incluiu uma enorme foto que ocupava a metade da página de capa, mostrando de cima uma multidão que percorria a avenida Presidente Vargas

15 Exemplos: "Jornalistas Usam a Cor (amarelo) das Diretas" (*O Estado de S. Paulo*, 23/04/1984).

16 Exemplos: "Diretas: Marcha Vai da Candelária a Cinelândia" (*O Globo*, 11/04/1984); "Rio Falou com Todo o Brasil" (*Isto É*, 18/04/1984) e "O Grito da Candelária" (*Veja*, 18/04/1984).

no centro do Rio. O texto enfatizou a festividade da marcha e o fato de que ela era maior que a última demonstração do dia 2 de abril de 1964, que celebrou a queda do governo de Goulart. Um mapa foi publicado no meio da página mostrando o enorme espaço ocupado pela congregação de manifestantes. O jornal publicou ainda quatro páginas sobre o protesto, incluindo as matérias "Rio Faz o Maior Comício da História do Brasil" e o artigo de Kotscho, "O País Grande Reencontra a Nação". "Mais de um milhão de pessoas realizaram no Rio [...] uma concentração sem precedentes na história brasileira, ocupando 1,2 quilômetro da av. Presidente Vargas [...]. A emoção foi a grande marca deste comício", destacava o texto principal.

O reforço da grandiosidade das manifestações cívicas foi visto de novo no ato realizado no dia 16 de abril no vale do Anhangabaú. A matéria "São Paulo Faz a Maior Manifestação Política do País" (17/04/1984) foi outro momento forte para o jornalismo do diário. Os jornalistas Clóvis Rossi e Ricardo Kotscho escreveram as matérias principais da *Folha*. A página principal incluiu quatro fotos: duas tiradas de cima, mostrando a multidão, e outras de tamanho médio que mostravam mais de perto as pessoas presentes, incluindo políticos e artistas. O caráter pacífico da manifestação foi ressaltado nos textos. O evento recebeu ainda uma cobertura detalhada de seis páginas, com ênfase na defesa da tese das eleições diretas por aqueles que estavam presentes. O *feature* "Todos Sabiam Onde Estavam Indo", escrito por Kotscho, foi um exemplo. A *Folha* logo depois também se posicionou como o principal veículo da grande mídia que representa a sociedade civil organizada no artigo "Unida, Sociedade Civil Anseia Pelas Eleições Diretas-Já" (24/04/1984). Uma foto de representantes da sociedade civil foi publicada no topo do prédio da *Folha* em sinal de unidade e pressão para a aprovação da emenda Dante de Oliveira. "O nono andar de edifício da *Folha* transformou-se num grande palco, onde a sociedade brasileira estava representada através de suas legítimas lideranças, todas defendendo eleições Diretas-Já!...", dizia o texto.

Esse clima de intensa mobilização continuou durante todo o mês de abril. O artigo de André Singer, "O Impacto dos Comícios Pró-Diretas Muda o País" (15/04/1984), discutiu o poder destes protestos na mobilização da sociedade brasileira. "A primeira mudança é a mais evidente: hoje o Brasil é um país onde manifestações são realizadas. Quando ninguém acreditava mais na possibilidade de grandes protestos de rua [...]. O que era excepcional virou rotina [...]", escreveu Singer. O texto publicado ao lado, "Empresários Têm Postura Ambivalente", apontava para a posição cautelosa prevalecente em alguns setores mais conservadores da sociedade. A *Folha* publicou no dia 22 os nomes e os números dos telefones de deputados do Congresso para que a população pudesse se comunicar com eles e exercer pressão durante a votação da proposta das Diretas. Apesar da ausência de vários deputados do governo ter levado à rejeição da emenda no Congresso, a enorme mobilização de setores da sociedade brasileira no final teve um significado simbólico e uma importância própria. Conseqüentemente, a campanha das Diretas-Já entrou para a história do Brasil como um dos principais catalisadores da queda da ditadura.

UMA NAÇÃO FRUSTRADA: A REJEIÇÃO DA EMENDA DE DANTE

O artigo publicado pela *Folha* no dia 26 de abril de 1984 sobre a obstrução da emenda constitucional de Dante de Oliveira pelo *establishment* militar é talvez uma das peças mais importantes da história do jornal, tendo exemplificado o pico de seu prestígio como veículo influente da grande imprensa. O texto "A Nação Frustrada – Apesar da Maioria de 298 Votos, Faltaram 22 Para Aprovar Diretas" (26/04/1984) exemplificou a realização de um jornalismo militante e saudável. O jornal substituiu o *slogan* amarelo das Diretas, que o diário usava nas últimas semanas, pela frase "Use Preto pelo Congresso Nacional". Publicou também uma lista de deputados considerados os responsáveis pelo bloqueio da aprovação da emenda Dante de Oliveira ("20 Deputados do PDS Não Guardaram a sua Promessa" (26/04/1984, p. 6). O editorial "Cai a Emenda, Não Nós" deu voz às frustrações de milhares de brasileiros, frisando como um "bando de homens públicos, fósseis da ditadura", haviam recusado a proposta. "Frustrou-se a esperança de milhões. Uma compacta minoria de maus parlamentares disse não à vontade que seu próprio povo soube expressar com transparência, firmeza e ordem. Nunca a sociedade brasileira se ergueu com tal vulto...", destacava o editorial.

As matérias escritas por Kotscho e Rossi ("Sem o Apoio do PDS, a Emenda das Eleições Diretas É Rejeitada", p. 5, e "Madrugada dos Ausentes, o Dia do Fim da Esperança", p. 8) refletiram de forma bastante poética e num tom de ódio a raiva sentida por milhares de brasileiros. "Foi a noite da vergonha: vergonha nos gestos dos deputados do PDS que ou se ausentaram do plenário ou quando votavam *não*, geralmente o faziam de seus próprios assentos. Vergonha pelo escandaloso esquema de policiamento montado ao longo da Esplanada...", escreveu Rossi na primeira matéria. Ao lado deste artigo principal, o jornal publicou um quadro com o nome de 20 políticos do PDS que não votaram a favor da emenda. "Dos 76 votos que se necessitava do PDS para aprovar a emenda Dante de Oliveira, houve apenas 55", apontava o próximo texto.

Ao lado: "Oposição Começa Hoje a Avaliar Conseqüências", sublinhou como a oposição iria continuar a negociar. Em "Madrugada dos Ausentes, o Fim do Dia da Esperança", Kotscho usou poesia para ressaltar a decepção dos brasileiros. "Pelo chão acarpetado do plenário da Câmara Federal, quando tudo acabou, os representantes de um povo derrotado no seu maior anseio pisavam sobre as pétalas dos crisântemos amarelos, que estes meses todos simbolizaram uma luta, um sonho, um encontro... o grito de liberdade desta humilhada Nação brasileira", escreveu o repórter. Kotscho criticou também os governistas da linha-dura: "É claro que Paulo Maluf nem aparece... Os jornalistas parecem mais animados do que os parlamentares. Apareceu até Reale Jr., correspondente do jornal *O Estado de S. Paulo* em Paris, que não agüentou, pegou o primeiro avião e veio embora para ver de perto a votação da emenda que poderia mudar a nossa História...".

Como veremos, nos últimos meses *a priori* da votação, jornais como o *Estadão*, *Jornal do Brasil* e *O Globo* começaram a defender mais as eleições diretas, atacando o governo e adotando medidas de segurança repressivas em torno do Congresso.[17] Setores da grande

17 Exemplos: "Figueiredo Oferece as Diretas. Só em 88" e "E as Pessoas Repetem em São Paulo: Eleições Já!" (*O Estado de S. Paulo*, 17/04/1984) e "Em Brasília, Repressão com Prisões e Tiros" (*O Globo*, 20/04/1984).

imprensa também reagiram contra a imposição das ordens de censura nas estações de rádio e emissoras de televisão, com muitos não condenando totalmente as medidas repressivas. A matéria de 12 páginas da revista *Veja* sobre o tópico, "Diretas – o Bloqucio do Governo" incluiu o artigo "O Governo Reage – o Presidente Finalmente Entra na Luta". Esta focou na "volta ao campo de batalha" de Figueiredo e na sua força. A matéria não foi muito crítica da repressão do governo. "Figueiredo na semana passada mostrou o compromisso [...] de fazer mais difícil a consumação do golpe definitivo – a aprovação da emenda Dante [...] Figueiredo instalou medidas de emergência em Brasília [...] formando um anel de segurança em volta de deputados e senadores...", disse *Veja*. As críticas às medidas repressivas foram feitas mais por líderes da oposição, como Ulysses Guimarães. De acordo com Ulysses, o "ato foi brutal, típico da ditadura. As medidas de emergência não protegem mais o Congresso e só o humilham".

A *Folha* havia sido crítica das intenções dos militares desde que as discussões emergiram. Mais perto do dia da votação, a *Folha* publicou os editoriais "Tancredo, a Precipitação" e "Todos a Favor das Eleições Diretas" (24/04/1984) criticando as intenções de Tancredo de negociar num momento de unidade a favor da aprovação da emenda no Congresso. Ela classificou as medidas repressivas como "autoritárias": "Quando o autoritarismo movido ao desespero mostra o seu lado de efeitos lamentáveis em Brasília – com prisões arbitrárias e censura de informação [...], a consciência de certos valores básicos precisa apoiar a unidade [...] do *front* pró-diretas", afirmou o segundo editorial. O governo ficou tentando então controlar a votação da emenda de Dante, não permitindo as transmissões diretas da sessão no Congresso[18] e tornando mais difícil assim para setores da sociedade brasileira exercer pressões nos deputados que iam votar. A emenda das Diretas foi finalmente rejeitada, com a *Folha* e boa parte da mídia se simpatizando com as frustrações de milhões de brasileiros.[19] Essa derrota iria estimular a desilusão com todo o processo de redemocratização brasileiro

18 Exemplos: "Rádio e TV São Proibidos de Identificar os Votantes" (*Folha de S.Paulo*, 26/04/1984).

19 Exemplos: "Congresso Rejeita as Diretas" (*Jornal do Brasil*, 26/04/1984) e "Faltaram Votos Para as Diretas-Já" (*O Estado de S. Paulo*, 26/04/1984).

(1985-89), um fator que teve importantes conseqüências políticas nas primeiras eleições presidenciais de 1989, como será visto no Capítulo 3.

OFICIALISMO E MILITÂNCIA TARDIA: DISCUTINDO AS REAÇÕES DA GRANDE IMPRENSA

Uma análise crítica dos jornais da grande imprensa do final de 1983 ao início de 1984 aponta para uma predominância nos diários nacionais de discursos que endossavam a linha oficial do governo. Ratificavam o ponto de vista dos militares em relação à sucessão do presidente João Figueiredo – o de que era necessária uma transição gradual para a democracia civil. Havia uma tendência para apoiar, seja na reportagem ou nos editoriais, as ansiedades dos generais em torno do processo eleitoral e quanto à possibilidade da subida da esquerda ao poder. Um exame dos jornais *Jornal do Brasil, O Estado de S. Paulo* e *O Globo* nos últimos meses de 1983 a fevereiro de 1984 deixa claro como as vozes oficiais do governo estavam começando a ocupar as manchetes de forma constante, em forte contraste com as posições dos representantes da oposição. A grande mídia embarcaria na campanha de fato principalmente após o protesto da Sé, quando as matérias das manifestações começaram a sair do pé das páginas dos jornais para ocupar as manchetes e o topo das páginas, à direita. Elas começaram a competir pela atenção do leitor com as matérias oficiais sobre as negociações políticas realizadas no Congresso.[20]

O *Estadão* foi o primeiro a mostrar apoio, elogiando o movimento cívico em seus editorais depois das demonstrações realizadas em janeiro. Como mencionado antes, o jornal havia expressado cautela anteriormente, indicando uma tendência para apoiar a visão do regime.[21] O editorial após a mobilização na praça da Sé,

20 Exemplos: "Multidão Lota Praça da Sé Durante Manifestação Pelas Eleições Diretas" (*Jornal do Brasil*, 26/01/1984, p. 3); "PDS Agora Espera por Decisão Presidencial" (*O Estado de S. Paulo*, 26/01/1984) e "Maluf Sugere Que Figueiredo Adie a Sua Mensagem" (*O Globo*, 22/03/1984), ver Bibliografia para mais.

21 Exemplos: "Radicais Irritam Montoro" (*O Estado de S. Paulo*, 11/02/1984) e '"Socialismo Não É a Solução', Diz Cardeal Josef Glemp" (*O Estado de S. Paulo*, 02/03/1984).

"Lições da Manifestação da Sé" (27/01/1984) adotou, no entanto, uma postura mais crítica em relação ao governo. *O Estado de S. Paulo* havia anteriormente atacado as intenções da oposição. O texto até lembrava o editorial da *Folha*, "Lições da Sé". A palavra lição foi usada em referência aos "ensinamentos" aprendidos com os protestos. Ambos editoriais aplaudiram a intervenção de Lula e a organização do ato por Montoro. O *Estadão* destacava: "Ninguém duvida que a imensa maioria da população quer eleições diretas [...]. Vários fatos mostram que o governo, na defesa das eleições indiretas, está falando sozinho [...]. A administração de Figueiredo vai entrar para a história como a [...] mais desastrosa". Esta posição refletia o interesse crescente nos círculos empresariais na candidatura do vice-presidente Aureliano Chaves, um político visto como uma figura moderada e capaz de suceder Figueiredo.[22]

As revistas *Veja* e *Isto É* também começaram a levantar a bandeira a favor das diretas. A *Isto É* chegou a se assemelhar à *Folha* devido à sustentação que deu à campanha a partir de novembro de 1983. A revista publicou o artigo "Todos Pelas Diretas" (30/11/1983), em defesa do movimento, e acompanhado de uma foto da redação que mostrava todos os jornalistas engajados de forma militante na campanha. O subtítulo embaixo da foto informava que "a redação da *Isto É* também quer eleições diretas". A capa da revista dizia ainda que "Pelas Diretas – o País Todo Empunha Esta Bandeira". A manchete foi posta ao lado de um desenho de um homem vestido com roupas de soldado, possivelmente do século 18 ou 19, e segurando uma bandeira com os dizeres a favor das Diretas. Aqui um elo estava sendo feito entre a importância da campanha para o Brasil com as batalhas realizadas na história mundial a favor da liberdade.

No artigo editorializado, "Todos Pelas Diretas", aproveitou-se o reconhecimento dado por Figueiredo sobre a intenção do regime de permitir um retorno à democracia. Foi argumentado que o apoio do presidente poderia levantar a campanha: "Um país que se deu conta, de repente, de que as palavras do presidente Figueiredo na

22 Exemplos: "Empresários Começam a Articular um Esquema Pró-Aureliano" (*Folha de S.Paulo*, 22/02/1984) e "Aureliano Afirma Que a Sua Candidatura Está Consolidada" (*O Estado de S. Paulo*, 04/03/1984).

África eram a senha que faltava [...]. As chamas [...] incendeiam o país...". Parecia que o editorial defendia as eleições diretas dentro do contexto da posição permissiva assumida de repente pelo presidente, sem, no entanto, aprofundar mais o questionamento desta mesma postura. O editorial publicado na edição de dezembro (07/12/1983), "A Hora das Ruas", foi mais explícito, estimulando uma maior participação e de forma mais ativa: "O primeiro ensaio popular de mobilização no dia 27 em São Paulo foi ainda tímido, certamente mal organizado...", apontava.

Rival da *Isto É*, a *Veja* também ficou do lado da tese. Mas a revista não publicou um editorial especificamente sobre o assunto, e sim sobre a cobertura dada por ela nos últimos meses, ligeiramente mais crítica em relação ao regime militar.[23] Em novembro de 1983, o jornalista Mario Sergio Conti escreveu o artigo "As Eleições Contra a Derrocada" na página de opinião da *Veja* (09/11/1983). Conti, que se tornaria editor-chefe da revista, afirmou que a *Veja* não apoiou explicitamente o movimento, mas era simpática à causa:

> Quando eu escrevi o artigo, eu era editor de política. Não foi minha idéia, mas de Elio Gaspari, que era o meu chefe. A idéia dele era que eu escrevesse um artigo para que o leitor, quando acabar de ler o meu artigo, ter mais um motivo para ser a favor da tese das Diretas. Durante toda a campanha, ela (*Veja*) foi mais simpática. Nós temos uma matéria de capa para a manifestação da Sé. Na verdade, foi a mesma coisa que a da revista *Isto É*... E foi uma capa que ficou bastante editorializada: a manchete era "Eu Quero Votar Para Presidente". A revista noticiava o comício, mas meio que dizia "eu quero votar para a presidência". Das capas mais editorializadas da revista, foi essa, a meu ver, muito mais importante que a carta do leitor da *Veja*.

O artigo do jornalista falou a favor das eleições diretas como a única forma de sair da crise: "Mais do que boas e defensáveis em si, as eleições diretas para a Presidência são necessárias para

23 Exemplos: "As Diretas Contra a Derrocada" (09/11/1983); "Uma Figura Direta no PDS" (23/11/1983); "Carta ao Leitor" e "Eu Quero Votar Para Presidente" (01/02/1984).

que o país discuta abertamente e faça sua opção para o futuro", escreveu Conti no texto. O jornalista explicou o papel de *Veja* na campanha:

> Era importante para a revista [...] ter feito a cobertura porque ela também tinha uma imagem muito próxima ao governo, próxima a ditadura. A maneira como ela cobre, com entusiasmo, com simpatia pela campanha, é uma maneira de dizer que: ora, nós estamos nos descolando, distanciando disso. Achamos melhor a via democrática que a manutenção da ditadura. Mas não há dúvida que o veículo que cobriu a campanha, e que a usou para se reafirmar jornalisticamente, foi a *Folha*...

A revista *Veja* defendeu o movimento mais claramente em fevereiro, após o ato da Sé. A "Carta ao Leitor", um parágrafo incluído numa seção no início da revista, cujo objetivo é comentar com um tom editorializado os assuntos mais importantes da semana, criticou a atitude do governo em relação à mobilização na praça da Sé: "É compreensível que o governo não goste de uma manifestação de massa que resulta contra ele [...]. O inquietante é ver o governo sustentar, como sustentou, que as pessoas foram ver um show artístico, ou que o comício não significa nada. Isso indica a recusa a ver a realidade [...] se os fatos não combinam com o que se quer, a saída é anular os fatos". Uma carta publicada antes da votação da emenda de Dante destacou a importância da campanha: "O protesto das eleições diretas realizado no Rio na última semana foi outro marco na evolução deste extraordinário movimento, que viu uma enorme mobilização e apoio popular em torno de uma idéia política". (*Veja*, 18/04/1984).

A cobertura de *O Globo* hesitou um pouco mais. Ela enfatizou mais as negociações políticas que estavam sendo conduzidas em 1983 nos corredores do Congresso entre políticos do PDS, ressaltando seus medos em relação ao processo sucessório. Durante os primeiros meses da campanha das Diretas-Já, *O Globo* realizou uma cobertura mais oficialista, publicando matérias curtas sobre os protestos e as negociações da oposição que ocorriam entre quatro paredes. Ela começou a dar mais peso para o assunto quando as maiores manifestações estouraram, como a da praça da Sé e a da

Candelária.[24] Em algumas das matérias publicadas pelo *O Globo*, como "Sarney: Eleições Indiretas Não São Negociáveis Para o PDS" e "Delfim Acha um Absurdo o PDS Abandonar as Eleições Indiretas" (08/12/1983), a postura que prevalecia era a do regime. Matérias de tom mais oficialista recebiam espaço privilegiado, com os líderes da oposição ocupando uma posição sempre secundária. A exceção seria Tancredo Neves, que recebeu legitimidade do regime quase de cara, aparecendo como o representante-chave da oposição em detrimento de Ulysses e de Lula.[25]

Editoriais publicados no jornal confirmam esta análise, como "Saldo de Esperança" (07/12/1983) e "Sucessão Sem precipitação" (09/12/1983). O primeiro salientou a centralidade do nome de Tancredo como o do representante da tese do consenso, afirmando: "A aprovação da nova Lei de Segurança Nacional, bem recebida por todos os setores, representou importante passo à frente no processo de abertura [...]. O grupo dos moderados, sob a liderança do governador Tancredo Neves, prevaleceu na Convenção Nacional do PMDB, o que tende a assegurar o prosseguimento da temporada de negociações entre o Governo e a Oposição...". O último editorial apoiou a tese da transição gradual de volta à democracia. Ele ressaltou: "[...] o presidente Figueiredo oficializou [...] a sua rejeição às pressões para a aceleração da abertura [...] ao restabelecimento imediato da eleição direta para a Presidência[...]. A própria sucessão presidencial veio à tona de forma precipitada". A linguagem utilizada pelo jornal criava, portanto, uma dicotomia inicial entre o "Governo (nós)" e a "Oposição (eles)", com essas duas palavras com letras maiúsculas. Fora isso, a oposição era freqüentemente retratada como muito insistente na tese das eleições diretas, bem como um pouco inativa, pedindo desculpas para tudo.[26]

24 Exemplos: "Mobilização Pelas Eleições Diretas Leva Multidão a Praça da Sé" (26/01/1984); "Ato Pelas Diretas Transcorre com Calma e Reúne Milhares no Rio" (10/02/1984); "Foi a Maior Concentração Política na História da Cidade" e "Emoção, o Tom dos Discursos. E da Participação dos Artistas" (11/04/1984) e "Manifestação em SP Ultrapassa Ato no Rio" (17/04/1984).

25 Exemplos: "Tancredo: Figueiredo Falou Certo e na Hora" (09/12/1983) e "Tancredo: Oposição Precisa Investir na Infidelidade" (18/12/1983).

26 Exemplos: "PMDB Quer Sair do Imobilismo com Campanha por Diretas" (20/05/1983); "Ulysses Insiste em ir Para Sarney Pelas Diretas" (27/12/1983) e "Tancredo Diz Que Movimento da Oposição Não É Vingança" (20/02/1984).

Como veremos no Capítulo 6, a ênfase do jornal *O Globo* na reportagem oficialista foi gradualmente diluída com o reforço das práticas profissionais nas redações, dando mais importância à reportagem de fatos e à realização de uma cobertura equilibrada. Essas mudanças ocorreram principalmente a partir dos anos 80, e principalmente durante a década de 1990. As Organizações Globo – e isso inclui *O Globo* – em 1984 ainda encontravam-se imersas em variadas formas de pressão política. A cobertura que fez da campanha das Diretas-Já inevitavelmente refletiu uma posição pró-governo, evidenciando uma linha editorial que encontrava eco na posição geral do regime de suspeição da oposição. A TV Globo foi o veículo da grande mídia acusado por jornalistas e acadêmicos de ter subestimado o impacto político de algumas das manifestações pelas Diretas (Leonelli e Oliveira, 2004; Abreu, 2002; Bucci, 2000; Conti, 1999).

Conti (1999; 37-38) assinalou que ministros militares convenceram a TV Globo que a campanha era ruim para o governo de Figueiredo. O ex-vice-presidente José Bonifácio de Oliveira Sobrinho, conhecido como Boni, deu uma entrevista à TV Cultura em janeiro de 2006 afirmando que Roberto Marinho censurou a cobertura da manifestação da Sé.[27] Conti (1999) conta em seu livro que Boni lutou para que o ato aparecesse, conseguindo depois que um repórter fosse no local para cobrir o protesto, embora o jornalista teria que dizer que a manifestação era um show artístico realizado em homenagem ao 430º aniversário de São Paulo. A partir dali, segundo ele, as Organizações Globo começaram a cobrir os protestos de forma mais intensa, embora ainda enfrentavam diversas pressões do regime militar.

No 34º aniversário do *Jornal Nacional*, em outubro de 2003, o chefe de redação da TV Globo, Ali Kamel, escreveu um artigo no *Globo* defendendo o *Jornal Nacional* da acusação de não ter coberto as Diretas. Kamel, que foi entrevistado para este trabalho, sublinhou a postura cautelosa assumida pela Globo, mas garantiu que a TV cobriu a campanha do dia 25: "Escrevi artigo clamando para que os autores dos livros publicassem a versão verdadeira dos fatos. Qual é? Que a TV Globo colocou no ar uma matéria algo

27 "Boni: 'Globo Censurou Diretas-Já'" (*Folha de S.Paulo*, 03/01/2006).

em torno de três minutos em que dois terços dela dizem respeito ao comício das Diretas. 'Aqui há uma tomada área...' E dar uma panorâmica e mostra Brizola, Lula, Tancredo [...].O governador de São Paulo faz um discurso, no enceramento do discurso [...] diz que já conseguimos a Anistia, falta a eleição direta para presidente. Ora? Isso no *Jornal Nacional*, que na época tinha sei lá quantos índices de audiência, mas era líder [...]. O que acontece é que as pessoas olham as Diretas-Já com os olhos de agora quando foi em 1983, quando a censura ainda existia. A TV Globo colocou no ar uma matéria de três minutos em que dois terços eram dedicados à demonstração da Catedral da Sé e o resto ao aniversário de São Paulo. Imagine se a TV Globo tivesse dedicado todo o *Jornal Nacional* ou dez minutos do programa para a campanha, algo equivalente a 30 páginas de jornal, imagine o escândalo. Porque havia ainda setores do país que se consideravam democratas que achavam que o Brasil não estava preparado para a democracia, e essa transição era necessária....". Apesar deste trabalho não ter investigado o papel assumido pela televisão na cobertura da política brasileira nas últimas décadas, a declaração de Kamel é, quanto muito, indicativa das tensões que prevaleceram nos círculos de elite em relação à produção ou não de uma cobertura mais aprofundada do movimento das Diretas-Já.

A matéria da *Isto É*, "O Gigante que Acorda", em *Diretas, Diretas, Diretas* (01/02/1984), destacou que Ulysses havia jantado com Roberto Marinho numa tentativa de ganhar o seu apoio antes da realização do ato na praça da Sé. Ela dizia: "O presidente do PMDB [...] foi capaz de garantir a Marinho que o clima nas manifestações estava mais calmo que no departamento de jornalismo da TV Globo, onde um 'sentimento de culpa prevalecia', de acordo com um editor veterano...". De acordo com outro artigo publicado pela *Veja*, "Diretas no Vídeo" (18/04/1984), a TV Globo dedicou somente 45 segundos ao ato Realizado na praça da Sé no *Jornal Nacional*. Ela acabaria por dar mais ênfase aos protestos da Candelária no Rio que ocorreram depois, colocando no ar um programa de quase uma hora durante todo o dia. "A cobertura começou com flashes vespertinos, esparramou-se pelo *Jornal Nacional* e inclusive invadiu a novela das oito [...]. A Globo certamente não aderiu ao movimento pró-diretas. O que se deu foi o reconhecimento, por parte da emissora, da importância jornalística do fato e, simultaneamente, a percepção de que ficar de fora poderia ser altamente prejudicial a seus maiores interesses estratégicos...", afirmou a revista.

O Globo não foi o único jornal que adotou a posição oficialista do governo. Uma análise crítica das matérias do *Jornal do Brasil* tornou evidente que, não só o jornal mostrou cautela num primeiro momento, como também chegou a publicar editoriais contra a tese das eleições diretas, mostrando apoio somente nos últimos meses. Ele passou a endossar uma posição a favor da legitimidade do esquema de votação indireta dos militares. No editorial "Chamado à Razão" (16/02/1984) ressaltava-se: "A eleição direta, como quer impor o açodamento dos interesses personalistas, não seria apenas um golpe no processo eleitoral, mas uma traição aos eleitores que foram às urnas em 1982 para eleger um Congresso e Assembléias Legislativas que forneceriam os eleitores do futuro o Presidente da República". No editorial "Riscos Latentes" (27/01/1984), publicado pelo *Jornal do Brasil* após a demonstração da Sé, a criação de uma nova constituição era defendida, criticando o considerado oportunismo da oposição: "A sedução da campanha pela eleição direta satisfaz emocionalmente, mas politicamente a razão aponta uma nova Constituição como mais urgente [...]. A eleição direta pela eleição direta é apenas sinal de imprevidência oposicionista [...]", disse o jornal.

O diário, no entanto, experimentou conflitos internos em relação às diretas. Colunistas do *Jornal do Brasil*, como Elio Gaspari, da *Veja*, e Villas Boas-Corrêa, embarcaram numa postura mais crítica. O jornalista veterano Elio Gaspari, por exemplo, escreveu um artigo crítico na página de opinião do jornal entitulado "Onde Está Realmente o Radicalismo" (*Jornal do Brasil*, 17/02/1984). De acordo com ele, o "radicalismo" não estava na oposição, mas em outro lugar: nos corredores do Congresso.

Apesar do crescente apoio que a proposta das eleições diretas estava recebendo na grande imprensa escrita, a cobertura da *Folha* se destacou mais que as demais porque a sua postura combativa a favor da tese estava presente desde o início da campanha e continuou até o final. Dessa maneira, a *Folha* conseguiu oferecer de fato uma contribuição para o avanço da democracia, porque ela serviu na época como um veículo *mobilizador*, num contexto de relativa passividade da maior parte da grande imprensa. Ela também soube fazer melhor uso das rotinas do jornalismo militante em comparação aos outros jornais, providenciando análises detalhadas tanto das negociações políticas sobre as eleições diretas como das demonstrações que pediam um retorno à democracia. Levando vantagem devido à falta de espaço dada à oposição na grande imprensa, o jornal começou a servir de porta-voz das reivindicações dos opositores do regime, estimulando uma participação política direta e a mobilização cívica de seus leitores através da publicação de vários editoriais, matérias e artigos. Em contraste com os outros jornais, a *Folha* traduziu para as suas páginas as divisões nos grupos de elite da sociedade brasileira em relação à ditadura militar.

O anseio dos jornalistas de publicar fatos sobre a mobilização da sociedade brasileira e a insatisfação de muitos com o regime, como o jornalista Clóvis Rossi afirmou em sua discussão sobre a cobertura realizada pela *Folha*, foram combinados com a própria agenda política dos jornalistas e o seu clamor por mudança. Esses sentimentos estavam em sintonia com os interesses políticos e comerciais do jornal e com a sua vontade de usar a campanha para dar impulso ao prestígio do diário. A cobertura da *Folha*, portanto, estimulou o debate intelectual, o escrutínio às atividades do governo através do ponto de vista do cidadão e o desejo por maior participação na futura arena política. O profissionalismo ainda era relativamente fraco nas redações, com os jornais oscilando entre reproduzir as visões oficiais do governo ou se engajar de forma mais explícita na militância jornalística, como era o caso da *Folha*, mas principalmente também de outros jornais e revistas, como a *Isto É* e a *Veja*, durante certos momentos da campanha. O uso do jornalismo militante a favor de valores universais democráticos, e o restabelecimento dos direitos civis e políticos cerceados durante a ditadura, não era só válido naquele momento, mas era também legítimo. Nesse sentido, o diário serviu como força de equilíbrio no meio da cobertura oficialista predominante na maior parte da grande mídia.

Há, no entanto, limites para essas contribuições. Críticos (Dines, 2003; Arbex Jr., 2001; Kucinski, 1998) atacaram as intenções de *marketing* da *Folha*. Alguns afirmaram (Dines, 2003) que o jornal poderia ter representado em suas páginas um maior número de vozes e que mostrou tendência a favorecer grupos organizados da sociedade brasileira. Geralmente, os grupos mais organizados da sociedade conseguem maior espaço na mídia. A crescente inclusão desses grupos na grande imprensa, e de outros situados mais às margens, é um longo processo que depende de maior democratização da sociedade. Durante a época das eleições diretas, muitos não tinham acesso à mídia, e a pequena abertura oferecida pela *Folha* foi aproveitada. Há de se levar em conta também que a *Folha* foi movida por interesses de mercado, e seria ingênuo supor algo diferente. Como mencionado anteriormente, isso não significa que o jornal não tinha intenções políticas, como outros veículos de mídia (i.e. *Veja* e *Isto É*). Já foi argumentado aqui que tanto as aspirações de mercado como a representação político-democrática podem ser dois lados da mesma moeda em democracias liberais capitalistas e não elementos opostos, como poderia se imaginar à primeira vista.

Finalmente, todas essas críticas não devem subestimar a inquestionável significância da campanha da *Folha* para a sociedade brasileira na época, bem como para o jornalismo brasileiro propriamente dito. Parece evidente que tal estilo de jornalismo militante, de tom alto, não iria sobreviver após a queda da ditadura. Até porque a persistência de um estilo assim não deveria ser considerada algo desejável para grandes veículos de comunicação de massa que detém tanto poder social. Assim, as mudanças nas culturas jornalísticas da *Folha* após as Diretas-Já podem ser vistas como tentativas de minimizar o excesso de politização que estava tomando conta do jornal.

O PROJETO FOLHA 1984: A MUDANÇA DE UM JORNALISMO "REVOLUCIONÁRIO" PARA O COMERCIAL

As reformas de 1984 da *Folha* tiveram a meta principal de inserir o jornal na lógica das forças de mercado (Arbex, 2001; Novelli, 2001; Lins da Silva, 1988). Da mesma forma que os jornais dos países do Mediterrâneo, como o *Público* em Portugal, o *La República* na Itália e o *El País* na Espanha, que nos anos 70 e 80 oscilaram mais em direção a um estilo voltado para o mercado (Hallin, 2004, 96), a *Folha* iniciou uma série de tentativas de expandir as circulações por meio da combinação de ingredientes fortes, como significativas reportagens políticas e com o entendimento da notícia como mercadoria para o consumo. O Projeto *Folha* (1984) teve como arquiteto intelectual o jornalista e ex-professor da USP, Carlos Eduardo Lins da Silva, e foi implementado por Otavio Frias Filho logo após a sua ascensão à direção do jornal, pouco depois do fim da cobertura da campanha das Diretas-Já. Frias Filho, que trabalhou como jornalista da *Folha* durante o movimento das Diretas, tomou posse como diretor em maio de 1984, logo após a rejeição da emenda Dante de Oliveira no Congresso.

Tendo recebido o *slogan* de a "*Folha* após a campanha das Diretas-Já!", as reformas de 1984 foram apresentadas como uma forma dinâmica e agressiva de prática jornalística no contexto do processo de redemocratização. Elas transformaram muitas das reformas introduzidas por Cláudio Abramo desde 1974, e que haviam criado um estilo opinativo no jornal, consolidando por fim o nervo crítico do diário. Entre os principais objetivos estavam a criação de uma forma de jornalismo "crítica, apartidária e plural", e que se dirigia ao leitor mais como consumidor do que como cidadão. O documento defendeu ainda o pluralismo político e a necessidade do jornalismo brasileiro de levantar debates e controvérsias a respeito dos principais dilemas enfrentados no Brasil.

Como a ascensão da mídia comercial nos Estados Unidos, que começou na década de 1830, a consolidação do caráter comercial da mídia brasileira mostrou-se paradoxal. Hallin (1994; 23-24) destacou que o crescimento da mídia comercial norte-americana democratizou o mercado de jornais. A comunicação política ficou centralizada naquele país, com as grandes corporações, causando a "atrofia dos papéis mobilizadores anteriormente assumidos pelo jornal". Como Habermas argumentou no seu debate sobre a subida da imprensa capitalista na Europa durante os séculos 18 e 19, a legitimidade dada à esfera política pública liberou a imprensa das suas funções exclusivamente críticas, oferecendo-lhe a oportunidade de assumir a lógica do lucro (Novelli, 2002; 185). Para Habermas (1962, 1997), a imprensa opinativa de antes estava mais preocupada com a sua função crítica, com o lucro vindo só em segundo plano. No Brasil, a *Folha* foi considerada um veículo de mídia pioneiro que se deslocou do jornalismo militante para o modelo comercial e o profissionalismo em meio ao colapso da ditadura. Isso não significa que antes os jornais não eram comerciais. Como destacado no Capítulo 1, no exame sobre as diferentes fases do jornalismo brasileiro, até os anos 50 o modelo comercial já havia sido estabelecido no país. Assim, a fase comercial foi percebida mais claramente com o restabelecimento da democracia liberal representativa em meados dos anos 80, e com a legitimidade dada aos novos atores que surgiram em meio à abertura política.

Em *A Transformação Estrutural da Esfera Pública*, Habermas examinou a emergência da esfera pública burguesa na Europa seguida de seu declínio no século 20, devido à formação de uma sociedade de cultura de massa. Habermas afirmou que a formação de um Estado burguês com uma esfera pública legalizada foi um primeiro passo necessário antes de a imprensa assumir a sua função comercial. Hallin (1994; 3) defende a validade da *essência* do conceito de Habermas sobre a esfera pública. Ele, no entanto, tem sido crítico ao fato de Habermas lamentar a substituição da esfera pública de elite do século 18 pela cultura de massa. "Se alguém comparar laranjas com laranjas – o jornal de elite do século 18 [...] com o jornal *New York Times* [...] não fica claro porque o último é menos "racional" ou menos "público" (1994; 3). Num paralelo com a teoria de Habermas, pode-se dizer talvez que a *Folha*, durante meados dos anos 70 e na campanha das Diretas-Já, estava se dirigindo a uma esfera pública elitista e "burguesa", e que depois de ela ter assumido a sua função comercial começou a se dirigir a um "público de massa" emergente da fase da pós-ditadura, que formava uma esfera pública menos politizada, mas não necessariamente menos racional ou totalmente desengajada politicamente.

Como Hallin (1994) tem observado, Habermas está errado em avaliar a história do jornalismo como o declínio de uma era dourada de debate racional e crítico. Alguns acadêmicos (Hallin, 1994; Fraser, 1997) já destacaram como a esfera pública dos séculos 18 e 19 era restrita a um pequeno segmento da população, apontando ainda como os jornais eram lidos principalmente por elites comerciais e políticas. Em sua versão revisada da esfera pública, definida como uma "*network* que transmite informação e pontos de vistas" (1997; 362), Habermas tem, no entanto, falado sobre a forma como a democracia é um sistema em que o governo está no centro e a periferia é feita de diferentes organizações que influenciam este espaço central. Essa leitura é bem mais otimista que a primeira, reconhecendo a capacidade de organismos da sociedade civil de influenciar instituições poderosas e a vontade manifestada pela grande mídia de se engajar em um debate importante. Este parece ter sido o caso do relacionamento buscado por segmentos da sociedade civil com o mercado e com a mídia durante a campanha das diretas, e também um pouco depois, como iremos ver. Habermas também está certo quando diz que agora mais do que nunca a "lógica da produção do *commodity* e do poder do Estado interferem na produção da notícia" (Hallin, 1994, 6).

Seguindo linha semelhante ao que Hallin disse em relação ao *New York Times*, não está correto dizer que a *Folha* hoje é menos racional ou política do que era antes de 1984. Os estudos de caso deste trabalho, além do reconhecimento da existência de múltiplas culturas jornalísticas que competem entre si nas redações brasileiras, apontam exatamente para o contrário. A visão posterior de Habermas (1997) acerca da complexidade do relacionamento entre grupos de periferia com o núcleo central parece uma forma mais apropriada para entender o funcionamento da sociedade civil com a mídia em 1984. Dos principais jornais da grande imprensa, a *Folha*, de fato, conseguiu perceber o que John Keane (1998) tem definido como um relacionamento de dependência mútua entre a sociedade civil e o mercado e vice-versa. "Onde não há mercados, a sociedade civil não consegue sobreviver. Onde não há sociedade civil, não pode haver mercados" (1998; 19) ressalta Keane, mostrando uma preocupação quanto ao caráter destrutivo que essas mesmas forças de mercado podem ter na proliferação da pluralidade de vozes na mídia. Portanto, a *Folha* só poderia se desenvolver integralmente através da emancipação da sociedade civil em relação ao Estado, e a volta do Brasil a uma democracia de mercado.

Esse é um argumento parecido com o defendido aqui em resposta aos acadêmicos e jornalistas (Kucinski, 1998; Novelli, 2002) que atacaram as reformas da *Folha* de 1984 com o argumento de que elas contribuíram para o declínio da era dourada de jornalismo político do diário. O jornalista veterano e acadêmico Bernardo Kucinski define a *Folha* hoje como um veículo "pós-moderno": "A *Folha* é um projeto de *marketing*. É um estilo de jornalismo provocativo. Teve grande impacto por causa de sua posição jovial [...] e nesse aspecto é realmente um jornal interessante. No entanto, o jornal possui a ideologia pós-moderna, e esta é necessariamente cínica...". Essas críticas atacaram o que viram como um distanciamento do jornal de alguns dos princípios de cidadania estabelecidos por Abramo. Não se deve idealizar muito a existência de uma suposta grande "esfera de debate midiático" que proliferou no Brasil nos anos 70, dado o fato de que a grande mídia durante a maior parte desse tempo encontrava-se relativamente passiva. Muitos meios de comunicação durante aquela época estavam servindo mais como porta-vozes do governo do que como esferas iluminadas de debate, assuntos explorados mais adiante no Capítulo 6.

A mudança em direção a um jornalismo de modelo comercial não diminuiu necessariamente o debate e a *Folha* não era um jornal melhor antes de 1984. Parece evidente, no entanto, como observa Habermas (1997), que formas de pressão política e econômica certamente constrangem o noticiário. Esses fatores são as principais causas de preocupação hoje, e não o lamento com a queda de uma suposta época "áurea" do jornalismo que na verdade nunca existiu em lugar nenhum e em época alguma. Como iremos ver nos estudos de caso realizados aqui e no Capítulo 6, o debate público de fato até expandiu-se, embora por outro lado ele tenha se empobrecido e se tornado mais simplista, deixando de ser tão intelectual ou ativo como era talvez na (arena restrita) dos anos 70. No entanto, em contraste com a experiência norte-americana com a mídia comercial, os jornais no Brasil continuaram a ser políticos. Isso ocorreu num contexto de ampliação do processo de democratização de debate na mídia entre diferentes grupos sobre os principais problemas do Brasil.

Apesar dos jornais ainda terem uma circulação baixa, o que torna difícil se falar em "público de massa", os diários atingiram públicos maiores nos anos 90, em comparação aos anos da ditadura, quando eles eram lidos por um número ainda menor de elites militares, empresariais e intelectuais. Ex-membro do Conselho Editorial da *Folha de S.Paulo*, Luis Nassif confirmou que o jornal simplificou o debate em seguida à campanha das Diretas-Já: "Os anos 90 eram de fato muito opinativos [...]. Essa sede por opinião assume até características fascistas. Este é um leitor raivoso [...]. E a *Folha* e os jornais começaram a catar esse novo leitor, a usar a pesquisa de mercado [...] para dar ao leitor o que ele quer". Durante os últimos dez anos, a *Folha* construiu um tom crítico nas suas páginas, com o intuito de moldar a opinião pública. Isso atingiu o pico do sucesso com a cobertura das Diretas. A continuidade de tal postura militante ao longo prazo, no entanto, poderia alienar o público maior que o jornal havia atraído com a cobertura da campanha.

Mesmo antes das Diretas, já havia a preocupação com a lógica comercial. Um documento lançado em 1981, intitulado "A *Folha* e Alguns Passos Que é Preciso Dar" enfatizou a importância da informação factual em vez do jornalismo politizado. A necessidade da *Folha* de aderir à nova lógica internacional e nacional de mercado foi justaposta a modos diferentes de se engajar com preocupações sobre a cidadania no Brasil. O diário simplificou o estilo de debate racional da "esfera pública burguesa" que existia durante as Diretas, estendendo o acesso a suas páginas a múltiplos públicos, bem como a alguns atores que consideravam em seu direito *não* terem interesse pela política.

Lins da Silva (1988, 100) defendeu a noção de pluralismo e apartidarismo como elementos essenciais das reformas de 1984, o que permitiu ao jornal representar diferentes visões de mundo. Lins da Silva destacou que o diário continuou a priorizar a política:

> A campanha das Diretas-Já e as eleições indiretas de Neves tornaram a situação menos preto no branco como havia sido nos últimos 20 anos. Isso já havia ocasionado uma certa confusão na sociedade, que não era dividida mais entre democratas e autoritários. Isso exigiu uma nova concepção [...]. Você tinha uma série de fatores sociais e econômicos naquele momento [...] uma classe média que estava crescendo [...] uma exigência por produtos mais sofisticados [...]. Apesar de ter sido um processo que evoluiu desde o Abramo [...] o projeto de 1984 era muito diferente dos princípios de 1974. Antes as coisas eram feitas com improvisação. Apesar de ter sido por um

> lado uma continuação, também foi uma ruptura [...]. O que a *Folha* tentou fazer foi tirar a editorialização do jornal. O que certas pessoas pensaram era que ela estava tirando a política do jornal...

As reformas de 1984 pavimentaram o caminho para a consolidação no diário de um modelo mais claramente inspirado no jornalismo norte-americano, que tentava se desassociar da política partidária, advogando uma independência vis-à-vis ao Estado. O novo design gráfico do jornal foi inspirado em práticas européias e norte-americanas, principalmente nos jornais *USA Today* e no *El País*. As reformas enfatizaram a produção de matérias curtas, culminando em mudanças no estilo de escrever dos jornalistas da *Folha*. Houve um distanciamento das análises mais eruditas e do estilo autoral poético que havia marcado a cobertura das Diretas-Já, e uma caminhada em direção ao estilo telegráfico de informação, mas ainda com alguma opinião. A *Folha* também reforçou a adoção dos valores do jornalismo profissional liberal anglo-americano, como uma forma de o jornal minimizar o seu caráter militante e as atitudes partidárias que haviam se tornado quase normas na redação. Portanto, para muitos jornalistas acostumados com as velhas práticas, as reformas foram um ataque à sua liberdade de criação. Independência editorial no futuro se tornaria um privilégio de colunistas e de outros poucos jornalistas de prestígio.

A implementação do Projeto *Folha* criou conflitos na redação. Ricardo Kotscho achou difícil se adaptar ao novo modelo: "O Projeto *Folha* serviu como um modelo para outros jornais. De fato, ele foi baseado no modelo do jornalismo americano, no *USA Today*, cuja meta era levar a linguagem da televisão para os jornais. Matérias curtas, vários gráficos [...]. As matérias ficaram menores [...] e o processo industrial foi reforçado. Antes disso, o jornalismo romântico prevaleceu, não havia tempo determinado para o jornal estar pronto para rodar [...]. Eu acho que houve dois extremos: a fase romântica onde não havia regras, onde tudo acontecia sem controle, e o oposto, o total controle da redação [...]. Eu acho que precisa ter disciplina, mas também precisa haver liberdade para a criação...". Acadêmico e ex-jornalista da *Folha*, José Arbex Jr. entrou no jornal em 1984, vivenciando as mudanças que ocorreram no diário. Arbex Jr. também sublinhou as dificuldades que certos jornalistas encontraram: "As reformas de 1984 foram muito difíceis... Muitos não se adaptaram aos novos tempos e deixaram a *Folha*; outros as aceitaram com entusiasmo e outros ainda ficaram no meio. Eu me incluo na última categoria. Eu deixei a Redação em 1992".

Alguns críticos também argumentam que a *Folha* teve de adotar uma postura mais apartidária para controlar o seu próprio caráter ideológico, e também para inibir o *petismo* crescente de jornalistas. "Muitos jornalistas da *Folha* eram militantes ou simpáticos ao PT [...] e foram atraídos ao jornal por causa do seu ar de "rebelde" [...]. Mas a lua-de-mel acabou com o fim do regime militar [...]. Devagarinho a *Folha* começou a mudar [...] o seu discurso" (Arbex Jr., 2001; 152-153). Arbex Jr. (2001; 164) também atacou os limites do Projeto *Folha*. De acordo com ele, residem principalmente na tentativa de o jornal tentar aplicar o liberalismo à realidade autoritária brasileira. Esses limites fazem parte certamente de toda a experiência jornalística no Brasil, e de outros jornais nacionais que também tentaram utilizar os valores do jornalismo liberal, como veremos, mas que, no entanto, operam em meio a constrangimentos político e econômicos. Precisamente por causa disso, a aplicação dos valores do jornalismo liberal é essencial. A *Folha* talvez seja o principal diário no Brasil que tem representado essas contradições de forma mais clara. É, portanto, o veículo de mídia que parece ter vivenciado de forma mais intensa os choques entre a adoção de diferentes projetos democráticos (militante e profissional) a uma realidade brasileira (ainda) autoritária.

Assim, os argumentos radicais expostos anteriormente oferecem somente uma visão parcial de todo o quadro. Eles colocam pouca importância na questão da mudança histórica e no fato de que a entrada do Brasil na arena da democracia liberal de mercado forçou jornais como a *Folha* a se inserirem nessa nova realidade de mercado de múltiplos públicos. A expansão de leitores na fase da pós-ditadura foi essencial por causa do crescente acesso de maiores segmentos da população a um grande jornal de qualidade. A necessidade de a *Folha* atender a este novo público foi considerada mais importante do que o desejo de sufocar o "petismo". Apesar das disputas internas políticas na redação por causa de compromissos ideológicos, algo que continuou nos anos seguintes, a mídia brasileira sempre trabalhou com jornalistas de esquerda. Frias Filho, entrevistado para este trabalho, admitiu que a sua geração foi influenciada tanto pelo PSDB como pelo PT, e que a *Folha* hoje busca equilibrar essas forças em suas páginas, embora esse processo seja raramente realizado sem contradição, como será visto aqui.

Críticos (Novelli, 2002; 193) apontaram para as contradições do Projeto Folha, principalmente para a sua oscilação de papéis, como o fato deste querer formar a opinião pública enquanto ainda atendia aos interesses de seus leitores. Esses conflitos entre racionalidades de cidadania e do consumo, no entanto, estão no coração das tensões do tipo de reportagem política praticado pelo jornalismo contemporâneo. Parece haver uma visão simplista (radical) de pensamento que retrata as empresas de mídia como a *Folha*, e outros grandes veículos, como meros empreendimentos de comunicação ávidos pelo lucro puro. Essas críticas dão pouca importância às tensões que prevalecem dentro desses organismos de comunicação, incluindo tanto pressões sociais, políticas e econômicas, como a autonomia jornalística e o seu compromisso com os ideais de serviço público. Pouco crédito foi colocado nas transformações que ocorreram nos grandes sistemas de mídia devido à transformação histórica, às pressões sociais e até aos projetos políticos e democráticos de donos e dos jornalistas, como a campanha das Diretas deixou claro. Essas críticas radicais (ver Novelli, 2002) ofereceram, no entanto, contribuições importantes, levantando preocupações acerca da continuidade do compromisso da imprensa escrita em continuar a moldar a opinião pública e promover um debate mais aprofundado sobre questões públicas num contexto de crescimento constante das pressões de mercado e da concentração da mídia.

Tanto a *Folha* como a maior parte do jornalismo contemporâneo brasileiro não viram uma ruptura total com as práticas militantes e partidárias do passado. A *Folha* continua a se dirigir tanto ao cidadão como ao consumidor, tendo mantido muito do estilo de jornalismo opinativo em certas seções do jornal, principalmente nas páginas de debate 2 e 3. A figura do *ombudsman* da mídia, ou analista crítico, foi também lançada pelo jornal em 1989. A *Folha* retrabalhou assim a teoria da mídia liberal/mercado livre na Redação, reafirmando o seu compromisso com o mercado e ao mesmo tempo proclamando a sua independência em relação ao

Estado; pavimentando portanto o caminho para a consolidação nos anos 90 de seu papel de "cão de guarda". Como será visto, isso resultou na melhoria do jornalismo investigativo, no maior escrutínio das estruturas do Estado, na inclusão de diferentes discursos nas páginas da mídia e numa maior crítica dos políticos, elementos que também foram adotados em outros grandes jornais – o que acabou culminando em melhorias significativas na *performance* da mídia no período contemporâneo. As reformas de 1984 foram uma adaptação aos novos rumos internacionais e nacionais, com a tentativa de maximizar os lucros e de colocar o jornal num novo paradigma complexo capaz de atender aos múltiplos públicos que emergiram com o fim da ditadura. Percepções de cidadania pelos jornalistas e pela grande imprensa não foram, portanto, abandonadas ou descartadas. E novas formas de engajamento dessas concepções surgiram durante todo o período estudado aqui.

Este capítulo destacou também os principais ataques contra algumas práticas do jornalismo contemporâneo, também presentes no novo modelo do jornalismo praticado pela *Folha*. Se a agenda noticiosa ficou mais democrática e o debate público se expandiu a partir do final dos anos 80, por outro lado o jornalismo foi também trivializado com o crescimento das práticas do *infotainment*, de matérias de "interesse humano" e a cultura de fofoca de celebridades. Os jornais passaram a viver num clima de intensa competição com outros meios de entretenimento e informação, como a TV a cabo e a internet. Pressões aumentaram para as indústrias de mídia nivelarem por baixo, a fim de satisfazer os leitores menos exigentes. As formas de expandir o número de leitores, bem como o maior acesso à informação de qualidade e ao debate a segmentos maiores da sociedade brasileira, pautam a próxima discussão. O último capítulo debate a idéia de fortalecer outros setores de mídia, como o público, para servir de contrapeso à predominância do setor comercial na área de comunicação, principalmente numa era de crescente pressão no jornalismo comercial para abaixar o seu padrão de qualidade a fim de ampliar seu público e maximizar os lucros.

O reconhecimento da centralidade do jornalismo plural e da adoção da objetividade e do equilíbrio pela *Folha*, a partir de 1984, foram avanços realizados num momento em que o profissionalismo era fraco nas redações e a reprodução de discursos oficiais prevalecia na reportagem política. O jornal foi o responsável por ter dado impulso às mudanças nas percepções da profissão de jornalista, promovendo debates acerca das diferentes culturas jornalísticas e da relevância de cada uma para a democracia. O Projeto Folha queria continuar a oferecer jornalismo de qualidade, mas dentro das restrições de mercado. Se o projeto de 1984 teve deficiências quanto às suas excessivas práticas de *marketing*, também teve elementos inovadores no que diz respeito ao favorecimento dos valores do jornalismo liberal na produção das notícias e no cortejo de públicos múltiplos emergidos no período da pós-ditadura, que exigiam ser ouvidos, como será visto nos próximos capítulos.

CONCLUSÃO

Apesar da emenda das eleições diretas ter sido bloqueada pelo regime militar no Congresso, a mobilização da campanha das Diretas-Já ajudou a acelerar o retorno à democracia civil, pavimentando o caminho para a fase da redemocratização, que culminou depois com a eleição presidencial de Fernando Collor em 1989. Na cobertura da *Folha*, o jornalismo militante e o idealismo político trabalharam lado a lado com as preocupações comerciais e com o crescimento de estratégias de *marketing* no trato com a notícia. Para muitos representantes da sociedade civil, foi um momento de clamor pelo retorno a um governo civil, ao mesmo tempo que o movimento serviu para pressionar por maior inclusão econômica e social. Como vimos, durante a campanha o Estado ainda fez uso da censura para controlar a mídia.

Lance Bennett (2002; 34) identificou certos elementos do tipo de notícia que melhor serve à democracia, como: a inclusão de notícias mais independentes na agenda diária da mídia; a ênfase na representação da diversidade; o retrato mais aprofundado e detalhado de como instituições e grupos políticos operam e o uso de declarações de ativistas políticos. A *Folha* adotou algumas dessas estratégias – como a inclusão em suas páginas das datas das demonstrações e matérias de análise mais aprofundada sobre a campanha das Diretas. Neste sentido, ela ofereceu válidas contribuições, incluindo na arena da mídia múltiplos interesses, cuja meta era representar uma esfera pública mais complexa.

Independentemente de interesses de mercado, pessoais ou políticos, a cobertura das Diretas-Já realizada pela *Folha* deu sustentação às pressões feitas para acelerar o retorno ao governo civil através da tática de moldar a opinião pública na sua arena midiática. O que ainda precisa ser debatido é como mais avanços podem ocorrer de modo a ampliar o acesso restrito à mídia *mainstream* a grupos menos privilegiados da sociedade brasileira, assuntos explorados mais adiante. Assim, o apoio da *Folha* às Diretas e a introdução do projeto de 1984 foram mais dois lados de uma mesma moeda do que necessariamente dimensões opostas. Ambos surgiram de interesses de mercado, políticos e ideológicos similares, sendo tentativas de refletir e avançar discussões ocorridas no país naquele momento. Essas são algumas das razões do sucesso da *Folha*. Mas, se por um lado a *Folha* incluiu no seu julgamento editorial uma maneira diferente de lidar com a cidadania na reta final das Diretas, refletindo demandas de mercado; por outro, ela não abandonou o reconhecimento de que a imprensa ainda iria influenciar o debate público no futuro, como ela de fato fez. Esse papel, no entanto, como já ressaltado aqui, perdeu um pouco de seu caráter altamente politizado.

A fase da redemocratização foi caracterizada por uma nova reavaliação da mídia e da sua posição na sociedade brasileira. Como veremos, a cobertura das eleições presidenciais levantou o debate público e encorajou o envolvimento político, apesar da influência do modelo comercial de jornalismo anglo-americano sob o jornalismo brasileiro, e em muitas maneiras exatamente por causa disso. A imprensa brasileira não seguiu o caminho exclusivo do jornalismo tecnicista, com seu distanciamento frio e "objetivo" e o total desengajamento da política. O seu papel político seria mantido nos anos seguintes, tendo de viver com as contradições do favorecimento das preocupações comerciais com a notícia, o aumento da concentração da mídia num nível nacional e internacional e a crescente formação de conglomerados transnacionais mundialmente. O desejo de uma maior inclusão na arena política, econômica e social seria assim transferido da campanha das Diretas às primeiras eleições presidenciais após a ditadura de 1989, um assunto abordado no próximo capítulo.

3. CAMPANHAS IDEOLÓGICAS E O JORNALISMO "CÃO DE GUARDA": A COBERTURA DAS ELEIÇÕES DE 1989 E O *IMPEACHMENT* DE 1992

INTRODUÇÃO

Em 1989, os brasileiros tiveram a sua primeira oportunidade de eleger diretamente um presidente após 20 anos de ditadura. No auge da derrota das Diretas-Já, a desilusão com a política estava bastante alta. Muitos brasileiros viram as suas esperanças de presenciar o retorno à democracia política representativa irem por água abaixo com a rejeição da emenda de Dante de Oliveira no Congresso. Eles viram que estavam correndo atrás de outra miragem quando as leis políticas e sociais aprovadas pela Assembléia Constituinte de 1988 não foram capazes de contemplar todos os problemas e as complexidades do Brasil. Além disso, o governo de José Sarney não conseguiu atender a todas as expectativas e logo se viu mergulhado em denúncias de corrupção. O plano econômico, o Cruzado, também falhou no combate à inflação. Nesse cenário turbulento de fracas instituições políticas e uma sociedade civil que havia se retraído para o mundo privado após um período de relativa agitação em 1984, os brasileiros pareciam esperar por um novo salvador da pátria. A figura escolhida foi a de Fernando Collor de Mello, filho de Arnon Afonso de Melo, ex-governador de Alagoas, e que emergiu como um novo político que lutava para se desassociar do mundo da corrupção política e do autoritarismo oligárquico.

As eleições de 1989 inauguraram o que alguns sociólogos e historiadores já chamaram de uma era de "massificação democrática" (Lamounier, 1991). Cidadãos iletrados votaram pela primeira vez, com segmentos maiores da população sendo incorporados à vida política do país através do processo eleitoral e pela mídia (Lattman-Weltman, Dias Carneiro & Abreu Ramos, 1994). Collor surgiu em 1989 pronto a ganhar os votos dos descamisados, da classe média despolitizada e desiludida e ainda de muitos setores da elite empresarial, que sonhavam entrar no mercado econômico mundial.

Sociólogos brasileiros, antropólogos e jornalistas (Lamounier; 1991; Lattman-Weltman, Dias Carneiro & Abreu Ramos, 1994; Velho, 1994; Conti, 1999; Singer, 1999) já analisaram o fenômeno Collor a partir da ênfase na construção e na desconstrução de seu mito na mídia. Eles contribuíram para jogar luz na natureza de seu relacionamento com as indústrias de comunicação, com os jornalistas e com diversos setores da sociedade brasileira. Muitos teóricos, como Velho (1994; 71-76), viram na disputa eleitoral de 1989 a quintessência da cultura hierárquica da sociedade brasileira (Da Matta, 1979) devido à polarização entre o cidadão de elite "superior" (Collor, de uma família rica do Nordeste) e um homem "inferior" e pouco educado da classe trabalhadora (Lula). Esses estudos investigaram as razões para a formação do consenso eufórico em torno de Collor nas eleições de 1989, e ainda o contexto do *impeachment* de 1992.

Este capítulo pretende contribuir para as discussões da era Collor através do exame do papel contraditório assumido pela imprensa na cobertura das eleições de 1989 e no *impeachment* de 1992. Debate os motivos que levaram a imprensa a mudar de postura, ao avançar num determinado momento em direção à democracia para depois regredir no próximo. Essa situação se dá num panorama histórico maior, com o qual se faz uma ligação entre uma série de eventos políticos (1984, 1989, 1992), os discursos que circulavam entre as elites em relação à entrada do Brasil no mercado global e as rotinas jornalísticas que competiam entre si, principalmente as do forte partidarismo político e do fraco mais emergente profissionalismo nas redações na época.

Argumenta-se que a ausência de sólidos valores do jornalismo liberal na mídia impediu uma cobertura mais equilibrada das primeiras eleições presidenciais da fase da pós-ditadura. Semelhante ao cenário socioeconômico e político de 1984, a maioria da imprensa ainda estava sendo influenciada e moldada pela cultura autoritária política e social brasileira, encontrando dificuldades em lidar com a democracia política liberal e vivenciando uma série de restrições político-ideológicas. Em 1989, a imprensa se apresentou ao público como apartidária e movida pelo profissionalismo comercial. Mas a maior parte da reportagem política feita naquela época era bastante fraca em profissionalismo: misturava práticas do jornalismo militante partidário com uma reportagem demasiadamente oficialista que tendia a endossar os pontos de vista do *establishment*. Em comparação com 1984, no entanto, os candidatos da oposição receberam mais espaço na mídia *mainstream*, apesar de continuarem estigmatizados.

As circunstâncias em 1989 eram bem diferentes das de 1984: não havia ditadura e nenhuma divisão rígida entre um projeto autoritário e outro democrático para o Brasil. Ambos os períodos possuem similaridades dada a natureza das pressões político-ideológicas que prevaleceram, e que eram principalmente o medo da subida das políticas de centro-esquerda. Em 1984, a militância jornalística foi usada a favor de valores democráticos universais, tendo tido um papel importante no processo de aceleramento do final do regime militar. A cobertura da mídia em 1989 foi totalmente envolta em partidarismo, sendo uma força regressiva que naquele momento funcionava como um impedimento ao processo de aprofundamento da democratização do país.

Apesar dos excessos da cobertura do *impeachment* e da emergência do jornalismo sensacionalista, em 1992 a imprensa começou a consolidar a tese do mercado livre/jornalismo "cão de guarda", "latindo" contra os políticos corruptos e fazendo uso de sua nova liberdade para exigir maior transparência na política e a adoção de práticas mais éticas. Aprendendo com os erros de 1989 e 1992, o jornalismo começou a melhorar as suas práticas, como será visto nos próximos capítulos, e isso inclui o crescimento do profissionalismo na mídia, algo que se tornaria mais presente nas eleições de 1994. O jornalismo a partir de 1989 começou a estar mais sujeito às pressões econômicas e de *marketing*, com os preconceitos ideológicos mostrando tendência de queda.

A análise textual feita aqui inclui um total de 1.013 matérias das eleições presidenciais de 1989 e da cobertura do *impeachment* de 1992 (Tabela 3.1). Ela inclui 372 artigos extraídos dos jornais *O Globo*, 256 da *Folha*, 187 de *O Estado de S. Paulo*, 140 do *Jornal do Brasil*, 31 da revista *Veja* e 27 da *Isto É*. O material desta análise inclui seis meses, entre em junho de 1989 e dezembro, apesar da construção da pessoa política de Collor na mídia incluir um período maior que começou em 1987, quando Collor foi eleito governador de Alagoas. As revistas, principalmente a *Veja*, são examinadas em mais detalhe por causa do papel-chave que tiveram na construção da imagem de Collor e nas investigações que culminaram no *impeachment* de 1992. Dirigida aos chamados formadores de opinião e às classes médias brasileiras, a *Veja*, como veremos, indicou clara tendência ao reforço dos preconceitos elitistas.

Tabela 3.1 – As matérias sobre Collor (1989 e 1992)

O Globo	372
Folha de S.Paulo	256
O Estado de S. Paulo	187
Jornal do Brasil	140
Veja	31
Isto É	27
Total	1.013

Este exame crítico inclui a fase inicial de construção do mito de Collor seguida da investigação da consolidação de sua imagem na mídia e da vitória nas eleições de 1989. A cobertura do *impeachment* contém as matérias de maio de 1992, o mês da publicação da denúncia pela *Veja*, até setembro, quando o Congresso votou pelo *impeachment* de Collor. A amostra de matérias deste capítulo consiste de artigos sobre a personalidade do ex-presidente e inclui também textos que exploram a forma como sua imagem foi trabalhada na imprensa. Estão também selecionadas algumas matérias que revelam como Collor e Lula travaram ácidas batalhas políticas nas páginas dos jornais. Esses textos estão inseridos no contexto sociopolítico e econômico do ano de 1989, debates examinados nas próximas seções.

"ESCOLHA O LÍNGUA-PRESA OU O ATOR DE SEGUNDA CATEGORIA!": POLARIZAÇÃO IDEOLÓGICA NAS ELEIÇÕES DE 1989

1989: UM ANO DE TENSÕES

Em 1989, o Brasil estava imerso em choques sociais e econômicos. No final de 1988, a inflação havia atingido 933% ao ano. O país parecia estar no meio de um colapso financeiro: as pessoas estavam mais empobrecidas e o valor dos salários caía de forma assustadora. O governo de José Sarney estava envolto numa proliferação de denúncias de corrupção, que incluíam acusações sobre a distribuição de concessões de rádio e televisão pelo governo para deputados em troca de votos para a extensão do mandato presidencial. Todos esses fatores favoreciam o fortalecimento da esquerda, que em 1988 chegou a ganhar assentos municipais em diversos estados (Singer, 1999). A primeira corrida para a presidência viu ainda 24 candidatos entrando na fila para competir no pleito, um verdadeiro contraste em comparação com a situação anterior – um número restrito de políticos eleitos indiretamente pelos generais militares. Políticos tradicionais ocupavam os campos do centro e da centro-esquerda: Mario Covas (PSDB) e Ulysses Guimarães (PMDB) estavam no centro e Leonel Brizola (PDT) e Lula (PT), na esquerda. O espaço da centro-direita estava sendo tomado por figuras mais ligadas ao regime militar, como Aurelino Chaves (PFL), Afif Domingos e Paulo Maluf (PDS). Enquanto isso, Fernando Collor (do inexpressivo PRN – um novo partido sem ligações políticas) começava a despontar com força no cenário político nacional.

Após ter sido empossado em 1985 como presidente depois da morte de Tancredo Neves, José Sarney pulou da situação de líder do governo mais popular da história do Brasil, devido ao sucesso inicial com o Plano Cruzado (1986), para a posição de líder de uma administração desastrosa mergulhada em denúncias de corrupção e considerada insensível às necessidades dos trabalhadores. A hostilidade em relação ao governo foi o resultado direto da derrota do segundo Plano Cruzado, em 1988. A inflação alta produzia tensão social que resultava na explosão das greves e na inabilidade do governo de negociar com os sindicatos. Em outubro de 1986, uma greve de trabalhadores camponeses numa cidade no interior de São Paulo foi tratada pelo governo como um ato criminal. A negociação entre o governo e os trabalhadores acabou chegando a um impasse após um protesto em Brasília, que culminou numa demonstração pública de violência.

A desilusão com figuras da política tradicional estava alta. Muitos desejavam uma voz autoritária capaz de mostrar indignação raivosa contra o Estado e a ordem das coisas; uma pessoa capaz de "colocar o dedo em riste", na tentativa de pôr ordem no caos. Apesar de ter sido possível na época colocá-lo do lado direito do campo político, Collor representou também a ambigüidade ideológica e a confusão na qual o Brasil estava inserido. Ele oscilava de forma agitada entre os discursos de centro-esquerda e de direita, apresentando-se como alguém que não estava envolvido com o "jogo sujo" da política tradicional ou pertencente aos círculos atrasados das elites brasileiras. Percebeu um vácuo grande na arena política e a busca por um "salvador da nação". Começou a agradar o público e a responder aos seus anseios de serem incorporados como novos consumidores da nova lógica do mercado global. Daí, apresentou-se à mídia como o único capaz de mudar o Brasil.

A CONSTRUÇÃO INICIAL DO MITO DO SALVADOR DA PÁTRIA

De forma geral, a cobertura das eleições de 1989 pela imprensa foi alta em termos de preconceito político-ideológico e baixa no que diz respeito ao profissionalismo jornalístico propriamente dito, apesar de por um lado também ter sido dinâmica e engajada, refletindo até certo ponto a agitação política da época. A análise crítica textual da cobertura das eleições de 1989, realizada pelos pesquisadores da Fundação Getulio Vargas (Lattman-Weltman, Dias Carneiro & Abreu Ramos, 1994) em quatro jornais nacionais, revelou que os diários fizeram um julgamento editorial semelhante em relação ao pleito de 1989. O jornal *Folha de S.Paulo* e a revista *Isto É* apareceram como os principais veículos de comunicação que produziram uma cobertura mais crítica da corrida presidencial. O exame de 1.013 matérias deste estudo de caso, seguido das entrevistas com os jornalistas, chegou a conclusões parecidas, tendo identificado a *Folha* e a *Isto É* como os principais veículos que souberam conduzir uma cobertura mais equilibrada e neutra.

O estudo de Lattman-Weltman (1994, 44) apontou que a oposição de fato recebeu espaço na mídia, mas com exceção feita à abordagem da *Folha* e da *Isto É*, candidatos da esquerda, como Lula e Brizola, foram criticados de forma mais constante e suas plataformas políticas e opiniões foram submetidas ao maior escrutínio da mídia do que a de outros políticos:[28] "À parte certos episódios lamentáveis (o caso "Eureka", a edição do último debate no *Jornal Nacional*...), no geral a imprensa buscou atuar com um mínimo de imparcialidade no tratamento jornalístico das candidaturas consideradas de esquerda. Isso não quer dizer que a mídia fosse simpática aos principais candidatos desta faixa do espectro... Assim, enquanto os programas (ou a falta deles) de Brizola e Lula eram submetidos às mais duras análises, o que seria perfeitamente razoável, o chão de onde brotava o discurso de Collor era examinado de modo menos que superficial" (Lattman-Weltman, Dias Carneiro & Abreu Ramos: 1994; 43-44).

Em contraste com o estudo da FGV (1994), que indicou "imparcialidade" geral da imprensa escrita na cobertura, principalmente devido ao espaço dado aos candidatos da oposição, a pesquisa detalhada aqui preferiu enfatizar as ambigüidades e as contradições nas tentativas feitas pelos meios de comunicação de massa e dos jornalistas de conduzir uma cobertura mais equilibrada, mas não necessariamente neutra e de fato longe disso. Este trabalho foi mais adiante ao incluir na sua análise a noção de conflito, dando a esse fator a sua devida importância. Ele debate o posicionamento dos donos e do chamado *media management* na cobertura de 1989, através da condução de discussões a respeito dos julgamentos editoriais assumidos pelos jornalistas e das tensões que eles encontraram nas redações. O contexto ideológico divisório do tempo culminou no crescimento das posições jornalísticas militantes e do partidarismo. Esses sentimentos acabaram se manifestando em ambos lados do espectro político (esquerda e direita), com a disputa entre Lula e Collor acabando por invadir em cheio as redações.

O estudo da FGV (1994) também apontou que as idéias de modernização defendidas por Collor encontraram eco com aquelas defendidas pela mídia, e que esta embarcou numa crítica diária do tamanho do Estado e da necessidade de reduzi-lo. O

28 Exemplos: "Lula Não Recua e Dá Apoio Total às Greves" (*O Globo*, 12/05/1989); "Partido (PT) em Ponto Morto" (*Veja*, 02/08/1989); "PT Quer Lula com um Discurso Radical" (*O Globo*, 30/08/1989) e "Reformas no Leste Ultrapassam o PT" (*O Estado de S. Paulo*, 06/12/1989), ver Bibliografia para mais matérias.

exame da agenda presidencial de 1989 – que focou de agosto de 1988 a agosto de 1989 – indicou apoio da grande imprensa para as políticas socioliberais, como a importância da austeridade do Estado e a necessidade de se reduzir os índices de inflação. Em outra análise da aparição de Collor na imprensa, de novembro de 1986 a fevereiro de 1989, a pesquisa da FGV detectou uma tendência na mídia de sustentar as idéias do político: "Impossível não reconhecer em vários dos títulos de nossa amostra uma nítida intenção de encampar o discurso do enérgico e eloqüente governador nordestino no sentido da veiculação das opiniões e proposições do próprio jornal" (Lattman-Weltman, Dias Carneiro & Abreu Ramos, 1994; 3). O estudo também chegou à conclusão de que o político dava a sua razão de ser "muito mais à eficácia de um processo de *marketing* político, realizado via mídia, do que a fatores políticos que poderíamos localizar na dinâmica particular do sistema partidário ou da sociedade civil", acrescentando o fato de Collor ter representado "o produto mais típico [...] da nascente sociedade política de massas brasileira" (1994; 11-12).

Temas como a expansão das possibilidades de consumo, o medo do comunismo, a privatização de setores públicos e a desilusão com o jogo da política tradicional deram gás para o crescimento de Collor como o único capaz de combater tudo que "estava lá". Questões como privatização de companhias públicas e abertura do mercado para o capital estrangeiro, por exemplo, foram políticas defendidas por unanimidade em círculos da elite, que viram nesses discursos uma resposta aos anos de intervenção do Estado na economia que marcaram o período da ditadura. A proximidade da agenda econômica de Collor com a da primeira-ministra da Grã-Bretanha na época, Margaret Thatcher, também tornou-se evidente, com alguns setores da mídia fazendo essas associações de forma clara. O editorial do jornal *O Globo*, "Mudanças Estruturais" (17/06/1989), enfatizou a necessidade de se combater a ausência de controle dos gastos públicos, apontando as políticas de privatização de Margaret Thatcher como um modelo a ser seguido.

Em fevereiro de 1989, Collor anunciou que estava deixando o governo de Alagoas para concorrer à Presidência da República. Entre março e maio, Collor começou a flertar mais a imprensa numa tentativa de ser levado a sério como candidato a presidente. De acordo com as pesquisas de opinião, em maio Collor tinha 32% dos votos, mais do que o dobro de Brizola (15%) e quase três vezes mais que Lula (11%). Entre 1987 e os meses iniciais de 1989, Collor foi apresentado nos jornais como um governador de Alagoas inovador e atlético, opositor ao governo de Sarney e que estava "revolucionando" o seu estado devido à caça aos "marajás" do serviço público (Lattman-Weltman, Dias Carneiro & Abreu Ramos, 1994). De acordo com o estudo da FGV (1994) e de Conti (1999), o *Jornal do Brasil* foi um dos primeiros jornais nacionais a promover a imagem de Collor na mídia. "Furação Collor" (*Jornal do Brasil*, 05/04/1987) foi uma matéria que começou a construir a persona política de Collor como a de um talentoso e moderno administrador. Outros artigos também retrataram Collor de modo semelhante.[29]

Em seu livro sobre o relacionamento dos jornalistas com Collor, Conti (1999) revela que muitos não gostavam dele, e que alguns até sabiam de suas transações ilícitas, mas não tinham força suficiente para denunciá-las. O mito de Collor foi construído em determinados círculos-chave das elites e consolidado depois nos níveis mais baixos da sociedade brasileira, com muitos veículos de comunicação, como *Veja*, *TV Globo* e *O Estado de S.Paulo* aparecendo como os principais órgãos da grande imprensa que se identificaram mais com o político. Em 1989, jornalistas brasileiros e a imprensa em geral tinham pouca experiência na cobertura de uma eleição nacional. O entusiasmo jornalístico e a militância começaram a conviver lado ao lado com preocupações crescentes com a exatidão da informação e com as estratégias de *marketing* necessárias para se produzir melhor as notícias.

Da mesma forma que a cobertura das Diretas, muitos jornalistas ficaram agitados com as eleições presidenciais de 1989. Diretor do serviço brasileiro da BBC, Américo Martins trabalhou para a *Folha* na campanha de 1989 como repórter júnior. Ele lembra que ligou para o ex-presidente Ernesto Geisel para perguntar sobre o seu voto: "Foi uma cobertura excitante. Apesar de ter alguns veteranos na Redação, era um time composto de jovens. Ninguém

29 Exemplos: "Collor Diz Que País Está Num Jogo Sem Juiz" (*Jornal do Brasil*, 07/04/1987); "Collor Condena Super Salários de Deputados" (*O Globo*, 07/06/1987) e "Collor Se Lança Presidente Contra os Velhos" (*O Estado de S. Paulo*, 26/01/1988/ FGV, 1994).

havia coberto uma eleição nacional. A última havia sido em 1961. Foi uma operação enorme... Me pediram para ligar para o Geisel e ele, como um bom general, disse que o voto era secreto...".

A revista *Veja* exemplifica o veículo de comunicação que contribuiu para levantar a imagem de Collor nacionalmente, tendo depois liderado a maior parte da imprensa nas investigações de corrupção feitas contra o ex-presidente em 1992. A cobertura simpática da *Veja* à campanha das Diretas-Já foi apontada depois como uma forma de diluir os seus laços com a ditadura (Conti, 2004). A revista iria ter ainda um papel crucial a desempenhar na construção do mito do salvador da pátria, publicando duas matérias em 1987 que ressaltavam as "qualidades especiais" de Collor. A entrevista "Eu Vou Acabar Com os Marajás" (22/04/1987) mostrou de forma mais clara as suspeitas e as dúvidas de grupos de elite em torno do nome de Collor, apesar de a matéria não ter dispensado elogios ao político. Collor foi entrevistado para as páginas amarelas da *Veja*, a parte inicial da revista cuja meta é servir de espaço para importantes personalidades públicas exporem suas idéias. O primeiro parágrafo usou expressões que no futuro estariam associadas com a *persona* política do ex-governador de Alagoas, incluindo termos e frases como "advogado bem-sucedido" que "distribuía chutes de caratê contra alvos imaginários". Algumas das perguntas feitas pelo repórter sobre a biografia de Collor, como o motivo que o levou a contratar três mil novos empregados em uma semana, em 1982, indicava que havia suspeitas dentro dos círculos das elites sobre a natureza do caráter do político. Apesar disso, o texto introdutório da matéria era altamente elogioso: "Neto de um ministro do Trabalho [...]. Em menos de cinco minutos de conversa, costuma deixar claro aonde quer chegar com o que diz [...]. Não há qualquer dúvida [...] de que ele começou muito bem".

A segunda matéria que lançou o nome de Collor nacionalmente foi a "Caçador de Marajás" (23/03/1988). *Veja* dedicou sete páginas ao político que "conquistou a simpatia dos alagoanos e a popularidade no Brasil inteiro [...]. Fernando Collor figura hoje entre [...] os governadores mais festejados do país [...]. Ocorre que foi ele quem descobriu primeiro e usou melhor a mina de impacto político que pode ser aberta com uma boa caçada aos marajás do serviço público". O governador Collor na época estava se recusando a pagar os salários privilegiados dos servidores públicos do estado, legalizados pela lei local. O texto acabou por deixar transparecer a sua veia ambiciosa, tratando o seu sonho de concorrer à presidência como uma realidade perfeitamente possível. A matéria deixou pouco espaço para a contradição e a declaração de opiniões de rivais, dedicando mais de duas páginas para discutir a situação do serviço público e de seus *marajás*, que são de fato uma pequena categoria de pessoas bem pagas em relação ao grande segmento de funcionários públicos mal pagos. No terceiro parágrafo, a candidatura Collor foi explorada através da inclusão de uma declaração de um senador do PMDB de Alagoas que disse que, se a intervenção federal era para ser usada para garantir os salários dos marajás locais, Collor seria eleito o próximo presidente. Outros artigos publicados nos meses iniciais de 1989 focaram ainda no tema da necessidade de promover cortes nos gastos públicos.[30]

Ricardo Kotscho, que trabalhou com Lula durante a campanha de 1989 e foi o seu assessor de imprensa brevemente após a eleição de Lula, em 2003, identificou a matéria da revista *Veja* "Caçador de Marajás" como uma peça-chave que contribuiu para desmanchar o mito de Collor: "Em 1989, toda a grande imprensa apoiou Collor contra Lula. Eles criaram o mito do Collor. O caçador de marajás estava na capa de *Veja* e resultou num programa especial do *Globo Repórter* na TV Globo. Foi algo construído para ser uma oposição a Lula. Havia um problema então [...] o único meio de diálogo era com os jornalistas diariamente. Mas não os barões da mídia. Lula e eu percebemos isso. Foi por isso que decidimos mudar a estratégia da próxima campanha..." Lins da Silva enfatizou o apoio "histérico" da mídia à candidatura de Collor: "Todos os jornais, com exceção da *Folha*, fizeram um alinhamento quase histérico contra o Lula. Isso na minha visão foi um erro histórico. A *Folha* foi imparcial durante a cobertura. Ela decidiu não ser mais após a invasão da polícia ao prédio da *Folha*...".

A formação do consenso em torno do nome de Collor não significa dizer que a dissidência e a contradição não circulavam

30 Exemplos: "Congresso É Campeão de Empregar Parentes" (*Jornal do Brasil*, 19/02/1989); "Funcionários Públicos: A Reação ao Abuso" e "Fantasmas e Parentes Protegidos Começam a Indignar o País" (*Veja*, 01/03/1989) e "Fraudes Aumentam no Seguro Social" (*Folha de S.Paulo*, 23/04/1989).

na época nas páginas dos jornais. Divisões no seio dos grupos de elite do país permearam de fato a campanha presidencial de 1989. Isso foi refletido em batalhas políticas disputadas nas redações, principalmente entre os jornalistas e a chefia. Em 1984, projetos autoritários e democráticos dividiram as elites. Em 1989, uma luta entre projetos políticos opostos para o país (de esquerda ou de direita) emergiu, com uma hegemonia construída por segmentos do empresariado e das elites oligárquicas em torno da candidatura de Collor e do campo da centro-direita. Havia uma tendência em 1989 a desvalorizar alternativas e a reforçar os preconceitos contra a esquerda. Matérias publicadas esporadicamente nos jornais sublinharam a contradição entre os discursos de Collor e suas práticas, como as acusações de corrupção e as ambigüidades em sua fala. Com exceções, essas matérias ocuparam menos espaço físico nos jornais, e muitas apareceram em pequenas colunas.[31]

Muitas redações serviram como "campos de batalha" para controlar jornalistas de esquerda. Conti (1999; 174) afirmou que os eleitores de Collor faziam parte de uma minoria entre os 260 jornalistas que trabalhavam para o *Estadão*: "A redação não estava somente cheia de jornalistas do PT, mas também de jornalistas inexperientes, porque ninguém havia coberto uma eleição presidencial antes". De acordo com ele, o ex-diretor de redação do *Estadão*, Augusto Nunes, não só impediu a demissão de jornalistas do PT mas também publicou o artigo "É Necessário Deter as Milícias" (30/11/1989). Nunes criticou neste artigo os conflitos entre simpatizantes do PT e de Collor numa manifestação realizada no sul do país, como forma de indicar aos donos do *Estadão* que ele estava controlando a política de esquerda na redação.

Arquiteto das reformas do jornal nos anos 1990, Nunes admitiu que o conflito sacudiu em cheio o jornal à época da eleição presidencial:

> O Estadão sempre foi um jornal partidário [...]. Com muito mais clareza que *O Globo*, ele era um jornal de direita. O Estadão se transformou

31 "Alagoas Vai Contra Collor" (*O Estado de S. Paulo*, 02/06/1989); "Pensões do Estado Acusam o Candidato" (*O Globo*, 17/08/1989) e "Contratos Provam Nepotismo" (*Jornal do Brasil*, 05/12/1989).

> em um diário esquizofrênico em 1989. Eu era obrigado freqüentemente a mudar as manchetes, a minimizar os títulos e fazê-los menos PT porque o texto era um discurso. Dr. Júlio (Mesquista) me pedia a cabeça de muitos jornalistas de política todo o tempo e eu tinha de usar argumentos práticos para evitar isso. Se você demitir eles, vai sair no programa do PT, vai ajudar o seu adversário. Eu tinha de argumentar usando a linguagem dele (ênfase de Nunes) [...]. Se eu argumentasse na base da liberdade de imprensa então, todos seriam demitidos [...] e isso iria para mim também. O maior pecado cometido pelos jornalistas, e nisso eu me incluo, foi que a gente não investigou quem era o Collor. Mas, se a gente tivesse investigado, nós poderíamos ter mostrado que ele era uma fraude. Todos sabiam dos rumores em Alagoas [...]. O país continuou, como antes, a ser dividido entre o bem e o mal. O Brasil não conseguiu se livrar dessa dicotomia, e isso teve conseqüências fortes para o jornalismo.

A *Folha* assumiu uma postura mais equilibrada, chegando a publicar matérias investigativas e outras informações mais detalhadas a respeito da administração anterior de Collor em Alagoas.[32] Isso foi percebido até pelos leitores. Uma pesquisa do Datafolha indicou que 58% dos leitores acharam que a cobertura da *Folha* era imparcial, 20% consideraram que ela era pró-Lula e 12%, pró-Collor.[33]

Marcelo Beraba, ex-*ombusdman* da *Folha* e diretor do Abraji (Associação Brasileira do Jornalismo Investigativo), foi editor de política em 1989. Ele garantiu que o jornal investigou Collor:

> *Folha de S.Paulo* fez uma investigação intensiva e publicou tudo. Todos os grandes casos de 1989: verba secreta dos usineiros, acordo com os usineiros, verba secreta do governo Collor, contratação irregular de funcionários, uso de funcionários públicos na campanha dele, irregularidades nas firmas de Zélia, quem era PC Farias [...] um monte de matérias, que os outros jornais não soubessem, mas não tinham condições de fazer...

32 Exemplos: "Contrato de Collor com Usineiros de Cana-de-Açúcar Favorece Senadores" (*Folha de S.Paulo*, 25/05/1989) e "Collor Gastou US$ 550 Mil em 'Despesas Gerais'" (*Folha de S.Paulo*, 30/05/1989).

33 "Leitores Acham Que a *Folha* Não Apóia Ninguém" (13/12/1989).

Essas matérias poderiam ser incluídas, no entanto, como parte de uma série de acusações menores à luz da extensa corrupção política praticada no país. Esses textos também apareceram despercebidos nos diários em meio a uma série de análises entusiasmadas em relação a Collor. Tais artigos não tinham força o suficiente para mudar a opinião pública, que já se estabelecia em torno da figura de Collor.

Pode-se dizer ainda que os jornalistas evitaram cavar a sujeira completa sobre o político de Alagoas. Investigações só iriam surgir em 1992 após segmentos da elite terem deixado de apoiar Collor, e quando ficou claro que o seu esquema de corrupção tocou em várias esferas governamentais. Assim, se jornais como o *Estadão* e *O Globo* conseguiram às vezes oferecer visões conflitantes sobre as eleições de 1989, o fato é que a mídia no geral retratou a campanha eleitoral de uma forma um tanto simplista, apoiando-se numa imagem do mundo que parecia privilegiar o preto no branco. A batalha presidencial acabou por se refletir nas páginas da mídia como uma disputa de "classe" (do chefe *versus* o subordinado), uma briga em torno de valores e da qualidade dos *commodities* (o bom produto *versus* o ruim) e/ou uma *rivalidade* pessoal e política entre dois nomes (Lula *versus* Collor).

Num momento em que ainda havia uma certa resistência à candidatura de Collor, a matéria da *Isto É*, "O Espectro do Brizola – ou Jânio ou Quércia?" (22/03/1989), enfatizou a ausência de opções do campo da direita, dividido no apoio a alguns dos possíveis candidatos "anti-Brizola" (Afif, Chaves, Maluf ou Covas). A revista produziu uma sofisticada análise, apontando para o vácuo político que existiu à época, resultado da crescente desilusão com a política, que fora provocado pela frustração com as Diretas. A matéria do "anti-Brizola" utilizou de ironia para criticar a falta de perspectiva para a direita no Brasil, examinando as dificuldades que os candidatos poderiam enfrentar no futuro e oferecendo dicas para superar os obstáculos. Collor foi retratado como um enigma. O artigo indicou que as suas chances estariam interligadas aos resultados das pesquisas de opinião do instituto Gallup: "[...] A direita tradicional não é muito habituada a processos eleitorais democráticos. Extrema-direita, direita, centro-direita, centro-liberal, centro puro e simples, todas essas categorias cabem dentro da citada expressão "a gente". "A gente literalmente está sem saber o que fazer", disse o texto, brincando de forma irônica com a idéia de que "nós" (empresários etc.) concordam com "você" (o público, profissionais liberais de classe média), ou com a população desiludida. No primeiro parágrafo lia-se: "O espectro do Brizola os assombra. Entidade apavorante que alterna o rosto de Brizola com a carranca do Lula [...] o Brizola põe em risco uma hegemonia que vem do marechal Deodoro, em 1889 [...]. Seja com as feições de Lula [...] seja com a cara de Brizola, [...] a esquerda ganha uma oportunidade inédita de abocanhar o poder pela via indiscutível do voto direto".

Mino Carta, chefe de redação da *Isto É* na época, garantiu que a revista conduziu uma cobertura equilibrada. Mino, no entanto, fez uso da militância jornalística na eleição de 1989. Isso ocorreu apesar da preferência de Domingos Alzugaray por Collor e dos laços com o seu irmão, Leopoldo: "No início, a idéia era criar uma distância entre os vários candidatos. Mas o Domingos tinha uma boa ligação com o Fernando (Collor)... aí ele quis que eu puxasse a corda a favor do Collor, e houve então um pouco de choque, mas nada sério. Eventualmente, a cobertura que eu dei a Lula foi melhor da que eu dei ao Collor... Aí eu comecei a escrever editoriais contra o Collor e o Domingos nunca entrou em choque comigo por causa disso. Eu até publiquei uma matéria negativa sobre o Collor, e ele não disse nada... De qualquer forma, o nosso relacionamento começou a deteriorar e em agosto de 1993, eu deixei a *Isto É*...".

As declarações de Nunes e Mino atestam para as dificuldades que os jornalistas encontraram com os donos dos meios de comunicação e a defesa de seus interesses. Nunes mencionou como a adoção de um enfoque jornalístico mais investigativo, ou um estilo de reportagem mais objetivo, poderia ter exposto Collor. Mino assinalou para as preferências do dono por Collor e as suas próprias tentativas de favorecer Lula. Na época, alguns donos da mídia realmente foram acusados de defender Collor explicitamente, como foi o caso de Roberto Marinho, das Organizações Globo (Conti, 1999).[34]

34 "Roberto Marinho Torna Explícito o Seu Apoio a Collor" (*Folha de S.Paulo*, 27/07/1989).

O chefe da TV Globo, Ali Kamel, garantiu em entrevista para este trabalho que os interesses pessoais dos donos nunca interferiram na cobertura jornalística, algo que ainda é fruto de muita controvérsia entre acadêmicos e jornalistas (Conti, 1999; Bucci, 2000), e que seria mais bem explorado num estudo diferente. Ademais, o debate da TV Globo realizado entre Lula e Collor no segundo turno das eleições também provocou uma superabundância de reclamações de manipulação editorial a favor de Collor (Conti, 1999), algo que também merece uma investigação mais detalhada e à parte deste presente estudo. De fato, o duelo entre Lula e Collor ocorreu na última fase da campanha, quando a radicalização ideológica atingiu o seu pico, e o alagoano partiu para a adoção de uma retórica anticomunista agressiva e histérica.

O CANDIDATO DO *MARKETING* GANHA A MÍDIA: A FASE DA CONSOLIDAÇÃO

O estilo comunal de praticar política, que teve o seu auge durante as Diretas-Já, foi menos sentido nas eleições presidenciais de 1989, quando estratégias de *marketing* e pesquisas de opinião começaram a invadir o mundo da política. Em 1989, pesquisas de opinião mostravam que os eleitores queriam um certo tipo de político. De acordo com o instituto Vox Populi, que realizou estudos para a campanha de Collor, muitos eleitores brasileiros achavam que a briga contra os marajás era um ponto importante para atacar. Collor começou a trabalhar assim a sua própria imagem, frisando algumas características específicas de sua personalidade que, na verdade, ecoavam o que certos grupos de elite e segmentos do público achavam importante. Escrevendo sobre as funções de *agenda-setting*, ou agendamento, da mídia, McCombs e Shaw (1972) afirmaram que "os assuntos enfatizados nas notícias da mídia influencia os assuntos que os eleitores consideram como importantes...." (Takeshita: 1997; 20-22). Os atributos de caráter de um candidato selecionados pelos jornalistas são de fato os que no final vão fazer os eleitores formarem determinados julgamentos e assumir certas opiniões a respeito dos políticos. O público depende, portanto, da mídia para ter mais conhecimento sobre a *personalidade* e o *caráter* dos políticos. As matérias iniciais sobre Collor, como vimos, favoreceram certas qualidades que tornavam evidente para o público que certos atributos específicos, como o fato de ele ser jovem e um caçador de marajás, mereciam ser levados a sério em detrimento de outros (como ser de esquerda ou um candidato pobre).

Maio foi quando a candidatura de Collor começou a engrenar. O seu crescimento nas pesquisas de opinião significava que ele merecia ser levado a sério por grupos de elite que anteriormente haviam mostrado resistência. Collor começou a aparecer quase diariamente nos jornais, com artigos especiais sobre ele tornando-se uma constante nas páginas dos jornais.[35] Collor se promoveu e pagou para a publicação de anúncios sobre a sua administração passada nos jornais do Rio e de São Paulo. Ele também levou ao ar três programas de publicidade do seu partido, o PRN, na televisão nacional, e que tiveram sucesso na conquista de apoio dos "descamisados". Singer (1999) destacou que Collor obteve primeiro o apoio dos segmentos mais afluentes da sociedade brasileira, e somente em julho conseguiu ganhar os votos dos menos ricos, quando a propaganda pública televisiva o tornou mais conhecido para a grande maioria das pessoas.

A matéria do *Jornal do Brasil*, "O Fenômeno da Pré-Campanha" (14/05/1989), serviu para legitimar a candidatura de Collor nacionalmente. O artigo incluiu uma foto de Collor sorrindo para fotógrafos e acenando do vidro da janela de um carro, fazendo o sinal da vitória com o seu dedo. O texto acentuou o crescimento da adesão pública à sua candidatura em 12 estados do país, adotando ainda no geral um tom moralístico para elogiar a candidatura de Collor. Ele começou mencionando um encontro de um deputado do PSDB e de um camponês puxando um carro de boi no meio da rua no interior de Minas Gerais. O deputado foi ajudar o camponês com os problemas que este estava tendo com o seu carrinho. "O homem [...] já estava decidido. Mesmo naqueles cafundós, ele já tinha ouvido do mocinho bonito que quer limpar o Brasil, inimigo dos corruptos e autor da proeza [...] de enfrentar os perversos

35 Exemplos: "Gallup Exclusivo – Collor em Primeiro" (*Isto É*, 26/04/1989); "O Fenômeno da Pré-campanha" (*Jornal do Brasil*, 14/05/1989); "A Estrela Levanta Vôo" (*Veja*, 17/05/1989) e "Collor Está Perto da Maioria Absoluta" (*O Globo*, 11/06/1989).

'marajás'. Seu voto para presidente já tinha destinatário: Fernando Collor de Mello", ressaltou a matéria.

O *Jornal do Brasil* tentou de qualquer forma apresentar uma cobertura equilibrada da eleição, publicando algumas matérias contraditórias que deixavam expostas a inconsistência do político do PRN.[36] Neste momento em particular, no entanto, a candidatura de Collor começava a ganhar legitimidade. As poucas vozes contraditórias que apareceram na época não tinham assim forças o suficiente e capacidade para danificar a sua campanha. Como Nunes mencionou anteriormente, a cobertura do *Estadão* estava imersa em fortes tensões políticas. Os textos que retratavam Lula e o Partido dos Trabalhadores numa lente mais positiva, ou os que submetiam Collor às críticas necessárias, também foram publicados.

As matérias do *Estadão* "Lula Faz *Check Up* e Desafia os Seus Rivais" (25/05/1989) e "Perfil de Collor Revela Gênio Explosivo", seguida pelo texto "A Construção da Imagem" (*O Estado de S. Paulo*, 10/09/1989), são alguns exemplos. Ambos foram críticas a Collor, apontando para a construção de uma personalidade agressiva e messiânica. As últimas duas incluíam uma caricatura do futuro presidente com fogo no seu cabelo, olhando para um prato de espaguete na sua frente. A matéria enfatizou alguns momentos embaraçosos em sua vida, como o curioso incidente quando Collor jogou um prato de macarrão no rosto de sua empregada porque ele encontrou um fio de cabelo na comida. Também mencionou como ele destruiu um clube de Brasília com chutes de caratê e como, já governador em 1988, ameaçou bater num servidor público com um microfone que não funcionava. Embora todos esses traços de caráter fossem apresentados aqui como negativos, certos aspectos de sua personalidade autoritária foram logo considerados positivos. O tom moralista de Collor e a sua postura de indignação agressiva, que incluía batidas na mesa com as suas mãos e portas fechadas à força, acabaram sendo representadas na mídia como

36 Exemplos: "Biografia de Collor Está Marcada Pela Contradição" (14/05/1989); "Lula Ganha na Escola São Vicente de Paula"; "Um Estudante (Collor) Com um Recorde de Ausências" (28/06/1989) e "Collor Vai ao Governo, Acusa e É Acusado de Corrupção" (25/07/1989).

expressões individualistas de sua vontade obsessiva de "mudar tudo que está aí".

No artigo "A Estrela Levanta Vôo", publicado em maio na *Veja* (17/05/1989), Collor é visto como um político "estrela", uma alusão óbvia ao PT. Essa matéria marcou um momento-chave para a consolidação da imagem presidencial de Collor como a de um produto, com alguns dos traços negativos de sua personalidade mencionados anteriormente, por exemplo sendo transformados em qualidades positivas que mereciam ser "compradas" pelos consumidores-eleitores. Este texto enfatizou como Collor não tinha um partido específico, um fato negativo a princípio, mas que foi considerado positivo na matéria por distanciá-lo do jogo "sujo" e tradicional da política. Nas sete páginas do artigo lia-se: "O seu partido, conhecido como o PRN, o Partido da Reconstrução Nacional, foi fundado menos de dois meses atrás [...] não tem escritório [...] são só cinco deputados no Congresso [...] e seus votos valem menos do que um terço daqueles do PT de Lula. Com só seis meses antes das eleições, Collor está em primeiro lugar [...]. A candidatura Collor conseguiu colocar em evidência a arrogância de um segmento de políticos brasileiros que gostam de se apresentar como donos de personalidades eleitas...". Declarações de políticos adversários e um pequeno box com cinco denúncias contra Collor foram incluídas nessa matéria. Estes ocupavam uma posição menor em meio ao tom geral de entusiasmo que o texto emitia. "Collor é um produto da ditadura", afirmava Brizola; "Ele é um político conservador", acrescentava Lula, duas declarações seguidas por uma frase que apontava que em torno de Collor "um coro cantava: 'ele já ganhou'".

Outra matéria publicada por *Veja*, "O Marajá dos Índices Faz a Festa" (31/05/1989), que saiu duas semanas depois, adotou uma posição parecida. O Instituto Ibope mostrou Collor com 32% das intenções de voto, Brizola com 15% e Lula com 11%. Este texto de quatro páginas sublinhou como "o jovem governador de Alagoas" havia obtido apoio de toda parte do país. "Enquanto os outros perdem tempo, Collor percorre a jato o país, fazendo comício e colhendo aplausos." Aqui o texto tomou como fato consumado que Collor estava voando pelo país num avião a jato, não perguntando exatamente de onde vinha o dinheiro para a sua campanha. Ressaltava: "A maioria dos candidatos mal começou a rascunhar o esquema financeiro de suas campanhas... mas para Collor sobram jatinhos e aviões, utilizados em sua peregrinação pelo país – uma corrida em que ele faz questão de esbanjar a energia dos seus 39 anos de idade". O texto focou também nos atributos de Collor, como na ausência de laços com os políticos tradicionais. A matéria também endossou as frases sentimentais ("Eu sou o candidato da sociedade civil. Não me deixem só!", disse Collor). Esta frase, de acordo com a matéria, foi recebida por uma "avalanche de aplausos".

O jornal *O Globo* também deu a Collor uma cobertura no geral bem favorável.[37] Na matéria "Collor Monta Campanha com a Imagem do Sucesso", uma foto de pessoas trabalhando no escritório de campanha de Collor foi seguida por uma frase que destacava as qualidades do político, fazendo o leitor/eleitor ter consciência das estratégias de *marketing* utilizadas em sua campanha, e cujo intuito era construir uma imagem específica da *persona* política de Collor. Na matéria se dizia: "A estrutura da campanha está sendo criada para que o eleitor associe o candidato à imagem de qualidade e, conseqüentemente, de sucesso. Um candidato *yuppie*". Várias outras frases eram também igualmente favoráveis, como "Collor, 39 anos, quer imprimir a marca do novo, do moderno e da eficiência ao trabalho eleitoral...".

O Globo, no entanto, também publicou *features* que exploravam as ambigüidades da plataforma política de Collor, como "O Caçador de Marajás Não Consegue Abater a Caça" (14/05/1989). Esta matéria em particular examinou como Collor havia tido alguns problemas como governador de Alagoas, apontando ainda como não conseguiu demitir 6 mil servidores públicos, conforme havia planejado. Em contraste com a época das Diretas-Já, quando figuras da oposição foram estigmatizados no jornal *O Globo*, em 1989 o diário tentou equilibrar a cobertura, oferecendo mais espaço para os representantes da oposição e as suas agendas

37 Exemplos: "Collor Acha Que É Possível Ser Eleito no Primeiro Turno" (11/05/1989); "Collor Cria uma Campanha com a Imagem do Sucesso" (16/05/1989) e "Apoio É Tanto Que Escapa ao Controle" (28/05/1989).

políticas.[38] A imagem de Collor como uma *commodity* que poderia ser comprada por eleitores desiludidos e ansiosos para entrar no primeiro mundo começava enfim a ser legitimada, tornando mais difícil para a oposição articular discursos capazes de quebrar o crescente consenso de elite que estava sendo formado em torno de seu nome.

HISTERIA E ANSIEDADE IDEOLÓGICA: O SEGUNDO TURNO

No dia 15 de novembro, Collor ganhou no primeiro turno com 20 milhões de votos. Ele foi disputar o segundo turno com Lula, que obteve 12 milhões de votos, tomando assim o lugar de Brizola. A eleição no segundo turno foi disputada no dia X de dezembro, com uma pequena margem de diferença entre os dois: Collor ganhou com 35 milhões de votos, o que representava 50% da população, contra os 30 milhões dados a Lula, ou 44%. Em seu estudo sobre as eleições de 1989 e 1994, Singer (1999) argumentou que o eleitor brasileiro, da mesma maneira que os europeus e norte-americanos, é capaz de identificar o caráter ideológico dos partidos. Em 1989, o eleitor se posicionou ideologicamente, com grande parte do eleitorado brasileiro escolhendo um candidato que representava o campo da direita no país, ou alguém que detinha claramente esses valores.

O período de agosto/setembro ao início de dezembro foi envolto na radicalização ideológica, com Collor deixando de assumir a ambígua posição de "socialdemocrata" para adotar totalmente uma retórica anticomunista. Collor explorou os temores de segmentos conservadores da população brasileira, que estavam preocupados com a possibilidade de invasão de suas casas de classe média pelos famintos, no caso de uma vitória da esquerda. Miriam Cordeiro, ex-namorada de Lula, foi ao ar durante uma propaganda política do PRN para acusar o candidato do PT de ter a forçado a fazer um aborto. Muitos eventos políticos dessa última fase eram de fato expressões dessas tensões ideológicas, como as

38 Exemplos: "PSDB Tenta Se Mostrar na Televisão Como uma Opção Viável" (12/05/1989); "Newton Quer Quércia Coordenador da Campanha" (10/08/1989) e "Ulysses Promete Acabar com Fome no País" (14/08/1989).

disputas com os militantes de Brizola durante uma manifestação no Rio; a ameaça de alguns dos empresários de deixar o Brasil no caso de uma vitória da esquerda e as falsas acusações contra o PT em relação ao seqüestro de Abílio Diniz. Em novembro, o PSDB declarou apoio à candidatura de Lula, que ocorreu logo após o discurso do tucano Mário Covas sobre a necessidade de se aplicar um "choque do capitalismo" no país, e que acabou não funcionando para convencer os empresários de suas reais intenções econômicas liberais.

A matéria da *Veja* "A Hipótese de Lula – O candidato do PT divide o eleitorado com suas propostas econômicas e acende a discussão sobre os rumos do capitalismo no país" (29/11/1989), é um exemplo de um texto que parece querer fustigar o conflito de classe, embora tenha tentado também debater a agenda econômica do PT. O texto de capa dizia: "Lula e o Capitalismo – As Mudanças que o PT Promete Dividem o País". Em sete páginas, o artigo investiga a possibilidade real de Lula ganhar a eleição, enfatizando as ansiedades em relação ao que poderia acontecer com os profissionais liberais que "[...] alimentam dúvidas sobre a possibilidade de ficar sem as promoções que esperam" num contexto onde os "grandes empresários temem que Lula atrapalhe seus negócios [...] criando um clima hostil ao lucro e prejudicando investimentos...". O texto listou cinco fatores que preocupavam os empresários, incluindo o controle dos preços e a taxação do lucro. Assuntos considerados problemáticos incluíam a expropriação de latifúndios, o aumento do salário mínimo, a redução da margem de lucro das empresas e a ausência de um programa de privatização.

A deteriorização do relacionamento entre empregadores e empregados também foi ressaltada. Ele deu crédito, no entanto, aos princípios sociais do PT ("Certamente é elevado o número de cidadãos que não gostam do candidato Luiz Inácio Lula da Silva exatamente por aquilo que ele diz que pretende fazer caso chegue à presidência [...]. O fato, porém, é que todos são favoráveis a tudo aquilo que Lula anuncia – como aumentar os salários, garantir uma boa alimentação para todo mundo [...]. O que se teme [...] é a metodologia do PT para atingir tais metas tão desejadas por todos".

Este artigo investigou os medos em relação à possibilidade de o presidente do PT estimular o conflito com o capital. Essas tensões estavam acirradas na época e encontravam-se presentes tanto do lado dos "patrões" como dos "empregados". Uma foto de um *outdoor* da campanha petista, colocado em frente a uma pequena paróquia por um padre, foi publicada na página 58 dessa matéria. O texto da faixa indicava uma hostilidade do PT às estruturas de poder ("Antes de votar, pare e pense: você é patrão ou trabalhador? Dos candidatos a presidente, quem é o patrão? Quem é o trabalhador? Você vai votar em patrão?"), aparecendo aqui como prova do tom de luta de classes que estava atingindo a campanha e os dois lados da disputa. Pode-se ainda fazer um contraste entre a primeira foto no início da matéria, de Lula discursando em frente a uma fábrica, com as fotos seguintes de empreendedores fazendo comentários sobre o PT. Esses entrevistados manifestaram medo em relação a Lula: "O presidente da Philips [...] acredita que o plano econômico do PT pode afugentar as multinacionais interessadas em investir no país". Poucos disseram alguma coisa diferente: "'Lula é um negociador íntegro, que cumpre seus acordos', disse o presidente do Sindipeças, o sindicato que reúne as indústrias de autopeças".

De novo há um contraste entre as forças coletivas representadas na foto de Lula com os trabalhadores e o isolamento ou o individualismo evidenciado nas fotos dos empresários dentro de seus escritórios e fábricas. Um posicionamento claro do lugar que deve ser ocupado pelo trabalhador – do lado de fora da fábrica, com os seus amigos operários – é justaposto aos empregadores que ficam em seus estabelecimentos. A necessidade de se preservar a ordem social, um tema central ao pensamento de centro-direita no Brasil (Singer, 1999), se faz então presente aqui de forma clara. Essa postura implicitamente equaciona as ruas com o caos e as casas (o lar) com a proteção, ecoando a teoria do antropólogo Da Matta (1979) sobre uma das principais características da sociedade brasileira, o contraste entre a crueldade e a falta de lei das ruas com o aconchego e o conforto das casas de classe média.

Essa matéria difere assim das outras publicadas pela *Veja*. Entre os retratos mais exatos sobre o que Lula e o PT representavam para a sociedade brasileira naquela época estava a matéria "Um Operário Vai à Luta na Sucessão – Lula intensifica sua campanha e tenta mostrar que é o candidato da maior parcela do eleitorado" (*Veja*, 06/09/1989). Esse texto foi publicado antes da fase final da campanha. Nele, Lula e o PT receberam elogios: "... o PT tem um claro programa de mudança social. O seu funcionamento interno é altamente democrático, algo desconhecido para os seus rivais, e nenhum de seus membros foram acusados, até agora, de corrupção". A foto mostrou Lula numa luz menos negativa. Ele apareceu de forma relaxada numa favela entre uma família, segurando levemente a mão de um dos moradores. O subtítulo era um tanto irônico e fazia referência ao candidato como tendo uma "biografia de um herói da novela das oito e o menor patrimônio financeiro entre os candidatos à cadeira de Sarney...". No *feature* de seis páginas, Lula foi construído como um *self-made man* contraditório: "... o mais à esquerda de todos os candidatos, em sua vida pessoal ele é um brasileiro com hábitos conservadores".

Apesar de ter sido crítica em relação ao PT, a matéria de *Veja* "Partido em Ponto Morto" (02/07/1989) também admitiu que a legenda não defendia uma agenda política "radical", mas sim "moderada". Essas matérias mais equilibradas e corretas fazem a de novembro parecer um tanto histérica. Todas são, no entanto, exemplos dos preconceitos enraizados na mente coletiva da classe média brasileira, incluindo a idéia de que as classes trabalhadoras precisam ser mantidas a distância.

Mario Sergio Conti, diretor de redação de *Veja* entre 1983 e 1998, confirmou que a revista se identificou com Collor:

> Eu era diretor assistente em 1989, mas eu não era o responsável pela cobertura política [...]. O diretor [...] era o (José Roberto) Guzzo e o outro diretor assistente era o Tales Alvarenga. Guzzo e Roberto Civita tinham uma empatia natural com o Collor. Eles eram abertamente hostis e críticos em relação a Lula e ao Brizola. Isso explica por que a revista indicou uma clara tendência por Collor. Se você ler as matérias e fazer a análise em termos de objetividade, você consegue sentir isso. A cobertura no geral [...] deu espaço para todos os candidatos [...]. Mas esta simpatia foi manifestada, por exemplo, na cobertura dada

> a Collor e a Lula no segundo turno: você tinha três frases para cada, três positivas para o Collor e duas negativas para o Lula.[39] A carta ao leitor antes das eleições endossou as idéias de Collor, mas ela não defendeu a sua candidatura. Não é uma tradição jornalística da *Veja* de defender o candidato [...]. A cobertura de 1989 foi ruim [...]. O medo de Lula, do Covas, da esquerda. O veículo que agiu mais foi a *Folha*, que mandou jornalistas para Alagoas investigar, não a *Isto É*. Mino Carta gosta de dizer que a *Isto É* foi contra o Collor [...], mas a revista apoiou o Quércia, e não há nada mais atrasado que isso...

A declaração de Conti sinaliza para a preocupação que os jornalistas tiveram com a produção de uma cobertura exata. Como vimos, muitas das matérias da *Veja* sustentavam a agenda política de Collor. O texto "Collor Joga Pesado na Ofensiva" (09/08/1989) argumentou em seis páginas como Collor era o inimigo de tudo de ruim que existia na sociedade brasileira. "As pesquisas de opinião indicam [...] que o eleitorado está [...] farto dos políticos, que considera ultrapassados [...] Collor [...] nada tem a ver com as figuras que o povo se cansou de ver ao longo dos últimos anos." Outros políticos também estavam numa situação difícil, lutando para se aproximar de Collor, o candidato "Mike Tyson":

> O PMDB [...] é uma máquina enferrujada, que não sai do lugar para carregar o deputado Ulysses Guimarães [...]. O PFL desmoronou e, hoje em dia, submete o seu candidato, Aureliano Chaves, a uma discussão humilhante [...]. No PSDB, o discurso do "choque do capitalismo" proposto pelo senador Mario Covas perdeu boa parte de sua voltagem depois da renúncia do vice Roberto Magalhães.

39 Conti se referiu à matéria de capa "A Última Batalha Para Mudar o Brasil" (13/12/1989). Uma foto de ambos os candidatos vinha acompanhada de uma frase colocada embaixo, que dizia: "O que pode mudar no país com Lula ou Collor". Fotos de ambos os candidatos foram colocadas de lado opostos, com as seguintes frases: 1) Collor – a) o combate aos privilégios na administração governamental; b) a tentativa de abrir a economia; c) a promessa de privatizar empresas públicas e d) o crescimento do bolo e a divisão da riqueza; 2) Lula – a) a crença no papel do Estado na melhoria da vida do pobre; b) a fé na ação de empresas públicas; c) a crença na recusa do pagamento da dívida externa e d) reforma agrária acima de 500 hectares.

Ao contrário dos outros candidatos, Lula era o único a ser levado a sério como rival forte. No último mês do segundo turno, em dezembro, o duelo entre Collor e Lula atingiu a temperatura máxima durante os dois debates televisivos. Institutos de pesquisa mostraram que a disputa na TV, no entanto, fez pouco para mudar a posição dos eleitores, que já haviam optado ou por Lula ou por Collor. A cobertura da mídia aos debates foi assim envolta numa retórica "anticomunista" que começou a contagiar a campanha. Lula foi acusado por Collor de incitar a invasão de terras, tendo ainda a sua imagem associada a de um líder sindicalista radical. Essa imagem havia surgido no início da campanha com o debate que emergiu sobre a realização de greves por servidores públicos organizados.[40] Todos esses ataques já pareciam antecipar que Lula perderia as eleições e veria a subida definitiva de Collor ao poder.

A VITÓRIA DE COLLOR E A DERROTA DO PT

No dia 17 de dezembro, Collor ganhou a presidência, com a sua vitória sendo celebrada nas manchetes dos principais jornais e revistas do país.[41] A matéria da revista *Veja*, "O Dia do Caçador" (24/12/1989), aplaudiu a eleição de Collor. A foto principal do artigo de nove páginas mostrou Collor em pé, sozinho numa plataforma, olhando por cima de toda a população, fazendo o sinal da vitória com suas duas mãos e cercado de papel picado. A foto parecia exaltar as suas qualidades superiores sobre as de seus rivais. De novo houve uma ênfase em como Collor derrubou rivais clássicos que o haviam descartado no início: "Maltratado pelo PMDB e desprezado pelo PSDB [...]. Contabilizados os votos, na semana passada, constatou-se que Fernando Collor não naufragou, que suas idéias pareceram as mais consistentes para a maioria do eleitorado [...]. Collor [...] riu por último". O texto explorou ainda a personalidade multifuncional de Collor: ele apareceu nadando

40 Exemplos: "Ações da CUT e Greves Tiram Votos de Lula" (*Jornal do Brasil*, 30/04/1989) e "Ibope: Greves Podem Impedir a Democracia" (*O Globo*, 07/05/1989, p. 12), veja mais na Bibliografia.

41 Exemplos: "Collor Comemora: 'Destruímos o PT'" (*O Globo*, 19/12/1989) e "O Dia do Caçador" (*Veja*, 24/12/1989).

e relaxando com a sua família. *Closes* de suas roupas caras e seus golpes de caratê foram justapostos a frases que ressaltavam a dureza do seu perfil de chefe: "Ele é um administrador meticuloso e organizado [...] pode-se dizer que não se constrange em degolar auxiliares que não correspondem à sua expectativa".

Pode-se ainda inserir as eleições de 1989 dentro do contexto da queda do Muro de Berlim e do desmantelamento das utopias socialistas que se seguiram logo depois. O pensamento de direita estava desafiando as plataformas políticas de esquerda em todo o mundo. Grupos pós-socialistas estavam sendo forçados a repensar as suas agendas e a encontrar formas de acomodar o capitalismo às políticas e aos ideais da esquerda. A aceitabilidade de Collor ocorreu neste determinado contexto internacional que via o crescimento, nos países da América Latina, das posições que representavam o chamado campo "neoliberal". A eleição de Collor ocorreu num novo cenário de expansão da democracia política de massa, que via o aumento dos dogmas do *marketing* invadir tanto as campanhas políticas como as redações da grande mídia.

No Brasil, a esquerda parecia lutar para criar uma política consistente e uma agenda econômica adequada para lidar com o capitalismo e com os problemas sociais do país num contexto de pós-ditadura e pós-queda do muro de Berlim. Esse projeto político mais pró-socialista dava pouco crédito à premissa da negociação com as forças de mercado, um setor "demonizado" por muitos desses grupos. Isso foi eventualmente revertido nas eleições de 2002, com a formação da aliança capital-trabalho formalizada por Lula e o PT. Collor surgiu para muitos como o único capaz de lidar com o poder crescente do mercado no país, bem como com a economia global emergente, ao mesmo tempo que mantinha os traços agressivos de sua personalidade. Esses não passavam de um reflexo do nível de enraizamento desses valores da cultura autoritária brasileira na figura de vários brasileiros.

Collor tornou-se o primeiro presidente eleito pelo voto direto após o fim do regime militar. Ele tomou posse no dia 15 de março de 1990 jurando combater a inflação, que havia atingido 80% ao mês. Os primeiros dias da administração de Collor foram marcados pela euforia em relação ao plano econômico, que reduziu apenas inicialmente os índices de inflação. Depois de ter acusado seus rivais de esquerda durante a campanha de quererem fazer isto quando eleitos, Collor anunciou um projeto econômico que interferiu na propriedade privada. O plano econômico de Collor também contribuiu para estimular as importações, os investimentos internacionais, a privatização de empresas públicas e os cortes nos gastos públicos, tendo recebido todo o apoio do *establishment* e da mídia. O Plano Collor, no entanto, logo se mostrou recessivo, fortalecendo só inicialmente a moeda brasileira. A identificação das elites com a plataforma política e econômica de Collor acabou por impedir uma investigação jornalística e maiores críticas à sua *persona* política, algo que a longo prazo se tornaria impossível de se ignorar.

O ACORDAR (INICIAL) DA IMPRENSA: A DISPUTA ENTRE A *FOLHA DE S.PAULO* E COLLOR

A invasão da *Folha* por policiais federais algumas semanas após a posse do então novo presidente foi um evento um tanto simbólico do relacionamento difícil de Collor com a grande mídia a partir daquele momento. De acordo com Conti (1999), Collor tinha mais afinidade com a mídia do Rio e considerava a imprensa de São Paulo mais hostil a ele. Como vimos, a *Folha* advogou em meados dos anos 80 a independência da mídia dentro das estruturas de mercado, expandindo o jornalismo investigativo e a crítica às autoridades públicas. Tal linha editorial logo entrou em confronto com o desejo de Collor por uma imprensa mais domesticada. De acordo com Conti (1999; 179), a razão do embate entre Collor e o jornal foi uma seqüência de seis matérias publicadas pelo diário durante a campanha de 1989, denunciando a assinatura de um contrato do estado de Alagoas com usineiros de cana-de-açúcar. O acordo fez com que o Estado tivesse problemas financeiros.

A hostilidade de Collor em relação à *Folha* cresceu durante as eleições de 1989 devido à publicação pelo jornal de fatos relacionados à sua administração em Alagoas. Ex-correspondente político do jornal e atual colunista, Gilberto Dimenstein afirmou que o seu nome foi um dos incluídos na "lista de ódio" de Collor por causa das matérias sobre corrupção que escreveu. Dimenstein afirmou que Collor era muito próximo do *establishment*, um fato que impediu uma crítica maior do político, até após a invasão da *Folha* pela polícia:

> Houve um grande seminário na *Folha* sobre as eleições de 1989 [...]. Eu mencionei como eu havia encontrado o Collor como adolescente quando eu estava em Brasília, um *playboy* que gostava muito de festas, bacanais, pancadarias [...]. Então, chegamos à conclusão de que ele deveria ser investigado, porque ele parecia ser um engodo. Então, a *Folha* começou naquela época, em isolamento, a fazer uma crítica ao Collor. Depois o Collor começou a tomar a coisa pessoal com a *Folha*. Ele ou seu assessor de imprensa até disse que, logo que ele fosse eleito, ele iria criar uma secretaria especial da vingança. Eu, Clóvis (Rossi) e Otavio (Frias Filho) seríamos os primeiros nomes da lista. Depois ele começou a tentar invadir o jornal, mas o diário não conseguiu começar uma campanha contra ele. Ele precisava manter um equilíbrio em seu relacionamento com o presidente. Mas quando o Pedro começou a denunciar as coisas pela *Veja*, a *Folha* entrou. Por que a *Folha* não queria assumir este papel. Ela queria ser um diário crítico com todos. Ela não queria causar a queda do presidente. Eu acho que a *Folha* contribuiu para criar uma visão em relação ao governo Collor. A invasão da *Folha* deixou as elites [...] preocupadas com o que Collor seria capaz.

No dia 24 de março de 1990, praticamente dez dias após Collor ter tomado posse como presidente, a *Folha* noticiou que a Polícia Federal havia invadido o jornal. Ela justificou o incidente alegando problemas de pagamento de impostos. Ao lado da matéria da invasão, o jornal ofereceu a sua resposta: o editorial "A escalada fascista", escrito pelo jornalista Marcelo Coelho. Ele comparou o episódio de Collor, de uma forma um tanto exagerada, aos atos de censura praticados contra os diários durante a ditadura:

> Assassinos da ordem judicial, anunciadores do tumulto fascista que se desencadeia sobre a sociedade brasileira, esbirros de uma ditadura ainda sem nome – Era Collor? Brasil "Novo"? – invadiram ontem a *Folha de S.Paulo*. Este fato culmina a série de agressões, de arbitrariedades e de violências que, em nome do combate à inflação, configuram um clima de terrorismo de Estado só comparável ao dos períodos mais infames e vergonhosos da história brasileira.

A *Folha* continuou os seus ataques ácidos durante uma seqüência de quatro dias, parecendo ter começado um movimento de oposição ao governo.

No dia 25, a *Folha* publicou uma matéria controversa que comparava Collor ao ditador italiano Benito Mussolini, "Qualquer Semelhança Não É Mera Coincidência". Fotos de Collor com os olhos arregalados foram colocadas ao lado do rosto de Mussolini. Havia um foco ainda nas mãos e nos pulsos de Collor, em seus gestos e maneirismos, associados aos do ditador italiano. "Um líder determinado, que impressiona pela autoconfiança e pela capacidade de comunicação de massa, chega ao poder aos 39 anos [...]. Sua personalidade tumultuária é apresentada, pela máquina de propaganda que ajudou a levá-lo ao poder...". Naquele mesmo dia, colunistas da *Folha* publicaram artigos sobre a importância de se resistir às pressões do governo. "É Preciso Resistir", escreveu Janio de Freitas. Clóvis Rossi falou de uma crise moral que havia atingido o Brasil e que havia permitido a eleição de Collor. "O problema é que poucas pessoas, exceto o PT, condenaram a ausência de ética no episódio da Miriam Cordeiro.[42] A crise no Brasil não é só econômica [...] é uma crise moral", escreveu o jornalista.

Marcelo Coelho apontou que, apesar disso, havia uma afinidade entre Collor e os termos da agenda programática da *Folha* para o país. Ele acrescentou, no entanto, que o diário contribuiu para expor "a farsa que Collor representava":

> A *Folha* teve um papel importante até mais ou menos setembro de 1989. Todos estavam encantados com Collor, e o jornal foi o que publicou mais material em relação aos marajás... Havia um momento quando nós estávamos falando exclusivamente mal do Collor, enquanto com o Lula havia menos a dizer exceto as coisas mais comuns, tipo ele não tem proposta etc. Havia um momento na imprensa da realização de uma competição investigativa, de quem iria achar mais coisas sobre o Collor. Ao mesmo tempo, do ponto de vista da discussão política [...] todos estavam a favor de Collor ideologicamente [...]. A *Folha* não estava

42 Um fato decisivo para a derrota de Lula na campanha presidencial de 1989 foi o aparecimento no horário eleitoral de sua ex-namorada, Miriam Cordeiro, que o acusou de tentar forçá-la a abortar a filha do petista, Lurian.

> neutra, apesar de ter feito mais acusações contra o Collor [...] e de ter se colocado claramente contra o Collor no começo do governo, mas [...] havia uma afinidade de programas entre o que o Collor dizia que era importante para o país e o que a *Folha* considerava importante...

A exaltação da *Folha* logo morreu. O editorial "Retorno ao Equilíbrio" (28/03/1990) foi publicado num esforço para evitar a entrada do diário na oposição. A imagem de Collor como um produto construído pelo *marketing* político ficou claramente exposta. A *Folha* previu que tal produto tornaria descartável pela máquina de propaganda que o havia criado: "Estes líderes messiânicos e auto-suficientes, do qual o Mussolini é apenas um paradigma deste século, são os jogos cegos da história, que os usa e depois os joga fora sem piedade...", atacava a *Folha*.

Conflitos entre a *Folha* e Collor aconteceriam de novo no futuro. No dia 25 de abril de 1991, o diretor de redação do jornal, Otavio Frias Filho, confrontou Collor publicamente com uma carta aberta na primeira página do jornal, endereçada a ele: "O que está em jogo é saber se é possível existir um jornal como este num país como o nosso [...]. Vejamos. Eu estou na planície, o senhor está encastelado [...] eu luto pela minha liberdade, o senhor por uma vaidade ferida...". Na carta, continuou a afirmar que as afinidades do jornal com a agenda política e econômica de Collor, sublinhando pontos como privatização, a redução do Estado e a luta contra a desigualdade social. "O problema é o abismo que se abre entre o que você diz e o que o seu governo faz, entre o liberalismo da retórica e a selvageria da ação...", disse.

Mais uma vez a *Folha* capitalizou o evento político e o utilizou para os seus próprios propósitos jornalísticos. A disputa com Collor, no entanto, tornou evidente que os poderes da imprensa livre de mercado estavam em franco crescimento na fase pós-ditadura, indicando uma subida inicial dos setores da mídia, que claramente assumia o papel de um veículo do Quarto Estado e de fiscalização do poder, mesmo que ainda de forma frágil e um pouco partidária. A invasão da *Folha* acabou sendo um evento isolado, num momento quando muitos ainda encontravam-se fascinados com a figura de Collor e não estavam prontos para destituí-lo ainda. A desilusão do *establishment* com a *persona* política de Collor cresceria em seu devido tempo, culminando com o histórico *impeachment* de 1992.

ENTRE ESTUDANTES HISTÉRICOS E UMA MÍDIA QUE LATE: O *IMPEACHMENT* DE 1992

A FUNÇÃO DE "CÃO DE GUARDA"

A mídia liberal clássica afirma que a função democrática primordial da grande imprensa comercial numa democracia liberal é agir como um "cão de guarda" do interesse público. No Brasil, a tentativa da mídia de reafirmar a sua independência política *vis-à-vis* o Estado no final da ditadura começou a lentamente ganhar força, principalmente durante a cobertura do *impeachment* de 1992. O retorno do Brasil à democracia liberal de mercado propiciou a partir dos anos 80 um crescimento do jornalismo investigativo e da função de "cão de guarda" da mídia (Waisbord, 2002). Como debatido no Capítulo 2, a mídia brasileira nos anos 80 mantinha altos graus de dependência política em relação ao governo, no contexto de uma fraca democratização das instituições do país e de um modelo frágil de jornalismo comercial. Como vimos também, as eleições de 1989 foram cerceadas politicamente, com a mídia contribuindo para moldar o processo econômico-político de forma particular no país, e selecionando ainda um líder específico para assumir a grandiosa tarefa de levar o país rumo à democracia liberal econômica.

Em 1992, a imprensa iniciou a publicação de mais críticas políticas contra o governo, resultado da fúria provocada em setores da elite em relação à escala da corrupção praticada por Collor, bem como a desilusão causada em círculos de classe média em decorrência do lançamento do plano econômico, considerado recessivo e intervencionista. Elites estavam começando a se irritar com a arrogância de Fernando Collor. Assim, num contraste com 1989, que teve uma campanha marcada pelo confronto, em 1992 a mídia começou a recuperar a credibilidade jornalística abalada. Ela tinha mais coragem para "latir" contra as estruturas de poder, e poderia questionar as práticas corruptas dos políticos. Pode-se interpretar assim a queda do presidente como tendo sido orquestrada por grupos de elite desencantados, que se juntaram a setores organizados da sociedade civil, com o PT, com políticos da oposição e estudantes – muitos dos que haviam participado da campanha das Diretas-Já em 1984 e/ou que haviam votado em Lula em 1989.

Se as Diretas-Já ocorreram num determinado contexto sociopolítico de controle forte da sociedade por parte do Estado, o *impeachment* de Collor aconteceu quando a imprensa havia recuperado a liberdade de expressão. O mercado estava se consolidando na pós-ditadura como principal força na sociedade brasileira. Nesse cenário em particular, os jornalistas acabariam por encontrar espaço para alimentar um público "raivoso" – e que havia recentemente readquirido a liberdade de opinião. Esse público começou a consumir tanto matérias jornalísticas sérias, como outros artigos e *features* sensacionalistas, como matérias obscuras que faziam parte do caldeirão de textos pertencentes ao chamado jornalismo "denuncista", e que foram publicados durante todo este período.

O jornalista Marcelo Beraba, ex-*ombudsman* da *Folha*, confirmou que o *impeachment* marcou o início da consolidação de um grau relativo de independência da mídia:

> Eu diria definitivamente que o *impeachment* reforçou a independência da imprensa em relação ao Estado. Você tem as décadas de 1960 e 1970 e neste período você tinha uma imprensa controlada [...]. Quando a censura caiu, os jornais começaram a fazer uma reportagem mais investigativa do governo, e aí você tem a matéria do Ricardo Kotscho publicada no *Estadão* sobre as mordomias em 1976 [...]. E aí você tem um período de intensa atividade jornalística. Jornais como *O Globo* e o *Jornal do Brasil* cobriram atos de terrorismo de (direita), como o episódio do Riocentro. Você tem uma tentativa de deixar a arena do jornalismo controlada para entrar numa área mais livre e investigativa. Em 1989, a *Folha* foi um veículo que tinha mais capacidade de investigar o Collor. O que acontece com o *impeachment* é que [...] os jornais [...] vão se soltando, se desvinculando de compromissos. E aí no *impeachment* há quase que um nivelamento: praticamente todos os jornais fizeram algum tipo de investigação. Mas aí de novo ficaram claras as limitações do trabalho investigativo da imprensa. Ou seja, como

> ela ainda tinha poucos recursos próprios de investigação, coisa que melhorou de lá para cá, mas continua carente disso, e como ela dependia da CPI (Comissão Parlamentar de Inquérito) e dos deputados do Ministério Público Federal. Como ela tinha pouca capacidade de investigação, por trabalhar pouco com as ferramentas do jornalismo investigativo, por falta de prática, por falta de conhecimento, de dependência...

Beraba apontou para as dificuldades vividas por jornalistas que tentavam se aventurar no jornalismo investigativo. Durante esse período de transição da ditadura para a democracia liberal, como assinalou o jornalista, a imprensa oscilou entre manter os laços com o Estado – e a continuar a produzir uma reportagem de tom oficialista – e experimentar as contradições de ou embarcar num jornalismo investigativo sério, ou se engajar na publicação de denúncias superficiais e vazias. Essas últimas pareciam menos preocupadas com os abusos do poder e com a corrupção governamental e mais com a competição entre os órgãos de imprensa ou, ainda, com a realização de ataques a certos políticos (Waisbord, 2002; 105). A publicação de matérias sobre o uso de cocaína por Collor e outros artigos sensacionalistas sobre o seu maucomportamento, e que depois não foram confirmadas, são um exemplo do último ponto. Sem dúvida, o exercício da mídia de sua função de "cão de guarda" em 1992 ficou levemente abalado pelo fato de que esta apoiou Collor em 1989. As principais denúncias publicadas pelas revistas *Veja* e *Isto É*, em maio e junho de 1992, foram o resultado da combinação da vontade de falar em público de alguns atores políticos, somada à condução de um trabalho investigativo adequado por parte da imprensa, e ainda pela própria CPI e os seus interesses políticos específicos.

Denúncias contra o governo de Collor haviam saído na imprensa durante a sua administração, começando principalmente a partir de junho de 1990. A *Folha* e o *Estadão* acusaram o então presidente de ter contratado sem concorrência pública empresas para um programa de revitalização de estradas. A *Folha* também acusou Collor em agosto de 1990 de ter contratado agências de publicidade que haviam trabalhado em sua campanha. Collor reagiu processando quatro jornalistas da *Folha*. Matéria detalhada sobre os negócios obscuros de PC Farias no governo foi escrita por Bob Fernandes e publicada na revista *Isto É* (19/10/1990). O artigo "Ele Complica a Vida do Governo" denunciou ligações tenebrosas de PC Farias, que foi o tesoureiro da campanha de Collor. O texto assinalou ainda para a existência de fraude na eleição de Alagoas (Conti, 1999; 426-428). O *Estadão* publicou logo depois um texto sobre o papel do PC no governo e *O Globo*, em outubro de 1991, denunciou a aquisição inflada de uniformes pelo Exército Federal.

Nenhuma dessas matérias iniciou qualquer movimento na imprensa em direção ao questionamento do presidente. Mino Carta lamentou que a grande mídia somente foi atrás desses fatos um ano e seis meses após a publicação da matéria de Fernandes, principalmente depois da entrevista dada por Pedro Collor à *Veja*. O colunista da *Folha*, Janio de Freitas, afirmou que a imprensa mostrou relutância em criticar a sua administração:

> Quem investigou fundamentalmente foi a CPI. Você tem aí algumas colaborações da imprensa que eram de origem jornalística, mais não eram. Nesse quadro de recuperação de credibilidade, para pegar uma expressão que você se referiu, eu acho que a maior parte da mídia pegou uma "carona" na CPI [...] a grande mídia relutou muito em entrar nessa jogada de crítica do Collor, de exposição do que era o governo Collor. Porque ou já estava comprometida, ou porque estava querendo se comprometer [...] a posição da *Folha* se explica não só pela visão dos donos do jornal como pela possibilidade que tiveram de aplicá-la, porque não tinham comprometimento com o governo Collor e com a candidatura [...]. Eu acho que o Collor tentou se impor [...] Comigo tentou uma aproximação pessoal, que não funcionou. E daí de qualquer modo ele partiu para tentar dobrar o jornal...

A maioria das matérias publicadas na época sobre as denúncias de corrupção governamental veio de fato da Comissão Parlamentar de Inquérito. Além disso, alguns dos textos publicados entre maio e julho de 1992 evidenciaram uma relutância da imprensa de uma forma geral, independentemente do veículo, em admitir que havia corrupção oficial.[43] A situação eventualmente mudou em meio ao aumento dos ataques contra a administração de Collor, que vieram de vários setores da sociedade brasileira.

O DECLÍNIO DO MITO DO COLLOR E O JORNALISMO "DENUNCISTA"

A imagem de Collor como um político excepcional que queria levar o Brasil ao Primeiro Mundo começou a ser desconstruída principalmente após a publicação pela *Veja*, em maio de 1992, de uma denúncia de esquema de corrupção organizado por Paulo Cesar Farias no governo. O declínio inicial de Collor se deu durante esse período, e foi assim até a sua queda final, em dezembro. Os jornais refletiram tanto a excitação como a turbulência dessa fase. Uma série de denúncias contra a administração do PRN atingiu em cheio as manchetes dos jornais; a CPI foi instalada no Congresso para investigar as acusações; representantes da sociedade civil fizeram mais pressão ainda para a demissão de Collor e estudantes logo tomaram as ruas em protestos organizados contra o governo e a favor de mais ética e transparência na política.[44] Nos meses anteriores ao processo de *impeachment*, iniciado em setembro, houve uma consolidação nas páginas da mídia do retrato de um político agressivo, defensivo e histérico, um grande contraste em relação à imagem apresentada em 1989 de um presidente jovem, cheio de energia e gás e que iria promover uma renovação na política.[45]

No dia 13 de maio, a revista *Veja* publicou a primeira parte da denúncia. Pedro, o irmão de Collor, acusou PC Farias

43 Exemplos: "Governadores Recomendam Prudência" (*O Estado de S. Paulo*, 21/05/1992); "Oposição Insiste Numa Comissão Parlamentar Sobre o PC" (*O Estado de S. Paulo*, 22/05/1992) e "Collor Se Irrita com Denúncia e Pede Para Não o Deixarem Só" (*Jornal do Brasil*, 22/06/1992).

44 Exemplos: "Em SP, 43% Querem Afastamento de Collor" (*Folha de S.Paulo*, 26/05/1992); "Chegou ao Planalto" (*Veja*, 27/05/1992) e "Rio Faz Maior Ato Pelo *Impeachment*; Collor Usa Caixa na Guerra das Cores" (*Folha de S.Paulo*, 15/08/1992), veja Bibliografia para mais matérias.

45 Exemplos: "Isolado pelo Collorgate, Presidente Tenta Salvar o Seu Mandato Hoje na TV" (*Folha de S.Paulo*, 30/06/1992); "O Impassível Collor" (*Isto É*, 01/07/1992) e "Sarney: Collor Está Expulso da História" (*O Globo*, 19/09/1992).

de enriquecimento ilícito e deu à *Veja* documentos relativos às transações financeiras ilícitas do ex-testa-de-ferro do Collor. Pedro acusou Collor na segunda matéria publicada pela revista, intitulada "Pedro Collor Conta Tudo – PC é o Testa-de-Ferro de Fernando" (27/05/1992), de ter um esquema de corrupção com Farias. Ambos foram acusados de conseguir grandes comissões em interações comerciais envolvendo o Estado. Pedro dirigiu seus ataques à presidência, fato que apontava diretamente para a participação de Collor no esquema. Conti (1999) informa em seu livro que a edição da *Veja* vendeu 836.000 cópias, abrindo logo em seguida uma crise política no país. Collor tentou se defender em pronunciamentos públicos transmitidos pelo rádio e pela TV. Conti (1999; 550-554) conta que os documentos divulgados por Pedro foram dados ao PT pelo deputado José Dirceu a fim de torná-los públicos. Pedro teria decidido atacar pessoalmente seu irmão depois que Farias começou a invadir o mercado de mídia em Alagoas, aparecendo como um competidor natural à Organização dos Arnon de Mello pertencente à família Collor e controlada por Pedro.

Na época, a *Veja* pareceu ser o único veículo de mídia que liderava o caminho na investigação. Conti diz que o clima da redação da *Veja* criou os meios para a revista publicar tais acusações:

> Porque a *Veja* assume a liderança? Principalmente porque nós éramos um time de jovens e ambiciosos repórteres que não tinham vícios. No lado micro, eu era um jovem diretor de Redação com apenas 17 anos de prática jornalística e a minha formação intelectual era diferente da do Guzzo. Eu estava mais preparado para assumir riscos. No nível macro, a burguesia brasileira foi o mais longe possível com o Collor. Havia um momento quando ela percebeu que não dava mais para apoiá-lo, e aí, toda a imprensa começou a atacá-lo...

Em seguida, a rival *Isto É* publicou uma matéria sobre o motorista de Collor, Eriberto França, que confirmou que PC Farias pagava as contas particulares do presidente ("Collor Exclusivo" e "CPI – Uma Testemunha-chave Aparece", 27/06/1992). No que foi interpretado pela oposição como uma vingança dos "descamisados" contra Collor, que havia derrotado Lula, o simples motorista da classe trabalhadora reuniu forças para vir a público confirmar que a secretária particular de Collor, Ana Acioli, costumava ligar para a secretária de PC para pedir dinheiro. Uma testemunha apareceu pela primeira vez alegando que PC pagava as contas de Collor. Até então, o que era sabido sobre PC Farias era o fato de que ele defendia interesses privados no governo. No próximo artigo, "Eriberto, um Brasileiro" (08/07/1992), a revista *Isto É* fez um perfil do motorista, apontando para as pressões de deputados ligados a Collor que ele sofreu durante o seu depoimento no Congresso. Mino Carta declarou que essa matéria determinou o fim de Collor:

> A matéria de *Isto É* de 1990 falou tudo que depois o Pedro Collor disse para a *Veja* um ano e meio depois [...] nenhuma organização de mídia deu continuidade à matéria do Fernandes. Quando a *Veja* o fez, uma CPI foi formada. A minha versão é que o Collor começou a irritar aqueles no poder. Porque [...] ele queria tudo para ele mesmo. Ele queria 40% em cima de todo negócio. Mas o que determina o seu fim é o próprio motorista, porque se ele não tivesse aparecido, as denúncias iriam acabar em nada...

Alguns jornalistas (como Dines e Nassif) criticaram o aspecto "denuncista" da cobertura do *impeachment*, o procedimento de atirar primeiro e fazer perguntas depois. Eles afirmaram que o trabalho da imprensa em 1992 foi menos investigativo e mais opinativo, refletindo os interesses das elites dirigentes na queda de Collor. Dines criticou a ênfase dada às palavras de Pedro, alguém que não era considerado uma fonte confiável. O fato de Collor não ter sido ouvido pela *Veja* também foi objeto de crítica:

> A queda de Collor teve os seus aspectos negativos e positivos. Você não pode colocar um louco como Pedro na capa de *Veja* sem ouvir o presidente. Não houve *double-checking*, o ouvir o outro lado. Jornalismo só aconteceu com o Eriberto na *Isto É*. O jornalismo tipo "denuncismo" é o antijornalismo. Não há mais espaço para a imprensa fazer e desfazer um presidente. Collor foi o último.

Crítico também dos excessos dessa cobertura e da ausência de realização de um trabalho investigativo sólido e sério, o jornalista Luis Nassif, ex-colunista da *Folha*, apontou para a falta de maturidade jornalística à época do *impeachment* – algo que existe, aliás, até hoje:

> Ela (a cobertura) foi jornalisticamente importante porque acabou com a idéia de impunidade para as ações do presidente [...]. Denunciar até o governo Collor era um risco. Com o *impeachment* duas coisas aconteceram: o jornalista experimenta o gosto do sangue da denúncia e em linha com a competição entre os jornais, ele elimina o critério de checar totalmente os fatos. Portanto, eu diria que a campanha do *impeachment* é também uma vergonha do ponto de vista jornalístico. A matéria do Pedro Collor é o antijornalismo. Você não pode dar a alguém que mostra ódio moral total e pouco equilíbrio todo o espaço do mundo. A matéria de *Isto É* também não era relevante. Collor tinha esquemas pesados [...]. Mas essas denúncias exigem um exigente trabalho de investigação. Aí a *Folha* entrou na competição, e aí os outros também [...]. O único formato que as pessoas usavam para o crescimento da circulação era a fabricação de escândalos [...]. A campanha do *impeachment* aconteceu num momento em que a imprensa tinha o poder sem ter ganhado ainda em maturidade...

No dia 25 de maio, a Polícia Federal abriu um inquérito para examinar as atividades de PC Farias, com o Congresso instalando uma CPI para iniciar as investigações. Isso foi recebido com certa hostilidade por segmentos da imprensa, como o *Jornal do Brasil*. No editorial "Em Nome da Verdade" (19/05/1992), publicado antes da matéria da *Veja* do dia 27, o diário atacou a CPI, alertando para um possível golpe: "Golpes se alimentam do descrédito popular [...]. A tentação para condenar um governo legitimado por 35 milhões de votos parece irresistível, principalmente para aqueles que não se conformam com as práticas democráticas...".

O estudo Lattman-Weltman (1994) também mostrou que o *Jornal do Brasil* experimentou conflitos em suas próprias páginas envolvendo o episódio Collor. Chegou a cobrir os trabalhos da CPI,[46] com muitos colunistas como Villas-Boas Corrêa e Millôr

46 Exemplos: "Collor e PC Farias Escaparam do Bloqueio dos Cruzados em 1990" (22/08/1992); "PT Apresenta Secretária Que Acusa Vieira de Armar uma Fraude" (30/07/1992) e "CPI Enfraquece o Governo e Abre o Caminho Para o *Impeachment*" (25/08/1992).

Fernandes criticando abertamente o presidente. No entanto, os editoriais defenderam o governo até quase o final.[47] O *Jornal do Brasil* ofereceu bastante espaço a Collor, ao publicar matérias que endossavam os seus discursos e pontos de vista.[48] "O presidente repetiu muitas vezes que ele vai fazer uso do sistema de Justiça para se defender....", dizia o primeiro artigo de Etevaldo Dias (23/06/1992), o qual também detalhava a estratégia de Collor para se manter no poder.

O jornal *O Globo* igualmente publicou denúncias de corrupção, mas, ao contrário do *Jornal do Brasil*, não criticou a CPI. O editorial do diário, "O Que a Nação Exige" (06/07/1992), sublinhou que não havia interesse no impedimento dos trabalhos da CPI (Lattman-Weltman, 1994). Conti confirmou a resistência do *Jornal do Brasil*: "O *Jornal do Brasil* estava em sérias dificuldades financeiras naquele tempo. Etevaldo Dias (ex-editor-executivo do *Jornal do Brasil* em Brasília) cobriu as matérias do *impeachment*. À noite, ele negociava um empréstimo para o *Jornal do Brasil* com o Lafaeite Coutinho (diretor) do Banco do Brasil. E logo depois ele tornou-se assessor de imprensa do Collor....".

Merval Pereira, colunista de *O Globo* e ex-editor-chefe do *Jornal do Brasil* durante o *impeachment* de Collor, ressaltou as dificuldades enfrentadas devido às pressões políticas exercidas pelos donos:

> Em 1992, eu fui ser editor-chefe do *JB*. Eles me disseram logo que eu cheguei que o PC Farias era muito próximo do dr. Brito (Nascimento Brito, antigo dono). Muitas coisas já estavam saindo na imprensa, e o *Jornal do Brasil* estava muito discreto. Depois a gente teve que focar em dar as notícias disponíveis. Mas foi muito complicado convencer o dr. Brito de que as notícias tinham que ir para as manchetes, que os outros jornais estariam dando essa informação...

As declarações de Nassif, Conti e Merval indicavam que os jornalistas tiveram de lidar com várias pressões e se encontraram

47 Exemplos: "Não Passarão" (26/06/1992); "O Vento Levou" (28/06/1992) e "Jogo Obscuro" (25/07/1992).

48 Exemplos: "Collor Diz Que Vai Acabar o Seu Mandato" (23/06/1992) e "Collor Ataca Acusações e Condena 'Intriga'" (01/07/1992).

diante de duas realidades: ou procurar seguir o código do jornalismo profissional, e aí produzir uma cobertura mais interpretativa e sólida, ou aceitar reproduzir a posição oficial, que de fato escondia posições ideológicas e uma postura partidária pró-Collor. Fora isso, como assinalou Nassif, as crescentes pressões de mercado também impuseram limites à realização de um trabalho investigativo mais denso e exato, o que contribuiu para estimular a publicação de escândalos políticos por jornalistas ambiciosos.

Assim, ambas matérias dessas revistas tiveram o papel de contribuir para balançar a cobertura entusiasmada dada a Collor em 1989 e que, como vimos, revelou pouca complexidade e capacidade de análise e crítica. Ela mostrou uma tendência para desqualificar a dissidência e para minimizar os discursos de oposição à candidatura "collorida". Nesse sentido, as matérias de 1992 funcionaram para dar voz a insatisfações e sublinhar os problemas com a administração de Collor, críticas e histórias relativamente não contadas até então. Havia, como vimos, uma forte pressão para elas virem à tona. Tais artigos acabaram por intensificar as críticas em relação ao governo. Logo, a tese do *impeachment* começou a ganhar adeptos e passou a ser largamente discutida entre setores da opinião pública e da mídia.

"RENUNCIE!", DIZEM O *ESTADO DE S. PAULO* E *FOLHA DE S.PAULO*

De maio a agosto de 1992, a grande imprensa mudou de uma posição inicial de cautela em torno de como proceder com as denúncias das revistas *Veja* e da *Isto É* para adotar uma postura mais crítica em relação ao governo Collor em resposta às crescentes pressões da opinião pública. Alguns jornais assumiram logo de cara um papel mais adverso, como a *Folha*, enquanto outros escolheram manter posição mais prudente, como o *Estadão*, *O Globo* e, principalmente, o *Jornal do Brasil*. O fogo estava acesso. Novas provas sobre os negócios de Collor começaram a aparecer, com informações diárias sobre o escândalo.[49] Após a publicação da matéria da *Isto É*, em junho, tanto

49 Exemplo: "Goldemberg (Ministro da Educação) Denuncia Extorsão" (*O Estado de S. Paulo*, 15/08/1992), veja mais na Bibliografia.

a *Folha* como o *Estadão* publicaram os primeiros editoriais no final do mês pedindo a renúncia de Collor. De acordo com a *Folha*, a decisão foi tomada devido à "incapacidade de Collor de governar".

A *Folha* publicou o editorial "Renúncia Já" (30/06/1992) embaixo de uma manchete que ressaltava a situação desesperada do presidente: "Isolado pelo Collorgate, presidente tenta salvar o seu mandato hoje na TV". Embaixo da manchete, havia uma foto de Collor sorrindo e olhando vagamente para cima. O editorial afirmou que o pedido do jornal não estava ligado aos problemas que Collor havia tido com a *Folha*:

> Não se ignoram os pontos de atrito que, por diversas vezes, opuseram esta *Folha* ao presidente da República. O que se coloca, neste instante, é algo de bem mais alto do que divergências conjunturais. Trata-se da governabilidade do país. Trata-se de encerrar, da forma mais rápida e indolor possível, uma situação insustentável [...] (antes) Collor não consegue mais governar. Que renuncie.

Engajando-se numa forma mais militante e ativa que lembrava a cobertura das Diretas-Já, a *Folha* optou mais uma vez por refletir os principais anseios da opinião pública, assumindo claramente uma postura anti-Collor. Ela começou a publicar em agosto um box com o posicionamento dos deputados em relação à tese do *impeachment*, chamado de "Placar do *Impeachment*", que lembrava do "Placar das Diretas". Também começou a publicar o número de votos necessários para se retirar o presidente.[50] Durante toda a cobertura do episódio Collor, o político foi retratado nas páginas da *Folha* como um presidente traiçoeiro, hesitante e agressivo, com o diário usando a expressão "Collorgate" – uma alusão ao escândalo de Watergate – para falar sobre as investigações de Collor.[51] A primeira matéria, "Collor Ataca 'Sindicato do Golpe'", em que "sindicato" foi usado por Collor numa referência ao PT, mostrou uma foto do político com uma cara embaraçada e hesitante, olhando

50 Exemplos: "Oposição Já Pode Aprovar *Impeachment*" (30/07/1992) e "Ainda Faltam 12 Votos Para o *Impeachment*" (28/08/1992).

51 Exemplos: "Collor Tenta na TV Dar um 'Basta' às Denúncias" (22/06/1992); "Maioria Acha Que Collor Agiu com o PC" (25/06/1992) e "Collor Ataca Sindicato do Golpe" (03/07/1992).

vagamente para o lado e com a sua sombra refletida atrás. No texto ao lado da foto havia a afirmação de que ele havia tentado se defender apresentando uma pesquisa do Ibope que indicava apoio de 67% da população.

O caso particular do *Estadão* e o seu clamor para a renúncia de Collor foi mais revelador dado a total identificação que o jornal tinha com o político nordestino. Seis meses antes, de acordo com o Conti (1999; 612-615), Collor e Ruy Mesquista haviam trocado cartas, com o primeiro agradecendo o dono do jornal pelos elogios recebidos pelo diário. Mesquita respondeu: "[...]seria mais falar da total identidade entre a orientação filosófica – digamos assim – deste jornal [...] e a orientação filosófica do seu governo, defendida por vossa Excelência no discurso de posse que mereceu, de nossa parte, o editorial mais alto irrestritamente elogioso que jamais escrevemos em toda nossa vida de jornalista".

No entanto, no dia 30 de junho, no mesmo dia que a *Folha*, no *Estadão* lia-se: "A renúncia do presidente é o único ponto do qual não há como retornar. O bem-estar do país exige que Collor faça [...] este último sacrifício". Embora *Estadão* e *Folha* tenham pedido a renúncia de Collor, a maioria dos grupos da elite dirigente ainda encontrava-se bastante hesitante, com jornais como o *Jornal do Brasil* ainda defendendo o presidente. A partir daí, uma proliferação de matérias desmantelando o mito de 1989 do "salvador da pátria" começou a crescer nos jornais, com o mês de agosto testemunhando uma série de protestos estudantis que exigiam o *impeachment* imediato de Collor.

BANDEIRAS PRETAS SÃO HASTEADAS: PROTESTOS ESTUDANTIS E OPINIÃO PÚBLICA PRESSIONAM POR *IMPEACHMENT*

O papel que o movimento dos estudantes teve na queda do Collor tem sido objeto de bastante debate e controvérsia. Alguns jornalistas consideraram que os estudantes tiveram papel passivo e secundário, e resumiram a participação nos protestos às influências do *hype* provocado pela mídia (Dines, 2004; Carta, 2004). Outros apontaram a participação ativa dos estudantes em todo o processo (Leitão, 2003; Ventura, 2004). Da mesma forma que os protestos das Diretas contribuíram para pressionar o regime militar a acelerar a abertura para a democracia, as demonstrações do *impeachment* organizadas pelos estudantes da União Nacional dos Estudantes (UNE) e por grupos da sociedade civil, como a Ordem dos Advogados do Brasil (OAB), tiveram ação determinante na queda do Collor, ajudando a sacudir as estruturas de poder da sociedade brasileira. Isso foi independente do fato de que essas mobilizações foram menos motivadas pela questão ideológica e foram mais o resultado de uma agitação midiática e momentânea em torno da figura de Collor.

Autor de um livro sobre a geração de intelectuais brasileiros e artistas, o colunista de *O Globo*, Zuenir Ventura, considera que os protestos de 1992 foram importantes, argumentando ainda que eles representaram um risco pequeno em comparação às manifestações realizadas no período da ditadura. Influenciados pela minissérie *Anos Rebeldes*, da TV Globo, que foi ao ar em julho de 1992, os estudantes pintaram os seus rostos com as cores da bandeira nacional, invadindo as principais ruas das capitais do Brasil no mês de agosto.[52] Esses estudantes começaram a exercer pressão significativa sob importantes segmentos do *establishment*, dando mais peso às denúncias feitas pela comissão de investigação do Congresso.

A badalação dos estudantes não deixou de preocupar os setores mais conservadores da sociedade. Certos generais militares e outros setores das elites mostraram-se preocupados quanto à possibilidade de radicalização das manifestações estudantis. Na matéria "Ministro Militar Condena 'Radicalismo'" (*O Estado de S. Paulo*, 20/08/1992), o ministro das Forças Aéreas, Sócrates Monteiro, deu entrevista afirmando que a instituição da presidência precisava ser preservada. Conti contou como os protestos estudantis contribuíram para sacudir os setores mais relutantes da sociedade brasileira, acrescentando que eles servissem como ponto de virada no destino de Collor:

> Havia uma demonstração gigantesca no Rio (14 de agosto) e eu tinha acabado de ir para Brasília. Eu estava na casa de Sarney, que era contra

52 Exemplos: "Alegria, Alegria" (*Veja*, 19/08/1992) e "Geração *Impeachment*" (*Veja*, 07/10/1992).

> Collor, e políticos como o Jader Barbalho começaram a chegar. E eles estavam transmitindo tudo ao vivo pela TV. E eles começaram a ficar com muito medo... Eles viram um movimento popular tomar as ruas e pensaram que precisavam controlar isso de alguma forma [...]. Um movimento contra o presidente, alguma coisa que ia acabar se radicalizando. Eu vi isso, a burguesia viu [...] e também a imprensa. Isso ficou bem claro [...] foi a partir dessas manifestações que isso começou.

Os jornais embarcaram com entusiasmo e ânimo na cobertura dos protestos, dedicando muitas páginas às mobilizações cívicas e articulando várias discussões em torno do novo tipo de política que começava a emergir, e que era organizada por uma geração nascida no final do regime militar, considerada no geral apolítica e alienada.[53] A *Folha* de novo fez referência à cobertura das Diretas, estimulando os seus leitores a participarem das demonstrações. No dia 16, o jornal publicou uma pesquisa do Datafolha que indicava um apoio crescente à tese do *impeachment*. Em cima da manchete "70% Acham Que o Congresso Deve Aprovar o *Impeachment* de Collor", estava escrito "Use Preto em Protesto", uma expressão que não só ecoava o "Use o Amarelo pelas Diretas", como jogvava com o pedido de Collor feito alguns dias antes para as pessoas usarem roupas com as cores da bandeira nacional em defesa de seu governo.[54] No dia 15, a *Folha* publicou um *slogan* preto embaixo da manchete "Rio Faz o Maior Protesto a Favor do *Impeachment*." Publicou também o editorial "Luto", no qual afirmava: "[...] trata-se de enunciar o sentimento que predomina neste instante: o luto. Luto pela destruição dos mais elementares padrões de ética administrativa; luto por uma República entregue à desfaçatez de oportunistas e aventureiros...".

A revista *Veja*, que havia iniciado as investigações contra Collor, publicou em setembro o primeiro editorial político de sua história exigindo a renúncia do presidente ("O Presidente Deve

53 Exemplos: "Anos Rebeldes – Estudantes Vão às Ruas pelo *Impeachment*" (*Folha de S.Paulo*, 12/08/1992) e "Estudantes Voltam às Ruas com Novas Idéias" e "Lacuna Separa '68 da Geração dos Caras-pintadas de '92" (*O Estado de S. Paulo*, 24/08/1992), veja mais na Bibliografia.

54 Exemplos: "Collor Pede ao Povo Que Use Verde e Amarelo" (*Jornal do Brasil*, 14/08/1992).

Sair", 02/09/1992). O editorial destacava na chamada que Collor havia "traído a confiança dos brasileiros, perdeu autoridade, moralidade, não tem credibilidade para governar... Tem de ser substituído pelo vice-presidente". No dia 30 de setembro, na carta endereçada ao leitor "Lições da Democracia", a revista publicou todas as capas dedicadas a Collor. Se auto-elogiou, destacando que foi capaz de "informar bem" os seus leitores, e frisou ainda que a imprensa não existia para "organizar campanhas políticas, atacar quem quer que seja ou para derrubar presidentes". O texto ressaltava que a *Veja* se orgulhava de ter estado "no centro da crise". Evitou embarcar numa autocrítica do papel que exerceu nas eleições presidenciais de 1989, apontando para a importância de se manter a agenda econômica. "Desde que Fernando Collor tomou posse, há 930 dias, os terríveis problemas sociais brasileiros se agravaram. É uma tragédia [...] e agora sai da Presidência deixando o país numa situação ainda pior do que quando entrou. Cabe a Itamar Franco cumprir o programa com base no qual foi eleito [...]. Um programa que defende a abertura do país ao mercado mundial, de forma a aumentar a produtividade da economia brasileira. Sem a modernização do Brasil não haverá como sairmos da miséria", disse *Veja*.

Após alguma relutância, o *Jornal do Brasil* finalmente apoiou a saída de Collor. No editorial "Razões Para o Sim" (29/09/1992), dia da aprovação do *impeachment* de Collor no Congresso, o jornal explicou os motivos de ter endossado a tese que até recentemente havia repudiado. Um editorial publicado um mês antes na capa do jornal, "Não Há Mais Tempo a Perder" (30/08/1992), enfatizou a centralidade da agenda econômico-liberal de Collor, condenando em seguida a corrupção governamental: "O Brasil se sente envergonhado após um longo período de revelação [...]. Cada nova revelação fortalece o sentimento de indignação nacional [...]. A agenda da CPI – de moralização do espaço público [...] precisa continuar". No editorial de setembro estavam mencionadas ainda as razões que levaram o presidente a decepcionar o país:

> O apoio que o *Jornal do Brasil* deu ao presidente desde que ele tomou posse em março de 1990 foi inspirado por razões políticas, econômicas e morais [...]. Nós apoiamos o projeto de uma economia de mercado

> [...]. Collor nunca representou o início de uma nova fase [...]. Ele fecha um ciclo de degradação de valores democráticos.

No dia 1º de setembro, o jornal *O Globo* publicou um editorial que também saía em defesa da agenda econômica: "O Que Não Muda". No texto afirmava-se como não se "podia virar as costas aos avanços significativos que nós já fizemos em direção a um país moderno...". Esse editorial saiu no momento em que Roberto Marinho havia deixado de apoiar Collor.[55]

No dia 25 de agosto, os jornais publicaram o resultado final da CPI que provava a existência dos laços entre Collor e PC Farias e sugeria uma punição para o presidente. Os jornais proclamavam a saída de Collor do poder.[56] Com 441 votos contra 38, 105 a mais que os 336 necessários, o Congresso aprovou o *impeachment* de Collor numa sessão histórica. Collor teve que sair da presidência e o seu vice, Itamar Franco, assumiu. Collor alegou inocência, mantendo a esperança de ser levado de volta ao governo. A decisão do Congresso abria caminho para o político ser julgado. Os jornais celebraram o voto, publicando matérias e artigos especiais de mais de 20 páginas festejando o fim da era Collor.[57] A maioria das matérias adotou um modelo parecido, que incluía o exame das suas estratégias de *marketing* pessoal, assinalando como esses elementos haviam sido trabalhados, e como estes contribuíram para o seu crescimento meteórico e a sua subida ao poder. Apesar disso, nenhum dos jornais analisou em maiores detalhes o papel exercido pela mídia em todo o processo de construção e desconstrução de Collor, o personagem midiático.

55 Exemplos: "Confiança em Collor Está Abalada, Afirma Marinho" (*Folha de S.Paulo*, 12/09/1992).

56 Exemplos: "CPI Conclui Que Collor Desonra a Presidência e Sugere o *Impeachment*" (*Folha de S.Paulo*, 25/08/1992) e "CPI Aprova Relatório, Collor Perde Apoio Parlamentar e Está Quase só" (*O Estado de S. Paulo*, 27/08/1992).

57 "Vitória da Democracia (em preto) – *Impeachment*! Câmara depõe Collor em votação histórica; presidente aceita decisão e Itamar assume hoje" (*Folha de S.Paulo*, 30/09/1992); "Sim – 441 *Versus* 38 – Povo Festeja, Collor Já prepara a Transição e Itamar tem Ministério" (*Jornal do Brasil*); "Câmara Aprova o *Impeachment* por 441 Votos Contra 38 – Collor está fora do poder" (*O Globo*) e "Collor Fora" (*O Estado de S. Paulo*).

A manchete do jornal *O Globo*, "Collor Está Fora do Poder" (30/09/1992), foi talvez a menos emotiva. Veio acompanhada do editorial "Renúncia, Agora": "Neste momento, Fernando Collor talvez tenha uma última oportunidade de, por um gesto seu, que comece e termine na sua vontade pessoal, fazer algo pelo seu país, e tomar a decisão pela qual será lembrado. Chegou para ele a hora do ato politicamente mais inteligente [...] da demonstração mais insofismável de patriotismo: a renúncia". *O Globo* dedicou ainda 25 páginas ao fenômeno Collor, incluindo uma página com a população aplaudindo o seu declínio do poder ("País Comemora o 'Sim' com Carnaval"). O texto curiosamente focou na declaração de um manifestante que afirmava que "este choro estava engasgado desde a derrota das Diretas-Já".

O *Jornal do Brasil* colocou um grande "sim" na capa, adotando um tom emocional ao colocar uma foto abaixo da manchete de pessoas festejando nas ruas. A manchete dizia: "Povo Festeja, Collor Já Prepara Transição e Itamar Tem Ministério". No editorial, "A Hora dos Brasileiros" (30/09/1992), foi defendida a agenda econômica de Collor: "Itamar Franco terá de formar um governo de consenso e realizar a tarefa hercúlea de assegurar a continuidade dos projetos modernizadores, tais como a reforma fiscal, a modernização dos portos, a privatização e a desregulamentação da economia". A manchete do *Estadão*, "Collor Fora", assumiu uma postura mais racional, embora toda a primeira página tenha sido ocupada pela publicação de nomes de deputados que haviam votado a favor do *impeachment*. A *Folha*, porém, optou por uma atitude mais política, publicando a palavra *impeachment* em grandes letras, seguida por um ponto de exclamação; "Vitória da Democracia", em preto, enfatizava como o processo todo do *impeachment* havia sido um acontecimento histórico, e que o diário estava sintonizado com os sentimentos da grande maioria no país.

Os atributos positivos que a mídia havia associado a Collor, como o fato de ele ser um presidente "jovem e cheio de energia", que se exercitava e lia livros, sumiram totalmente das páginas dos jornais. Isso indicava que o mito do salvador da pátria havia entrado em colapso, com a era Collor chegando a um fim e o "produto" saindo totalmente de moda. As matérias de *O Globo*, "Um Presidente Que Faz Milhares de Coisas ao Mesmo Tempo", "Copper com

Subtítulos: a Nova Maneira de Fazer Política" e "Uma Marca Que Está Fora de Moda" (30/09/1992) são exemplos de peças noticiosas que consolidaram de uma vez por todas a desconstrução do mito midiático criado em torno das supostas qualidades excepcionais do ex-presidente Collor, algo que havia começado principalmente em maio de 1992. No texto do *Globo*, "O Clã Começou com a Dinda", Collor aparece usando muitas camisas, com máximas e provérbios bobos, com o seu ar de patético ressaltado. Finalmente, no dia 29 de dezembro, Collor renunciou à presidência no meio da aprovação do processo de *impeachment* no Senado Federal, o que o proibiu a concorrer a qualquer função governamental até o ano de 2000.

CONCLUSÃO

Neste capítulo foi investigado o papel do jornalismo na cobertura das eleições presidenciais de 1989 e no *impeachment* de Fernando Collor em 1992, explorando as nuances e a complexidades do mito criado em torno da *persona* política de Collor e justapondo isso à análise das contribuições realizadas pelo jornalismo e pelos jornalistas naquele período histórico. Como observado no Capítulo 1, este livro procurou evitar endossar a tese fácil das teorias conspiratórias da mídia e a crença que a grande imprensa apenas disseminou "discursos dominantes" conservadores em oposição aos articulados pelos representantes da oposição. No entanto, a maioria da grande mídia não só contribuiu para eleger Collor como, após uma fase de hesitação inicial, *ela queria* que ele fosse eleito, para impedir assim a subida da esquerda ao poder ou do espectro do "Brizola" (Lattman-Weltman, FGV, 1994). Isso foi apontado pelos jornalistas entrevistados aqui como algo emergido de forma evidente na cobertura ideológica e um tanto partidária da campanha presidencial de 1989. Da mesma forma que a campanha das Diretas-Já representou a luta contra as forças que queriam mudanças contra os representantes da continuidade, o duelo entre Lula e Collor exemplificou os conflitos entre diferentes projetos político-econômicos para o país, e, principalmente, a disputa em torno do tipo de modelo que o Brasil deveria adotar nos anos 90: se consolidar a posição da economia global de mercado ou assegurar um projeto de perfil socialdemocrata de esquerda.

Ao contrário do estudo da FGV (1994), aqui se examinaram os conflitos jornalísticos com os donos da mídia, não considerando a cobertura da campanha presidencial de 1989 "neutra", apesar dos esforços realizados por jornalistas para equilibrar a disputa e dar maior espaço na grande imprensa à disseminação de contra-agendas e opiniões contrárias. Este estudo analisou a cobertura midiática através do exame do papel que diferentes forças tiveram no pleito presidencial de 1989, enfatizando como exemplo a fraqueza da presença de valores democráticos do jornalismo liberal, como a objetividade e o equilíbrio, na reportagem política. Em contraste com as Diretas-Já, no entanto, em 1989 setores da mídia não embarcaram numa cobertura militante a favor dos ideais universais democráticos, mas em pequenas lutas e rivalidades menores que realçavam as rígidas divisões ideológicas entre os candidatos e alguns setores da sociedade brasileira e que na verdade representavam propostas opostas para o Brasil. Neste quadro, uma cobertura de imprensa mais equilibrada teria sido melhor, legitimando a credibilidade da mídia e a sua maturidade no contexto de uma recém-inaugurada era de nova liberdade de expressão e pensamento seguindo-se ao colapso da ditadura. Porém, uma cobertura mais correta correria o risco de tirar um pouco da criatividade e da paixão existente na cobertura da grande imprensa da eleição de 1989, e que de fato traduzia a recente entrada do país na democracia liberal.

Acima do aspecto do conflito de classe refletido nas páginas da mídia em 1989, ou de igual importância, foi o contexto sociopolítico do Brasil naquele tempo, um país em que uma população desencantada e uma sociedade desigual e não particularmente acostumada a lidar com o conflito – e que havia saído de um período de ditadura de 20 anos – tentava desesperadamente se encaixar na nova realidade de globalização dos países capitalistas avançados. Collor foi um produto do *marketing* político de uma nova era de democracia de massa, um tipo de político que poderia se adaptar às exigências consumistas crescentes, ao *marketing* político de 1990 e ao estilo de jornalismo contemporâneo de *fast-food*, apresentando-se assim à mídia e ao público como um produto descartável, com estilo moderno, mas que no fundo pecava pela falta de consistência. O fato de ter sido criado e depois devorado pela mídia também forçou a imprensa a se engajar numa autocrítica dos fatores positivos e negativos da cobertura do fenômeno Collor, desde a criação do mito pela mídia até o *impeachment* em 1992. Isso incluiu a forma como a grande imprensa começou a se distanciar do Estado, tornando-se mais crítica em relação à política, o que foi seguido por uma certa tendência ao cinismo, à publicação de escândalos políticos, de matérias sensacionalistas em detrimento da produção de artigos investigativos e da veiculação de notícias políticas mais consistentes e de maior interesse público.

As eleições de 1989 foram as primeiras desde 1961. Evidentemente deixaram expostas as fraquezas da mídia que, a julgar pelas entrevistas conduzidas aqui, não parecia saber como lidar com as complexidades, os conflitos e, sobretudo, com as exigências impostas pelo jornalismo plural. Os jornais reproduziram discursos oficiais, com uma tendência a favorecer os candidatos do *establishment*. Se a cobertura das eleições de 1989, dentro do paradigma do conflito de classes e do consumo, apontou para um retrocesso nos esforços para se avançar a democracia – num contraste claro com a cobertura das Diretas-Já – a cobertura do *impeachment* de 1992 evidenciou certos avanços e um posicionamento mais crítico da imprensa em relação a figuras de autoridade e a políticos que representavam valores conservadores e/ou tradicionais. Reafirmou o caráter comercial da mídia e o seu relativo grau de independência política, legitimando a tese do mercado livre e do jornalismo "cão de guarda" como o principal guia para o jornalismo contemporâneo brasileiro.

Nesse momento também se tornaram evidentes os poderes de mercado em oposição ao Estado e uma *iniciação* do processo de consolidação da posição da mídia para além da dependência em relação ao Estado, assim abrindo as portas para a sua entrada de fato no jornalismo de mercado. Finalmente, os erros de 1989 e 1992 forçaram a imprensa a começar a pensar em conduzir reportagens políticas mais profissionais nas futuras eleições, algo que não necessariamente aconteceu em todas as coberturas das eleições seguintes. Em 1994, no entanto, o plano de estabilização econômica sacudiu a cobertura presidencial, com crescentes disputas entre as racionalidades de consumo e cidadania no trato com as notícias, continuando a ser fonte de diversas tensões dentro do jornalismo político e econômico, como veremos.

4. A POLÍTICA NACIONAL NUM MUNDO GLOBALIZADO: UM ESTUDO DE CASO DAS ELEIÇÕES PRESIDENCIAIS DE 1994

INTRODUÇÃO

As eleições presidenciais de 1994 ocorreram em meio à euforia em relação à possibilidade do Plano Real de estabilizar a economia após um longo período de inflação alta, baixa produtividade e pouco crescimento econômico, que marcou grande parte da fase da redemocratização do país. Ao fim das eleições de 1989, uma sociedade política de massa havia sido formada. Em 1994, 94.768.404 brasileiros – 60% da população, um acréscimo de 15,47% no tamanho do eleitorado desde 1989 – escolheram não só o próximo presidente, mas governadores de estado, senadores e deputados.[58]

Em 1994, os direitos políticos haviam sido consolidados, com as eleições presidenciais ocorrendo num contexto sociopolítico bem diferente do de 1989, mas num ambiente econômico bastante parecido. Em 1994 chegara a vez de tanto o *establishment* da elite brasileira como das classes médias baixas de exigir a inclusão econômica no mercado livre nacional e internacional. Discussões entre as elites em relação à continuidade das políticas econômicas de Collor e o debate em torno da possibilidade de o real promover o crescimento econômico e a distribuição da riqueza foram alguns dos temas centrais articulados durante a campanha presidencial de 1994. Preocupações econômicas invadiram o campo político, num momento em que o modelo socialdemocrata de Estados nacionais fortes e sistemas de seguro social estavam em declínio em toda a Europa. Isso ocorreu em meio à consolidação das idéias

58 Veja Bibliografia para mais informações sobre o sistema partidário brasileiro.

do pensamento "neoliberal" e das políticas que favoreciam a reestruturação do Estado e maior integração dos empreendimentos nacionais ao mercado global.

Como visto nos Capítulos 2 e 3, a imprensa dos anos 80 em adiante começou a reforçar o valor do *commodity* da notícia em resposta à penetração crescente dos ideais de comercialização no jornalismo brasileiro e do aumento do mercado como principal força de influência na sociedade brasileira. Ela ratificou os aspectos democráticos do sistema ocidental de mídia, incluindo o próprio modelo profissional que, de acordo com acadêmicos, havia começado a ser posto em questionamento nas sociedades capitalistas avançadas (Hackett & Zhao, 2005; 23). A cobertura política de 1994 teve, portanto, debates mais equilibrados, e um potencial ideológico bem menos agudo do que o registrado em 1989. Os jornalistas entrevistados aqui confirmaram o fortalecimento do equilíbrio na reportagem política, acrescentando que, apesar disso, as eleições de 1994 foram fortemente pressionadas por restrições econômicas. A cobertura da mídia em 1994 refletiu uma visão mais crítica da política governamental do que a de 1989, com a oposição emergindo com mais força à luz da derrocada de Collor, em 1992.

A análise textual e de conteúdo conduzida aqui revela maior equilíbrio no noticiário, com média de 50% das matérias neutras publicadas pela imprensa nas eleições de 1994. Na arena das matérias "neutras" os candidatos da oposição foram mais bem representados, um contraste com o material mais "negativo" ou preconceituoso de 1989, e que no entanto ainda persistiria em 1994 e também em 2002, como veremos. Ao contrário das campanhas de 1984 e 1989, quando o componente ideológico era alto, em 1994 formas de restrição político-ideológicas diminuíram, dando lugar às pressões econômicas. A principal fonte de tensão em 1994 foi menos a predominância dos discursos ideológico-políticos, ou os medos em relação à subida de segmentos menos privilegiados da sociedade brasileira ao poder, e mais preocupações econômicas que obrigaram todos os candidatos a articular as suas agendas em torno de uma posição favorável ou não ao real.

Em 1994 não era mais possível dizer que o Estado ou governo estava diretamente (ou indiretamente) controlando a liberdade de expressão, já que as empresas de comunicação operavam com os valores do jornalismo liberal, enraizados nos princípios do Quarto Estado. Se avanços foram feitos na cobertura em relação a 1989, devido ao aumento do profissionalismo, o fato é que, com o lançamento do real, em julho de 1994, elementos econômicos dominaram tanto a reportagem como a campanha política e ainda os discursos dos candidatos. Eles deixaram pouco espaço para visões econômicas contrárias ou alternativas devido a um consenso que começava a se formar entre as elites em torno da candidatura de Fernando Henrique Cardoso.

Neste capítulo o foco são os três meses finais da campanha política, que começou no dia 1º de julho de 1994, com o lançamento do Plano Real, e acabou alguns dias após o dia 3 de outubro, quando Fernando Henrique ganhou a eleição. Críticas dos textos e análises dos conteúdos foram realizados aqui com mais de 1.256 matérias, editoriais e manchetes, incluindo 417 *features* e artigos do *Estadão*, 458 do *Jornal do Brasil*, 255 da *Folha de S.Paulo*, 48 de *O Globo*, 22 da *Veja* e 27 da *Isto É*. A análise de conteúdo também serviu para examinar as plataformas políticas dos candidatos e para identificar as tendências de campanha, numa tentativa de entender a importância que o real teve para as eleições presidenciais de 1994. Este capítulo está dividido em três partes principais: a primeira é uma deliberação inicial sobre a penetração dos discursos econômicos na sociedade brasileira e no jornalismo propriamente dito nas últimas três décadas; a segunda, uma investigação do *background* e das articulações de bastidores realizadas durante a eleição de 1994; e a última, um engajamento no contexto e na análise textual da cobertura feita pela imprensa da disputa de 1994.

O CONTEXTO ECONÔMICO DA PÓS-DITADURA E O JORNALISMO ECONÔMICO

O Brasil começou a se distanciar do autoritarismo político durante o período coberto aqui e a caminhar rumo a uma consolidação gradual da democracia política representativa liberal nos anos antes e depois de 1994. Desde a época do "milagre econômico" dos anos do regime militar, os planos econômicos sempre tiveram um papel central na manutenção de governos, servindo para legitimar regimes autoritários e contribuindo para sustentar a popularidade de um governo aos olhos do público, independentemente de suas inclinações ideológicas ou de seu grau de autoritarismo político. Os anos do "milagre econômico" (1967-1973) foram responsáveis pelo estímulo a maiores investimentos em diversos setores, reduzindo o papel do setor público enquanto davam mais ânimo ao setor privado (Abreu, 2001). Nesses anos, o crescimento do capital, da propriedade e da concentração de renda foi seguido pelo enfraquecimento do poder de negociação entre os sindicatos e os empregados devido às limitações impostas ao direito de greve. Tais políticas logo criaram uma economia inflada. A inflação alta começou a oscilar entre 20 e 25%, a crise do óleo emergiu em 1973 e o aumento dos empréstimos externos foram todas políticas econômicas que tiveram impacto negativo nos indicadores sociais, fatores que culminaram na proliferação de inúmeras críticas contra o regime.

Na América Latina, o modelo de substituição de bens domésticos por importações criou dívidas internacionais e foi responsável pelos anos de estagnação econômica que marcaram a década de 1980. O Plano Cruzado foi só inicialmente bem-sucedido. Havia muita expectativa em relação à capacidade do real combater a inflação e, para alguns, até a esperança de que o plano poderia promover maior distribuição de renda. A paridade do real ao dólar, com a campanha do plano lançada em meio a uma propaganda eufórica que contrastava o futuro sucesso desta agenda econômica ao fracasso de projetos econômicos anteriores, como os planos Cruzado e Collor II. Analistas econômicos que examinaram o legado do real enfatizaram que este trouxe estabilidade econômica ao Brasil, mas a um custo de recessão e perda dos ganhos sociais inicialmente conquistados. O plano foi largamente bem-sucedido nos primeiros dois anos por causa da drástica redução da inflação, o que interrompeu o processo de hiperinflação dos últimos 30 anos. As camadas mais baixas da população começaram a ser incluídas pela primeira vez como consumidores no emergente "mercado de massa" do Brasil, com o real tendo tido um impacto inicial na redução da pobreza.

De acordo com estudo do Departamento Intersindical de Estatísticas e Estudos Socioeconômicos (Dieese) feito sobre os dez anos do Plano Real, a primeira fase de prosperidade do plano foi interrompida por causa do impacto no país de várias crises internacionais, como a mexicana em 1995 e a asiática em 1997. A briga contra a inflação foi mantida, mas o crescimento econômico começou a decair e o desemprego cresceu. Durante esses dez anos, a dívida pública pulou de 30% do Produto Interno Bruto (PIB) para 56,8%, o preço que o governo teve de pagar para manter a estabilidade da moeda. Em 1999, o real foi enfim desvalorizado, após um acordo entre o governo federal e municipalidades levar à conclusão de que era necessário fazer um sacrifício fiscal para assegurar o seu valor. A conseqüência foi a continuidade dos altos índices de juros e a assinatura de um acordo com o Fundo Monetário Internacional (FMI), que iniciou um programa de recuperação do Brasil. No entanto, entre os anos 1995 e 2002, aproximadamente 2,6 milhões de postos de trabalho foram extintos no país.

O crescimento de uma economia de mercado livre no Brasil resultou no aumento do prestígio do jornalismo econômico. Kucinski (2000) assinala que, desde a desordem monetária dos anos 70 e a expansão da cultura do dólar, o jornalismo econômico tem recebido um enorme impulso, tornando-se o principal tema noticioso do século. Nesse cenário, a política passou a ocupar um papel secundário. De acordo com Abreu (2001), as condições para a emergência de um jornalismo econômico no Brasil – que se modelava na experiência norte-americana e tinha como meta cobrir o mercado financeiro e o mundo empresarial – aconteceu quando o país começou a registrar aumento significativo de sua economia nos anos 70. "O jornalismo econômico foi usado como um instrumento para o lançamento das políticas econômicas do regime militar", escreveu Abreu (2001; 25). Diversas linhas do jornalismo econômico foram fortalecidas nos anos 90, em meio à expansão da dinâmica de mercado nas redações. Exemplo foi o chamado "jornalismo de serviço", que adquiriu prestígio na última década (Nassif, 2003) e consistia basicamente de discussões sobre produtos nas páginas dos jornais de qualidade, contando com a publicação de reclamações dos consumidores em relação a diferentes serviços públicos e comerciais.

Em comparação à reportagem política, há menos espaço para a contradição e a proliferação de críticas na arena das notícias econômicas no Brasil. Essas últimas, no geral, tendem a favorecer as fontes do grande empresariado e do governo, e costumam sustentar a política econômica liberal quase como se fossem as únicas alternativas viáveis para o país. Elas tendem a refletir em demasia as opiniões oficiais em detrimento das de economistas críticos da ortodoxia econômica e outros experts, excluídos ainda os pontos de vista elaborados pelo sindicalismo (Nassif, 2003). A reportagem política cria, portanto, uma arena mais saudável para o debate e o conflito, algo que nem sempre encontra eco na cobertura econômica. Isso não quer dizer que o jornalismo econômico contribua para desengajar o debate político e que não teve importância (política) para o avanço da democracia no país.

Abreu (2003; 16) percebeu de fato que foi nas páginas de alguns desses suplementos, como as páginas econômicas de *O Globo*, que os jornalistas começaram a resistir à ditadura através do questionamento de certos aspectos da economia. Isso se deu porque a maioria das páginas de política estavam mais sujeitas à censura e ao escrutínio por parte do Estado, o que resultou no declínio da cobertura de assuntos políticos em contraste com o crescimento dos temas econômicos. Esses apareciam como mais fáceis de serem trabalhados do que aqueles assuntos políticos mais controversos e sensíveis, como a ausência de direitos civis e da liberdade de expressão.

Devido ao deslocamento dos poderes do Estado para o mercado, no final dos anos 80, houve uma transição das formas de restrições políticas para o campo econômico. O colunista da *Folha*, Janio de Freitas, argumenta que o poder político no Brasil tem aprendido a viver melhor com a liberdade de imprensa do que o empresariado: "Jornalismo é um exercício que é mal tolerado pelo poder econômico e social [...], incluindo o poder político. Eu acho que o poder político tem sido mais afetado pela liberdade de imprensa, mas é ele que aprendeu a melhor viver com o jornalismo. O poder econômico não tolera isso...". Como veremos, aflições do mundo empresarial e financeiro em relação à forma como o "mercado" reagiria a uma possibilidade do PT tomar posse em 1994, ou ainda em 2002, e o tipo de decisões políticas que poderiam ser tomadas por causa disso, como o abandono de um programa de privatizações, o aumento do salário mínimo ou a relutância em assinar um novo acordo com o FMI, foram fatores essenciais que acabaram se tornando forças de pressão que incidiram sobre o andamento das eleições.

Ex-membro do conselho editorial da *Folha*, Luis Nassif, que implementou o jornalismo de serviços nos jornais, critica hoje o fato de o jornalismo financeiro encontrar-se na atualidade totalmente subordinado às pressões de mercado. Da mesma forma que Janio de Freitas, Nassif é um crítico da ortodoxia econômica:

> Após 1994/95, você vê como o jornalismo financeiro está totalmente subordinado aos clichês do mercado de forma escandalosa. Quem são os ganhadores deste modelo, que foi apresentado principalmente a partir de 1994 e 1998, mas que ainda continua? É um modelo de globalização com exclusão social... Você vê grandes grupos nacionais e internacionais que se consolidaram neste período, em cima de pequenas e médias empresas. Quando alguns jornalistas foram fazer perguntas ao Gustavo Franco (ex-presidente do Banco Central) num seminário no Rio, a resposta era que o mercado não permite... como que você constrói um modelo assim de subordinação do país ao mercado?

Se por um lado o mercado funcionou como uma força libertadora no período da pós-ditadura, garantindo maior liberdade de imprensa e exercendo a função de "cão de guarda", também impôs limites à consolidação da democracia política e à maior democratização da sociedade brasileira. Esses choques sacudiram em cheio as eleições de 1994, que exemplificaram o momento em que o Brasil abraçou as políticas liberais econômicas, e que coincidiram ainda com a entrada definitiva do país no mercado livre mundial.

O REAL COMO ARMA DE *MARKETING* E FHC: A COBERTURA DAS ELEIÇÕES DE 1994

UMA PERSPECTIVA GERAL DA CAMPANHA

O início dos anos 90 foi marcado pelas tentativas de se obter tanto a estabilidade política como a econômica. Na década de 1990, o cargo da presidência foi fortalecido, com altas expectativas sendo depositadas pela população em políticos específicos e presidentes que poderiam intervir no país com a meta de reduzir a injustiça social e instigar o crescimento econômico. O resultado foi a formação de um tipo de cobertura política que estimulava lutas diretas entre os candidatos, e na verdade escondia certos aspectos da cultura brasileira, com o culto ao personalismo e a figuras de autoridade (Da Matta, 1979). A análise crítica textual deste estudo de caso em particular mostrou que, da mesma forma que em 1989, as eleições presidenciais de 1994 foram bastante "individualizadas" em torno da personalidade, das ambições pessoais e das qualidades particulares dos respectivos candidatos. Foi o que aconteceu, por exemplo, com os dois principais atores políticos dos anos 90 (Lula e Fernando Henrique), que muitas vezes tiveram mais suas personalidades do que suas agendas políticas e econômicas sujeitas ao escrutínio público e ao debate por parte da grande imprensa.

Como Lula mas em circunstâncias diferentes, Fernando Henrique Cardoso ganhou visibilidade nacional nos anos 70 e 80 como opositor da ditadura e negociador-chave da campanha das Diretas-Já. Tanto Lula como FHC haviam sido aliados políticos no passado; o primeiro foi inclusive bem visto por segmentos da *intelligentsia* nos anos 80 e durante as Diretas, o que se demonstrou nos capítulos anteriores. As eleições de 1994 iriam acabar por expor suas claras divisões político-econômicas. De 1989 a 1993, tanto o PT de Lula como o PSDB de Fernando Henrique começariam a tomar rumos diferentes. As tentativas de aproximação entre os dois (Singer, 1999) foram no geral frustradas devido às divergências dos partidos em relação a assuntos centrais, como a reforma agrária e o tipo de modelo de desenvolvimento econômico para o país. O PT também relutava para não perder a posição central numa possível futura aliança política com o PSDB, bem como temia ver afetada a sua visão política mais claramente situada à esquerda, num contraste com a mentalidade mais centrista dos "tucanos". Desse modo, Fernando Henrique começou a cortejar os representantes da oligarquia tradicional nordestina, apresentando-se como a futura voz do capitalismo avançado no país.

A partir da eleição de 1994, Fernando Henrique começou a ocupar mais o espaço da centro-direta em oposição a Lula, flertando com certos setores da esquerda e conseguindo por fim manter alguns de seus votos. Lula mostrava-se mais inclinado à esquerda, mas bem menos do que em 1989, sinalizando, no entanto, que havia uma vontade a princípio tímida de sentar com o empresariado para negociar.[59] Collor parecia disputar com Lula o voto da esquerda em 1989. Durante aquela campanha, oscilava entre os dois planos (esquerda e a direita), como vimos, enquanto Lula tentava se manter firme na primeira posição. Em comparação com Collor, porém, Fernando Henrique era intelectualmente mais preparado, um político respeitado e um acadêmico disposto a negociar com segmentos conservadores da sociedade brasileira e a integrar o país ao mercado econômico global, num momento em que o PT mostrava relutância e desconforto com a idéia. FHC apareceu como um candidato "natural" do *establishment*, e, justamente por isso, como o "anti-Lula" ideal.

AS MATÉRIAS "POSITIVAS" E "NEGATIVAS" SOBRE LULA E FHC

A análise textual e de conteúdo conduzida sobre os três meses finais da campanha presidencial de 1994 revelou que a maior parte da imprensa buscou produzir uma cobertura equilibrada, apesar da persistência em muitos veículos da grande imprensa de incidências do jornalismo partidário. O exame de uma amostra de 1.256 matérias publicadas entre o dia 1º de julho até o mês de outubro, quando a campanha presidencial de 1994 chegou ao fim, deixa transparente a existência de um nível de preconceito ideológico e político muito mais baixo do que o verificado em 1989. Os espaços midiáticos em 1994 não estavam tão envoltos em conflitos ideológicos como era o caso antes: havia menos referências à retórica do anticomunismo, vistos em demasia na campanha de 1989, e menos articulações de discursos sobre o risco do PT invadir terras e casas das

59 Exemplos: "Empresários Lançam Panfleto Pró-Lula" (O Estado de S. Paulo, 20/07/1994) e "Empresários Petistas São Vaiados na Frente da Bolsa" (*Folha de S.Paulo*, 01/10/1994).

classes médias. Apesar de Fernando Henrique e do PSDB terem recebido uma cobertura claramente mais simpática do que os candidatos oposicionistas Lula e Brizola, com a maioria da mídia mostrando apoio entusiasmado ao plano econômico, no geral a grande imprensa escrita procurou realizar uma cobertura exata e profissional.

Em comparação a 1989, em 1994 a imprensa assumiu uma posição bem mais crítica em relação a Fernando Henrique Cardoso do que havia tomado com Collor. O uso do Plano Real como arma de *marketing* por Fernando Henrique Cardoso foi amplamente debatido e até criticado por vários setores da mídia, com a sua ligação com o governo Itamar tendo sido exposta de forma bastante clara. FHC também foi alvo de diversos ataques por ter se aliado ao PFL, partido de centro-direita. Além disso, em 1994 Lula e o PT começaram a se deslocar para fora das margens da política e em direção à arena *mainstream* da sociedade brasileira. A conseqüência direta disso foi que a agenda de Lula foi mais bem acolhida em 1994 em alguns círculos centrais de decisão da sociedade em comparação com as eleições de 1989.

O tom de matérias como "Partido (PT) em Ponto Morto" (*Veja*, 02/08/1989) e "PT Quer Lula Com um Discurso Radical" (*O Globo*, 30/08/1989), por exemplo, foi quase inexistente em 1994. Em vez disso, matérias mais "positivas", como o "PT Brilha Mas Também Mete Medo" (*Veja*, 15/07/1994), foram publicadas. FHC não foi o alvo do mesmo tipo de cobertura emocional que foi dada a Collor em 1989.[60] Apesar de todos esses fatores, no entanto, a última fase da campanha de 1994 viu as temperaturas se escalarem de forma contundente: o PT acusou as eleições de terem sido fraude devido à sustentação governamental da candidatura do PSDB. Além disso, a organização de greves pela Central Única

60 Contraste matérias como "O Fenômeno da Pré-Campanha" (*Jornal do Brasil*, 14/05/1989) e "Collor Monta uma Campanha com a Imagem do Sucesso" (*O Globo*, 16/05/1989) aos artigos mais racionais como "FH Promete Governo do Consenso" (*O Globo*, 29/07/1994), outras positivas como "Cardoso Encontrou o Seu Estilo e o Político Ultrapassa o Acadêmico" (*O Estado de S. Paulo*, 24/07/1994) e ainda aos textos mais críticos (Exemplo: "Para Opositores de FHC, Real Vai 'Quebrar' o País" (*Folha de S.Paulo*, 17/07/1994).

dos Trabalhadores (CUT) acabou por colocar Lula e Fernando Henrique em campos ideológicos radicalmente opostos.[61]

A amostra das matérias dos jornais incluídas nas Tabelas 1 e 2 foram selecionadas diariamente durante um período de três meses, começando precisamente no dia 1º de julho e indo até o dia 10 de outubro, após a vitória de Fernando Henrique nas pesquisas. A análise de conteúdo das matérias incluídas neste estudo de caso é composta por manchetes, editoriais e artigos de revistas selecionadas semanalmente. *O Globo* não foi incluído no exame de conteúdo porque o número de amostras avaliadas não se iguala à média selecionada dos outros jornais. Os textos noticiosos do jornal são de qualquer forma debatidos de forma genérica na análise textual geral feita neste capítulo. A Tabela 4.2 inclui a proporção da cobertura dada à agenda econômica no noticiário durante a fase final da eleição. Já a Tabela 4.1 aponta para um alto número de matérias "negativas" sobre Lula e o PT, com porcentagens que variam de 16% a 33% e contrastam com uma quantidade menor de matérias "negativas" feitas sobre Fernando Henrique, que compõem uma média de 7%.

Uma pesquisa conduzida pela empresa de comunicação Deadline mostrou resultados parecidos. Revelou que em julho os sete jornais nacionais publicaram 66% de matérias "negativas" sobre Lula e somente 9% a favor, enquanto Fernando Henrique obteve 40% de notícias "positivas" e somente 20% de "negativas". Na televisão, Lula teve 61% de textos "negativos" e FHC, 18%.[62]

61 Exemplos: "Lula Desafia FH a Ir Para as Fábricas" (*O Globo*, 09/08/1994); "Lula Diz Que FHC Usa Discurso Fascista, da Extrema-direita" (*O Globo*, 14/09/1994) e "PT Considera Eleição uma Fraude" (*O Globo*, 22/09/1994).

62 "Página de Campanha – pesquisas mostram que jornais e TVs gostam mais de falar de Lula que de FHC – mas quase sempre para falar mal" (*Veja*, 27/09/1994). Uma pesquisa do Datafolha sobre as matérias neutras, positivas e negativas publicadas nos jornais em agosto indicou que o *Estadão* (26%) era o jornal que mais dava espaço a FHC, publicando mais matérias positivas. O jornal foi seguido por *O Globo* (15,6%) e *Folha de S.Paulo* (12,3%). *Folha de S.Paulo* e *Jornal do Brasil* foram os mais críticos, publicando mais matérias negativas sobre todos os candidatos presidenciais, com *O Globo* aparecendo como o diário que deu mais espaço a Lula (37,5%).

A Tabela 4.1 indica uma predominância de matérias "neutras" publicadas na imprensa, com as porcentagens variando de 48% a 53%. A porcentagem de *features* "positivos" sobre Fernando Henrique Cardoso evidencia que os veículos de comunicação viam a candidatura dele numa lente bem mais favorável que a dos outros candidatos. O número de matérias positivas dadas a FHC e a Lula estão incluídas na Tabela 4.1 na primeira e terceira colunas; as negativas estão na segunda e na quarta e a média total dos textos neutros publicados sobre os dois aparece na quinta coluna.

No Capítulo 1, foi discutida a compreensão aqui adotada dos termos "neutro", "positivo" e "negativo", sublinhando que o conceito de "neutro" pode ser visto como a ausência do positivo e do negativo. Foucault (1972) argumenta que não existe um "discurso neutro", que todos os discursos têm construído dentro deles um determinado tipo de hierarquia. Daí que "neutro" pode ser entendido como um discurso que não pretende fazer *a priori* julgamentos meramente ideológicos a respeito de determinados partidos e políticos (como Lula "comunista"), mas que tende em direção ao equilíbrio entre valores e idéias que competem entre si, buscando retratar uma realidade sociopolítica mais complexa e contraditória.

Portanto, "neutralidade" não deve ser confundida com "imparcialidade", termo que retira a possibilidade de existência de qualquer relação de poder, algo praticamente impossível de se conceber hoje dentro do quadro de sociedades globalizadas e imersas em diferentes e complexas cadeias de *social networks*.

A categoria de matérias "neutras" incluídas nessa amostra é composta por eventos e atividades diárias de campanha, como anúncios partidários e visitas a comunidades, debates entre candidatos e matérias sobre os resultados de pesquisas de opinião, bem como as reações aos discursos publicados e outras informações (como *breaking news*).[63] Como aponta a Tabela 1, Fernando Henrique recebeu mais matérias "positivas"

63 Exemplos: "Maioria da População em SP Aprova o Real" (*Folha de S.Paulo*, 02/07/1994); "Cardoso Atinge 30% e Empata com Lula" (*O Estado de S. Paulo*, 22/07/1994) e "Duelo PT x PSDB Põe Amigos em Confronto" (*Jornal do Brasil*, 14/08/1994).

do que Lula (Colunas 1 e 3), que foi presenteado com artigos mais "negativos" (Colunas 4 e 2). Isso significa que o último teve que se contentar mais com os textos "neutros" que saíram na imprensa sobre a suas propostas políticas se comparado ao primeiro. A Tabela 1 evidencia que foi no lugar dos espaços neutros (Coluna 5) que o equilíbrio foi alcançado, com matérias escritas sobre Lula e Fernando Henrique Cardoso enfatizando certos pontos de suas campanhas e *a priori* fazendo pouco ou nenhum julgamento ideológico.[64]

Tabela 4.1 Matérias neutras, positivas e negativas publicadas na imprensa (01/07/1994-10/10/1994)

Mídia	Total	1 Positivo FHC	2 Negativo FHC	3 Positivo Lula	4 Negativo Lula	5 Neutro
Folha de S.Paulo	255	17%	7%	12%	11%	53%
O Estado de S. Paulo	417	25%	6%	7%	13%	49%
Jornal do Brasil	458	24%	7%	9%	12%	49%
Veja	22	18%	6%	9%	16%	51%
Isto É	27	30%	5%	7%	33%	25%
	1.208					

No entanto, é bastante simplista ver uma conspiração da mídia contra Lula e o PT em comparação a uma sustentação cega de Fernando Henrique nas eleições de 1994. A maioria dos jornalistas

64 Exemplos: "Lula e FHC Preparam uma Guerra de Números" (*Folha de S.Paulo*, 05/07/1994).

entrevistados aqui argumentou que a cobertura da mídia em 1994 foi mais exata, mas que ainda existiam diversos preconceitos em relação aos candidatos oposicionistas, como Lula e Brizola. Eles também confirmaram que a mídia foi mais simpática a Fernando Henrique por causa das altas expectativas em relação ao real, e também devido à identificação da chefia da mídia e dos donos dos meios de comunicação com a *persona* política e acadêmica de Fernando Henrique.

Mario Sergio Conti, diretor de redação de *Veja* em 1994, confirmou que a cobertura dada pela revista foi mais equilibrada em 1994 do que em 1989. Conti apontou ainda o cultivo de um "relacionamento orgânico" entre a grande imprensa e FHC, algo que não havia com o Collor:

> ... quando Fernando Henrique assume o ministério da Economia [Fazenda] houve inflação, após isso ela foi embora [...] isso foi percebido como uma enorme vitória. E isso foi identificado com o Fernando Henrique Cardoso, que recebeu todo o crédito da burguesia brasileira [...]. Isso muda a natureza das eleições, e foi assim possível o Lula ganhar [espaço]. A polarização não acontece porque eles sabiam que o PT não iria ganhar. Então era fácil para todos fingir que era imparcial [...]. Aí, a mídia tem no geral uma atitude acrítica porque a identificação com o Fernando Henrique e os valores dos "tucanos" é profunda e orgânica. É diferente para a burguesia brasileira apoiar Collor, um *playboy* aventureiro do Nordeste. Eles não se sentem representados. É outra coisa ter o Fernando Henrique, respeitado e admirado por eles, e que tem relações pessoais com as grandes famílias da mídia, os Marinhos, Mesquistas, Frias...

Membro do Conselho Editorial da *Folha*, Marcelo Coelho destacou a inevitabilidade da vitória de Fernando Henrique:

> Fernando Henrique era, claro, o Collor dos sonhos, uma pessoa bem vista pelos intelectuais, que estavam de fato divididos (entre Lula e Fernando Henrique). A imprensa foi muito simpática com o Cardoso porque o Lula apareceu sem discurso, e havia toda a questão do consenso de Washington e a privatização. Era o que todos acreditavam [...] combater a inflação e abrir a economia [...]. Isso era um

> sonho de consumo de muitas pessoas [...]. A crítica que Lula estava articulando não era válida [...] porque a utopia do tempo estava ligada ao neoliberalismo [...].Portanto o Lula pareceu oferecer pouco como resposta [...]. A imprensa não sufocou qualquer debate. As pessoas simplesmente não queriam ouvir outra coisa...

O colunista da *Folha*, Gilberto Dimenstein, confirmou que há de fato semelhanças entre os valores do jornal com as posições defendidas pelos "tucanos". De acordo com ele "o rosto cosmopolita do PDSB é a cara da *Folha*, Fernando Henrique é a cara da *Folha*, e também o Covas...".

Diretor de redação da *Folha*, Otavio Frias Filho admitiu que o jornal e a mídia de forma geral sofreram forte influência do real, embora garanta que o diário não favoreceu Fernando Henrique em nenhum momento:

> Ele (o Plano Real) teve um enorme impacto para tornar a candidatura de Fernando Henrique viável em termos eleitorais, e isso também teve um impacto na imprensa [...]. Mas a atitude da *Folha* foi, até onde eu posso julgar, relativamente eqüidistante em relação a tudo isso porque foi importante para o jornal apresentar uma cobertura apartidária [...]. Eu acredito que a atitude da *Folha* foi diferente em relação a outros veículos, que apoiaram explicitamente a candidatura de Fernando Henrique Cardoso.

O apoio dos donos da mídia é certamente um assunto problemático que precisa ser examinado com cautela. Primeiramente, o suporte dado pelas chefias da grande imprensa a candidatos específicos não deveria ser motivo de preocupação, exceto quando preferências pessoais acabam por invadir o espaço da reportagem política, interferindo na notícia e pressionando a produção das matérias a favor de um político em particular e/ou a sua visão específica de mundo. Pode-se argumentar que os incidentes fortes de controle político detectados na campanha eleitoral de 1989 diminuíram em 1994, com a cobertura sendo objeto de menos manipulação. Isso não equivale a dizer que em 1994 havia neutralidade política na cobertura, o que seria uma afirmação dissimulada ou no mínimo ingênua. No mais, a incidência maior de matérias "neutras" dadas a todos os candidatos em 1994 pode ser interpretada como um fator "positivo" que funcionou para *minimizar* e *neutralizar* as preferências pessoais dos donos.

Os jornalistas também viram contradições na produção da reportagem política, assinalando as dificuldades experimentadas pela imprensa quando esta tentou realizar uma cobertura capaz de exprimir de forma mais exata as complexidades da realidade brasileira. Augusto Nunes, ex-editor-chefe do *Jornal do Brasil* e arquiteto das reformas do *Estadão*, afirmou que em 1994 o Brasil estava começando a ficar mais "normal" em relação ao que era em 1989:

> Em 1994, o país começava a ser um país mais "real" [...]. Você não tinha mais que lidar com a dicotomia do bem *versus* o mal, que nós tivemos que lidar durante a ditadura e com o Collor [...]. E isso começou a ser um maior desafio para a imprensa, que começou a conviver com uma realidade de dois candidatos de esquerda, dois da direita [...]. E aí começa a ficar mais complicado, e você descobre que vive num país que tem eleições a cada quatro anos. E você começa a ver que está vivendo num país que, apesar de muitas coisas, está começando a ficar mais "normal".

As declarações de Nunes, Conti e Coelho exemplificam os problemas que a imprensa teve ao lidar com o pluralismo político no período da pós-ditadura.

As matérias "positivas" sobre a candidatura Lula enfatizaram a crescida do partido, a sua maior aceitação em diversos círculos da sociedade brasileira e a militância espontânea que ele estimulava nos membros do partido. Esses textos acentuavam a importância que o PT colocava nas questões sociais, a mudança inicial na imagem de Lula e as tentativas do petista para se deslocar em direção ao campo socialdemocrático. Lula foi ainda aplaudido na imprensa pelos seus esforços de viajar o país com a Caravana da Cidadania do PT, entre 1993 e 1994.[65] O material negativo explorou como o PT havia feito uso de práticas pouco éticas, parecidas com as de

65 Exemplos: "Lula Completa 40 Mil Quilômetros de Viagem" (*O Estado de S. Paulo*, 10/07/1994); "PT Brilha Mas Também Mete Medo" (*Veja*, 15/07/1994) e "Lula Quer o PT com um Discurso Unificado na Televisão" (*Jornal do Brasil*, 09/08/1994).

outros partidos que tanto criticava, que os petistas não tinham uma agenda alternativa para oferecer e que Lula adotava um discurso populista. Outros artigos também sugeriam que um governo do PT poderia resultar em caos, e que o partido estava permeado por radicais que complicavam os objetivos de Lula de fazer uma coalizão com forças mais conservadoras.[66]

Os textos mais críticos a Fernando Henrique faziam deliberações sobre as questões éticas e de transparência em relação principalmente ao problema do apoio oficial que estava recebendo do governo Itamar. Vários artigos criticaram o uso político do real, expressando preocupações em torno do futuro do plano após as eleições de outubro.[67] Muitos textos ressaltaram os efeitos de curto prazo do plano, deixando de se engajar num questionamento mais duro do futuro impacto do real na sociedade brasileira, investigando assim questões como a capacidade de, com a nova moeda, promover distribuição verdadeira da renda. O consenso em torno do Plano Real acabou sendo o discurso final que prevaleceu sobre todos os demais.[68] As matérias "negativas" publicadas sobre Fernando Henrique eram mais críticas à campanha, questionando a natureza da aliança com o PFL e a extensão do uso devido das estruturas do Estado para sustentar a candidatura.

Os artigos "negativos" sobre Lula foram construídos em termos ideológicos, incluindo discursos que sublinhavam a "perda de direção" do partido, bem como a existência de "radicais" nele. A Tabela 4.1 mostra como tanto a *Folha* como a *Veja* registraram uma média de 52% de notícias "neutras" em sua cobertura, com os diários *Estadão* e *Jornal do Brasil* e a revista *Isto É* adotando mais

66 Exemplos: "Lula Tem de Lidar com Protestos e Vaias em Minas" (*Jornal do Brasil*, 07/07/1994); "Lula Sente o Golpe" (*Isto É*, 13/07/1994) e "PT Sabia das Acusações Antes de Escolher o Candidato a Vice-Presidente" (*Folha de S.Paulo*, 14/07/1994).

67 Exemplos: "Trabalhadores Entram no Real com uma Perda de 9%" (*O Estado de S. Paulo*, 01/07/1994); "Crise Ameaça Sucesso do Real e de FHC" (*O Globo*, 10/07/1994); "Tucano Ouve Ataques ao Real" (*Jornal do Brasil*, 16/07/1994) e "Plano Econômico É Só Para as Eleições, diz Fiesp" (*Folha de S.Paulo*, 27/07/1994).

68 Exemplos: "Para Brasilianista, FHC Ignora Pobreza" (*Folha de S.Paulo*, 05/07/1994); "Pobreza É Desafio Para o Futuro Presidente" (*O Globo*, 10/07/1994); "Ricupero Diz Que Plano Não É Para Distribuir Renda" (*O Estado de S. Paulo*, 13/08/1994) e "Real Abriu uma Era do Consenso no Brasil" (*O Globo*, 09/10/1994).

claramente uma posição pró-Fernando Henrique. Da mesma forma que a *Folha* e a *Veja*, *O Globo* também tentou conduzir uma cobertura mais equilibrada. A *Isto É*, no entanto, aparece na Tabela 1 como tendo produzido 33% de textos "neutros" sobre Lula e o PT, e menos do que esse total, 30%, de matérias "positivas" sobre Fernando Henrique. Esta cobertura mais preconceituosa da *Isto É* foi até criticada por seus leitores, como veremos.

Como se sabe, os conceitos de "neutro", "negativo" e "positivo" possuem suas limitações. O caso particular das matérias feitas pela grande imprensa sobre a plataforma econômica de Fernando Henrique é um exemplo dos problemas que surgem quando se tenta examinar o que se entende por "neutro" ou por "positivo". Certamente Fernando Henrique articulou um discurso político em torno da idéia de que foi o "pai" do real. Muitas das matérias sobre o Plano Real publicadas nas páginas políticas dos jornais acabaram sendo "positivas" para ele, funcionando para beneficiar (indiretamente) a sua campanha, devido aos altos elogios feitos e ao fato de o grande público ter associado o sucesso da moeda à imagem de FHC. Uma rápida análise dessas matérias, no entanto, levaria alguém a classificar tais artigos como exclusivamente peças "neutras", cujo mero objetivo era debater um plano econômico. Outra matéria aparentemente "neutra" foi o texto "Cardoso Atinge 30% e Empata com Lula" (*O Estado de S. Paulo*, 22/07/1994), que pode ser vista como uma "celebração" do diário pelo fato de FHC ter alcançado Lula segundo os institutos de pesquisa. Qualquer análise de conteúdo precisa ser examinada de forma crítica e situada no contexto das ambigüidades em torno do significado exato da expressão "discurso neutro".

A Tabela 4.1 revela que a candidatura de Fernando Henrique se beneficiou não só das matérias "positivas" sobre a sua campanha e *persona* política, como das altas porcentagens que variavam de 27,5% a 30%, mas também dos chamados textos "neutros". As matérias "positivas" incluem textos jornalísticos que acentuavam a autoridade de Fernando Henrique e a sua credibilidade, principalmente quando falava em nome do real. Os textos enfatizavam também a sua capacidade intelectual, sua experiência administrativa e seu papel no processo de redemocratização.[69] Além disso, apesar de este livro não haver analisado o real pelos suplementos econômicos dos jornais, o exame crítico das matérias publicadas na parte do jornal dedicada a assuntos financeiros e na sociedade brasileira acabava associando o plano à figura de Fernando Henrique Cardoso. Institutos de pesquisa mostraram como a ligação entre ele e o real estava se tornando evidente para a maioria dos eleitores.[70]

Uma investigação detalhada dos artigos "positivos" sobre FHC deixa claro que essas peças deram legitimidade pública ao real, ao endossar o papel político de Fernando Henrique como o criador da moeda e seu principal porta-voz. Fernando Henrique Cardoso reagiu aos ataques ao plano na matéria "FHC Chama os Rivais do Real de 'Picaretas'" (*O Globo*, 13/07/1994), publicada 13 dias após o lançamento da moeda. O texto ressaltou ainda a inevitabilidade do modelo econômico. Ao lado do senador do PFL, Antonio Carlos Magalhães, Fernando Henrique falou na primeira manifestação da coalizão do PSDB na Bahia, respondendo a perguntas sobre as intenções de dois sindicatos dos metalúrgicos de São Paulo de fazerem greve por causa da URV (o sistema de conversão do real). FHC defendeu o plano e deixou pouco espaço para debates em torno de alternativas econômicas, contribuindo para evitar uma discussão maior em torno do futuro impacto e da capacidade real do plano de proporcionar mais crescimento econômico. Assim, uma polarização simplista foi criada entre aqueles contra o real, e portanto contra uma inflação mais baixa, e aqueles a favor, e que deviam por isso votar em Fernando Henrique.[71]

Como indica a Tabela 4.1, o nível de negatividade e de preconceito ideológico associado à candidatura de Lula era ainda bastante alto. Matérias "negativas" variavam de 12 a 33%. Da mesma

69 Exemplos: "Cardoso Promete Criar um Novo Capitalismo" (*Jornal do Brasil*, 27/06/1994); "Cardoso Encontra o Seu Estilo e o Político Ultrapassa o Acadêmico" (*O Estado de S. Paulo*, 24/07/1994) e "'Cortesãos' Lançam FHC Candidato a Rei do Brasil" (*Folha de S.Paulo*, 02/08/1994).

70 Exemplos: "Cardoso Fala Como o Pai do Real" (*Jornal do Brasil*, 29/07/1994); "Número Daqueles Que Acham Que o Real é uma Arma Eleitoral Cresce" (*O Estado de S. Paulo*, 14/08/1994) e "Para o Eleitorado, Real na Televisão Ajuda Tucano" (*Jornal do Brasil*, 11/09/1994).

71 Exemplos: "FH Desafia PT Para Ver Quem Está com o Povo" (*O Globo*, 08/08/1994), veja a Bibliografia para mais matérias.

maneira que em 1989, mas menos exacerbada, temores das elites em torno da subida ao poder de segmentos menos privilegiados da população, ou a ameaça vaga e um tanto absurda da tomada do poder pelo "povo", ainda existiam em 1994. No artigo "O PT e o Preconceito" (17/08/1994), o colunista da *Folha*, Clóvis Rossi, providenciou uma análise sólida sobre os motivos deste tipo de sentimento, declarando que "o ódio da burguesia" tinha mais a ver com a virtude do partido, e menos com os seus erros. "O PT foi o responsável por ter incluído no jogo político um segmento da população que antes era ou excluído pura e simplesmente, ou tratado como clientes...", escreveu Rossi.

Contrário ao que ocorreu em 1989, em 1994 Lula foi visto de forma mais favorável pela classe empresarial, apesar de críticas ainda terem sido articuladas em torno dos setores radicais do PT. Na matéria de *O Globo*, "Empresários Elogiam Lula na Fiesp Mas Criticam o PT" (20/09/1994), um empresário afirmou que o problema era menos com Lula e mais com os "militantes dos partidos e deputados que adotam um discurso agressivo de confronto...". Empresários também questionaram o compromisso do PT com um plano de estabilização de longo prazo.

Sem dúvida, a persistência do preconceito em relação a Lula e ao PT foi confirmada por muitos jornalistas. Ex-correspondente político da *Folha* e do *Jornal do Brasil*, Américo Martins afirmou que muitos jornalistas acharam que as eleições de 1994 seriam *déjà vu* de 1989. Segundo Américo, os jornalistas também falaram dos preconceitos em relação à falta de formação educacional de Lula e sobre a sua origem na classe trabalhadora:

> Em 1994, eu estava trabalhando para a *Folha* e a minha função era ser carrapato de Lula, eu e outros três repórteres. Havia quatro jornalistas para Lula e para Fernando Henrique, os principais. Naquele ano, o jornal decidiu colocar quatro repórteres para fazer a cobertura de Lula e quatro para fazer a de FHC. Eu lembro que, no início, os jornais não apostavam na polarização entre Lula e Fernando Henrique [...]. Eu me lembro de ter escrito muitos perfis e de ter vasculhado a vida de Quércia. Eu acho que profissionalmente nós estávamos mais preparados. A cobertura do *impeachment* de Collor permitiu isso [...]. Todo o jornalismo brasileiro começou a se tornar mais crítico. Mas

> até os assessores de imprensa de Lula sabiam que ainda havia um enorme preconceito [...]. Um que era muito forte era o fato de ele não ter diploma [...] era mais do que a coisa ideológica de que 800 mil empresários iriam deixar o país caso ele vencesse [...] como era o caso em 1989. Isso não existia mais em 1994 [...]. Eu me lembro que almocei com gente da *Folha* e do *Estadão*. Nós discutimos a possibilidade de um futuro governo do Lula [...]. A nossa interpretação era de que este seria um governo caótico porque ele não tinha o apoio da sociedade, e porque ainda havia fatores ideológicos como o fato de ele ser um homem de esquerda.

Diretor de redação de *O Globo*, Rodolfo Fernandes disse que, durante os últimos anos, a mídia tem procurado refletir as diversas parcelas que existem na sociedade brasileira:

> Existia na época uma crítica feita pelo PT de que a imprensa exagerou no real [...]. Depois disso houve a confirmação de que o plano era aquele com as maiores chances de dar certo. A candidatura de Lula sofreu uma perda com o início da cobertura da campanha eleitoral. Se você falar com qualquer petista, eles são os primeiros a admitir que o PT não estava pronto para chegar ao poder naquela época [...]. Sim, a cobertura da imprensa foi melhor em 1994 do que o foi em 1989, e também em 1998 do que em 1994. Eu mesmo conversei com o Mercadante (senador do PT, candidato a vice-presidente em 1994) sobre isso. Não houve um momento em que a cobertura do *Globo* não colocou uma foto de Fernando Henrique ao lado da de Lula [...]. Eu acho que depois disso a mídia começa a ficar mais madura, e nesse sentido você não precisa mais realizar uma cobertura medindo os centímetros. Você pode debater as idéias e expor os programas dos candidatos. [...] a dissolução dos conflitos na sociedade brasileira favorece a mídia neste sentido. As pessoas viam na imprensa a divisão que existe na sociedade brasileira.

Em 1994, os jornalistas estavam, portanto, mais preparados e mais experientes do que durante as eleições presidenciais de 1989, com mais independência política *vis-à-vis* o Estado. Em seguida ao final do *impeachment* de 1992, havia a percepção de que os jornalistas tinham poder de fato e poderiam contribuir para derrubar governos. As sombras dos excessos da cobertura de 1992 acabaram servindo como prova de como os jornalistas poderiam abusar de seu recém-adquirido poder em nome da mera ambição pessoal e em resposta às pressões de mercado. Dito isso, a análise textual realizada aqui, somada às entrevistas conduzidas com os jornalistas, indicaram que muitos buscavam atingir o equilíbrio na reportagem política. No entanto, a oposição ainda era vista pela sociedade *mainstream*, bem como por muitos jornalistas da grande mídia, através da lente geral do preconceito ideológico e político.

Singer (1999), porta-voz do presidente Lula durante o seu primeiro mandato, argumentou que o real teve um papel significativo na decisão de voto dos cidadãos, mas que não foi a única razão para a vitória de Fernando Henrique nas urnas. Singer (1999; 93) assinalou como Lula se beneficiou do *impeachment* de Collor, atraindo uma simpatia maior da opinião pública, fato que culminou com sua subida nas pesquisas de intenção de votos em virtude de seu destaque como principal líder da oposição. Mas isso foi até o lançamento do real.

Ex-assessor de imprensa de Lula, Ricardo Kotscho disse que as dificuldades que Lula teve com a imprensa foram percebidas em 1989, e isso foi seguido de um reconhecimento da necessidade de se mudar a natureza dessas relações. Kotscho confirmou a hipótese apresentada neste trabalho, a de que a campanha de 1994 foi um pouco mais civilizada do que a de 1989, e que a agenda econômica foi o principal fator para o sucesso de Fernando Henrique nas urnas:

> Em 1993 e 1994, nós fizemos a Caravana da Cidadania e começamos a criar uma forma de diálogo com a grande imprensa [...]. Eu tive uma ou duas boas idéias na minha vida, e a Caravana das Cidadanias foi uma delas. Quando eu voltei para trabalhar com Lula na campanha de 1989, nós combinamos que iríamos ter que trabalhar com a grande imprensa por duas razões: primeiro, para neutralizar o antipetismo que existia e, segundo, para tirar o preconceito em relação ao Lula, se por acaso ele ganhasse. As caravanas foram uma forma de contato de Lula com a população [...]. Ele ia para os lugares e ouvia as pessoas, os seus sentimentos. E o nosso objetivo era colocar isso no nosso programa eleitoral de televisão. Mas aí os nossos rivais foram mais rápidos e mudaram a legislação eleitoral proibindo o uso de imagens

> externas em 1994 [...] porque eles sabiam que nós tínhamos este material. E isso foi ruim para a campanha porque Lula ficou trancado em um estúdio [...]. E houve duas coisas que fizemos na campanha que mudaram a nossa relação com a imprensa e com a sociedade. E aí o real chegou [...]. Apesar de a imprensa ter apoiado o Fernando Henrique, nesta eleição não era tanto o medo do Lula, mas toda a coisa neoliberal. A relação foi portanto muito mais civilizada.

Portanto, foi menos o preconceito ideológico que impôs *pressões políticas* às eleições de 1994, e mais a maximização dos poderes do mercado e a influência dos ideais do pensamento "neoliberal" na sociedade brasileira, cujo principal símbolo era o real.

UMA CAMPANHA DE UM ASSUNTO ÚNICO: O DOMÍNIO DA AGENDA ECONÔMICA

Uma análise mais apressada da Tabela 4.2 revela como os debates em torno do real invadiram a reportagem política dos últimos três meses da campanha de 1994. Em média, uma porcentagem de matérias publicadas diariamente sobre o tema econômico no suplemento político dos jornais variou de 27,5% a 31,5%. Alguém poderia argumentar que um terço do espaço no suplemento político pode não ser tanto, dada a extensão da novidade do plano. Porém, essas matérias somam-se aos textos sobre o real publicados também nos jornais econômicos. Se uma média similar de aproximadamente 20 a 30% das matérias sobre o plano foram publicadas nas páginas econômicas, isso significa que, incluindo as páginas econômicas e políticas, entre 30 e 60% da cobertura dos jornais foi exclusivamente dedicada ao real. A grande quantidade de textos sobre o plano econômico nos diários refletiu a intensidade da importância crescente que o tema estava recebendo por parte do *establishment*, com o real formando o núcleo central tanto da cobertura política como econômica da campanha presidencial de 1994.

A Tabela 4.2 inclui matérias publicadas durante a fase final da campanha sobre os principais tópicos das eleições de 1994 (real; eventos de campanha e outros assuntos parecidos; pesquisas; reforma agrária/pobreza; educação/saúde e greves). A amostra estatística permite tirar conclusões da coleção dos textos selecionados e definir tendências específicas emergidas na campanha presidencial. A *Folha* dedicou aproximadamente 27% de seus textos a assuntos como o real ou diretamente relacionados, enquanto o *Jornal do Brasil* produziu 29% de matérias e o *Estadão*, 31,5%.[72]

Os artigos políticos analisados aqui incluem pseudo-eventos e manifestações diárias de campanha, como visitas a comunidades, encontros com representantes da sociedade civil, da classe empresarial e de líderes políticos; e as estratégias de *marketing* da campanha na televisão, bem como a participação dos candidatos em debates na TV. Essas matérias totalizaram uma média de 42% em cada publicação. Artigos sobre pesquisas de opinião, as reações dos candidatos na campanha e os temas sociais (como pobreza) também foram escolhidos, assim como matérias sobre o Plano Real nos suplementos econômicos, como forma de comparar esses textos ao artigos publicados nas páginas políticas.

Tabela 4.2 – Principais tópicos da campanha de 1994 nos suplementos de política e economia (01/07/1994-10/10/1994)

Mídia	Total	Plano Real	Eventos de Campanha/	Pesquisas/ Reações	Reforma agrária/ Pobreza	Educação/ Saúde	Greve
Folha de S.Paulo	255	27,5%	45%	24%	1,5%	1,5%	0,5%
O Estado de S. Paulo	417	31,5%	41%	25%	1%	1%	0,5%
Jornal do Brasil	458	29%	42,5%	25%	1%	1,5%	1%
Total	1.130						

72 Exemplos: "Plano Conquista a Maioria da População" e "Número Daqueles Que Acham Que o Real É Uma Arma Eleitoral Cresce" (*O Estado de S. Paulo*, 14/08/1994) e "80% do Eleitorado Acha Que o Plano Real É Bom" (*Folha de S.Paulo*, 06/09/1994).

A Tabela 4.2 sublinha como assuntos sobre educação e saúde, pobreza, reforma agrária e greves ocuparam um pequeno espaço nas páginas dos jornais. A análise de conteúdo mostra que uma média de aproximadamente 2% das matérias publicadas em cada diário durante os últimos três meses da campanha eram sobre assuntos sociais, em oposição ao material feito sobre o real, que atingiu uma média de aproximadamente 27% dos artigos publicados nas páginas de política somente. Evidentemente, a acentuação colocada na questão da agenda econômica tanto em suplementos políticos como econômicos contribuiu para minimizar a articulação de outros debates cruciais sobre política e assuntos sociais. Os programas políticos dos candidatos acabaram ocupando assim um papel secundário em relação ao real.[73] O sucesso do plano, as discussões sobre o declínio da inflação; o decréscimo dos preços e a forma como as classes mais baixas estavam sendo integradas ao emergente mercado de consumo do país foram as principais matérias publicadas nos suplementos econômicos.[74]

A matéria do *Jornal do Brasil*, "Real Faz Consumo Crescer na Periferia" (14/08/1994), enfatizou como famílias de baixa renda, que até então eram marginalizadas pelo mercado por causa da inflação alta, estavam começando a consumir. "Famílias com uma renda mensal de R$ 260 [...] estão voltando a consumir. Em todos os supermercados do subúrbio, os números apontam para um crescimento. Há já um movimento de substituição de velhos eletrodomésticos por novos modelos....", começou o texto. Esse *feature* incluiu entrevistas com trabalhadores e donas de casa, como Rita de Cassia Valadares, que esperou pelo lançamento do real para comprar uma nova televisão em cores. Muitas matérias também enfatizaram como o plano havia facilitado o controle das contas, permitindo que houvesse um tempo maior para buscar produtos mais baratos.

73 Exemplos: "Real É Tema Permanente" (*Jornal do Brasil*, 16/06/1994) e "Pobreza É Desafio Para Futuro Presidente" (*O Globo*, 10/07/1994).

74 Exemplos: "Real Faz Consumo Crescer na Periferia" (*Jornal do Brasil*, 14/08/1994, "suplemento econômico"); "Mais Pobres Melhoram a Qualidade de Consumo" (*O Estado de S. Paulo*, 22/08/1994, "suplemento econômico"); "Inflação de 1,5% é a Menor Desde o Cruzado" (*O Estado de S. Paulo*, 28/09/1994) e "Índice de Inflação É o Menor Desde 73" (*O Estado de S. Paulo*, 07/10/1994).

Certamente o real mudou de fato a vida de muitos brasileiros em 1994, controlando a inflação e expandindo as possibilidades de consumo da população. De acordo com as estatísticas providenciadas pela Fipe-USP, a inflação caiu de 50,75% para 6,95% em julho e 1,95% em agosto (Singer, 1999; 98). O consumo de produtos descartáveis e não descartáveis cresceu a partir de agosto e continuou em setembro e outubro. Esse foi um dos motivos pelos quais Singer (1999) afirma que houve uma transferência das expectativas de Lula para Fernando Henrique em relação a quem teria não só a capacidade de estabilizar o Brasil, mas também de garantir um meio de distribuir renda. O real indicava essa possibilidade. No entanto, o plano foi examinado de uma forma um tanto acrítica, com muito pouca discussão sobre a sua capacidade de distribuir renda e de melhorar a qualidade de vida de diversos segmentos da população. Evidentemente, só uma expansão das possibilidades de consumo não seria o suficiente para reverter a desigualdade econômica brasileira. Nassif confirmou que os repórteres eram muito pouco críticos do Plano Real:

> [...] em julho de 1994, eu publiquei algumas colunas falando do desastre que estava prestes a vir. Entre abril e maio de 1995, eu escrevi 30 colunas ressaltando os erros, tudo que foi confirmado agora. O que fez as pessoas persistirem no erro? Você tem o aspecto político e outros interesses também. [...]. Agora essas discussões quase não aparecem [...]. O repórter que cobre economia prefere a fonte que fala coisas previsíveis [...]. Você tem economistas analistas de mercado, sofisticados, de pensamento crítico, que não tem espaço na mídia.

Isso não significa que os candidatos não tinham qualquer proposta social ou que se recusavam a debater tais temas. É difícil julgar até que ponto os partidos colocavam esses tópicos de lado a fim de focar na agenda econômica para alimentar jornalistas ávidos, marqueteiros, assessores de imprensa exigentes e estrategistas de mercado, bem como uma população que queria de forma desesperada entender mais sobre o real e a "revolução" que este estava provocando nos hábitos de consumo. A imprensa começou a publicar matérias questionando a ambigüidade da plataforma social dos candidatos. "Candidatos Têm Propostas Vagas Para a

Pobreza" (*Jornal do Brasil*, 29/07/1994) é um exemplo claro. O texto cita um debate organizado pela Conferência Nacional dos Bispos do Brasil (CNBB), no qual tentativas foram feitas para sintetizar as agendas sociais dos candidatos. De acordo com o texto, os políticos assumiram posições ambíguas e vagas em relação às propostas de combate à fome, enfatizando a "necessidade de investimentos na educação" e a importância de fechar uma aliança de "solidariedade com a sociedade". Na época, as diferenças entre as visões políticas de Fernando Henrique e Lula ficaram evidentes aqui: o primeiro ressaltou a necessidade de se reformar o Estado e o último embarcou num discurso mais emocional que sublinhava a existência da fome no Brasil. Pareceu que a prioridade dada pelo PSDB ao real se igualava na medida exata a de outros candidatos presidenciais, que tinham de responder *à*, ou *contra* a agenda econômica estipulada pelos tucanos.[75]

O LANÇAMENTO DO REAL E DE FERNANDO HENRIQUE CARDOSO NA IMPRENSA

Uma investigação crítica dos editoriais dos jornais, artigos e das matérias da campanha de 1994 revela que as políticas econômicas que recebiam o apoio do *establishment*, consideradas vitais para a grande imprensa, se equiparavam à plataforma política e econômica da candidatura do PSDB. Como Coelho destacou, essas políticas incluíam a continuidade da abertura do Brasil ao capital estrangeiro e a expansão do programa de privatização, assuntos econômicos que permearam a campanha de 1989. O exame crítico feito aqui evidencia a prioridade dada ainda a certas matérias, as formas como certos assuntos foram trabalhados em determinados artigos, o tipo de técnicas usadas na seleção das notícias e os julgamentos editoriais realizados. No geral, os veículos de comunicação do país endossaram o discurso político-econômico de FHC.[76]

A entrada de Fernando Henrique Cardoso na campanha presidencial de 1994 aconteceu em meio às especulações da mídia

75 Exemplos: "Cautela Faz Lula Adotar um Discurso Vago" (*O Estado de S. Paulo*, 03/07/1994) e "PT Vai Distribuir Panfletos Contra o Plano Real" (*Jornal do Brasil*, 09/07/1994).

76 Veja a Bibliografia.

em torno das suas chances de ganhar de fato as eleições. Como vimos, a imagem favorável de Fernando Henrique nos círculos de elite e entre a *intelligentsia* começou durante a ditadura e principalmente na época das Diretas-Já. Ministro da Fazenda do governo de Itamar Franco, Fernando Henrique foi o responsável pela coordenação de uma equipe econômica que começou a trabalhar no real a partir de maio de 1993. No dia 2 de abril de 1994, Fernando Henrique deixou a Fazenda para embarcar na campanha. A inflação estava alta, em torno de 45% ao mês. De acordo com Singer (1999; 95), entre junho de 1993 e maio de 1994, a popularidade de Lula cresceu, passando a ter 42% das intenções de voto, enquanto Fernando Henrique começava a batalha eleitoral com 17%. Ao mesmo tempo, vários segmentos do eleitorado sabiam quem era Fernando Henrique devido ao papel-chave assumido na criação do real.

Em maio, Fernando Henrique oficializou a formação da aliança com o PFL (que teve seu nome mudado, em 2007, para Democratas [DEM]), uma cisão do antigo PDS, partido que representava setores conservadores oligárquicos da sociedade brasileira e que teve fortes ligações com o poder na época da ditadura militar. Essa coalizão de centro-direita foi considerada fundamental para o PSDB devido à força eleitoral que o PFL tinha no Nordeste. A parceria política, no entanto, foi amplamente criticada na época por setores da esquerda, bem como por significativos segmentos do PSDB, que viram nela um sinal de abandono dos princípios socialdemocratas estabelecidos pelo partido, além da confirmação do deslocamento da sigla à direita. O candidato à vice-presidente pelo PFL, Marco Maciel, era lembrado por seu papel significativo na sustentação da ditadura. Setores moderados do PT ligados ao grupo de Lula também tentaram forjar uma aliança em 1994 com os segmentos conservadores da sociedade, o que acabou sendo descartado por integrantes mais radicais do partido, mas acabou se tornando fato nas eleições de 2002.

A análise das matérias publicadas quando Fernando Henrique tomou posse como ministro da Fazenda, em 1993, revela que o seu nome já estava sendo discutido nos círculos das elites para ser o futuro presidente. O artigo de *Veja*, "Grande Tacada – O maior desafio de Fernando Henrique é a última chance de Itamar Franco"

(26/05/1993), aplaudiu a decisão de Itamar escolher Fernando Henrique, interpretando isso como a única forma de se sair de um governo "desastroso". "O professor Fernando Henrique Cardoso faz a aposta de sua vida, enquanto o engenheiro Itamar Franco joga a sua última cartada. Se vencer a inflação e der estabilidade à economia, o ex-chanceler terá a condição de surgir como um presidenciável imbatível", afirmou *Veja*.

Na mesma edição, a matéria "O Anjo da Guarda do Planalto" examinou o perfil de Fernando Henrique e a sua autoridade como representante de uma nova voz da economia. O texto de seis páginas examinou também a sua capacidade intelectual para o cargo. "Tendo tomado posse com as honras que não foram dadas a nenhum outro colega de governo, Fernando Henrique é o primeiro ministro da Fazenda que foi banido pelo AI-5 e que foi impedido de dar aulas na universidade...", apontou *Veja*. FHC começou a ocupar a partir dali a posição privilegiada de futuro candidato oficial do governo.

Quando o Plano Real foi lançado oficialmente, em julho de 1994, afirmava-se nos editoriais dos jornais que o fato marcava o início de uma nova era econômica para o Brasil.[77] No editorial do *Estadão*, "O Desafio é a Vitória", o sucesso do plano era ligado às chances do seu criador ser o futuro presidente. No editorial do *Jornal do Brasil*, "Riscos Reais" (07/07/1994), previa-se que o único destino da moeda era o "sucesso"; destacando o impacto inicial do real, a redução do custo dos produtos básicos na maioria das cidades. Afirmava-se no texto que o plano tinha embutido em si um caráter de pacto social, discurso articulado pelo PSDB durante toda a campanha. Outro editorial do *Jornal do Brasil*, "A Era do Real" (12/08/1994), elogiou as políticas econômicas do governo de Itamar Franco, como os avanços realizados no programa de privatização, bem como a "coragem" do ex-presidente mineiro de implementar a moeda.

Na matéria do *Jornal do Brasil*, "Cardoso Discursa Como Pai do Plano Real" (29/07/1994), Fernando Henrique apresentou o programa "tucano" intitulado *O Real e o Sonho* – um discurso de 40 páginas que também parecia fazer, pelo nome, uma analogia com o famoso discurso de Martin Luther King, *Eu Tenho um*

77 Exemplos: "O Desafio É a Vitoria" (*O Estado de S. Paulo*, 01/07/1994) e "Sucesso de Público" (*Folha de S.Paulo*, 02/07/1994).

Sonho. Aqui FHC reafirmou o seu *status* de candidato oficial do governo. No texto, elogia Itamar Franco largamente e destaca o seu papel de arquiteto do real. FHC apresenta-se como um "candidato professor" e ressalta que as tentativas anteriores de combater a inflação haviam falhado. Talvez numa tentativa de manter o voto da centro-esquerda, Fernando Henrique criticou os "neoliberais" e aqueles que "acreditam que somente o equilíbrio das finanças é necessário" para combater a inflação. Uma matéria ao lado explicava como o PSDB estava mudando a estratégia, buscando ganhar mais votos nas classes sociais D e E, e como Fernando Henrique iria "radicalizar" a agenda social, ao ligar a sua própria trajetória política às causas sociais. O artigo acabou com FHC afirmando que os brasileiros iriam "ter o direito de sonhar" após anos de inflação, investindo num discurso apaixonado que certamente na época encontrava eco em vários setores da sociedade.

Em artigo publicado alguns dias depois, "Collor Modernizou a Economia, diz Tucano" (FSP, 11/06/1994), foram comparadas as similaridades entre os programas de Collor e o de Fernando Henrique, como o apoio dado às duas candidaturas pelo PFL e por Roberto Marinho, da TV Globo, além das ligações dos "neotucanos" com o governo anterior, de Collor. O texto da *Folha* ressaltava como as propostas de Fernando Henrique, no campo político-econômico, combinavam com as de Collor. "Ele (Collor) tem uma agenda econômica inovadora. Era algo que precisava ser feito [...]. Mas ele também fez muitas coisas de forma apressada, incluindo a forma como ele abriu a economia", disse FHC. Embaixo desse artigo, a *Folha* publicou outro *feature* onde Collor aparecia criticando o real e Fernando Henrique por este ter lançado a moeda "de acordo com a sua agenda política pessoal". Apesar das rivalidades entre Collor e Fernando Henrique, matérias como essas pareciam tornar claro para o público que a agenda de FHC para a área econômica era uma de continuidade com o modelo anterior.

Fernando Henrique se apresentava ainda no texto do *Jornal do Brasil*, "Cardoso Promete Criar um Novo Capitalismo" (27/06/1994) como o candidato com a melhor agenda, a única realmente capaz de avançar o capitalismo brasileiro, em contraste com a do PT, que ficava numa posição de mero ataque ao plano. A hesitação do PT naquele momento somente deu ânimo às críticas de Fernando Henrique Cardoso ao partido, classificado por ele como muito "mal-humorado", com Lula sendo definido ainda como o "candidato da inflação".[78] Cardoso ressaltou também a importância de o Estado estabelecer uma negociação com o mercado, acrescentando que o seu governo reestruturaria o Estado mas sem reduzi-lo excessivamente, uma postura que claramente procurava evitar o compromisso total com uma plataforma mais definida no campo da direita.

A oposição atacou fortemente o real, equacionando as políticas econômicas dos tucanos ao Consenso de Washington. O cientista político José Luis Fiori começou a travar uma batalha ácida nas páginas da *Folha*, atacando de forma veemente a candidatura de Fernando Henrique e acusando-o de liderar a burguesia nacional à condição de sócia minoritária e dependente do capitalismo mundial. FHC também foi criticado por formar uma aliança que dava sustentação ao programa de estabilização ditado pelo FMI.[79] Em outro artigo crítico publicado na *Folha*, "Globalização Subdesenvolvida" (31/07/1994), foi questionada a capacidade do plano de reduzir de fato a pobreza e aumentar o emprego. Escrito pelo economista da Unicamp, José Carlos de Souza Braga, o artigo enfatizou um ponto-chave em relação ao real:

> O assunto principal [...] não é a integração ou não do Brasil ao mundo. O que precisa ser discutido é o seguinte: o real é só um programa de curto prazo de controle da inflação ou é uma opção de longo prazo para um futuro em que a internacionalização expandirá agravando o nosso subdesenvolvimento? Ele será capaz de reestruturar os interesses dinâmicos internos [...] e lidar com a pobreza de massa das pessoas e com o inevitável crescimento do desemprego? Julgando pelas experiências conhecidas e os resultados previsíveis, a resposta é não.

Fernando Henrique repelia, no entanto, as acusações de que a sua postura era "neoliberal", afirmando que a sua agenda era

78 Exemplos: "FHC Chama Lula de 'Candidato da Inflação'" (*Folha de S.Paulo*, 06/07/1994) e "Cardoso Diz Para Lula Chamar a Sunab" (*Jornal do Brasil*, 06/07/1994).

79 Exemplos: As Palavras e as Coisas (*Folha de S.Paulo*, 14/08/1994).

uma negociação entre políticas socialdemocratas e o liberalismo econômico. Dito isso, é evidente que a candidatura de Fernando Henrique na época estava de acordo com os ideais do consenso de Washington. Mas é simplista presumir que ele foi um candidato imposto somente pelo capitalismo global, e que ele não era, portanto, o resultado de uma combinação de diversos desejos, que incluíam a vontade das elites de ver uma maior democratização do país, bem como um maior avanço capitalista.

Assim, o PT acusou o real de promover a estagnação dos salários e provocar a subida dos preços.[80] Na matéria do *Jornal do Brasil*, "PT Vai Distribuir Panfletos Contra o Real" (09/07/1994), o partido anunciou que destacaria como as perdas dos salários dos trabalhadores, causadas pelo plano, eram de fato maiores que os benefícios. No entanto, após a subida da aceitação do real e de seu impacto na inflação e no consumo, o PT mudou a sua estratégia, minimizando os ataques.[81] De forma gradual, as propostas político-econômicas de Fernando Henrique Cardoso, que incluíam a estabilidade da moeda; a realização de parcerias entre o governo e o setor privado; as reformas da previdência e a privatização de empresas públicas consideradas estratégicas foram pontos logo transformados em consenso absoluto. No artigo de *O Globo*, "Real Abriu uma Era do Consenso no Brasil" (09/10/1994), uma lista de questões foram apresentadas como fatos que não necessitavam de debate: a necessidade de se combater a inflação; o controle da dívida pública; a privatização e a meta de colocar o Brasil na rota da nova ordem do capitalismo financeiro mundial.

O principal problema do PSDB em 1994 foi a sua postura ambígua em relação à forma como poderia combinar a necessidade de reestruturar o Estado com os investimentos públicos exigidos nas áreas sociais. Essa posição foi logo identificada por setores da mídia e por outros segmentos da *intelligentsia* com o fato de o partido ficar "em cima do muro"; imagem aliás associada aos tucanos de

80 Exemplos: "Lula Reforça os Ataques Contra o Real" (*O Estado de S. Paulo*, 06/07/1994); "Militantes do PT Perdem o Rumo com o Real" (*Jornal do Brasil*, 16/08/1994) e "Real Recebe Ataques de Todos os Candidatos" (*Jornal do Brasil*, 25/08/1994).

81 Exemplos: "PT Vai Mudar o Tom das Críticas ao Real" (*Folha de S.Paulo*, 23/07/1994).

tal forma que acabou por se tornar um tipo de perfil clichê do partido. Na matéria da revista *Veja* "O Duelo no Papel" (05/10/1994) discutiram-se, numa sólida análise, as diferenças entre as agendas econômicas e políticas do PSDB e do PT, indagando até que ponto a plataforma do primeiro poderia ser tachada de "neoliberal", e concluindo corretamente que o programa era ambíguo. Certas afirmações como "Expandir o programa para a infra-estrutura e os serviços públicos" e "Usar a privatização como um instrumento de políticas industriais no sentido de reestruturar e modernizar o campo industrial" evidenciam claramente a posição vaga do partido em relação a esses temas. Essas posições também mostravam que o partido tentaria combinar o liberalismo econômico com as políticas do Estado de bem-estar social no governo, numa tentativa de caminhar em direção a uma espécie de "terceira via" na política.[82]

Em outra matéria, da *Folha*, também foram debatidas semelhanças e diferenças entre os dois partidos, concluindo que o principal ponto de discórdia residia na questão econômica. Em "FHC e Lula Divergem na Economia" (FSP, 30/08/1994), o texto comparou as propostas dos partidos, enfatizando que tinham idéias parecidas em relação à saúde e à educação. Ambos divergiam em aspectos econômicos importantes, como a "flexibilidade" do modelo de privatização do PSDB em contraste com a temática "restritiva" do PT. Outra diferença entre os dois encontrava-se na sugestão feita pelo PT de fortalecer o mercado interno através do aumento do salário dos trabalhadores. O PSDB preferiu focar na necessidade de se regularizar a economia para atrair investimentos do exterior.

Durante a Copa do Mundo naquele ano, Fernando Henrique começou a justapor o sucesso do real à busca do país pela vitória e ao seu próprio sucesso na campanha à presidência.[83] Essas estratégias de *marketing* foram logo captadas pelos jornais e discutidas em diversas matérias. No texto da *Folha*, "FHC Usa Tetracampeonato Como Arma

82 Exemplos: "Tucano Critica a Proposta de Estado Mínimo" (*Folha de S.Paulo*, 14/08/1994); "Tucanos Apresentam o Programa de Governo; Lula Acusa FHC de Plágio" (*Folha de S.Paulo*, 26/08/1994); "FHC Tenta Conciliar Estado e Mercado" (*Folha de S.Paulo*, 26/08/1994) e "Semelhanças Marcam os Programas de Governo" (*O Estado de S. Paulo*, 11/09/1994).

83 Exemplos: "Lula Teme Que o Tetracampeonato Beneficie FHC" (O Globo, 19/07/1994) e "Cardoso Tenta Capitalizar Clima de Otimismo" (Jornal do Brasil, 19/07/1994).

de Marketing Eleitoral" (19/07/1994), foi ressaltado como Fernando Henrique passou a adotar a expressão "Eu amo o Brasil" e a beijar a bandeira nacional. Ele lembrou como em 1970, durante a conquista do terceiro campeonato pelo Brasil, o general presidente Emílio Médici se permitiu ser fotografado com um rádio ouvindo os jogos.

O impacto do real na candidatura de FHC eventualmente resultou num crescimento significativo das intenções de voto em agosto. De acordo com o instituto de pesquisa Datafolha o candidato tinha 41% de intenção de voto contra 24% de Lula (21/08/1994). Essa fase final da campanha foi envolta em acusações feitas pela oposição de que o PSDB estava se beneficiando ilegalmente do apoio oficial do governo, um assunto debatido principalmente durante o episódio da antena parabólica de Ricupero. Outro evento importante da campanha de 1994, e que guardava semelhanças com o episódio de Miriam Cordeiro ocorrido durante as eleições presidenciais de 1989, foi o caso Najun Turner, no qual o agente financeiro de Collor foi acusado de ter doado dinheiro para a campanha do PT em São Paulo. O caso Turner, no entanto, não recebeu muita atenção por parte da mídia – a exceção seria a revista *Isto É*. Assim, na reta final da campanha presidencial de 1994 a temperatura das campanhas subiu e foram realizados debates acalorados entre as diversas forças em disputa.

A ANTENA PARABÓLICA DE RICUPERO E A BRIGA ENTRE O PT E O PSDB

No dia 1º de setembro, Rubens Ricupero tomou posse como ministro da Fazenda, em seguida à entrada de Fernando Henrique na campanha. Ricupero, responsável pela implementação do real, acabou por tornar-se mais conhecido como vítima de uma mistura de vaidade com sinceridade. O custo foi a perda de seu emprego, proporcionando um alto momento para a candidatura do PT, um mês antes das eleições. Numa conversa informal sobre inflação com o jornalista Carlos Monforte, da TV Globo, antes da gravação de uma entrevista sobre o Real, Ricupero confessou que ele não tinha "escrúpulos" e que "escondia as coisas ruins" sobre o plano econômico, mostrando somente o lado bom. Ricupero mencionou ainda como era o maior eleitor de Fernando Henrique e como estava fazendo campanha indireta para ele durante as entrevistas sobre o real. Ele acrescentou que a TV Globo havia encontrado na figura dele uma forma de apoiar FHC indiretamente. Essa conversa foi capturada por antenas parabólicas em diferentes partes do Brasil, abrindo rapidamente uma crise na campanha do PSDB, culminando na troca de acusações entre os candidatos de oposição, como Lula e Brizola, que começaram a questionar a legitimidade da candidatura do PSDB. Ambos tomaram proveito da situação, fazendo uso de ironia para pedir a desistência de Fernando Henrique, e afirmando que todo o imbróglio envolvendo o ministro era prova de que o governo estava por trás de sua candidatura.[84]

Esse evento acabaria por colocar em evidência a existência de um notório mundo dos bastidores da política com suas intrigas e articulações, algo que muitos brasileiros pareciam desconhecer naquela época, ou ainda não tinham muita familiaridade, ao contrário do que ocorre hoje, quando muitos já adotaram uma atitude até demasiadamente cínica em relação ao "jogo sujo" da política. A TV Globo na época distribuiu uma carta oficial rejeitando a declaração de Ricupero, dizendo que a televisão estava apoiando o real porque ela queria dar sustento a qualquer medida que poderia dar um basta à inflação. Negou qualquer uso pelo PSDB da emissora como uma arma de campanha. O evento Ricupero acabou por instigar uma série de debates em torno de pontos que até então não tinham sido trabalhados naquela campanha, como o poder que a televisão tinha em definir o rumo das campanhas políticas e a sua capacidade de dar preferência a certos candidatos; a importância da transparência na política e o destaque ao tipo de forças políticas que apoiavam determinados indivíduos. Tudo isso acabava por tornar evidente a conexão Real-FHC-Itamar. Muitos jornais indicaram ainda que essas declarações quase não tinham efeito na decisão final do voto dos eleitores.[85] O governo acabou agindo rapidamente, aceitando a renúncia de Ricupero

84 Exemplos: "Ricupero Admite Esconder a Inflação" (*Folha de S.Paulo*, 03/09/1994); "Apoio a Cardoso Faz PT Acusar Ricupero" (*O Estado de S. Paulo*, 03/09/1994) e "Ricupero Pede Para Renunciar e Abala a Campanha" (*Jornal do Brasil*, 04/09/1994).

85 Exemplos: "Diferença Entre FHC e Lula É Mantida" (*Folha de S.Paulo*, 06/09/1994) e "Pesquisa Indica Que o Escândalo Não Abalou o Apoio Dado a Cardoso" (*Jornal do Brasil*, 11/09/1994).

que, no final, foi visto pelo público como uma vítima ingênua do *marketing* político.

Esse episódio deu peso às discussões públicas em torno do uso das estruturas do Estado a favor da candidatura de FHC, um assunto que começou a ocupar as páginas dos jornais a partir de meados de agosto de 1994.[86] Alguns diários debateram de forma crítica as declarações de Ricupero, enfatizando como o escândalo havia chegado ao exterior.[87] Outros condenaram a reação do PT, evitando, no entanto, endossar um discurso de ataque ao PSDB. O *Estadão* foi o jornal que pareceu ser o menos crítico ao evento, salientando como o governo havia adotado medidas para combater o apoio oficial do governo a certos candidatos. O editorial do jornal, "A Face Totalitária dos Derrotados", colocou a culpa nos petistas:

> O incidente que envolveu o ministro da Fazenda contribuiu para fortalecer os radicais que apoiavam o discurso de "quanto pior, melhor". Em seu desespero com a derrota [...] o Partido dos Trabalhadores revela a sua face Real: a totalitária [...]. Os militantes [...] começam a infiltrar todos os lugares: em setores públicos [...] em jornais, na televisão [...] em todo lugar que você imagina [...]. Vendo a derrota, o PT faz tudo e joga os militantes na rua para intimidar.

A deliberação em torno da candidatura de FHC acabou por receber um tratamento mais crítico por parte de *Veja*, que não reproduziu na campanha de 1994 a cobertura preconceituosa de 1989. A quantidade de matérias "neutras" (51%) da *Veja*, de acordo com a Tabela 4.1, atesta isso. *Veja* realizou uma cobertura bem diferente da realizada pela rival, a revista *Isto É*, que foi acusada por críticos (Kucinski, 1996; Conti, 1999) de ter servido como uma máquina de propaganda de Orestes Quércia. Na matéria "O Efeito Máquina – Existe Uma Santa Aliança de Proteção a Fernando Henrique, mas ela tem menos força do que o PT imagina" (14/09/1994), da *Veja*, se afirmou que o que Ricupero disse fora do

86 Exemplos: "Justiça Quer Que Ministros de Franco Expliquem o Uso da Máquina a Favor de FHC" (*Folha de S.Paulo*, 25/08/1994) e "Lula Ataca com Denúncia Sobre o Uso da Máquina'" (*Jornal do Brasil*, 27/08/1994).

87 Exemplos: "Lula Escreve em Revista Internacional Que Eleição Foi Ilegal e Manipulada" (*O Estado de S. Paulo*, 21/09/1994).

ar foi exatamente o mesmo sentimento da maioria em relação à candidatura de Fernando Henrique, ao real e à campanha tucana. Na época, a legislação eleitoral não permitia a reeleição de presidentes, exigindo o abandono dos cargos para entrarem na disputa sem ligações com o Estado. De acordo com esse texto, Ricupero tocou em assuntos cruciais que haviam surgido na eleição, como o apoio de grandes empresários e órgãos do governo aos candidatos, além do peso da televisão no processo de seleção dos políticos e na definição de suas agendas. A matéria também colocou lado a lado as forças que estavam direta e indiretamente apoiando FHC com outras instituições que levantavam a bandeira de Lula, como a CUT e mais de 2.235 sindicatos, que representavam 18 milhões de trabalhadores.

O texto da *Veja* examinou ainda como as "forças da máquina" estavam divididas, posicionando-se ou ao lado da candidatura de Fernando Henrique, ou ao lado da de Lula. O primeiro tinha a seu favor o real; o governo; Ricupero; o grande empresariado; a Igreja Católica e a protestante; a atitude "positiva" do FMI, bem como a cobertura simpática da TV Globo. Já o último tinha o apoio da CUT; de setores progressistas da Igreja Católica; servidores públicos da Polícia Federal, bem como de pequenos empresários. O artigo deixou transparecer, no entanto, um certo grau de preconceito em relação ao PT ("a corda de espiões do PT são pagos pelo Estado"), tomando como fato consumado a idéia de que todos os políticos tentavam se beneficiar do Estado, e que o eleitorado tinha consciência disso, mas na verdade não se importava muito. Tal atitude parecia afirmar que todos os políticos são iguais, e que o eleitorado tem uma visão bastante cínica do mundo da política e dos políticos, o que não deixa de ter o seu fundo de verdade. Mas, através da ironia, essa matéria tornou evidente para o leitor o choque entre diversas forças políticas na campanha; acabou por oferecer um retrato mais crítico e complexo das diversas disputas travadas entre diferentes forças nas eleições presidenciais de 1994. "Até as crianças do jardim de infância sabem que a conjunção destas forças vai caminhar lado ao lado do 'tucano' Fernando Henrique até o dia 3 de outubro [...]. Para a sua sorte, Fernando Henrique pode contar com uma 'Santa Aliança'", ressalta-se ironicamente no texto da *Veja*.

Este artigo também incluiu dois boxes com os resultados de uma pesquisa conduzida pelo acadêmico Venício A. Lima. A primeira discutia as aparições de Ricupero na televisão. O texto destacava como Ricupero, em 153 dias à frente do Ministério da Fazenda, apareceu 471 vezes na emissora, uma média de três vezes por dia. Ele apareceu 139 vezes na TV Globo, 74 na Bandeirantes e na TVE, 64 no SBT e 60 na Manchete e na Record. O texto criticou ainda essas aparições, consideradas desnecessárias:

> Das cinco emissoras de televisão, pelo menos três o colocam no ar todos os dias. Para cada dez minutos que ele foi para a televisão, quatro foram para fazer referência a um fato concreto [...], três para apresentar promessas [...] e os outros três foram puro espetáculo, e, em muitos casos, sem a menor relação com o seu trabalho de administrar a economia. Em um dia, ele aparecia com donas de casa...

Veja soube assim se engajar em 1994 na produção de uma cobertura mais profissional, que foi capaz de tornar claro para o público que havia uma euforia dos setores do *establishment* em torno da candidatura de Fernando Henrique Cardoso. Assinalava ainda como forças divergentes, que por muitas vezes se chocavam, estavam se aliando em torno de determinados candidatos e de suas respectivas agendas. Isso foi um contraste à cobertura feita pela revista *Isto É*, que, ao contrário de 1989, assumiu uma postura ideológica e partidária que claramente não foi capaz de traduzir as complexidades dos choques políticos que permearam as eleições de 1994.

LULA *VERSUS ISTO É*: ROTINAS PARTIDÁRIAS OU JORNALISMO PROFISSIONAL?

O órgão de imprensa que entrou em conflito com Lula e o PT em 1994 foi a revista *Isto É*. Nela, publicou-se uma denúncia sobre o depósito de US$ 7 mil feito por um agente financeiro na conta do Partido dos Trabalhadores antes das eleições municipais de 1992, em São Paulo.[88] Esse agente estava envolvido anteriormente em transações ilegais com Collor na "operação Uruguai". O caso "Najun

88 "O PT Usa o Doleiro de Collor" (*Isto É*, 21/09/1994).

Turner", como ficou conhecido na época, acabou não recebendo muita atenção por parte da mídia. A revista *Isto É* foi a exceção: o texto publicado na revista estava baseado nas declarações dadas por Turner, que mais tarde negou-as. No dia 28 de setembro, o partido escreveu uma resposta de cinco páginas questionando a suposta imparcialidade da revista e rejeitando qualquer ligação do partido com Turner. O PT acabou ganhando direito de resposta no Tribunal Regional Eleitoral (TRE). Na resposta, o partido afirmava que o agente fez o depósito como forma de se vingar do PT, cujo papel foi significante no *impeachment* de Collor em 1992.

A denúncia estava sendo dada como fato consumado: o cheque fora de fato depositado na conta, como destacou o TRE. Independentemente da veracidade ou não da acusação, que a princípio era um fato que merecia ser publicado – e que foi pelos outros jornais –, o que foi agravante foi ver mais um exemplo de partidarismo ideológico na reação altamente preconceituosa da revista em relação ao partido e à ordem judicial.[89] Num texto de três páginas, "Uma Agressão à Informação", a revista atacou a "violência" de ter sido forçada a publicar a resposta do PT, afirmando que tinha realizado o seu papel jornalístico ao denunciar o imbróglio de Turner. Reclamou da informalidade da linguagem usada no texto do PT e do *layout* do material, tornando transparente o preconceito em relação ao partido quando afirmou que o texto só "podia ter sido escrito por um burocrata do PT". Aqui a revista levanta dúvidas em relação à sua alegação de que estava de fato produzindo uma cobertura equilibrada das eleições de 1994: "O editorial da revista, publicado na página 21, foi assinado pelo senhor Cândido Vacarezza, presidente do comitê municipal do Partido dos Trabalhadores de São Paulo que, entre as suas funções de ser o burocrata de um partido político, é ocasionalmente um médico ginecologista", frisava a revista. Se compararmos este texto com outros publicados pela *Isto É* durante os últimos três meses de 1994, o elemento preconceituoso presente em várias matérias sobre a esquerda salta aos olhos de forma evidente.

A Tabela 4.1 destaca ainda que, das 27 matérias publicadas pela *Isto É* do início de julho até outubro, ao menos 33% foram

89 "TRE Concede ao PT Direito de Resposta" (*Folha de S.Paulo*, 16/08/1994).

contra Lula e o PT, número mais alto do que as matérias "neutras" sobre a campanha. Alguns dos *features* "negativos" publicados pela *Isto É* foram: "Lula Sente o Golpe" (10/07/1994); "Militar ou Não Militar?" (07/09/1994); "Lula Compara o Brasil a uma República de Bananas" (28/09/1994) e "Caravana Atolada" (05/10/1994). Esses apareceram em contraste com os textos altamente "positivos" sobre Fernando Henrique e o real, como "Milagre de Julho" (05/10/1994) e "Fernando Henrique Dá o Ritmo" (12/10/1994). A matéria "Militar ou Não Militar" (07/09/1994) busca o equilíbrio. Deu ênfase ao profissionalismo crescente do partido e às dificuldades para responder ao impacto do real. Matérias como "Lula Sente o Golpe", no entanto, pareciam tornar evidente para o leitor o preconceito cultivado pela revista em relação ao petista. Lula apareceu na capa da edição com um curativo no rosto como se tivesse sido atacado, numa analogia óbvia com a situação que o PT dizia experimentar naquele momento no país devido ao lançamento do real na campanha.[90]

Outro texto que adotou a mesma linha foi "Lula Compara o Brasil a uma República de Bananas" (28/09/1994), um artigo publicado na mesma edição onde estava incluída a resposta do PT ao caso Turner. A matéria sobre a "Guerra das Bananas" criticou a reação de Lula no episódio envolvendo a antena parabólica do ex-ministro Ricupero: "Lula assume um discurso que, se não fosse trágico, poderia ser cômico [...]. Num tom de revolta, Lula classifica o processo eleitoral como ilegítimo [...] e compara o país a uma república de bananas", afirmava a revista. Lula aparecia na capa da matéria recebendo o que parecia ser uma coroa falsa de um possível militante petista. Na mesma edição, Fernando Henrique deu uma entrevista exclusiva em que afirmava ser a única "esquerda possível" em comparação ao PT, "quadrado". Essa postura claramente partidária e definida em torno de uma candidatura foi percebida pelos leitores. Na edição após a vitória de Fernando Henrique nas urnas, alguns leitores atacaram a batalha entre o PT e a *Isto É*. "O que temos visto é uma troca de tiros entre o PT e a *Isto É* e vice-versa, enquanto nós, leitores, ficamos no meio do fogo cruzado", disse a leitora Leila Almeida da Bahia (19/10/1994).

90 Exemplos: "Revista *Isto É* Manipula Foto do Candidato do PT" (*Folha de S.Paulo*, 12/07/1994).

O leitor Harilton Savi, de Santa Catarina, afirmou como durante vários anos ele pensava que a revista "rival", a *Veja*, que era de "direita", e não a *Isto É*. "*Isto É* era a revista que estava mais à "esquerda", como quase todos os leitores preferem considerá-la. Foi uma boa estratégia de *marketing*", escreveu o leitor (19/10/1994). A revista respondeu a essas cartas declarando que não tinha nada contra o PT, e que estava fazendo apenas jornalismo crítico. De fato, o episódio pôs em xeque as alegações de profissionalismo jornalístico feitas por parte da *Isto É*. A revista também indicou certa relutância em reconhecer a existência de pluralismo político no Brasil. O jornalista e colunista do *Globo*, Zuenir Ventura, que cobriu as caravanas do PT para o *Jornal do Brasil* em 1993, um pouco antes das eleições de 1994, defendeu o reforço do profissionalismo na cobertura política:

> O jornalista não tem de vestir a camisa, seja ela a religiosa, de um partido político ou de uma empresa. Isso porque a gente acaba se envolvendo de tal forma que você não pode ir a algo sem ter uma idéia prévia na cabeça sobre o que a coisa vai ser. Não se deve confundir responsabilidade social com militância política. Em 1993, eu fui escalado para cobrir as caravanas do PT para o *Jornal do Brasil*. Eu me lembro como o partido pensou que eu ia fazer matérias negativas, e os rivais, que eu iria fazer outras matérias favoráveis. O fato de que eu não estava aliado a nenhum partido no final acabou me beneficiando, e isso me fez cobrir o evento de uma maneira mais calma.

A cobertura da campanha de 1994 pela *Isto É* foi um contraste com a cobertura mais bem trabalhada e analítica produzida por *Veja*. Um exemplo foi a boa matéria de análise sobre o PT publicada pela *Veja*, "PT Brilha Mas Também Mete Medo" (15/06/1994), antes do lançamento do Plano Real, quando Lula ainda liderava as intenções de voto, conforme apontavam os institutos de pesquisas. "A hipótese de Lula se mudar [...] para o Palácio do Planalto em janeiro de 1995 deu muito dinheiro para os consultores [...]. Foi uma curiosidade natural, dado o fato de que nunca na história do país um partido com uma clara aparência de esquerda chegou tão perto de ganhar." Esse texto discutiu criticamente os aspectos do partido que "assustavam" segmentos do eleitorado, como a idéia de que o país estava experimentando uma "desordem" devido ao crescimento das tensões sociais. Mas o artigo também explorou a questão da expansão do partido no Brasil, a profissionalização de suas estruturas e os interesses dos empresários na candidatura de Lula. O texto incluiu ainda entrevistas com militantes e simpatizantes do partido além de figuras políticas, examinando em mais detalhes a diversidade da sigla e a "confusão" que havia em relação ao seu posicionamento ideológico, elogiando no entanto estas mesmas características. "Ele (o partido) tem radicais, moderados, comunistas e católicos [...]. Ele tem algo, no entanto, que falta a outros partidos: ele tem vida", disse *Veja*. Tal reconhecimento talvez teria tido pouco espaço nas eleições de 1989, como vimos no capítulo anterior.

A candidatura do PT em 1994 fez parte de uma agenda política maior chamada de Projeto PT 2000, um documento que declarou as intenções do partido de ficar mais dez anos no poder através da reeleição, enquanto também reconhecia a necessidade de se combater o "antipetismo". Como observou Kotscho, em 1994 a imprensa nutria menos hostilidade em relação ao partido, dadas as tentativas deste de estabelecer relações de proximidade com alguns chefes na grande imprensa e com os donos de veículos de comunicação, após a derrota de 1989. Na matéria do *Estadão*, "A Imagem de Lula Tem Sido Forjada Desde 89" (31/07/1994), o texto informou de forma correta e exata como os resultados desse projeto estimularam Lula a embarcar na Caravana da Cidadania em 1993, procurando fazer contatos com o empresariado. "Lula [...] encontrou com cerca de 5 mil empresários e viajou 40 mil quilômetros pelo interior....", afirmou o texto, que examinou em outras duas pequenas matérias as ligações do PT com os socialdemocratas europeus.

No entanto, o mês que antecedeu as eleições de outubro foi de choques com o PT, com assuntos como as greves dos metalúrgicos do ABC paulista dominando as discussões da mídia. Lula e Fernando Henrique foram colocados de novo em dois campos opostos.[91] O *Estadão*, por exemplo, escreveu um editorial atacando

91 Exemplos: "Cardoso Critica e Lula Defende" (*O Estado de S. Paulo*, 13/09/1994); "Greve Coloca Petista e Tucano em Lados Opostos" e "Greve É uma Arma Eleitoral, Diz Presidente da Fiesp" (*Folha de S.Paulo*, 13/09/1994).

a greve, acusando-a de ter intenções políticas e de ter como meta a desestabilização do real. O impasse, no entanto, foi logo resolvido, e o tópico deixou os jornais após praticamente uma semana. O caminho, portanto, estava aberto para a vitória definitiva de Fernando Henrique nas eleições de outubro.

PSDB E A POSSIBILIDADE DE UMA "TERCEIRA VIA": O SIGNIFICADO DA VITÓRIA DE FHC

FHC ganhou as eleições no primeiro turno no dia 3 de outubro com 54,3% dos votos contra 27% dados a Lula. No seu primeiro discurso como presidente, Fernando Henrique afirmou que o seu principal objetivo era ultrapassar o modelo de desenvolvimento implementado por Getúlio Vargas (1930-45; 1951-54), em que o Estado funcionava como o principal investidor (FGV, 2001). Os jornais *Estadão* e *Jornal do Brasil* chegaram a publicar editoriais aplaudindo Fernando Henrique antes do dia das eleições, o que não foi o caso dos diários *Folha de S.Paulo* e *O Globo* e da semanal *Veja*, que não endossaram a candidatura de FHC explicitamente. O *Jornal do Brasil*, após destacar que uma pesquisa do Instituto Datafolha publicada na *Folha* mencionava como o jornal havia realizado a cobertura mais imparcial da campanha, em comparação aos demais, declarou no editorial "O Candidato do Futuro" (29/09/1994) que o diário estava preparado para recomendar Cardoso como "o candidato mais bem-preparado para ajudar o país a atingir o seu destino". O jornal considerou "falsa" e "invejosas" as acusações feitas contra o Plano Real. O diário justificou a razão da escolha do nome de FHC, citando valores que podiam ser vistos como um contraste à pessoa política de Lula, um candidato que havia encontrado dificuldade em aglutinar vários setores da sociedade brasileira: "Senador experiente, ele é um negociador político nato, um homem de diálogo. Ele é um homem que prefere o consenso [...] e que não teme sucumbir politicamente à união de forças heterogêneas".

O editorial do *Jornal do Brasil* retratou FHC como um "social-democrata convicto", e não um "neoliberal": "A diferença é essa: Lula quer mudar o país. Fernando Henrique sabe como fazê-lo". O editorial do *Estadão*, "A Nossa Opção" (02/10/1994), começou declarando como o seu voto havia sido "decidido meses antes" e ressaltou ainda alguns motivos que o levaram a escolher o nome de Fernando Henrique: "Não era por causa das pessoas, mas por causa da necessidade de um programa capaz de proporcionar [...] a estabilidade monetária e o desenvolvimento econômico".

No dia 6 de outubro, os jornais publicaram o primeiro discurso de Fernando Henrique como presidente.[92] A revista *Veja* dedicou duas longas matérias analíticas às eleições, assinalando em uma de seis páginas como o PT havia perdido devido ao real e ainda como Lula teve muito mais chances em 1994 em comparação às eleições de 1989. Num *feature* de quase 30 páginas, *Veja* dissecou coerentemente os motivos que levaram FHC à vitória, mostrando a sua trajetória política desde quando foi político moderado de esquerda ao seu auto-exílio na Europa durante a ditadura e à sua entrada na política brasileira e aliança com os conservadores. De forma mais entusiasmada, o *Jornal do Brasil* usou a expressão "o príncipe mulato" (05/10/1994) para fazer uma associação "positiva" entre a frase – usada de forma confusa por Fernando Henrique durante a campanha – e o fato de que o tucano havia eliminado diferenças para ganhar as eleições. O texto do *Estadão* sobre o discurso do novo presidente contava como Fernando Henrique havia adotado "um discurso de conciliação" para defender uma "transição suave" do governo de Itamar Franco para o seu.

As matérias sobre a derrota do PT examinaram as disputas realizadas dentro do partido para aceitar essas perdas, assinalando como Lula começaria a preparar o futuro da sigla a partir daquele momento.[93] O *Jornal do Brasil* indicou que o PT começaria a formar uma espécie de "Novo Partido Trabalhista" (ênfase minha), destacando como Lula estava pronto para viajar pelo Brasil a fim de "reestruturar o novo PT e abri-lo aos setores mais variados da sociedade brasileira" e ainda "derrotar os preconceitos". Nessa matéria, Lula culpou a "cultura do preconceito" como a

92 Exemplos: "Cardoso Fala Hoje Como Presidente" (*Jornal do Brasil*, 06/10/1994) e "A Força da Vitória" (07/10/1994); "Cardoso Promete Fazer uma Transição Suave" (*O Estado de S. Paulo*, 07/10/1994); "Lula Tropeçou na Moeda" (*Veja*, 12/10/1994) e "Fernando Henrique Dá o Ritmo" (*Isto É*, 12/10/1994), veja a Bibliografia para mais matérias.

93 Exemplos: "Petistas Não Assimilaram a Derrota Ainda" (*O Estado de S. Paulo*, 08/10/1994) e "Lula Prepara o Futuro do Novo PT" (*Jornal do Brasil*, 09/10/1994).

principal barreira para a sua vitória, enfatizando a necessidade de derrubar esses sentimentos negativos e a discriminação que existia em relação aos setores menos privilegiados da sociedade brasileira.

Sem dúvida, a eleição de Fernando Henrique em 1994 marcou na época um momento histórico para o Brasil. Ex-político de esquerda e acadêmico perseguido pelo regime militar, FHC foi o primeiro em tal posição a ser eleito presidente desde o início da ditadura, um fato que representava uma mudança crucial em direção ao fortalecimento das instituições políticas e sociais no Brasil, contribuindo para pavimentar o caminho para a entrada do pensamento de centro-esquerda na arena *mainstream* da política brasileira. A eleição de Fernando Henrique inaugurou o início definitivo do processo gradual de transição do Brasil para uma democracia liberal de mercado, reafirmando o crescimento inicial do pluralismo político e pavimentando a consolidação e o fortalecimento do mercado como a força principal na sociedade brasileira na fase da pós-ditadura. Como notou ainda Singer (1999), o Plano Real não foi o único fator responsável pela eleição de Fernando Henrique, se considerarmos que 77% da população aprovou o plano, mas que FHC foi eleito com 44% dos votos.

Ao contrário de Collor, Fernando Henrique não estava se posicionando totalmente na direita, e sinalizava em direção a uma agenda que pudesse equacionar o crescimento econômico com políticas sociais, atraindo tanto os votos da direita como os da esquerda. Como foi discutido aqui, o que o diferenciou de Lula foi o fato de que o petista estava priorizando a agenda social naquela momento e articulado uma crítica em torno do programa de estabilização – com o seu argumento implícito de que a "mão invisível" do mercado, para usar uma expressão do economista britânico Adam Smith (1723-90) — promoveria o crescimento econômico e a distribuição de renda. Lula estava dizendo que o programa poderia de fato levar a mais recessão e ao aprofundamento da injustiça social.

Fernando Henrique Cardoso, por sua vez, apresentou um discurso social bem mais fraco, ao mesmo tempo que Lula parecia dizer que a sua plataforma econômica não iria se submeter às regras do capitalismo internacional. Por favorecer o consumismo e a supremacia da questão econômica em relação a todas as outras, FHC foi identificado pelo público como o candidato que representava melhor o voto da centro-direita (Singer, 1999), em outras palavras, como o candidato que ocupava o espaço do novo anti-Lula. Porém, por causa de suas credenciais de esquerda, e do apoio recebido por segmentos da *intelligentsia*, FHC e o PSDB conseguiram se associar à filosofia política européia da "terceira via", flertando com a idéia de emergir como representantes de um novo tipo de versão latino-americana para a política de Clinton-Blair, apoiada na combinação do pragmatismo liberal com justiça social. Apesar de a terminologia da "terceira via" não ter estado em voga em 1994, ela começaria a marcar o governo de Fernando Henrique e as associações feitas com a política anglo-americana, assuntos debatidos nos próximos capítulos. Assim se deu o favorecimento de um modelo econômico ortodoxo, que a longo prazo criou pouco crescimento econômico, levando ao aumento do desemprego e à maior desigualdade *econômica* e social, que levariam Fernando Henrique a perder apoio num momento em que Lula e o PT começavam a caminhar rumo ao centro, e a se comprometer com aspectos-chave da política econômica liberal, como veremos.

CONCLUSÃO

Este capítulo argumentou que a cobertura das eleições presidenciais de 1994 foi mais profissional em comparação à reportagem política altamente ideológica realizada na campanha de 1989. Avanços ocorreram na arena política, com o reconhecimento por parte da imprensa de um maior pluralismo político na sociedade brasileira e a importância de se aplicar as culturas liberais do jornalismo, como o equilíbrio e o profissionalismo, à cobertura política de uma eleição presidencial. Isso foi principalmente o caso dos jornais *Folha* e *O Globo* e da revista *Veja*. Assim, progressos de fato ocorreram em 1994 em relação a 1989, e isso incluiu maior distanciamento entre a imprensa e os candidatos e uma crítica maior feita pela grande mídia aos candidatos tidos como oficiais, como o questionamento das ligações entre FHC e o governo de Itamar Franco; o crescimento da credibilidade dada à oposição e a redução do preconceito em relação ao PT.

O resultado dessas ações foi a produção de uma cobertura com menos carga ideológica, capaz de incluir mais matérias da oposição e debates sobre as suas propostas, indagando ainda e criticando mais as posições dos candidatos que representavam o *establishment*. Foi assim com Fernando Henrique e com as críticas feitas à aliança que estabeleceu com o PFL, bem como o uso do real para dar ânimo à sua candidatura. A cobertura de 1994 iniciou a consolidação de um certo grau de independência política dos meios de comunicação *vis-à-vis* o governo e aos políticos, algo que havia começado no final dos anos 80, mas que se tornou evidente em 1992. Ela também revelou que havia uma presença crescente das forças de mercado nas campanhas políticas, bem como nas redações em detrimento da influência do Estado, que começava a diminuir.

Como foi sublinhado na análise textual e de conteúdo feita aqui, e nas entrevistas realizadas com os jornalistas, as formas de pressão se deslocaram do campo *político-ideológico* para o *econômico*. Apesar das tentativas da imprensa de equilibrar a cobertura política e buscar a exatidão da informação, preocupações econômicas invadiram o mundo político, impondo certos limites à articulação das idéias políticas dos candidatos e estabelecendo linhas de atuação para a mídia conduzir a cobertura de uma determinada forma. Temas e perspectivas econômicas foram priorizados em relação a qualquer outro tópico. A imprensa foi mais simpática com Fernando Henrique do que com qualquer outro candidato, como muito do material dos cadernos de política e economia carregando uma posição pró-Fernando Henrique. Essa postura era o resultado de acordos feitos entre vários setores da elite em torno da necessidade de se dar continuidade às políticas econômicas globais da administração anterior.

Talvez por causa das lições apreendidas com as eleições de 1989, a mídia deu a FHC uma cobertura ligeiramente mais crítica do que a dada a Collor. Fica claro, portanto, de acordo com esta pesquisa, que a agenda econômica teve um papel predominante na definição do debate presidencial de 1994 e na escolha do futuro presidente. Singer (1999) argumentou ainda que houve uma transferência de expectativas de Lula para Fernando Henrique Cardoso justamente por causa do Plano Real. Foi mostrado aqui que o ideal econômico invadiu com força a fase final da campanha, obrigando a política, as ideologias e outros assuntos sociais a ocuparem uma posição secundária, bem inferior à euforia midiática generalizada em torno do real, que acabaria por tornar-se uma *ideologia econômica* em si mesma. Isso ficou evidente na corrida para o lançamento da moeda no dia 1º de julho até a vitória de Fernando Henrique nas urnas, em outubro.

As eleições de 1994 foram uma batalha em torno de interesses políticos e econômicos, travada nas páginas da mídia, com a imprensa brasileira sinalizando para um cenário de *déjà vu* das eleições de 1989, e em outros momentos mantendo uma distância crítica em relação a isso, e tentando produzir uma cobertura política coerente, interpretativa e equilibrada. Não é possível, no entanto, dizer que a natureza da competição de 1994 foi moldada somente por forças não-ideológicas e constrangida pela ortodoxia econômica. Como vimos, as políticas econômicas liberais foram apresentadas na década de 1990 na sociedade brasileira e na política como quase verdades inquestionáveis que acabariam virando ideologias políticas em si mesmas. Fora isso, temores ainda existiam em 1994 em relação às formulações de políticas e ideais de esquerda. FHC foi capaz de assumir em 1994 uma função dupla de garantir a consolidação nacional de um projeto de democratização para o país enquanto dava avanço à inserção do capitalismo brasileiro na economia global. Dessa maneira, é simplista pressupor que a candidatura de Fernando Henrique foi ditada exclusivamente pelo Consenso de Washington. Ele foi uma figura inserida dentro desses discursos e práticas políticas num momento em que países da América Latina encontravam-se pressionados, sentindo-se obrigados a se submeterem a uma série de complexas relações econômicas internacionais.

A euforia da mídia com o Plano Real impediu um debate maior sobre a questão econômica, funcionando ao mesmo tempo para beneficiar indiretamente a candidatura do PSDB. A consolidação das forças de mercado e da dimensão econômica no campo político pode ser colocada ao lado do crescimento do caráter comercial das indústrias de mídia e ao reforço das estratégias de *marketing* e das práticas de consumo em relação às notícias. O real foi modificado durante todos esses anos, acabando por estabilizar a inflação e produzir crescimento econômico limitado, enquanto uma mídia comercialmente mais forte e mais profissional conseguiu equilibrar melhor as disputas políticas que estavam ocorrendo na sociedade brasileira. O mercado acabou por funcionar tanto para contribuir como para reprimir a maior democratização da sociedade brasileira, temas que são dissecados no Capítulo 5, na análise das eleições de 2002, e ainda no Capítulo 6, no debate no qual são investigadas as lutas travadas no jornalismo brasileiro entre as culturas jornalísticas do profissionalismo e do partidarismo.

5. PRESSÕES DE MERCADO E A SOCIALDEMOCRACIA: A COBERTURA DA MÍDIA DAS ELEIÇÕES DE 2002

INTRODUÇÃO

No dia 27 de outubro de 2002, Luiz Inácio Lula da Silva foi eleito presidente com 52 milhões de votos. Uma eleição bem mais grandiosa do que a de 1994: 115 milhões de pessoas escolheram não só o próximo presidente, mas também 26 governadores de Estado, 56 senadores e mais de mil deputados federais, num pleito tecnicamente avançado em relação às disputas dos anos anteriores. Cientistas políticos detectaram uma série de avanços democráticos nas eleições de 2002, o resultado de fato da aquisição de novos direitos políticos e civis obtidos nas últimas décadas. Alguns dos progressos incluíram maior liberdade de expressão dos programas dos partidos, a existência de um eleitorado mais bem informado, uma diminuição na troca de ataques entre os candidatos e a ausência de fraude no sistema de votação (Nicolau, 2002; Wanderley Reis, 2002).

A eleição de Lula em 2002 representou não só um processo de maior consolidação do pluralismo político no Brasil, mas também certo questionamento – não abandono, como ficou bem claro depois – da dominação dos ideais neoliberais que haviam marcado a maior parte do pensamento político da década de 1990, com suas críticas ao tamanho do papel do Estado. Tais sentimentos culminaram numa crença excessiva no poder do mercado, acompanhado da tendência de minimizar as suas falhas, e com a temática popular e social empurrada para ocupar uma posição de inferioridade. As eleições de 2002 foram, portanto, um momento em que milhares de brasileiros tiveram esperança de começar a construir um Brasil melhor e mais justo, e de fato casar o pragmatismo liberal com uma maior igualdade. Ela combinava assim a exigência popular de inclusão social e crescimento econômico com a percepção entre grupos de elite que existia a necessidade de se justapor a estabilidade econômica ao aumento do emprego e à austeridade fiscal com maior justiça social. A continuidade do modelo econômico ortodoxo no primeiro mandato de Lula, no entanto, teria frustrado as expectativas de muitas pessoas, jogando por terra as esperanças de que o Brasil seria capaz de reduzir as desigualdades econômicas; por outro lado, a continuidade da receita econômica acabou a longo prazo consolidando a estabilidade e os maiores investimentos na área social começaram gradualmente a melhorar a distribuição de renda.

Uma série de razões foram dadas por cientistas políticos, jornalistas e acadêmicos para explicar a vitória de Lula em 2002. É só possível, no entanto, compreender os motivos do deslocamento de setores de elite e do público geral em direção a Lula depois da devida contextualização histórica, considerando uma série de fatores políticos, econômicos e sociais. A crescente desilusão com o regime anterior e os baixos níveis de crescimento econômico, entre outras questões, foram fatores cruciais que culminaram no colapso do consenso em torno do nome de Fernando Henrique Cardoso. Alguns fatores tiveram papel-chave na legitimidade dada ao político do PT e ao seu papel como principal candidato presidencial de 2002, como o fato de Lula ter caminhado rumo ao centro e melhorado a sua imagem desde as eleições de 1994; as pressões crescentes da sociedade civil, exigindo mudanças, e o fato de ele ter sido um candidato que representava a preocupação com a temática social. Isso sem falar na própria maximização dos valores do jornalismo liberal nas redações (como o equilíbrio de forças políticas), o que permitiu que uma plataforma de centro (centro-esquerda) fosse incluída na arena midiática, e que esta ainda encontrasse alguma representação na sociedade.

Houve um reconhecimento geral de que era necessário dar continuidade aos princípios básicos do consenso econômico liberal, como o controle da inflação e os compromissos com as restrições fiscais, que precisavam estar aliados à vontade política de atacar os problemas sociais, algo que marcou o discurso político-filosófico do PT desde seu nascimento, nos anos 80. No Capítulo 4, vimos como as eleições de 1994 foram inseridas no debate em torno do plano de estabilização, que ofuscou outros discursos, como a necessidade de se confrontar a dívida social brasileira. O Capítulo 4 também realçou o caráter menos ideológico da cobertura midiática das eleições de 1994 em comparação a 1989. Assim, a reportagem política produzida nas eleições de 2002, se comparada aos pleitos eleitorais de 1989 e 1994, foi bem mais equilibrada. A imprensa retratou Lula e o PT de uma forma bem mais simpática e menos preconceituosa, com o ex-sindicalista sendo apresentado nas páginas dos grandes jornais como um socialdemocrata que prometia avançar e "humanizar" o capitalismo brasileiro "selvagem".

Neste capítulo, eu argumento que as divisões em relação ao governo de FHC e o crescimento da formação de um consenso crítico no que dizia respeito à aplicação rígida da receita neoliberal no país, mas não o abandono dos seus princípios centrais, resultou na formação de um acordo entre as elites e outros setores da sociedade brasileira em torno do nome de Lula. A adoção de uma postura jornalística mais profissional, seguida de uma maior rejeição das paixões ideológicas, foram essenciais para a realização de uma cobertura mais exata, que evitava embarcar no discurso de histeria articulado pelo "mercado". O crescimento da sofisticação da imprensa, a minimização das práticas partidárias rotineiras nas redações e o uso de elementos jornalísticos, como o profissionalismo e o equilíbrio na reportagem política, foram fatores que permitiram direta ou indiretamente a inclusão de diversas posições e atores políticos no fórum midiático do debate público. Isso deu maior legitimidade à oposição e a outros setores, representadas não só pelo PT, mas por outros movimentos sociais e organizações, com a mídia dando voz aos discursos sobre o desemprego, a estagnação econômica, o aumento da violência e a predominância do capitalismo financeiro sobre a indústria nacional. Culturas jornalísticas da objetividade contribuíram para refletir melhor o liberalismo político e as divisões das elites em torno dos principais dilemas do país.

A análise textual critica realizada aqui incluiu um período de seis meses das eleições, começando em maio e acabando em outubro. Os espaços midiáticos durante esses meses foram tomados por matérias sobre eventos diários de campanha; comentários e investigações dos dados dos institutos de pesquisa e as intenções de voto; a melhoria da imagem de Lula; preocupações sociais e econômicas e a avaliação do legado de oito anos de Fernando Henrique. As notícias também englobavam *features* que exploravam as reações de certos setores do mercado financeiro à subida do PT. Muitos desses setores temiam o avanço da democracia, mostrando um claro desconforto com o que aconteceria com o futuro do capitalismo brasileiro no caso de uma vitória da esquerda no Brasil.

Maio foi escolhido aqui como pontapé inicial desta análise porque foi durante esse mês que Lula iniciou a costura de alianças, começando a ser percebido por segmentos da elite como um possível futuro presidente. Algumas das matérias das eleições de 2002 foram comparadas com outras publicadas em 1989 e em 1994, com o objetivo de avaliar as mudanças que ocorreram na cobertura realizada pela imprensa durante os anos. A primeira parte deste capítulo examina o legado de Fernando Henrique e as eleições de 1998; a segunda foca a transformação do PT e o estilo de *marketing* de campanha adotado pelo partido em 2002, enquanto a terceira olha para a cobertura da imprensa propriamente dita. A última parte debate o significado da vitória do PT e o papel da mídia nisso, uma discussão retomada no Capítulo 6 na investigação feita do tipo de contribuição oferecida pelos jornalistas ao processo da democratização. Porém faz-se necessário avaliar primeiro o legado de Fernando Henrique e a natureza de seu relacionamento com os jornalistas antes de focar o debate na campanha de 2002.

O LEGADO DE FHC E AS ELEIÇÕES DE 1998

Não parece haver dúvida de que a era Fernando Henrique Cardoso transformou o Brasil de forma significativa. Como observado no Capítulo 4, o Real foi um plano de estabilização econômica bem-sucedido que contribuiu inicialmente para distribuir renda. O Brasil saiu do velho modelo estadista econômico mais associado aos anos do regime militar para embarcar na agenda internacional do capitalismo financeiro mundial, expandindo o consumo e só num primeiro momento incluindo milhões de brasileiros no mercado nacional emergente. O efeito direto do programa de estabilização foi que 9 milhões de brasileiros deixaram a pobreza, com a renda do grupo composto dos 10% mais pobres da população duplicando de 1993 a 1995 (Lahóz, 2002; 77). Os ganhos sociais iniciais do real se perderam, com o pouco crescimento econômico do Brasil e com o aumento nas taxas de desemprego e nos níveis de desigualdade, principalmente durante o segundo mandato de Fernando Henrique, de 1999 a 2002.

A meta neste capítulo não é avaliar as conquistas das administrações de Fernando Henrique, mas conduzir uma análise sintética dos debates-chave que emergiram em relação aos seus dois governos. FHC de fato deu nova credibilidade à figura presidencial, num momento em que a própria instituição da presidência havia se enfraquecido em conseqüência da sucessão de políticos aventureiros e/ou tradicionais, como Collor, Sarney e Itamar Franco. Assim, o calibre intelectual de Fernando Henrique e a sua habilidade política minimizaram a atuação de lideranças políticas tradicionais, pavimentando o caminho para a consolidação do pluralismo político em 2002 através do fortalecimento das instituições sociais e políticas do país.

As propostas na área econômica defendidas por FHC incluíam a reestruturação do Estado e a redução de sua presença na economia, o que provou a longo prazo ter uma série de implicações sociais, políticas e econômicas. As políticas econômicas que deram sustentação ao plano de estabilização, como a grande entrada de capital estrangeiro e uma moeda de troca supervalorizada, continuaram até 1999, quando o governo decidiu desvalorizar a moeda e não manter mais a paridade com o dólar. O segundo mandato de Fernando Henrique Cardoso (1998-2002) no entanto foi marcado pela recessão. Muitos setores do mercado nacional, como pequenos e médios empresários, foram à falência em meio ao desemprego crescente e ao aumento das tensões sociais em muitas das principais cidades metropolitanas do país.

A era FHC (1994-2002) coincidiu também com mudanças sociais, como o fato de as mulheres terem começado a ocupar posições de maior destaque nas redações. Além disso, houve melhora nos níveis de educação de todos os segmentos da sociedade brasileira, com a redução do número de analfabetos, as extensões na inclusão de crianças e adolescentes de sete a 14 anos nas escolas e um recrudescimento do nível educacional das classes médias e altas (Lamounier & Figueiredo, 2002). Como discutido no Capítulo 4, ideais neoliberais e a comercialização foram largamente abraçados pelas elites nacionais, que enxergaram nessa receita "neoliberal" todas as soluções para os anos de controle de Estado e de estagnação econômica que o país havia vivido. Este período viu ainda um crescimento significativo nos hábitos de consumo e no individualismo. Uma certa "americanização" da política brasileira foi seguida de uma certa despolitização do debate público, em meio ao surgimento das estratégias de *marketing* na política e de todo o aparato de assessores de imprensa em torno dos candidatos nas campanhas, algo que começou a se ver de forma mais nítida a partir da eleição de Collor. No entanto, ao contrário do que ocorre nos países de capitalismo avançado, nesses anos também aumentou de forma contraditória o interesse pela política, em resposta à formação de uma sociedade de massa política no Brasil.

As legislações sobre o monopólio do petróleo e das telecomunicações foram revistas durante os anos FHC. O governo Cardoso também reformou a legislação trabalhista, aliviando o peso dos encargos sociais dos trabalhadores para o empregador através da introdução da flexibilidade nos contratos. Pontos positivos do legado social de Fernando Henrique foram também a redução da mortalidade infantil e os avanços realizados no tratamento de Aids (Lamounier & Figueiredo, 2002). O governo, no entanto, pareceu estar sempre preso na eterna armadilha de ter de atender às demandas pela criação de empregos e de investir num sistema de seguro social, e ainda ter de garantir o combate à inflação e dar impulso ao crescimento econômico.

Em 1997, FHC começou a firmar alianças políticas no Congresso como forma de assegurar a sua reeleição. Apoiado pela coalizão de centro-direita (PFL-PTB-PPB-PMDB-PSDB) que o viu eleito presidente em 1994, FHC concorreu uma segunda vez nas previsíveis eleições presidenciais de 1998. Fernando Henrique Cardoso ganhou com 53% dos votos derrotando Lula, que ficou com 31,7%. Assim, foi durante o segundo mandato de Fernando Henrique que a instabilidade econômica começou a sacudir de novo as estruturas de poder no país, resultando em divisões nos círculos das elites em relação ao apoio dado ao governo FHC, tensões que logo tomaram conta das páginas dos grandes jornais.

O PAPEL DA MÍDIA DURANTE A ERA FHC

Debates em torno do papel da mídia nos dois governos de Fernando Henrique Cardoso têm dominado os círculos jornalísticos e acadêmicos, embora não haja nenhuma grande pesquisa sobre os relacionamentos entre FHC e os jornalistas durante esses anos, ao exemplo do que foi feito com Fernando Collor (Conti, 1999). Como visto no Capítulo 4, as indústrias de mídia eram mais simpáticas à candidatura de Fernando Henrique do que a de outros políticos. Muitos jornalistas, principalmente os que ocupavam as posições mais altas na hierarquia da grande mídia, sentiam que estavam num nível intelectual de paridade com o de Fernando Henrique Cardoso. A forma de pensar desses jornalistas encontrava ressonância nos ideais político-econômicos estipulados por ele para o país. Esses jornalistas enxergavam ainda em FHC um nome de credibilidade e competência intelectual, e que por isso justamente merecia amparo para chegar à presidência. Este capítulo pondera sobre certos aspectos da natureza dessas relações.

Nos anos 90, os jornalistas da grande imprensa ergueram a bandeira da tradição do jornalismo "cão de guarda", embarcando numa crítica maior do poder governamental após terem visto as rédeas da censura caírem. Isso não é o mesmo que dizer que todos esses jornalistas estavam necessariamente articulando críticas mais consistentes às figuras do *establishment* em comparação a outros períodos da história do Brasil. A maioria dos jornalistas entrevistados aqui mencionou que de fato durante os dois governos de Fernando Henrique a mídia poderia ter sido bem mais crítica do que na verdade foi, debatendo em mais detalhe e profundidade os programas econômicos e sociais do tucano e mostrando maior ânimo para investigar alguns dos escândalos de corrupção que emergiram durante os oito anos de sua administração, algo que só iria ocorrer mesmo na cobertura feita pela grande imprensa dos casos de corrupção envolvendo o governo Lula.

Conti assinala que houve uma relação de proximidade muito grande entre Fernando Henrique e a chefia da grande imprensa durante os dois governos de FHC:

> Havia uma identificação total [...]. Aqui e ali houve algumas matérias negativas, mas no geral a grande imprensa teve em Fernando Henrique

> o seu representante natural. O que Fernando Henrique estava fazendo era a coisa certa, o que era necessário [...]. Era [...] contemporâneo [...]. Então, nessa identificação, uma regressão acontece na grande mídia [...]. Todos caíram na mentalidade "neoliberal" até o pescoço. A desvalorização da moeda [...] só mais tarde que isso foi criticado. Gustavo Franco (presidente do Banco Central) foi considerado um Deus [...]. Fernando Henrique é o candidato natural da burguesia e do capital no Brasil. Foi por isso que houve toda aquela tensão em 1994, em 1998. Era Fernando Henrique *über alles*.

Ex-editor de Opinião da *Folha*, Rogério Simões enfatizou certa ausência de debate que prevaleceu durante os oito anos de FHC:

> Foi um período difícil para os jornalistas. Havia uma sensação de que o país estava indo na direção certa [...]. O PT estava desacreditado e Lula foi atropelado pelas eleições de 1998. Eu me lembro que em 1997, quando a *Folha* publicou um editorial na primeira página sobre o Provão [...]. Foi o único grande debate nacional de importância noticiosa naquele momento porque o governo [...] conseguiu convencer todos que tudo estava [...] maravilhoso. Havia coisas que não foram discutidas com maior profundidade, como o real. E, quando elas foram, foram vistas como reclamações de dissidente.

Membro do Conselho Editorial e colunista da *Folha*, o jornalista Janio de Freitas foi uma das raras vozes críticas aos dois governos, uma posição que foi atacada até por outros colegas:

> Era comum colegas da *Folha* se referirem aos meus artigos como fazendo parte do meu "mau humor" [...] por criticarem Fernando Henrique Cardoso. Eu estou calmo em saber que algumas daquelas coisas que eu escrevi naquela época hoje são visões do consenso [...]. As pessoas me criticavam [...] por ter dito aquelas coisas [...]. Mas porque os jornais deram apoio ao Fernando Henrique se não foi pelo plano econômico? Ele fez bem ao país? Pelo que a gente sabe, não. Não pode ser somente por uma razão política [...]. Mas o jornal é um partido político ou um jornal? Se nós vamos fazer jornalismo, nós precisamos nos desengajar politicamente porque o jornalismo

não tem ligações políticas. Quando eu percebi que tipo de linha o governo Lula iria adotar, eu comecei a criticá-lo também. Essa é a minha função [...]. Às vezes parece que os jornais são como veículos partidários. Há uma dificuldade de se entender este negócio, os jornais não entendem [...]. Não são só os leitores.

A importância do profissionalismo na reportagem política será explorada mais adiante, no Capítulo 6. Mas, como bem observaram Freitas & Simões, críticas sobre certos aspectos dos governos de Fernando Henrique Cardoso eram raramente feitas pelos jornais. Diretor de redação da *Folha de S.Paulo*, Otavio Frias Filho assegurou, no entanto, que a *Folha* nunca apoiou o governo:

Eu estava lendo outro dia uma entrevista que o Fernando Henrique deu à *Veja* [...] em 2002, em que ele declarou que a *Folha* durante um certo tempo parecia que queria fazer o *impeachment* dele. A matéria que o Fernando Rodrigues fez sobre as acusações de que os votos da reeleição tinham sido comprados, os documentos Cayman [...]. As pessoas esquecem que a *Folha* também foi dura com Fernando Henrique.

Foi durante o segundo mandato de FHC, no entanto, principalmente após a desvalorização do real em 1999, que o tucano começou gradualmente a perder apoio, começando a ser visto de uma maneira mais crítica por jornalistas e pela imprensa, traduzindo assim a crescente insatisfação sentida por setores industriais, profissionais liberais de classe média, sindicalistas e movimentos sociais com o aumento progressivo do desemprego.

Deve-se evitar a tendência, no entanto, de se procurar uma divisão simplista das coisas e do mundo, enxergando uma separação rígida entre os jornalistas brasileiros tidos como ou todos *petistas*, ou todos *tucanos*, ou ainda outro retrato, apoiado na visão da chefia da grande imprensa como dando sustentação total à candidatura de Fernando Henrique em oposição ao jornalista petista dos setores médios das redações. Dito isso, levando ainda em consideração a declaração de Conti, pode-se argumentar que há de fato uma *certa* identificação da chefia da grande mídia com FHC. Isso não quer dizer que não exista dentro desse grupo, assim como no outro, jornalistas petistas ou simpáticos a outros partidos, ou até profissionais apolíticos ou que ainda não assumiram posição ideológica, e que podem de qualquer forma também contribuir para fazer a diferença, independentemente de suas afinidades ideológicas. Assim, a partir do segundo mandato de Fernando Henrique, e principalmente desde 2002, tais campos políticos, que a princípio pareciam tão rigidamente divididos, e que tinham determinados grupos de apoio na mídia, começaram a ocupar diversos espaços, tornando mais complicado identificar uma divisão clara entre eles.

Para Luis Nassif, os anos FHC viram os jornalistas de ambos os lados (PT e PSDB) se engajarem em batalhas políticas nas páginas da mídia, algo ressaltado nos capítulos anteriores. Nassif afirma que o consenso em torno de Fernando Henrique durou basicamente até 1999:

> Quando você olha para a cobertura dos governos de Fernando Henrique, tinham dois grupos bem definidos: tinha um que qualquer coisa que o governo fizesse era bom, e outra que dizia que qualquer coisa que o governo fizesse era ruim. O partidarismo não era algo exclusivo do grupo de Fernando Henrique. Até 1998, no entanto, poucas vozes falavam contra Fernando Henrique. A partir de 1999, você tinha poucas vozes que o defendiam. Em ambas as situações, eu tive discussões com colegas sobre as investigações da comissão parlamentar [...]. Quando a mudança [desvalorização] da moeda ocorreu em 1999 [...] você via algumas publicações que costumavam falar bem começar a não fazê-lo [...]. Mas aí a competição começou e as insinuações começaram a ser terríveis [...]. Então se você, por um lado, critica a política da taxa de juros de Fernando Henrique e amanhã defende a sua honra, isso complica a cabeça do leitor médio. Assim, o que você tem são pessoas que eram a favor de Cardoso de forma militante e outros que eram contra.

A dissidência teve muito pouco espaço na cobertura da mídia durante o primeiro mandato de Fernando Henrique. Se críticas maiores foram articuladas na grande imprensa somente a partir de 1999, as divisões da sociedade brasileira em torno das políticas de FHC já eram evidentes desde o primeiro governo do tucano. Em junho de 1996, uma pesquisa conduzida pela revista *Isto É* e o Instituto Brasmarket revelou que quase 40% dos entrevistados consideravam o governo de Fernando Henrique "ruim" e "terrível" (17% e 22%, respectivamente), com somente 17% vendo-o como "bom" ou "excelente", e uma larga maioria declarando que ele não havia cumprido as suas promessas de campanha (Oxhorn & Starr, 1999), o que poderia ser interpretado também como o desgaste natural de um governo em exercício do poder. Grupos sociais começaram a mostrar sinais de descontentamento, e até líderes empresariais, liderados pela Confederação Nacional da Indústria (CNI) e a Federação das Indústrias de São Paulo (Fiesp), convocaram os sindicatos para se juntar a eles numa greve simbólica (Kingstone, 1999) e no estabelecimento de novas exigências de crescimento econômico.

Apesar de todas essas manifestações de descontentamento, a aprovação à administração de Fernando Henrique Cardoso permaneceu estável. Ele foi reeleito no primeiro turno em 1998 com 53,06% dos votos, apesar de o país ter registrado na época níveis recordes de desemprego (Oliveira, 2002; 100). Fernando Henrique conseguiu manter o seu prestígio político como uma figura central do PSDB e arquiteto do plano de liquidação da inflação. Divisões nos setores das elites, no entanto, tornaram-se evidentes durante todas as administrações de FHC, deixando transparente as dificuldades futuras que Fernando Henrique teria em eleger o seu sucessor. Numa espécie de *déjà vu* das eleições de 1994, o PT e o PSDB embarcaram de novo em 2002 numa guerra direta, com o Partido dos Trabalhadores promovendo transformações significativas em sua filosofia política para conseguir caminhar em direção ao centro e ainda minimizar a resistência de diversos setores empresariais à entrada da sigla na arena política central brasileira.

A TRANSFORMAÇÃO DO PT E O PARTIDO TRABALHISTA BRITÂNICO

As eleições de 1997 na Grã-Bretanha guardam algumas semelhanças com a disputa realizada no Brasil em 2002, no que tange à luta travada por Lula e pelo PT para modificar a sua plataforma político-econômica. Pontos como "intervenção do Estado na economia" foram colocados de lado com o intuito de seduzir o mundo empresarial e não assustá-lo. Nas eleições de 1997, o novo partido trabalhista já havia eliminado os ideais socialistas de seu documento de campanha, transformando o "velho" estilo "esquerdista" de se fazer política em um "novo" tipo de trabalhismo, bem mais suave e mais direcionado ao centro, uma estratégia (de *marketing*) que de fato foi uma tentativa de adaptar o pensamento de esquerda às regras e aos ditames do capitalismo financeiro mundial. Isso acabou culminando no avanço definitivo do partido em direção ao centro (Budge, Greve, McKay & Newton, 1998).

Na década de 1990, o PT estava sendo confrontado com novos desafios, como a realidade de ser governo e de ter de encontrar formas de atrair as classes médias e de fazê-las aderir ao ideais do partido. Como bem notou o teórico Jorge Castañeda (1994), o principal dilema que a esquerda teve que enfrentar na América Latina tem sido um que parece ser eterno: o da necessidade de balançar o crescimento econômico com a distribuição de riqueza. Em 2002, houve uma percepção generalizada de que a estabilidade econômica tão buscada por todos não tinha sido capaz de contribuir para diminuir os níveis de desigualdade. Os brasileiros estavam portanto ansiosos por maior intervenção governamental, colocando suas esperanças por mais emprego e inclusão social e econômica no Estado, e enxergando ainda na figura de Lula o principal líder deste anseio pela mudança.

Após a terceira derrota de Lula em 1998, o PT entrou numa profunda crise de identidade, iniciando um processo de reavaliação dos seus princípios socialistas. Lula e os líderes moderados do partido começaram a promover uma guerra com os chamados petistas radicais, o que culminou na expansão gradual dos moderados e na tomada da liderança do partido a partir de 1994. Em junho de 2002, em plena campanha, o PT decidiu mudar seu texto político, tirando a frase "ruptura econômica" de seu documento, algo interpretado por muitos como um passo definitivo rumo ao centro, e longe de suas antigas raízes situadas mais à esquerda. Em 2002, Lula recebeu total liberdade para conduzir a campanha como achasse melhor, tendo sido criticado por muitos petistas por ter firmado alianças com antigos inimigos políticos e outros setores conservadores da sociedade. Esse assunto voltou a vir à tona quando surgiram as denúncias de corrupção no primeiro mandato do governo, além das evidências de que a campanha eleitoral de 2002 havia custado uma fortuna, resultado da formação de caixa-dois. O partido foi acusado também de ter comprado apoio político de antigos adversários para garantir a sua governabilidade.[94]

Para poder se comunicar melhor com um público mais amplo, o PT investiu fortemente em *marketing*, tendo contratado um estrategista caro, Duda Mendonça, que acabou sendo o responsável pela elaboração da idéia principal da campanha de Lula em 2002: a de que o ex-sindicalista tinha se transformado, ampliado as alianças e conquistado setores do campo conservador da sociedade. Lula tornara-se em 2002 só "paz e amor", algo visto por especialistas como uma estratégia de *marketing* político fundamental, pois o PT em 2002 ainda representava uma ameaça ao verdadeiro funcionamento do sistema capitalista brasileiro. A fim de evitar qualquer possibilidade de golpe, ou procurando acalmar ânimos que poderiam se exaltar num futuro próximo, Lula propôs uma aliança entre o capital e o trabalho, exemplificada através da associação de sua candidatura à de seu candidato a vice-presidente, o industrial José de Alencar, então do PL. Essa aliança e o compromisso do PT com os ideais da economia liberal acabou por diminuir gradualmente a resistência das forças de mercado à candidatura petista, e a sufocar o temor de uma legitimação de uma agenda mais claramente de esquerda para assumir o poder do país.

PRESSÕES DE MERCADO E TEMÁTICAS SOCIAIS: CONFLITOS NA COBERTURA DA MÍDIA DAS ELEIÇÕES DE 2002

UM PANORAMA GERAL: A PUBLICAÇÃO DE MATÉRIAS POSITIVAS E EQUILIBRADAS SOBRE LULA

A análise crítica de um período de seis meses do pleito eleitoral de 2002 deixa transparente a mudança de tom do discurso político-filosófico do PT, se for feita uma comparação com a cobertura

94 Denúncias de corrupção envolvendo o pagamento do mensalão pelo PT a aliados políticos emergiram em 2005, o que acabou tirando do partido a exclusividade da etiqueta da ética política, e aumentou os pedidos pelo *impeachment* de Lula. José Dirceu foi forçado a renunciar o cargo de ministro da Casa Civil em maio de 2005, após ter sido acusado de liderar um esquema de corrupção para assegurar fundos para as campanhas do PT.

realizada pela imprensa das eleições de 1989 e 1994. Esta pesquisa examinou um total de aproximadamente 1.237 matérias publicadas em jornais e revistas (veja Tabela 5.1) entre o período de 24 de abril a 30 de outubro. Ao contrário das eleições anteriores, em 2002 Lula recebeu mais textos "positivos" nos jornais do que o tucano José Serra, dependendo menos das matérias "neutras" – como era geralmente o caso nas eleições anteriores. No Capítulo 4, foi visto como Lula teve de driblar a maior quantidade de matérias "negativas" que recebeu em relação às "positivas", tendo de aproveitar as tentativas feitas por alguns veículos de comunicação de conduzir uma cobertura mais correta, que equilibrava melhor as diversas forças políticas que concorriam na corrida presidencial. Em 2002, no entanto, a situação foi o reverso disso. O fato de Lula ter concorrido pela quarta vez, tendo consolidado a sua posição como líder da oposição desde 1989, sufocando a sua postura radical e ganhando mais respeito em amplos setores da sociedade brasileira, aproximando-se ainda de jornalistas e das chefias das redações, acabou determinando o seu sucesso em 2002. Esses pontos ajudam a explicar os motivos que levaram o candidato do PT a ser visto de forma mais séria pela mídia em 2002.

Tabela 5. 1 – Matérias de campanha (24/04/2002-30/10/2002)

Mídia	Total
O Estado de S. Paulo	458
Folha de S.Paulo	332
Jornal do Brasil	282
O Globo	73
Veja	68
Isto É	24
Total	1.237

Após ganhar com as experiências de outras eleições, a grande imprensa em 2002 acabou produzindo uma cobertura equilibrada que exalava uma maior simpatia pelo PT, com alguns jornalistas manifestando bastante entusiasmo em relação à candidatura de Lula. Mais do que em 1994, e certamente mais do que em 1989, os candidatos da oposição (Ciro, Garotinho e Lula, e que ocupavam naquela eleição o espaço da esquerda e de centro-esquerda) foram tratados como legítimos *players* no campo político, sendo menos marginalizados ou tachados simplesmente de dissidentes. Ao mesmo tempo, José Serra, do PSDB, visto como o candidato oficial, esteve mais exposto a críticas do que Collor e Fernando Henrique estiveram nas eleições anteriores. Se em 1989 Lula foi "demonizado" por setores das elites e por grande parte da imprensa, e em 1994 a euforia com o Plano Real jogou para o lado outros debates importantes e cruciais, em 2002 a imagem de Lula foi construída na grande mídia como a de um socialdemocrata que falava em reforma social, mas que entendia que esta tinha de estar submetida ao pragmatismo econômico.

O fortalecimento das instituições brasileiras com o resultado do processo de democratização, o desencanto com o governo de Fernando Henrique, o fato de a opinião pública e a oposição terem pressionado pela adoção da temática social e os veículos de comunicação terem assumido maior compromisso com o equilíbrio, a justiça e a exatidão, culminaram na realização de uma cobertura com significativas melhorias. Entre elas: 1) a publicação de mais assuntos sobre as campanhas dos candidatos em contraste com o enfoque em assuntos específicos, como foi feito com o Plano Real em 1994 (em 2002 isso incluiu as análises do legado econômico de FHC; a dívida social brasileira; o desemprego e a reação do mercado); 2) o crescimento do número de matérias "positivas" escritas sobre Lula e o PT e a publicação de mais textos "neutros"; 3) a diminuição do uso de frases ideológicas, quando se fazia referência a alguma política de esquerda ou a um político (por exemplo: os "vermelhos"); e 4) o posicionamento mais claro dos jornalistas como *mediadores* dos debates políticos, e menos como *reprodutores* de visões dominantes oficiais ou *defensores* de preconceitos das elites.

Tais progressos no jornalismo propriamente dito, e na relação da mídia com a sociedade, fez jornalistas como Augusto Nunes afirmarem que os erros da cobertura de 2002 foram menos o resultado de preconceitos ideológicos e mais o fato de a mídia ter tido dificuldades em conduzir uma cobertura mais aprofundada e sofisticada das plataformas dos candidatos:

> A imprensa melhorou de forma significativa no que diz respeito aos preconceitos, e principalmente os donos dos jornais. Mas nós repetimos um erro histórico: nós não mostramos mais claramente o que cada candidato pensava. Nós não fizemos perguntas elementares, como de onde vem o dinheiro para se criar 10 milhões de empregos [...]. Eu acho que não somos muito americanos nisso aqui, não muito duros com esse tipo de coisa [...]. Eu acho que a imprensa ainda está aprendendo a lidar com o debate.

Como em 1994, a questão econômica dominou o debate público em 2002, apesar de os candidatos de oposição terem articulado discursos que colocavam preocupações sociais ao lado de compromissos com a austeridade fiscal.[95] Serra, ex-ministro do Planejamento durante o governo de Fernando Henrique, competiu com Lula para assumir essa agenda. Ex-líder estudantil exilado durante a ditadura, Serra ocupava um espaço mais à esquerda no PSDB, tendo sido também crítico feroz do modelo econômico dos dois governos de Fernando Henrique. Da mesma forma que em 1994, foram impostos menos restrições à articulação do discurso político-ideológico de medo das políticas de esquerda, residindo de forma mais clara no campo do discurso econômico. Pois foi nessa esfera econômica que "discursos ideológicos" foram produzidos em relação à estabilidade e ao avanço do capitalismo brasileiro, com certos segmentos do mercado financeiro embarcando na fase final da campanha de 2002 na retórica do "terrorismo econômico" contra a oposição. Com exceções, a mídia não deu muita voz a esses debates.

A cobertura conduzida por *Veja* e *Estadão*, no entanto, exemplifica o caso da existência no imaginário brasileiro de um preconceito enraizado em relação ao pensamento de esquerda, e, sobretudo, em relação às classes trabalhadoras brasileiras, apesar do segundo mais do que o primeiro ter tentado de fato produzir uma cobertura mais coerente e equilibrada das eleições presi-

95 Exemplos: "Planos Põem Agenda Social a Reboque da Economia" (*O Estado de S. Paulo*, 22/09/2002); "Lula Diz Que Ele Quer um BC Social (Banco Central)" (*O Globo*, 01/10/2002) e "Economia Não Vai Ser um Deus Todo-Poderoso" (*O Estado de S. Paulo*, 08/10/2002).

denciais.[96] Certos modelos são explorados aqui como forma de elucidar algumas das dificuldades encontradas nas redações em relação à maneira de reportar o pluralismo político e os conflitos de interesse que existem na sociedade brasileira.

O Instituto Universitário de Pesquisas do Rio de Janeiro (Iuperj) colecionou material de imprensa de sete grandes jornais nacionais, incluindo os diários *Folha de S.Paulo*, *O Estado de S. Paulo* e *O Globo*, de 20 de fevereiro a 17 de setembro.[97] O instituto detectou oscilações na cobertura realizada pela mídia, mas destacou que no geral a cobertura produzida foi justa. O *Estadão* foi visto como o menos "neutro" dentre os jornais, devido ao apoio dado a Serra. Os resultados da pesquisa do Iuperj mostraram ainda que Lula, no geral, recebeu um tratamento mais simpático da imprensa do que os outros candidatos, tendo recebido um número maior de artigos "positivos" sobre a sua candidatura do que "negativos". Isso foi principalmente o caso do jornal *O Globo*, que teria publicado textos "positivos" sobre Lula e o PT desde o início da disputa; resultado talvez da proximidade que Lula buscou ter com a família Marinho em 2002. A *Folha* teve uma predominância de matérias "neutras", com alta proporção de material "negativo" dado aos rivais de Lula, como Serra e Ciro, do que ao candidato petista. O *Estadão* reverteu ainda os artigos mais "negativos" publicados sobre Lula a partir de julho, com as matérias "positivas" ultrapassando as "negativas".

O levantamento do Iuperj foi tomado como forma de comparação para este trabalho. Procuramos avançar as discussões ao contextualizar os resultados dessa disputa eleitoral, inserindo os discursos político-econômicos que dominaram os debates em certos círculos da sociedade brasileira naquele momento, numa perspectiva tanto nacional como internacional. Também foi contrastado o trabalho conduzido pela imprensa na cobertura realizada pela mídia durante as eleições de 1989 e de 1994. Na realidade, o reconhecimento "numérico" de que Lula recebeu mais matérias "positivas" do que Serra em 2002 não explica

96 Exemplos: "Ciro Passa Serra e Campanha de Tucano Entra em Crise" (*O Estado de S. Paulo*, 17/07/2002); "Por Que Lula Assusta o Mercado" (*Veja*, 22/05/2002) e "Até o PT Está com Medo" (*Veja*, 19/06/2002).

97 "Jornais Oscilam Durante a Campanha" (*Folha de S.Paulo*, 27/09/2002).

totalmente as razões da cobertura simpática dada a Lula, ou o motivo que levou grupos de elite a debandarem rumo à candidatura do PT. À primeira vista, pode-se pensar que a imprensa (implicitamente) esteve do lado de Lula em 2002, como (supostamente) estava com FHC em 1994. Mas não foi exatamente este o caso. Não se pode olhar de forma isolada a análise quantitativa feita sobre o número de matérias "positivas" realizadas sobre Lula em 2002, assumindo que isso por si só explica todo o processo político daquela eleição.

Foi examinada aqui a campanha de 2002, levando em consideração o impacto de uma série de fatores que influenciaram o desenrolar dessas eleições, relacionando as preocupações e os ideais políticos que circulavam nos círculos dominantes da época com as práticas jornalísticas predominantes nas redações e os julgamentos editoriais adotados, aplicando tudo isso à análise das matérias publicadas pela imprensa em 2002. No geral, os jornais *Folha de S.Paulo*, *Jornal do Brasil* e *O Globo* produziram uma cobertura que privilegiava o pluralismo e um certo senso de justiça e que, com exceções, não indicou sinal de adesão à retórica do "terrorismo econômico".[98] O *Estadão* anunciou publicamente apoio a Serra em junho de 2002 e a revista *Veja* também depois admitiu que daria sustentação à candidatura do PSDB. Durante toda a campanha, muitos de seus editoriais atacaram o PT, evidenciando uma relutância em reconhecer a legitimidade da atuação do partido na batalha política central de 2002.[99]

Ao contrário dos editoriais, as matérias do *Estadão* carregavam uma carga ideológica menor, mostrando-se menos preconceituosas em relação aos anos anteriores e refletindo o aumento do profissionalismo da mídia. Isso resultou na publicação pelo jornal de artigos mais "neutros" e outros "positivos". Certas matérias do *Estadão* enfatizaram ainda a histeria do mercado, algo que de fato

98 Exemplos: "CNI e Fiesp: Resistência a Lula Diminuiu" (*O Globo*, 24/04/2002); "Na Fiesp, Lula Ataca Ciro e Passividade de Empresários" (*Folha de S.Paulo*, 31/07/2002); "Eleitorado Liga Lula a Empregos e Serra a Saúde" (*Folha de S.Paulo*, 04/08/2002) e "Malan: 'Mercado é Ignorante'" (*Jornal do Brasil*, 27/09/2002).

99 Exemplos: "A Ética Ultra-Light do PT" (30/08/2002), "A Inoportuna Soberba de Lula" (02/10/2002) e "A 'Precificação' de uma Vitória de Lula" (19/09/2002), veja Bibliografia.

ocorreu em 2002.[100] Outras examinaram as divisões ideológicas na disputa daquele ano, com o caos social sendo atribuído a uma possível vitória do PT, em contraste com a postura racional de Serra.[101] Os editoriais dos jornais atacaram o partido, em "A Ética Ultra-light do PT" (*O Estado de S. Paulo*, 30/08/2002), que criticou a atitude hipócrita de "superioridade moral" assumida pela legenda em decorrência das alianças que esta estava formando com políticos da velha oligarquia. O editorial criticou essa posição ao argumentar que o partido não estava sendo fiel a seus próprios princípios, uma crítica que também foi orquestrada por setores radicais do PT e por outras lideranças, evidentemente por razões ideológicas bem distintas.

Em comparação a 1994, os assuntos que circularam durante a campanha política de 2002 acentuaram mais a dívida social brasileira, com os principais jornais publicando matérias sobre pobreza, saúde e o que Fernando Henrique havia feito nesta área.[102] A prática adotada pelos grandes jornais de convidar os políticos para debater com leitores no auditório dos jornais, como fizeram *O Globo*, *O Estado de S. Paulo* e *Folha*, em 2002, começou a tornar praxe. *O Globo* publicou matérias sobre a reação do mercado com o PT, procurando evitar no entanto a disseminação do discurso da histeria de mercado.[103] Essas foram algumas das matérias mais coerentes publicadas no jornal *O Globo*, bem diferente do material de 1989 que, como vimos, incluía diversos textos que enfatizavam o "radicalismo" de Lula e do PT, e que refletiam uma série de tensões que de fato existiam na época.[104]

100 Exemplos: "Petista Não Assusta Mais a Fiesp, Mas Não Convence" (31/07/2002), veja Bibliografia.

101 Exemplos: "Tucano Aposta em 'Lealdade e Companheirismo'" (18/07/2002); "Tucano Acusa Rival de Covardia e de Apoiar a Ditadura" (01/09/2002) e "'Se o PT Ganhar, o MST Vai Invadir', diz Roriz" (22/10/2002).

102 Exemplos: "Planos Expõem Desafio Social Maior Que Soluções" (*O Estado de S. Paulo*, 14/07/2002) e "País de FHC Concentra Renda; Gasto Social Evita Mais Pobreza" (*Folha de S.Paulo*, 17/10/2002), veja mais na Bibliografia.

103 Exemplos: "FH e Oposição Reagem a Soros, Que Diz Que, Para o Mercado, ou É Serra ou É o Caos" (*O Globo*, 09/06/2002) e "'Não Temos Medo de a Oposição assumir o Poder, diz Empresário'" (*O Globo*, 13/06/2002).

104 Exemplos: "PT Quer Lula com um Discurso Radical" (*O Globo*, 30/08/1989), veja Capítulo 3.

Já a *Folha* assumiu um tom mais crítico, acabando por produzir uma cobertura no geral bem profissional.[105] O fato de que Lula oscilava entre discursos diferentes, articulando para atrair a comunidade empresarial enquanto mantinha os votos dos fiéis militantes partidários foi examinado no texto "Os Dois Discursos de Lula" (*Folha de S.Paulo*, 02/09/2002). Este texto utilizou de ironia para ressaltar como o candidato do PT estava cortejando banqueiros, ao mesmo tempo que investia no discurso "contra a elite pervertida brasileira". Essa crítica também foi amplamente destacada por setores do PT, bem como por rivais políticos, por razões diferentes. "Em frente das massas ele se refere à mesma elite econômica que ele está tentando se aproximar para ganhar, usando um discurso agressivo que é elogiado por militantes petistas", afirmava o texto.

Os editoriais do *Jornal do Brasil*, por outro lado, não atacaram o PT de forma tão dura como fez o *Estadão*.[106] O editorial "Medo e Equilíbrio" (19/09/2002) mencionou como o PT havia errado pouco na campanha, classificando também de exageradas as reações do mercado: "Na hipótese de uma vitória, se o mesmo equilíbrio for confirmado na presidência da República, é possível que os temores do mercado financeiro se mostrem totalmente injustificáveis. O mercado é flexível. Ele se adapta às circunstância". Apesar das demonstrações claras de preferências pessoais e políticas assumidas por alguns donos da mídia em muito de seus editoriais, a imprensa de uma forma geral em 2002 favoreceu a exatidão e a interpretação, com muitos jornalistas, no geral, servindo mais como *mediadores* do debate político do que só reprodutores de visões do *establishment*, ou defensores ainda dos interesses particulares das chefias da grande mídia.

OS JORNALISTAS E AS ELEIÇÕES DE 2002

A maioria dos jornalistas elogiou o papel da mídia nas eleições presidenciais de 2002, sublinhando o crescimento do equilíbrio

105 Exemplos: "Lula Apóia Acordo com FMI, Mas Culpa o Governo Por Crise" (08/08/2002); "Serra Investe contra 'Lulinha Paz e Amor'" (10/09/2002) e "Discurso de Lula Não É de Esquerda, Diz MST" (16/09/2002).

106 Exemplos: "Medo e Equilíbrio" (19/09/2002); "Mais Transparência" (11/10/2002) e "Esperança Sem Medo" (29/10/2002).

na reportagem política e o aumento da maturidade profissional adquirida pelos jornalistas, algo que, no entanto, ainda falta ser consolidado com mais ímpeto nas grandes redações da imprensa brasileira. Apesar de muitos terem argumentado que a mídia se portou de forma mais simpática em relação a Lula do que em comparação com as eleições anteriores, equilibrando mais na arena midiática uma maior multiplicidade de interesses conflitantes e de lutas que existiam na sociedade brasileira, este fato por si só não pode ser visto como sinônimo de apoio total à candidatura petista.

Singer afirmou que a coalizão do PT com o centro contribuiu para reduzir os temores das elites:

> Em termos gerais, a imprensa cobriu as eleições de 2002 com alguma neutralidade. A aliança com o centro [...] ajudou a acalmar as descrenças [o que] contribuiu para criar um ambiente adequado [...]. Lula ganhou porque conseguiu atrair um segmento significativo do eleitorado de centro que estava infeliz com o governo do Fernando Henrique, e que pensou que era a hora de dar uma chance ao novo.

Luis Nassif, à época colunista da *Folha*, declarou que a mídia agiu com responsabilidade, apesar da reprodução do discurso de "histeria do mercado":

> Quando você vê as eleições de 2002, a imprensa sucumbindo ao discurso do terrorismo de mercado, [...] foi no geral a cobertura mais neutra que a gente teve nos últimos anos. Não houve maiores escândalos. Neste sentido, a imprensa é muito mais responsável, o "denuncismo" de antes não está mais lá. Neste sentido, você vê nos anos 90 um crescimento importante da maturidade, e os jornais mais preocupados com a qualidade.

Ricardo Kotscho, ex-assessor de imprensa de Lula, ressaltou ainda como o profissionalismo jornalístico foi essencial na cobertura:

> O relacionamento com a imprensa foi mais civilizado em 1994, 1998 e 2002. Em 2002, nós tivemos uma campanha que, pela primeira vez, não viu a grande imprensa ter um candidato contra todos os

> outros. Foi uma cobertura profissional. Não foi neutra porque isso não existe, mas ela esteve próxima disso. E os únicos dois veículos que apoiaram abertamente candidatos foram o *Estadão*, que apoiou o Serra e a *Carta Capital*, que apoiou o Lula.

Bernardo Kucinski, outro ex-assessor de imprensa do primeiro mandato de Lula, afirmou que a imprensa aceitou a "inevitabilidade" da eleição do petista:

> A imprensa não apoiou Lula. Eles mencionaram muitas vezes como os seus 30% de intenções de voto nas pesquisas estava caindo. A questão era quem iria derrotar o Lula. Foi por isso que houve uma concentração de forças nele, e ele foi esperto e fez alianças [...]. Ele contratou o melhor marqueteiro (Duda Mendonça) do país [...] e fez uma campanha para ganhar.

A cobertura da TV Globo, por exemplo, foi também bastante aplaudida por acadêmicos e jornalistas, como Alberto Dines, Nilson Lage e Eugênio Bucci, devido à seriedade de sua reportagem política. Lage (2002)[107] afirmou que a insatisfação das elites com a forma que foi feito o programa de privatização durante as administrações de Fernando Henrique e a expansão e o fortalecimento do treinamento intelectual dos jornalistas culminaram numa melhor cobertura televisiva. A mídia foi capaz de entender melhor os erros das campanhas anteriores, como o debate de TV realizado durante a campanha de 1989, e estender a aplicação do profissionalismo na redação.

O jornalista veterano Alberto Dines salientou como a imprensa ganhou maturidade em 2002:

> A imprensa soube que ela tinha de se comportar corretamente porque a sociedade tinha apreendido como observá-la. A TV Globo fez um debate com um rigor cirúrgico que fez até a cobertura tornar-se entediante. Mas uma eleição não é um espetáculo. De certa forma, ela tem de ser entediante. A última eleição [2002] foi autocontrolada.

107 "Muito Longe do Perfeito". Em: Lide (Dezembro, 2002, p. 17-21).

Alguns jornalistas criticaram a cobertura mais neutra e técnica verificada nas eleições de 2002 em contraste com a reportagem política mais apaixonada e empolgada da campanha das Diretas-Já de 1984 e das eleições de 1989. Marcelo Coelho, membro do Conselho Editorial e colunista da *Folha*, que escreveu o editorial atacando Collor examinado no Capítulo 3, disse que houve pouca inovação em 2002:

> Em relação a Lula, a posição utópica que existia em 2002 era menos aquela de correção das desigualdades sociais, até por causa do impacto nas eleições do pânico do mercado. Foi a agenda do desenvolvimento industrial. Eu acho que ele ganhou com essa agenda burguesa, e menos com a agenda mais à esquerda que ele tinha antes, e que não o tinha elegido [...]. Neste caso, eu acho que a imprensa em 2002 não tinha muito a dizer. Foi a melhor cobertura no sentido de que, apesar do pânico do mercado, todo mundo meio que aceitou que o Lula iria ganhar. A imprensa se concentrou em eventos diários, e não havia nada de muito imaginativo. Com a imprensa ou sem a imprensa, parecia que seria a mesma coisa. O tempo passa e eu acho que a cobertura política tornou-se menos interessante.

A declaração de Marcelo Coelho aponta para a perda de criatividade que pode surgir devido ao investimento na realização de uma cobertura mais profissional, um assunto examinado em maiores detalhes no Capítulo 6. Apesar das alegações de que o regime de objetividade na mídia não estimula o engajamento cívico, em 2002 a mobilização pública estava bastante alta. De maneira semelhante às demonstrações que tomaram as ruas das principais capitais do país durante as Diretas, em 2002 havia muita agitação nas ruas e expectativa de segmentos da população de que uma vitória da esquerda poderia promover mudanças sociais e econômicas. Tal clima foi evidente e ocorreu independentemente de ou apesar das práticas militantes jornalísticas nas redações, sendo mais o resultado de uma série de fatores sociopolíticos e históricos ligados diretamente ao processo da democratização do país. A mídia respondeu a esses anseios através da combinação de um *ethos* de responsabilidade social com um maior profissionalismo jornalístico.

Dito isso, as maneiras como tanto as práticas do ativismo político como as rotinas do jornalismo profissional contribuíram para avançar a democracia são pontos discutidos no próximo capítulo, ao lado do debate travado sobre as culturas do jornalismo liberal e o impacto na promoção das mudanças sociais e políticas no Brasil. A influência do petismo dos jornalistas brasileiros em 2002 teve um efeito relativo, exercendo talvez um papel secundário em um contexto no qual outros fatores externos tiveram mais peso e importância, como os fatores sociopolíticos e econômicos, além das próprias rotinas internas do profissionalismo jornalístico e da objetividade. Pois parece evidente que nenhuma dessas práticas jornalísticas, sejam as profissionais ou militantes, teriam de fato garantido a eleição de qualquer candidato, ou de Lula por sinal, se o petista não tivesse buscado uma relação de compromisso com o mercado financeiro, que no final acabou lhe dando o sinal verde, "estampando" a "legitimidade" das eleições de 2002, algo que nenhum petista ou jornalista não-petista, marqueteiro, estrategista eleitoral, profissional liberal ou os eleitores desprivilegiados da sociedade brasileira tinham a capacidade de fazer.

LULA E AS FORÇAS DE MERCADO: O NAMORO COM O MUNDO EMPRESARIAL E AS MATÉRIAS DE *VEJA*

A necessidade de Lula e do PT adquirirem credibilidade junto às elites para assegurar a eleição tornou-se transparente nas páginas dos jornais principalmente a partir de maio, quando matérias sobre os temores do mercado começaram a ser publicadas nos jornais e revistas. O texto publicado por *Veja*, "Por Que Lula Assusta o Mercado" (22/05/2002), exemplificou tais tensões. A capa mostrou uma linha conhecida como o "fator risco-Brasil", um tipo de termômetro de avaliação da capacidade de cada país honrar as suas dívidas. A linha apareceu subindo e colidindo com outra, que representava o aumento das intenções de voto em Lula. Abaixo da colisão das duas, Lula apareceu no alto da direita da página olhando levemente para cima, como se estivesse acompanhando com atenção a possível batida das duas linhas a qualquer momento, e mostrando-se preocupado com isso.

Duas matérias de quatro a cinco páginas incluídas nessa edição, "Empresários na Agenda de Lula" e "O Que Eles Temem em Lula", debateram esses conflitos. A primeira mencionou como Lula tinha o mesmo número de intenções de voto que em maio de 1994 (42%), quando FHC começou com 16%. Apesar de o número de votos de Lula em maio de 2002 guardar semelhanças com os de 1994, um texto enfatizou como a situação anterior nunca tinha favorecido o PT tanto como estava favorecendo naquele momento. O *feature* lembrou como Lula em 1989, de acordo com assessores de imprensa, não teve reuniões muito importantes com o grande empresariado. O seu diário de campanha tanto de 1994 quanto de 1998 incluía encontros com representantes de setores populares da sociedade e viagens ao Nordeste. Em 2002, no entanto, bancos de investimentos líderes no mercado, incluindo o Citibank e o Deutsche Bank, estavam em lista de espera para vê-lo.

Ao contrário de Fernando Henrique Cardoso, que em 1994 se beneficiou do real, José Serra em 2002 não era um nome popular e de unanimidade no PFL, sem ter nada de substancial para apresentar ao eleitorado. Serra também estava numa posição desconfortável, aparecendo como o candidato oficial num momento em que o desencanto com o governo de FHC mostrava-se elevado. De acordo com o texto, Serra não estava indo bem na campanha, deixando as elites ansiosas. "A percepção de que as coisas não estão indo bem para o tucano tem produzido um clima de tensão nas elites, que certamente não se incluem na massa de 42% de pessoas que estão com Lula. Eles são empresários, banqueiros, investidores – o chamado 'mercado', cujos nervos ficam abalados a qualquer subida do petista nas pesquisas", afirmou a revista. Aqui parece claro que a *Veja* estava reforçando as ansiedades do mercado financeiro, uma facção da chamada elite brasileira, da qual fazem parte também industriais, intelectuais e profissionais liberais, obviamente pertencentes às classes altas e médias brasileiras.

Em 2002, em contraste talvez com 1989, o PT não representava mais uma "população de massa" composta somente de "petistas radicais" ou representantes do Movimento Sem Terra (MST). Na época, a plataforma petista tinha como meta representar também as insatisfações de importantes segmentos das classes médias, que queriam uma maior democratização do país e maior justiça social, e que viam na candidatura Lula a possibilidade de realizar algumas mudanças significativas no Brasil – os mesmos sentimentos quando da candidatura de FHC em 1994. Assim, o fato de que havia interesses em choque no interior dos principais grupos das elites brasileiras em relação ao desejo de mudança era, de acordo com essa matéria, algo que não merecia ser explorado em maiores detalhes no texto. Isso foi visto como de menor importância do que a exigência colocada em cima de Lula e do PT para que reafirmassem o compromisso com as leis nacionais e internacionais do capitalismo, assuntos ideológicos enfatizados de forma exagerada na maioria das matérias de *Veja*, num momento em que a filosofia do partido estava deixando de ser socialista.

Da mesma forma que em 1994, a revista *Veja* conseguiu produzir um certo número de artigos consistentes sobre a disputa de 2002. No entanto, a maioria das matérias publicadas durante toda a campanha, assim como o artigo de maio examinado acima, adotava uma posição mais corporativista e de defesas dos interesses financeiros.[108] Fora isso, alguns de seus textos mais preconceituosos sobre as eleições de 2002 utilizavam um tom semelhante a dos artigos publicados em 1989.[109]

Também no primeiro texto, "Empresários na Agenda de Lula", um box colocado ao pé da página fazia um histórico das transformações ocorridas na imagem de Lula nos últimos anos, apontando para algumas pequenas fotos das aparições do candidato do PT na televisão desde 1989. A retórica radical proferida por Lula naquele ano foi justaposta a sua nova imagem sentimental e chorosa que emergiu em 2002, aquela do político que "ama a todos" e não está mais disposto a comprar brigas e a ser tachado de sectário. O segundo artigo, "O Que Eles Temem em Lula", focou na ambigüidade do discurso de campanha do PT. Mencionou como o documento "A Ruptura Necessária", um texto político organizado por Antônio Palocci – que viria a ser ministro

108 Exemplos: "Deu Trabalho, Mas Lula Atraiu o Capital" (26/06/2002); "O PT Está Preparado Para a Presidência?" (25/09/2002) e "Eles Lularam na Fase Final" (02/10/2002).

109 Compare por exemplo a matéria "A Hipótese de Lula" (*Veja*, 29/11/1989) com "O Que Querem os Radicais do PT" (23/10/2002). Veja Capítulo 3 para mais artigos.

da Fazenda em 2003, e foi por muitos anos uma das estrelas do PT –, advogava uma ruptura com o atual modelo econômico. O documento seria possivelmente revisto, conforme destacava a revista. "Enquanto se aproxima a hora da votação, o PT começa a ficar menos intervencionista", salientava a matéria. O texto explorou as ambigüidades da posição do PT *em relação à economia*. Dez empresários foram entrevistados aqui. A maioria assinalou as disparidades entre o que Lula estava garantindo publicamente em relação ao seu compromisso com o ideário econômico liberal e as visões de vários militantes petistas, que exigiam uma ruptura econômica imediata.

O texto de *Veja* parecia claramente sugerir que a aceitação pelo mercado financeiro do candidato do PT era a exigência para o político ser legitimado como o representante deste setor. Isso permitiria assim a consolidação final do consenso de elite que estava se formando em torno da candidatura de Lula, algo em processo de construção e ampliação entre diversos segmentos das classes médias do país. O fato de que Lula estava dando voz a uma série de insatisfações de representantes desses segmentos não foi, no entanto, levado muito a sério pela revista, devido à distância entre ele e o mercado financeiro. Este texto reforçou alguns dos temores da época, num momento em que a resistência das elites em relação a Lula e ao PT encontrava-se em queda. Na matéria de *O Globo*, "CNI e Fiesp: Resistência a Lula Diminuiu" (24/04/2002), publicada em abril, portanto antes do texto de *Veja* (do mês de maio) analisado acima, os presidentes dessas federações de indústria afirmaram que a resistência que existia na classe empresarial havia sido reduzida no contexto da formação da aliança capital-trabalho pelo PT. Essas declarações foram feitas em meio ao anúncio da assinatura de um documento pela classe empresarial, o qual defendia a necessidade de crescimento econômico, exigindo também a queda da taxa de juros.

Preocupações ideológicas também emergiram em relação ao nível de compromisso da oposição com as regras do capitalismo brasileiro. A matéria "Até o PT Está com Medo" (*Veja*, 19/06/2002) saiu num momento em que Lula já tinha consolidado a sua liderança. Em março e abril, ele pulou de 24% para 35% nas intenções de voto. Aqui, Lula aparecia numa foto ao lado do ex-presidente

Itamar Franco, seguido de um texto que destacava como o candidato do PT procurava por aliados em todos os lugares. *Veja* listou ainda alguns dos problemas enfrentados pelo PT, enfatizando que o clima de insegurança não era restrito aos investidores, mas "até as classes médias que investem e têm as suas poupanças". "Calcula-se que, de cada cem eleitores do candidato petista, somente um pertença à fatia mais afluente da classe média", afirmou a revista, algo que em 2002, como argumentado anteriormente, não era inteiramente verdadeiro.

Assim como o outro artigo publicado em maio, essa matéria parecia ignorar os rachas nos grupos de classe média e alta em torno da melhor proposta para o país, fora o fato de que a filosofia política do PT estava se expandindo por dentro de vários setores da sociedade, independentemente dessas pessoas se verem como petistas ou não. Esses *features* se assemelharam a outras matérias publicadas pela *Veja* em 1989, como a examinada no Capítulo 3 sobre os empresários e os seus temores em torno de como ficariam as "poupanças das classes médias" e as "promessas de promoção no emprego" no caso de uma vitória de Lula.[110] "Até o PT Está com Medo" pareceu reviver o clima das eleições de 1989 em 2002, sinalizando para a profundidade dos preconceitos em relação às políticas de esquerda e aos segmentos mais pobres do país, apesar de o Brasil ter fortalecido o seu projeto democrático durante a década de 1990.

Outra matéria de *Veja*, "Deu Trabalho, Mas Lula Atraiu o Capital" (26/06/2002), investigou como o PT havia finalmente conseguido conquistar a comunidade empresarial através do estabelecimento da aliança com o industrial José Alencar (então no PL), de um partido considerado opositor político do PT. Lula apareceu na foto acima do texto com a sua cabeça abaixada, sorrindo e com as mãos no seu rosto, como se tivesse finalmente conseguido entender as razões que estavam impedindo o seu sucesso:

> Pela primeira vez em sua história, o partido de Lula deixa de ser uma ostra esquerdista nas eleições presidenciais [...]. Lula entrega

110 Exemplo: "Lula e o Capitalismo – as mudanças que o PT promete divide o país" (*Veja*, 29/11/1989). Veja o Capítulo 3.

> o lugar de candidato a vice em sua chapa ao senador José Alencar e abraça o Partido Liberal, uma legenda que tem o hábito de se aliar a forças como PFL, PPB [...]. O objetivo central desta união com o PL é transmitir ao eleitorado a mensagem de que Lula [...] deixou para trás o coração sectário.

A matéria da revista *Veja* enfatizou ainda que Alencar era apresentado na campanha como o "bom chefe" que o Brasil necessitava porque oferecia assistência médica e dentária a seus "16.500 empregados, além de educação para os seus filhos". No entanto, o texto declarou que Alencar não fingia ser nenhum São Francisco de Assis entre os industrialistas, e que a sua empresa pagava estritamente preços de mercado.

Conti argumentou que o acordo entre o governo e o FMI, que ocorreu em julho, foi um momento-chave da campanha de 2002. A partir dali, Lula começou a ser legitimado pelo mercado, não sendo visto mais como uma barreira ao desenvolvimento capitalista: "Todos os candidatos concordaram com o acordo do FMI. Depois disso, Lula começou a ser visto como confiável. Mas o PT foi colocado em seu lugar. A adaptação à socialdemocracia na Grã-Bretanha durou cem anos, o PT converteu em três", disse Conti, indicando como o PT foi colocado sob intensa pressão. A assinatura do acordo com o FMI foi sem dúvida um ponto de virada. No dia 30 de julho, quando o dólar subiu para R$ 3,19, na época o maior aumento desde janeiro de 1999, o governo desvalorizou a moeda, iniciando outro acerto financeiro com o FMI, estipulando que US$ 6 bilhões seriam liberalizados em 2002 e US$ 24 bilhões, em 2003.

Fernando Henrique e o ex-ministro da Fazenda, Pedro Malan, agiram principalmente para garantir que os candidatos da oposição mantivessem um compromisso com a continuidade das políticas econômicas, como a necessidade de se ter um superávit de 3,75% do PIB de 2003, algo que acabaria funcionando como uma espécie de camisa-de-força que limitaria a capacidade de gasto do futuro presidente. Após o acordo, o mercado financeiro também experimentou nervosismo com os rumores sobre a possível retirada da candidatura do PSDB, o que acabou não sendo verdade. Ao mesmo tempo, FHC e Malan agiam como bombeiros, "acalmando" o mercado e defendendo o modelo econômico adotado.[111]

Em meados de agosto, Fernando Henrique Cardoso começou a surgir como um negociador hábil entre os candidatos da oposição e o mercado, oscilando durante toda a campanha entre ataques ao PT, a campanha tímida em prol de Serra e a emissão de elogios esporádicos a Lula.[112] Apesar das críticas da oposição, o acordo do FMI foi considerado inevitável, devido à instabilidade econômica do país. Na matéria "Ajuda ao País Anima Bolsas nos Estados Unidos e na Europa" (*O Estado de São Paulo*, 09/08/2002), a oposição criticou o acordo. Lula assumiu um tom moderado, argumentando que a negociação era inevitável, e que o austero pacote do FMI, com a sua exigência de superávit de 3,75% do PIB até 2005, acabaria funcionando como uma restrição ao futuro governo. Ciro Gomes foi o candidato mais crítico, afirmando que estava "chocado" com a cobertura dada pela mídia a um acordo que só iria aumentar a dívida do Brasil.[113]

Após a assinatura do documento, em agosto Lula começou a reforçar a sua influência na comunidade empresarial. A matéria "Fazendeiros, Fiesp e Febraban – O candidato do PT faz um desinibido cortejo às elites e arranca aplausos de platéias que antes lhe eram hostis" (*Veja*, 28/08/2002) enfatizou como muitos empresários iriam votar em Lula, afirmando em seguida que o "sapo barbudo assusta cada vez menos". Até em 1994, Lula era considerado por esse mesmo público alguém intratável, um retrato que começou a mudar a partir principalmente de 2002. Mencionou ainda como uma eleição informal havia sido feita num encontro com economistas de bancos estrangeiros, com Lula ganhando com 11 dos votos contra quatro dados a Ciro.

111 Exemplos: "FHC Ataca Mercados, Que Ele Chama de Destruidores" (*O Estado de S. Paulo*, 27/07/2002) e "Ganância, Medo e Ignorância Movem o Mercado" (*O Estado de S. Paulo*, 27/09/2002).

112 Exemplos: "Brasileiros Podem Votar Sem Medo, diz FHC na Argentina" (*Folha de S.Paulo*, 06/07/2002) e "Sem Serra, FHC Apóia Lula, diz PT" (*Folha de S.Paulo*, 19/07/2002).

113 Exemplos: "Acordo com o FMI Não Seduz a Oposição" (*Folha de S.Paulo*, 30/07/2002); "Para Serra, Negociação com o Fundo É Positiva" e "Lula Critica, Mas Diz Que o Pacote É 'Inevitável'" (*O Estado de S. Paulo*, 09/08/2002) e "Ciro: 'País Está de Joelhos'" (*Jornal do Brasil*, 19/08/2002).

"O Partido dos Trabalhadores tem apreendido pela experiência que governar é diferente do que ser do contra [...] e disputar a preferência do eleitor não é a mesma coisa que inflamar uma assembléia de grevistas mal-humorados", disse o texto, mais uma vez fazendo uso de imagens estereotipadas e clichês em relação às greves.

O texto contrastou a imagem de Lula de 2002 ao seu discurso de 1994, quando ele "dizia que o Plano Real era um estelionato eleitoral, pregava o calote na dívida externa e dizia que a Federação Brasileira de Bancos (Febraban) era um dos setores mais atrasados da sociedade. Hoje defende o cumprimento de metas de superávit fiscal [...] e aboliu palavras como 'ruptura' e 'socialismo'. Recentemente, [...] ele foi bem recebido na Federação das Indústrias do Estado de São Paulo, meca do empresariado, e na Bolsa de Valores de São Paulo, aquele lugar satanizado pelo PT [...]. Lula também conversou com fazendeiros [...]. Quem iria imaginar", continuou o *feature* de forma irônica. Lula de fato visitou a Fiesp em 1994 e foi bem recebido, como vimos, apesar de os medos em relação ao PT terem sido maiores realmente em 1994 do que eram em 2002.[114]

Próximo ao dia da eleição, o artigo "Eles Lularam na Fase Final" (*Veja*, 02/10/2002) mencionou como empresários oportunistas e políticos decidiram pegar carona na campanha do PT no último minuto. "Faltando poucos dias para as eleições, todos eles (empresários) descobriram uma súbita afinidade com o ideário petista", informou a matéria. Essa era talvez a primeira vez que a revista admitia divisões dentro dos grupos de elite da sociedade brasileira por causa de desentendimentos econômicos. O texto, no entanto, não continha essas exatas palavras. "No meio empresarial, as razões das adesões a Lula têm versões diferentes e uma razão de fundo comum: a desilusão com a candidatura de Serra, que não decolou [...]. Entre os empresários neopetistas, todos reclamam da política econômica do governo, especialmente no setor industrial, que se sente preterido em favor do mercado financeiro", destacou a matéria.

114 Exemplos: "Empresários Elogiam Lula na Fiesp Mas Criticam o PT" (*O Globo*, 20/09/1994). Veja Capítulo 4.

Em 2002, o PT já representava os desejos de um segmento significativo das classes médias e altas da sociedade brasileira tanto por mudança como por continuidade. Como indicam esses textos da revista *Veja*, o apoio do empresariado foi baseado no desejo de ver um salto de competitividade no mercado nacional, que acabaria resultando na exigência pela formação da aliança capital-trabalho.

Membro do Conselho Editorial e colunista da *Folha*, pela qual exerceu também a função de repórter de política, Gilberto Dimenstein afirmou que os empresários paulistas com uma mentalidade de responsabilidade social formaram o principal grupo do empresariado que ficou ao lado de Lula em 2002:

> O que estava sendo discutido era a responsabilidade social [...]. Então você coloca isso junto ao papel do Estado em crise, com a percepção de que o empresário pode complementar isso. Esta idéia é quase 100% proveniente de São Paulo. Aqui estão os principais empresários, que foram influenciados pela Câmara de Comércio Americana, que trouxeram esta noção dos Estados Unidos [...]. Havia esta idéia no Rio também [...]. Xerox, Shell, Esso [...]. Esta visão [...] foi a mesma encontrada nos empresários que deram sustentação ao Lula.

Foi precisamente esta visão de Lula como um político socialdemocrata que defendia um capitalismo responsável, mas competitivo, que dominou as diversas representações do candidato do PT na imprensa em 2002, debates desenvolvidos nas seções seguintes.

LULA NA IMPRENSA: EM DIREÇÃO A UM CAPITALISMO "HUMANISTA"

Nas suas buscas por realizar uma cobertura equilibrada, e também em conseqüência do crescimento da aceitabilidade do discurso de Lula pela opinião pública, a maioria dos jornais da grande imprensa e a revista *Isto É* pintaram uma imagem do petista, em 2002, como um político honesto que queria dar ao capitalismo brasileiro uma cara mais "humana". Alguns dos textos publicados pela *Isto É* sobre as tensões do mercado enfatizaram o aumento do interesse dos empresários por Lula.[115] Uma matéria publicada mais no início do ano, "Os Flertes de Lula" (01/05/2002), incluía uma declaração do então presidente da Fiesp, Horácio Lafer Piva, que dizia que o principal motivo de preocupação entre os empresários em relação ao PT já não existia mais. O *feature* também mostrou coerência na análise do aspecto ideológico, mencionando como o partido havia caminhado rumo ao centro, conseguindo contornar a relutância do mercado em apoiá-lo. De acordo com a revista *Isto É*:

> O empresário que passa pela avenida Paulista [...] mostra-se disposto a buscar uma relação próxima com o candidato do PT [...]. Após governar várias cidades em muitos estados, o PT não assusta mais o capital internacional. As intenções de voto registradas nos institutos de pesquisa, a moderação da agenda política e socioeconômica e a estagnação da candidatura oficial de José Serra fizeram do petista um candidato bastante requisitado. Até inimigos históricos, como os tradicionais políticos Antônio Carlos Magalhães [...] estão admitindo que irão votar em Lula.

Um outro artigo da *Isto É*, "Lula Não Assusta Mais" (14/08/2002), foi uma matéria mais positiva que definiu a plataforma política do PT como uma proposta a favor de um projeto de "capitalismo humanista" para o país. Analisou ainda o impacto da ligação selada entre o capital (a bolsa de valores/o patrão) e o trabalho (PT/trabalhador). Na capa, lia-se: "Com a proposta de um capitalismo humanista, o candidato petista recebe elogios da imprensa internacional conservadora, é aprovado num debate na Rede Bandeirantes e é aplaudido na Fiesp e na Bovespa (a bolsa de valores de São Paulo), onde antes ele era um sapo barbudo difícil de engolir". Lula apareceu na capa da revista de forma alegre, sorrindo. Dentro, uma foto mostrava o petista cercado por três empresários, todos olhando de forma atenta para ele. Um deles era Ricardo Magliano, presidente do Bovespa. Magliano disse que a visita de Lula à instituição havia sido um momento histórico. "Após ter sido bem-recebido pela Fiesp no dia 30 de julho, foi a vez do mercado satisfazer a sua curiosidade [...].

115 Exemplos: "Lula Quebra o Gelo" (07/08/2002) e "Lula Não Assusta Mais" (14/08/2002).

Na Bovespa, ele provocou frisson [...]. Foi a primeira visita de um candidato presidencial de esquerda em 113 anos da existência da bolsa de valores", apontava a matéria.

Um box foi incluído no lado esquerdo, no topo da primeira página contando a história do primeiro patrão de Lula, Miguel Serrano, que disse que votaria no petista. "Alguém que foi responsável aos 15 continua a sua vida inteira. Eu não voto nele porque eu fui o seu chefe, mas porque eu acho que ele é um líder, um político que luta pelo Brasil", explicou Serrano, que garantiu que não era um "comunista". Ainda imerso na dicotomia capital-trabalho, outro box no lado de baixo da página apontou para outros dois capitalistas, Henry Ford e Franklin D. Roosevelt. O primeiro foi classificado como o "bom patrão" e o segundo, como o "pai dos desempregados". O box publicado na página do lado enfatizou a transformação da filosofia política do PT, com a perspectiva marxista sendo substituída pelo *approach* keynesiano. A matéria lembrou como a Europa da pós-Segunda Guerra Mundial fez uso das idéias keynesianas sobre a intervenção do Estado na economia como forma de garantir a criação de um Estado do Bem-Estar Social, acrescentando ainda que a maioria dos membros do PT era composto de socialdemocratas que pensavam em aplicar essas idéias ao Brasil. Tais discursos indicavam uma análise mais sólida, apresentando ao leitor a complexidade do dilema que a esquerda estava enfrentando no Brasil em 2002, e evitando assim reproduzir visões que meramente enfatizavam a retirada de palavras como "ruptura" da agenda econômica.

O *Jornal do Brasil* também conseguiu conduzir uma cobertura equilibrada.[116] Uma matéria positiva do *JB* sobre Lula e o PT era "Lula Vira o Xodó dos Empresários", que fez uso da ironia para produzir no geral uma válida análise da conjuntura política da época. O discurso polido de Lula foi sublinhado no texto: "É uma cena que está se tornando cada vez mais comum [...] Lula [...] cercado por empresários com ternos e gravatas, cheios de *slogans* do PT, implorando para uma foto ao lado do novo ídolo

116 Exemplos: "Lula Vira o Xodó dos Empresários" (01/09/2002); "PT Quer Acalmar o Mercado" (14/10/2002) e "Desigualdade no Brasil É Aberração" (20/10/2002).

político". Textos como esse revelavam a formação de um consenso em 2002 bem diferente daquele que havia prevalecido em 1989. Apesar do tratamento crítico e correto de tais assuntos por parte da grande mídia, discursos que enfatizavam a histeria de mercado emergiram de forma mais explícita na fase final da campanha, em meio ao recrudescimento da retórica do "terrorismo econômico". Eles acabaram permeando as páginas dos jornais pouco antes da vitória de Lula nas urnas.

A DISPUTA PELO ESPAÇO DA CENTRO-ESQUERDA: QUEM É O NOVO "ANTI-LULA"?

Ao contrário de 1989 e 1994, quando o campo ideológico foi polarizado mais claramente entre os candidatos de centro-esquerda e centro-direita (Lula e Collor em 1989 e Lula e Fernando Henrique Cardoso em 1994 e 1998), as eleições de 2002 tinham candidatos competindo de forma acirrada para ocupar o espaço da centro-esquerda. Inicialmente, a clássica polarização entre Lula *versus* o candidato que representava o anti-Lula parecia ser um cenário que se impunha na corrida presidencial de 2002. Devido ao crescimento das pressões da sociedade por mais intervenção do Estado na economia para criar mais empregos e promover maior justiça social, a disputa de 2002 teve praticamente todos os candidatos competindo pelo espaço de Lula como o principal líder da oposição. Isso reduziu os divididos campos ideológicos entre a "direita" e a "esquerda" que haviam prevalecido nos pleitos anteriores, refletindo ainda o desejo do eleitorado por mudança e o crescimento do questionamento do modelo econômico. O Instituto Datafolha indicou ainda que ao menos 52% do eleitorado, contra 32%, queria um presidente da oposição.[117]

O posicionamento de Serra na campanha acabou por tornar-se ambíguo e esquizofrênico: ele se apresentou de um lado como o candidato oficial e por outro buscou manter uma distância em relação ao governo FHC, criticando a ortodoxia econômica e prometendo criar mais empregos. Ele embarcou numa disputa

117 Exemplos: "52% Preferem um Candidato da Oposição" (*Folha de S.Paulo*, 10/09/2002).

direta com Lula, que afirmou que iria dar impulso ao surgimento de novas vagas no mercado de trabalho. Assim, se o real foi o principal debate de 1994, o desemprego seria o principal motivo de inquietação em 2002.[118] A matéria "Cenário Padroniza Discurso de Candidatos" (*O Estado de S. Paulo*, 18/08/2002) sublinhou como todos os candidatos sabiam que tinham que posar como a "oposição responsável", defendendo propostas que pudessem contemplar tanto a transformação da sociedade como a continuidade do modelo anterior. "A maioria das propostas apontam para um governo tipicamente de centro-esquerda: austeridade na política fiscal, agressivo no mercado externo e mais presente na área social", dizia o texto. Assim, a plataforma político-econômica tanto de Lula como de Serra continha, de uma certa forma, pontos bastante parecidos.

O texto de seis páginas da *Veja*, "A Volta Que o Mundo Deu" (09/10/2002), indicou como tanto Lula como Serra estavam empenhados em reforçar a intervenção do Estado na economia. "Não se espera que o próximo governo repita [...] a receita liberal da gestão do presidente Fernando Henrique e do ministro Malan. Lula quer mais Estado na gerência da vida nacional [...]. Mas [...] ele não pretende inventar nada capaz de colocar em risco a estabilidade econômica [...]. Serra [...] fala com insistência em criar uma política industrial – proposta que o governo de Fernando Henrique jamais levou em conta." O artigo acrescentou ainda que Lula tornou claro o seu desejo por um Estado forte:

> Lula [...] deixa transparecer que pensa no Estado como uma entidade forte [...] e provedora do bem-estar social [...] seu programa faz uma distinção entre "democracia burguesa" e "popular", dando a entender que em seu governo o país tentaria transitar da primeira para a segunda [...]. Serra é a promessa da continuidade do governo atual [...] mas acha que o Estado deve agir como mola propulsora do desenvolvimento econômico.

118 Exemplos: "Guerra do Emprego Domina a Campanha" (*O Estado de S. Paulo*, 13/09/2002) e "Candidatos Prometem Avançar Mais" (*O Globo*, 22/09/2002).

A confusão e a ambigüidade ideológica foram elementos não-exclusivos do PT em sua luta para conquistar o mundo empresarial enquanto ainda mantinha os ideais de esquerda. Durante a maior parte da campanha, Ciro também tentou tomar o segundo lugar de Serra, com a mídia endossando a possibilidade em torno dele, principalmente nos meses de junho e julho. Serra e Ciro pareciam navegar em algum lugar entre os campos da esquerda e do centro, defendendo maior ênfase à questão social, mas ao mesmo tempo indicando a necessidade de cumprir as leis do capitalismo nacional e internacional. Na matéria do *Estadão* publicada ao lado de "Guerra do Emprego Domina a Campanha" (13/09/2002), Fernando Henrique Cardoso admitiu que o real não dera impulso ao aumento do emprego. O texto "Real Abriu Vagas, Mas Não em Número Suficiente, afirmou Cardoso" trazia Fernando Henrique respondendo às críticas em relação ao pequeno aumento no número de empregos, ao crescimento na concentração de renda e aos investimentos sociais durante os seus dois governos. Fernando Henrique dizia que empregos haviam sido criados durante o real, mas admitia que a quantidade não fora o suficiente.

Numa tentativa de posar como o novo anti-Lula, mas ao mesmo tempo buscando ocupar esta posição, Ciro Gomes começou a fazer uso de um discurso de centro-esquerda ambíguo. No final de julho, institutos de pesquisa declararam que ele poderia tomar o lugar de Lula.[119] Primeiro, a *persona* política de Ciro ainda não havia se definido no espaço da centro-esquerda, sugerindo a repetição do fenômeno Collor: Ciro, na direita, *versus* Lula, na esquerda. Muitas matérias publicadas pela imprensa sobre Ciro de fato ecoavam a agitação midiática que foi feita em torno de Collor.[120] Tais textos exploraram o surgimento de um jovem político do Nordeste que conseguira combinar na sua figura política indignação moral com agressividade. A matéria de *Isto É*, "Ciro Dispara" (31/07/2002), pintou um retrato positivo do estilo agressivo do candidato. Na capa, Ciro apareceu em cima de um foguete que ia em direção ao

119 Exemplos: "Ciro Se aproxima de Lula e Pode Ganhar no Segundo Turno" (*O Estado de S. Paulo*, 26/07/2002).

120 Compare matérias como "O Fenômeno da Pré-campanha" (*Jornal do Brasil*, 14/05/1989) e "A Estrela (Collor) Levanta Vôo" (*Veja*, 17/05/1989) com "Ciro Dispara" (*Isto É*, 31/07/2002).

céu: "candidato da Frente Trabalhista sobe 17 pontos em 45 dias, aproxima-se de Lula e provoca um terremoto na campanha de José Serra". A matéria dessa edição, "Furacão Ciro", examinou num tom ligeiramente eufórico como o candidato do PPS era um "fenômeno". "[...] ele se tornou o único candidato capaz de derrotar Luiz Inácio Lula da Silva no segundo turno, e por uma boa margem: 47% a 40%". O texto ainda usou a expressão "furacão", que lembrava os discursos articulados pela mídia sobre Collor quando ele começou a subir nas pesquisas em maio de 1989.

Em julho, a euforia da mídia em torno do candidato do PPS havia atingido o pico. *Veja*, com a matéria "Quem Vai Ser o Anti-Lula?" (17/07/2002), continha cores ideológicas parecidas com as identificadas no *feature* da *Isto É*, "O Espectro do Brizola" (22/03/1989). Uma foto de Ciro e Serra lado ao lado foi publicada na capa da *Veja* por cima de uma imagem de Lula que aparecia numa tela atrás dos dois. A matéria da revista de sete páginas, "A Luta Para Ser o Anti-Lula", enfatizou como a nova corrida eleitoral apontava um segundo turno com Lula na frente. A grande pergunta era quem tinha a força eleitoral para derrubá-lo. A perspectiva era de que o resultado final seria um quadro polarizado no campo ideológico, como havia sido o caso em 1989: "[...] os especialistas acreditam que esta disputa promete ser tão acirrada quanto a de 1989, quando Lula passou para o segundo turno com apenas 500.000 votos à frente de Leonel Brizola". O texto depois ressaltou como Ciro e Serra, competindo pelo segundo lugar, tinham procedência no PSDB, apesar de o primeiro ser visto com um certo preconceito por parte dos "esquerdistas convertidos ao credo socialdemocrata, como Fernando Henrique, Sergio Motta e José Serra. Ciro [...] é de uma família que pertence às estruturas de poder do Ceará há mais de 100 anos". Aqui é possível ver uma ligação sendo estabelecida entre Ciro e Collor e de Serra com FHC.

A partir do acordo do FMI em adiante, a agenda política de Ciro começou a enfatizar a necessidade de quebra com o modelo econômico devido ao recrudescimento do desemprego.[121] Na matéria

121 Exemplos: "Ciro Diz Que Não Vai Ser Domesticado Como Lula" (*O Estado de S. Paulo*, 14/08/2002).

"O Mercado Pode ir Para o Inferno. Eu Vou Fazer o Que Está no Meu Plano" (*O Estado de S. Paulo*, 15/08/2002), Ciro é apresentado como um candidato de várias faces. Na mesma edição, o pequeno texto "Nos Discursos, um Ciro para Cada Ocasião" apresenta Ciro primeiro como um candidato que critica o mercado num encontro com empresários em São Paulo. Numa conferência com analistas americanos de mercado, no entanto, promete respeitar contratos. "Um auditório com empresários em São Paulo e um grupo de analistas americanos ouviram na terça dois candidatos presidenciais, ambos chamados de Ciro Gomes. O primeiro disse que o seu rival Lula se deixou ser 'domesticado' pelo mercado, e deu a garantia de que com ele, isso não iria acontecer", revelou o primeiro parágrafo. "O segundo Ciro foi introduzido [...] a analistas de mercado americanos e brasileiros. Ele é um candidato que nunca pensou em [...] alterar as regras de entrada e saída da moeda estrangeira", continuou o texto.

Na outra matéria, no alto à direita, "Ciro se Irrita com Perguntas, e Jantar com Empresários e Banqueiros Termina em Briga", o candidato aparece como tendo pouca paciência. Na casa do empresário Ricardo Steinbruch, do grupo Vicunha, Ciro começou a brigar após afirmar categoricamente que "o mercado pode ir ao inferno. O que eu tenho que fazer está no meu plano". O candidato disse isso após responder à pergunta: "O que é necessário para acalmar o mercado?". O texto descreveu a sua irritabilidade: "O temperamento do candidato culminou em reclamações pela sala toda. Patrícia Pillar (a namorada de Ciro) [...]tentou acalmá-lo [...]. Não houve jeito. Ciro se sentiu ofendido e até disse: 'Eu vou cortar a minha mão antes de assinar qualquer papel com os banqueiros, foi aí que o público se silenciou".

Esses artigos sem dúvida marcaram o momento quando Ciro passou a não ser visto mais pelo mercado financeiro como uma alternativa a Lula. De acordo com o texto, após a exagerada declaração de Ciro sobre a sua vontade de cortar a sua própria mão, o público presente optou pelo voto em Lula: "E, de acordo com muitos que estavam presentes lá, ficou decidido: entre Ciro e Lula, Lula é o preferido". Assim, o ataque que Ciro proferiu ao mercado financeiro e a sua personalidade temperamental eventualmente contribuíram para a sua queda e a subida de Lula, embora a fase final da campanha de 2002 tenha sido marcada por debates acalorados e por discursos do "terror econômico" em virtude da possível vitória do PT nas eleições presidenciais.

A RETA FINAL DA CAMPANHA E O SIGNIFICADO DA VITÓRIA DE LULA

TEMPERATURAS ELEVADAS: ENTRE O "RADICALISMO PETISTA" E O "TERRORISMO ECONÔMICO"

A campanha começou a esquentar definitivamente no final de setembro e início de outubro de 2002, em meio à proximidade das eleições. Em setembro os jornais começaram a publicar cenários eleitorais conflitantes a respeito das chances de Lula ganhar as eleições.[122] No dia 6 de outubro, os brasileiros escolheram Lula e Serra para se enfrentarem no segundo turno. As temperaturas aumentaram, culminando em mais uma batalha de discursos ideológicos entre ambos os candidatos. O texto "Temperatura da Campanha Aumenta na Reta Final" (*O Estado de S. Paulo*, 18/10/2002) destacou como políticos, artistas e empresários de ambos os lados estavam embarcando numa guerra direta em resposta às declarações da atriz Regina Duarte, da TV Globo, de que ela temia um governo Lula. Isso fez a campanha ferver. Serra começou a intensificar os ataques ao PT, capitalizando na retórica de medo que existia na sociedade brasileira em relação a Lula em proveito próprio.[123]

Os jornais começaram a publicar diversas matérias nas quais sublinhavam vários pontos de insatisfação com o governo de

122 Exemplos: "Lula Está a um Passo da Maioria Absoluta" (*Jornal do Brasil*, 18/09/2002); "Lula Cai e Está Mais Longe de Ganhar no Primeiro Turno" (*O Estado de S. Paulo*, 21/09/2002) e "Com 49% dos Votos Válidos, Lula Está a um Ponto de Ganhar no Primeiro Turno" (*Folha de S.Paulo*, 29/09/2002).

123 Exemplos: "Serra Ataca e Diz Que País Pode Virar uma Venezuela Se Lula ganhar" (*Folha de S.Paulo*, 11/10/2002); "Serra Diz Que É Mais de Esquerda do Que Lula" (*O Estado de S. Paulo*, 16/10/2002) e "Para Lula, Serra Revive Arena e a 'Apologia do Medo'" (*O Estado de S. Paulo*, 22/10/2002).

Fernando Henrique, além de terem buscado discutir o seu legado.[124] Durante setembro e outubro, Lula mais uma vez se engajou em tentativas de pacificar o mercado, em meio à subida do dólar a níveis recordes, enquanto as declarações de FHC em público indicavam uma sustentação tímida da candidatura Lula, caso Serra não conseguisse chegar lá.[125] No texto "Lula Vai a Banqueiros para Tentar Acalmar o Mercado" (*O Estado de S. Paulo*, 28/09/2002), o candidato do PT preparava o anúncio de seu futuro time econômico: "Lula vai se encontrar hoje com banqueiros e empresários em São Paulo, em mais uma tentativa de acalmar o mercado financeiro [...]. Lula vai garantir que, se ele ganhar a disputa, ele vai anunciar o nome do presidente do Banco Central", destacou o *Estadão*. Uma matéria ao lado destacava como Lula havia se tornado o novo "chip azul" (*blue chip*, ação de primeira linha) do mercado financeiro: "Lula não assusta mais o mercado financeiro [...]. Para usar a linguagem comum da bolsa de valores: de uma ação rejeitada nas eleições de 1989, 1994 e 1998, ele se tornou um chip azul. Esta é a maneira que o investidor classifica a ação que tem o maior poder", disse o jornal, acrescentando que nove entre dez analistas de instituições nacionais e internacionais consultadas pelo *Estadão* afirmaram achar que Lula seria o futuro presidente do Brasil.

Os debates na imprensa a partir deste momento também deliberaram sobre a capacidade do PT de governar o Brasil. O texto "O PT Está Preparado Para a Presidência?" (*Veja*, 25/09/2002) examinou alguns dos erros do partido, que inclusive já haviam sido mencionados em outros editoriais do *Estadão*, como a questão da hostilidade de Lula aos banqueiros. O artigo de oito páginas "Cristãos-novos do Capitalismo", incluído na edição, é talvez um dos mais positivos artigos que a *Veja* fez sobre Lula e o PT. O texto sublinhou como "ninguém duvidava da vocação democrática do candidato do PT", frisando ainda a forma como Lula "[...] se comprometeu durante a campanha a manter intocados os fundamentos da estabilidade econômica [...]. Todo mundo reconheceu, a começar pelo próprio Lula, que o Brasil e o PT amadureceram".

124 Exemplo: "Aprovação do Governo FHC Cai para 23%" (*Folha de S.Paulo*, 22/09/2002).

125 Exemplos: "'Presidência Não Exige Diploma, Diz FHC'" e "Não Há Razão Para Tensão Pré-eleitoral" (*O Estado de S. Paulo*, 21/09/2002).

A matéria também criticou levemente as administrações de Fernando Henrique Cardoso, sinalizando para a existência de uma crise em seu governo, mas afirmando também que, durante os seus dois governos, as instituições brasileiras haviam evoluído enormemente. O artigo disse ainda que uma possível ruptura com a agenda econômica era algo inimaginável, e enfatizava a incapacidade do futuro presidente de modificar a ordem das coisas: "É impossível imaginar hoje uma volta ao padrão primitivo da ingerência absoluta do Estado na economia como ocorreu durante o regime militar [...]. Nada disso é sequer imaginável no Brasil atual, um país que, com todos os seus males, pratica as regras econômicas universais incontornáveis no mundo globalizado[...]. Neste ambiente, tornou-se minúscula a margem de manobra do presidente de qualquer partido disposto a engatar uma marcha à ré institucional no país". A *Veja* classificou a maioria dos membros do partido como socialdemocratas, explicando as transformações realizadas por Lula como um deslocamento apropriado e necessário em direção ao centro, e afirmando que isso não significava que a legenda havia abandonado as suas velhas convicções.

Temores em relação aos radicais do PT e a existência de "radicalismo" na sigla também foram assuntos bastante abordados nessa última fase, com Serra capitalizando nesses medos para os seus próprios propósitos políticos e ressaltando que o país poderia caminhar rumo à ruína no caso de uma vitória da esquerda. O fato de a atriz Regina Duarte ter participado da propaganda política de Serra, dizendo que "temia" um governo Lula, exemplificou a ascendência na fase final desses discursos ideológicos. Nas matérias "Para Lula, Serra Revive Arena e 'Apologia do Medo'" e "É Uma Campanha Direitista e Moralista, diz Dirceu" (O *Estado de S. Paulo*, 22/10/2002), Lula e o ex-presidente do PT, José Dirceu, acusaram Serra de estimular o surgimento do tipo de medo que havia existido durante a ditadura, quando os generais militares restringiram a população a ter somente uma opção de partido de oposição, o MDB. De acordo com Lula neste texto, a estratégia de propaganda de Serra não estava "contribuindo para a democracia ou para a politização da sociedade brasileira". O artigo também examinou a propaganda de campanha de Serra, apontando como o novo *slogan* falava sobre a "onda verde e amarela, mas não a vermelha". Dirceu apareceu no segundo texto classificando os ataques como uma "campanha moralista de direita", com Brizola declarando ainda que a ida de Lula à presidência representava um "sonho" para muitos brasileiros.

A revista *Veja* publicou também uma importante matéria que deixava evidente os temores que existiam na época em relação aos petistas radicais. Na matéria de sete páginas, "O Que Querem os Radicais do PT (23/10/2002)", o texto apontava que esses grupos, que formavam 30% da legenda, haviam permanecido calados durante a campanha a fim de ficar ao lado de Lula. A foto da capa mostrava um cão raivoso com três cabeças: uma de Marx, outra de Lênin e a terceira de Trotsky, todos com caras de bravos e cuspindo entre os dentes. A revista dizia que os radicais iriam possivelmente exigir que queriam ser ouvidos no futuro governo, principalmente sobre assuntos como "a expropriação da propriedade privada da burguesia; a transformação de empresas privadas em públicas; o silenciamento da imprensa (entendido através do eufemismo 'controle social dos veículos de comunicação'); a abolição final do mercado [...]. A recente conversão de Lula às regras do capitalismo soa como heresia imperdoável a esses apóstolos do socialismo".

Uma entrevista com a ex-senadora radical do PT, Heloísa Helena, criticando as alianças que o seu então partido havia firmado na campanha ("O Discurso Light do PT me Irrita") também foi incluído neste texto. Na matéria anterior, "O Caminho de Lula ao Poder" (09/10/2002), a revista já havia alertado também para as possíveis exigências futuras que poderiam ser feitas dos segmentos mais radicais do PT no caso de uma vitória de Lula: "[...] é possível que eles vão exigir que o presidente se comprometa com questões petistas históricas, como anular a dívida externa, rever os programas de privatização e combater o imperialismo americano", disse a revista.

De fato, tais preocupações pareciam um tanto exageradas, evidenciando um preconceito enraizado em relação a Lula e ao PT, e que emergira de novo com força até 2002. Visões desse tipo sinalizavam para as dificuldades de aceitação de uma democracia mais avançada e verdadeiramente saudável, baseada na existência do pluralismo político e na troca de idéias e de debates divergentes entre vários partidos com tendências muitas vezes conflitantes. Grupos de interesses sectários e menores também podem funcionar dentro do caldeirão dos partidos maiores e em meio às lideranças mais moderadas, e esses grupos menores podem exercer um papel até de nervos críticos, buscando questionar a raiz das desigualdades econômicas e clamando por maior justiça social em oposição às ações mais negociadoras dos principais líderes. Como vimos, no entanto, tal histeria de mercado não permeou toda a cobertura da mídia em 2002, com Lula tendo conseguido consolidar a sua imagem de socialdemocrata na sociedade brasileira e na campanha, um discurso que acabou por atingir o seu pico principalmente no momento da vitória.

LULA NOS JORNAIS COMO PRESIDENTE

Como era de se esperar, Lula ganhou as eleições no dia 27 de outubro de 2002. O petista recebeu uma cobertura entusiasmada e emocional por parte da grande imprensa; muitos dos preconceitos exagerados em relação ao PT diminuíram de forma significativa ou desapareceram totalmente.[126] Lula apareceu nas páginas dos jornais chorando e visivelmente comovido. Milhões de brasileiros lotaram as ruas das principais capitais do país para comemorar, de certo modo reproduzindo as cenas de cultura cívica e muito do clima de calor e entusiasmo verificado durante a campanha das Diretas-Já e, em menor grau, também durante as eleições de 1989.[127] A matéria da *Folha*, "Lula é Presidente", e

126 "País Elege Herdeiro de uma das Maiores Dívidas Sociais do Mundo" (*Jornal do Brasil*, 27/10/2002) e "Lula Lá" (*Jornal do Brasil*, 28/10/2002); "Lula É Presidente", "Petista Será o Primeiro Governante de Esquerda do país" e "'Brasil Votou Sem Medo de Ser Feliz', Diz Lula" (*Folha de S.Paulo*, 28/10/2002); "'É a Concretização de um Sonho', Festeja Lula" (*O Estado de S. Paulo*, 28/10/2002); "Emoção com o Resultado das Urnas" (*O Globo*, 28/10/2002) e "Lula Muda a História na Oposição" e "Os Vermelhos Chegaram ao Poder" (*Veja*, 30/10/2002).

127 I.e. "Petistas Tomam as Ruas Para Comemorar Vitória" (*Folha de S.Paulo*, 28/10/2002); "Brasil da Silva – O Capital Se Aproxima do Trabalho", (*Jornal do Brasil*, 28/10/2002); "'Eu Fui Eleito Pelo PT, Mas Eu Serei Presidente de Todos os Brasileiros'" (*O Estado de S. Paulo*, 28/10/2002) e "Familiares e Assessores de Imprensa Choram uma Vitória Esperada Há 13 Anos" (*O Globo*, 28/10/2002).

a do *Jornal do Brasil*, "Lula Lá", apontavam como o candidato do PT havia finalmente conseguido chegar à presidência no dia de seu aniversário de 57 anos.

No artigo "Brasil Votou Sem Medo de Ser Feliz, diz Lula" (*Folha de S.Paulo*, 28/10/2002), o candidato do PT fez referência ao *slogan* de sua campanha de 1989, "Sem Medo de Ser Feliz", como forma de acentuar o longo caminho que ele e seu partido haviam percorrido até chegar ao poder. A declaração reforçou a ligação com o *slogan* da campanha de 2002, "A Esperança Venceu o Medo", assim selando a associação feita entre as duas disputas (1989 e 2002). O Lula como protagonista político, o seu passado pobre e os seus anos de sofrimento, o fato de ele ter sido ex-sindicalista e ainda as derrotas que sofreu nas eleições presidenciais anteriores foram alguns dos temas centrais explorados pela mídia, numa cobertura que sublinhou a questão da mobilidade social no Brasil, o avanço da democracia e a proximidade entre o capital e o trabalho. Muitos argumentos e razões foram utilizados de forma exaustiva para tentar explicar alguns dos motivos que culminaram na vitória de Lula em 2002.

O diretor de redação de *O Globo*, Rodolfo Fernandes, ligou a importância da vitória de Lula e da legenda para a sociedade brasileira a uma possível melhora futura ou aperfeiçoamento das práticas de reportagem política:

> Foi a melhor coisa que aconteceu [...] porque ela institucionalizou a participação do PT na democracia brasileira. Assim, o PT, que era uma força que atuava muito como *outsider* no processo político, denunciando tudo, agora tem de participar do jogo político, e isso inclui o relacionamento com a imprensa. E para a imprensa isso foi excelente porque ela se obriga a debater cada vez mais e mais. Ela pode aprofundar a cobertura política, ela pode discutir propostas mais.

Essa é a análise perfeitamente coerente feita por Fernandes, assim como por outros jornalistas e acadêmicos, não só sobre a importância da consolidação da democracia no país através da eleição de Lula, mas principalmente da centralidade de se aperfeiçoar as relações entre a mídia e o pluralismo político.

Em 2002 muitos jornais preferiram minimizar a questão da importância da consolidação do pluralismo político na sociedade brasileira ao enfatizar que o resultado obtido nas urnas podia ser atribuído muito mais à pessoa de Lula do que ao próprio PT, um fato que a princípio era verdadeiro em termos numéricos, mas que acabava por reduzir o argumento de que a vitória foi conquistada também devido ao que a legenda e as suas propostas políticas representavam para a sociedade brasileira durante os últimos anos. A matéria "Lula Foi o Grande Vencedor" (*O Estado de S. Paulo*, 29/10/2002) afirmara que os 53 milhões de brasileiros que elegeram Lula votaram exclusivamente no indivíduo, subestimando as posições que sustentavam que a eleição era o resultado, sobretudo, de uma vitória ideológica de (centro) esquerda no país. Outro editorial, "O Brasil Votou em Lula, e Não no PT" (*Estado de S. Paulo*, 29/10/2002), apresentou números para apontar que o PT não havia ido tão bem assim nas urnas em todo o país, elegendo somente 91 deputados federais, um número equivalente a 18% de representação nacional.

Outro editorial de *O Estado de S. Paulo* publicado no mesmo dia: "Não Há Onda Vermelha", afirmou que a legenda havia se expandido na Câmara dos Deputados, sendo o maior partido lá, mas que não havia conseguido obter uma grande maioria no Senado. Isso significava que o PT iria depender da formação de alianças com forças da oposição para aprovar os seus próprios projetos, um fator que mais tarde teria significativas conseqüências políticas no primeiro mandato do governo Lula, culminando nas denúncias do pagamento de "mensalão" para políticos pelo PT, em 2005, e na formação de caixa-dois nas eleições de 2002.

Outros jornais, no entanto, escreveram editoriais mais entusiasmados, como foi o caso de "A Rosa do Povo", publicado no *Jornal do Brasil* (27/10/2002). Este sublinhou as dificuldades e os obstáculos pelos quais Lula passou na vida, criticando a relutância da elite em aceitá-lo. O texto também mencionou como o político era maior do que o seu partido, que teria de começar a se comportar a partir daquele momento: "Parte da elite insiste em fazer pouco dos méritos de Lula. Como um simples Da Silva se atreve a disputar o cargo máximo da República, perguntam-se os bem-nascidos. Onde já se viu um homem sem berço e sem diploma governar o país! [...] Não se iludam as alas mais radicais do PT: Lula continua maior do que seu partido [...]. Que a esquerda se comporte à altura do momento histórico e não atrapalhe os passos do futuro governo", disse o *Jornal do Brasil*.

Como vimos, a vitória de Lula não pode ser atribuída exclusivamente a ele mesmo ou ao PT, mas a uma série de fatores sociopolíticos, *históricos* e *econômicos*. Lula, no entanto, dependeu do PT para ganhar e também das transformações controversas internas conduzidas pelo partido, que permitiram que este andasse em direção ao centro-direita e formasse alianças com políticos tradicionais e com outros setores conservadores da sociedade.

O texto "Lula Muda a História na Oposição" (*Veja*, 30/10/2002), de oito páginas, foi um artigo analítico e consistente que contava a trajetória de Lula como líder da oposição desde os anos 70. Focou na importância de mudar as estruturas de poder na sociedade brasileira, contando ainda a história da adolescência de Lula no Nordeste e enfatizando as suas qualidades pessoais, como a dificuldade de aceitar críticas: "Lula presidente é uma demonstração para o mundo que a democracia no Brasil, e por reflexo na América Latina, não é exercida só para salvar as aparências das elites que se revezam no poder [...] o Brasil afirma-se como uma nação de extraordinária mobilidade social [...]. Sua democracia está madura o suficiente para receber no Planalto um partido desligado das esferas que tradicionalmente mandaram no país", afirmou *Veja*, acrescentando que o PT havia escolhido derrubar o seu antigo projeto anticapitalista.

Outra matéria com alta carga ideológica publicada pela *Veja* foi "Os Vermelhos Chegaram ao Poder" (30/10/2002). Este texto debateu o fato de o PT ter ganhado as eleições num momento de crise da esquerda em todo o mundo, apontando como o último governo de esquerda, de João Goulart, foi derrubado pela ditadura militar em 1964. Em oito páginas, o artigo discutiu as transformações que legendas européias de esquerda haviam realizado em seus partidos, deslocando-se para o centro e fazendo claros compromissos com o liberalismo econômico: "Na última década na Europa, foram vários os exemplos de partidos de esquerda e de centro-esquerda que rasgaram os velhos panfletos, mudaram de rumo, de doutrina ou de nome – e conseguiram, mais adaptados à realidade, chegar ao poder [...] é possível que o PT faça uma gestão prudente, como Tony Blair ou Massimo D'Alema", destacou.

Este minimizou ainda as credenciais de esquerda do PT, analisando o relacionamento que este tinha com os seus radicais, e fazendo ainda questionamentos provocativos:

> O discurso petista [...] não veio acompanhado de uma revisão doutrinária clara, como ocorreu no trabalhismo inglês e no comunismo italiano. Até hoje, o PT mantém em seu programa a crença no 'socialismo'. Está cada vez mais claro que a menção ao socialismo não passa de alegoria ideológica, um enfeite esquerdista [...]. A ausência de uma reformulação doutrinária nos moldes europeus deve-se justamente à ausência de uma doutrina clara [...]. O PT sempre pregou o socialismo. Mas qual socialismo?... Existe algo menos esquerda que empresários e petistas comungando com a mesma hóstia?

Assim, apesar de alguns momentos de preconceito ideológico, de maneira geral este texto foi uma análise coerente, e um tanto irônica, da situação que a esquerda no Brasil estava vivendo na época. *Veja* acabou admitindo no final que a democratização maior da sociedade brasileira estava sendo conquistada com a eleição de Lula: "[...] em menos de duas décadas, o Brasil fez uma transição fulminante da ditadura à esquerda. Foi governado por um ex-aliado do regime militar, depois por um voluntarista expulso do palácio por corrupção e substituído por um nacionalista à moda dos anos 50, seguido de um sociólogo que imprimiu uma política liberal – e agora, o ex-operário de esquerda", finalizou a revista.

Obviamente, não havia nenhuma "onda vermelha" em 2002, nenhum retorno ao socialismo estilo Stálin ou Guerra Fria. Mas havia o reconhecimento por parte de segmentos do eleitorado brasileiro da importância de valores-chave que residiam na essência do ideal da política de esquerda, como a justiça social e o desejo por mais igualdade e distribuição de riqueza. Esses ideais, somados à necessidade de crescimento econômico e desenvolvimento industrial, tiveram de fato um papel determinante na vitória de Lula, expressando o que tanto Lula como o PT representavam para a política e a sociedade brasileiras na época. De fato, o peso político e cultural da esquerda em um determinado país pode culminar na pressão por uma maior concessão de direitos políticos e de benefícios para os setores menos privilegiados de sua população. Tem sido este o caso das sociedades capitalistas avançadas e talvez tenha sido um pouco o caso também das eleições presidenciais de 2002, quando começou de fato o processo de consolidação da inclusão de grupos não privilegiados, de diversos setores sociais da população brasileira, na sua maior arena política e social.

No entanto, a eleição de 2002 foi marcada de forma profunda pelas preocupações em relação ao nível de compromisso que a plataforma petista teria de ter para com a ortodoxia econômica e os interesses dominantes do país. As alianças formadas em 2002 naturalmente levantaram críticas de que iriam acabar impedindo um maior avanço social, político e econômico, com muitos *analistas* vendo na figura de Lula mera continuidade do governo FHC. Evidentemente, Lula deu continuidade e avanço (democrático) ao projeto de Fernando Henrique de justapor o ideário econômico liberal à necessidade de maior investimento no social, imprimindo a esta política um tom ligeiramente mais à esquerda. O compromisso rígido do governo Lula com a austeridade econômica resultou mais tarde em pedidos feitos durante a sua administração para o relaxamento da aplicação rigorosa da política econômica, com o governo sendo acusado ainda de ter abandonado totalmente os ideais de esquerda para abraçar totalmente o liberalismo econômico.

No dia 1º de janeiro de 2003, Lula inaugurou o que muitos esperavam que fosse o início de uma "nova era socialdemocrata" para o país. Sem dúvida, é muito cedo para se fazer uma avaliação completa do legado que Lula deixará, indagando até que ponto ele foi capaz realmente de reduzir as desigualdades econômicas e de promover uma maior justiça social. No início de 2006, foi possível detectar, no entanto, que o governo havia conseguido realizar algumas melhorias nos *fronts* econômico e social, com o índice de pobreza tendo sido reduzido para 8% entre 2003 e 2004 (FGV, 2006); a taxa de desemprego descendo para 9% e a dívida internacional abaixando para US$ 18 bilhões, após ter chegado a US$ 125 bilhões.

Programas sociais, que começaram no governo de FHC, receberam um empurrão maior através dos fundos destinados para as famílias pobres (como o Bolsa Família) e outros projetos políticos de erradicação da pobreza (como o Fome Zero), embora a maneira como foram implementados tenha sido objeto de bastante controvérsia. O primeiro mandato de Lula foi afetado de forma profunda e quase irreparável por denúncias de corrupção política ativa e passiva, contribuindo para desmoralizar o projeto de centro-esquerda para o Brasil, e colocando sérias dúvidas na capacidade real e na vontade política de a esquerda expandir a justiça social e lutar por maior igualdade econômica. Dessa maneira, o PT perdeu a exclusividade de uso da etiqueta de ética na política, mostrando que também se deixava levar por práticas pouco éticas e que estava sujeito à corrupção política e ao clientelismo, da mesma forma que outros partidos políticos brasileiros. Tal acusação também já foi feita a outros partidos europeus de centro-esquerda, como o Partido Trabalhista inglês, em relação às práticas de campanha, ou às formas de negociação pouco éticas adotadas pelo Partido Conservador no passado. Apesar disso, a eleição de Lula em 2002 foi no entanto uma vitória essencial para a esquerda no Brasil, e era algo de que um país com disparidades econômicas imensas realmente necessitava.

Finalmente, em 2002 a mídia exercitou um papel legítimo ao oferecer uma cobertura equilibrada e complexa das eleições presidenciais em comparação aos pleitos anteriores, embora alguns veículos, como vimos, preferiram apostar na histeria de mercado e exagerar a possibilidade de um colapso econômico no país no caso de uma vitória do PT. Quando tais discursos foram articulados nas páginas dos jornais, pareciam servir mais como uma defesa do consenso "neoliberal" do que como discursos racionais e analíticos que refletiam de fato as complexidades de diferentes projetos políticos que estavam sendo discutidos para o país. Parece evidente o trabalho de organizações de mídia comerciais e independentes de justamente mediar e facilitar o debate público que está ocorrendo na sociedade, e não endossar certos preconceitos de leitores ou a histeria de determinados grupos da população, a fim de produzir uma cobertura profissional que possa realmente fazer justiça às diversas disputas políticas do Brasil.

CONCLUSÃO

A eleição de Lula, em 2002, contribuiu de fato para sacudir as estruturas de poder da sociedade brasileira, ao mesmo tempo que deu continuidade e avanço às políticas anteriores de Fernando Henrique Cardoso. Fortaleceu o processo de democratização, que havia iniciado mais propriamente em 1984, consolidando o pluralismo político no Brasil e desafiando o domínio anterior das forças de direita e da centro-direita no país, que haviam ocupado as diversas estruturas de poder na sociedade brasileira durante séculos. Também deu impulso para enfraquecer o poder de políticos tradicionais da oligarquia nordestina, com papel predominante durante toda a história do Brasil, embora os principais clãs nordestinos (como Sarney no Maranhão, e o antes falecido senador Antonio Carlos Magalhães da Bahia) tenham ainda certa força política no país.

A vitória de Lula e do PT em 2002 legitimou assim a existência do conflito no Brasil, consolidando o pluralismo político e apontando para o fato de que há múltiplos grupos e interesses diversos dentro do caldeirão da sociedade brasileira. Colocou ainda o homem comum brasileiro e o trabalhador no centro do palco político e da sociedade brasileira pela primeira vez, contribuindo para abrir mais espaços para a articulação de políticas radicais e para o aprofundamento da democracia política brasileira.

Como ocorreu em 1994, as plataformas políticas e sociais das eleições de 2002 tiveram também que se submeter ao ideário econômico, embora o emprego tenha marcado o tema da disputa eleitoral da última em contraste com o real, que dominou as discussões na primeira. O mercado exerceu poder tanto nas eleições de 1994 como nas de 2002. Como vimos, havia claras e gritantes divisões nos grupos de elite em torno de diferentes projetos e políticas para o país, com o setor de produção capitalista, por exemplo, aparecendo do lado oposto do mercado financeiro em um determinado momento, e abraçando o PT em nome da plataforma de maior produtividade e crescimento econômico.

Se durante a campanha das Diretas-Já alguns segmentos do mercado se aliaram à sociedade civil, contribuindo para avançar a democracia em oposição às estruturas governamentais que só agiram para impedi-la, em 2002 algumas forças do mercado financeiro hesitaram em meio às perspectivas de uma futura progressão do Estado. As políticas de esquerda foram submetidas a *pressões*, tendo de se ajustar a um discurso político bem mais moderado, capaz de dar sustentação aos aspectos-chave do chamado consenso econômico "neoliberal". No entanto, apesar de tudo, e colocando de lado as decepções com os acordos e alianças, o projeto de 2002 teve realmente o intuito de criar uma agenda mais socialdemocrata para o país, que poderia encontrar formas de aliviar a dureza do sistema capitalista brasileiro. A vitória de Lula atestou para o reconhecimento dado pela população brasileira de que o mercado financeiro não era o representante supremo de todo o poder no Brasil, embora tenha exercido enorme poder e pressão nas eleições de 2002, como vimos, da mesma maneira que faz até hoje. Em meio à histeria do mercado, no entanto, houve o crescimento de contra-agendas para o país, de propostas humanistas e de idéias de justiça social que finalmente conseguiram chegar ao centro da sociedade brasileira.

A subida do PT no Brasil foi comparada, neste livro, à chegada ao poder do Partido Trabalhista britânico na Grã-Bretanha com Tony Blair nas eleições de 1997. Se a extensão do impacto do apoio dado pelo jornal conservador de Rupert Murdoch, *The Sun*, à vitória de Tony Blair tem sido objeto de muito debate na Inglaterra (Budge, Greve, McKay e Newton; 1998), no Brasil a grande mídia em 2002 não manifestou apoio explícito a nenhum dos candidatos, com exceção do *Estadão* e da revista *Carta Capital*, e também da *Veja*, até certo ponto. O papel assumido pela imprensa foi bem mais profissional, e isso contribuiu para a realização de uma cobertura que representou as posições políticas dos principais atores políticos presentes na disputa. Lula recebeu um tratamento mais simpático da mídia do que nas eleições de 1989 e 1994, com sua imagem amplamente trabalhada pela grande imprensa como político socialdemocrata, em contraste com a histeria de mercado e os preconceitos ideológicos que emergiram ocasionalmente durante a mesma campanha de 2002.

O equilíbrio na reportagem política contribuiu para diminuir as práticas de partidarismo ideológico, neutralizando os alinhamentos da indústria da mídia com candidatos específicos. Como vimos, os jornalistas e a imprensa melhoraram muitos aspectos da reportagem política, incluindo a investigação de um leque maior de temas que iam além do econômico, como abertura de postos de trabalho entre outros temas com implicações sociais; a publicação de matérias neutras, parecidas com as da eleição de 1994, mas também de mais artigos positivos em relação a Lula e ao PT; a recusa de embarcar na histeria de mercado e na reprodução de discursos meramente ideológicos para explicar a eleição, com os jornalistas se posicionando como mediadores do debate público. A mídia exercitou o seu papel de não só definir quais tópicos mereciam ser debatidos, quais assuntos de campanha deveriam se tornar transparentes e as estruturas de poder que estavam em jogo, como também conseguiu estimular um diálogo melhor entre os candidatos com a sociedade.

A cobertura midiática de 2002 estava, no entanto, longe da perfeição. Problemas incluíam o foco excessivo nas personalidades e nas estratégias de *marketing* de campanha em contraste com uma cobertura mais aprofundada sobre os principais dilemas do Brasil, que certamente levaria à construção de um debate mais político e/ou politizado, que poderia até estimular mais a participação do público no processo político e ajudá-lo a formar opiniões políticas mais sólidas e consistentes, algo que parece estar em ascendência, numa conseqüência natural também da consolidação do processo democrático e do maior interesse na questão social e na política, de modo geral, por uma parcela maior da população. Assim, somente parte desse estímulo ao debate político foi alcançado em 2002. Mas, em termos gerais, a cobertura das disputas políticas das eleições de 2002 foi realizada dentro da óptica do equilíbrio e da justiça em comparação às eleições anteriores, com os jornalistas assumindo um *ethos* de responsabilidade social e servindo como *mediadores* do debate público, assuntos explorados em mais detalhe no próximo capítulo.

6. PARTIDARISMO *VERSUS* PROFISSIONALISMO: O PAPEL DO JORNALISTA NO PROCESSO DE DEMOCRATIZAÇÃO

INTRODUÇÃO

Nas últimas duas décadas, o jornalismo no Brasil tem estado envolto nas contradições do processo de consolidação da democracia política representativa e do efeito da entrada do país no mercado livre mundial. Muitos países da América do Sul, que saíram de regimes autoritários nos anos 80, lutaram nos anos 90 para adaptar, ou minimizar, a realidade politizada e ideológica dessas nações à tradição do jornalismo liberal clássico norte-americano, com seus valores da objetividade e do profissionalismo. Waisbord (2002) tem argumentado que a imprensa escrita durante esse período manteve os laços próximos com o Estado em meio à permanência da natureza altamente politizada de muitas dessas instituições brasileiras.

A imprensa contemporânea encontrou-se mergulhada no dilema de ter de responder aos anseios dos leitores-cidadãos ao mesmo tempo que reforçava a concepção da notícia como produto destinado ao consumo. De um lado ela funcionou como arena restrita de debate público, em resposta à crescente democratização da sociedade brasileira e ao aumento da participação na política, e de outro, teve de atender às pressões comerciais. Tais tensões foram o resultado do fortalecimento da democracia política civil e da necessidade dos mercados de se expandirem. Isso obrigou a imprensa *mainstream* a representar mais visões, a criticar figuras de autoridade e a se engajar no escrutínio crítico das atividades do Estado. A democracia liberal de mercado deu à mídia a capacidade de modernizar as suas práticas e a investir na profissionalização, com as redações vendo um declínio nas práticas rotineiras de partidarismo acompanhado de um crescimento da objetividade.

A mudança da prática do jornalismo militante para o modelo comercial moldou o jornalismo brasileiro de forma significativa nas últimas décadas. O desenvolvimento e a industrialização do Brasil a partir dos anos 70 ocorreu paralelamente à criação de uma sociedade de consumo maior, mais sofisticada e consumista (Nassif,

2003), que exigia a atenção dos mercados. A consolidação do profissionalismo e da objetividade nas redações fez parte então de todo um processo de profissionalização e modernização das indústrias brasileiras de mídia, como foi o caso das Organizações Globo, do Grupo Abril e do jornal *Folha de S.Paulo*. Isso foi exemplificado depois principalmente pelas reformas que ocorreram na *Folha* a partir de 1984 e pela ênfase dada pelo jornal ao entendimento da notícia como um produto, e do papel do jornalista como profissional objetivo. A transformação que o jornalismo experimentou nos últimos anos, no entanto, não resultou numa ruptura total com a militância jornalística do passado. O jornalismo continuou a ser influenciado por diferentes interesses das organizações de mídia, bem como pelo ambiente político e econômico no qual estavam inseridos, permanecendo definido de forma ambígua.

Dado o favorecimento do modelo jornalístico profissional e objetivo em detrimento do opinativo e ideológico nas décadas de 1980 e 1990, pode-se perguntar como os jornalistas conseguiram contribuir para avançar a democracia e promover mudanças sociais e políticas se eles dependiam principalmente de armas instrumentais (profissionalismo) em vez do idealismo (militância)? Era possível fazer alguma contribuição se as redações haviam substituído preocupações idealistas e políticas por posicionamentos mais técnicos em relação à notícia, como manchetes chamativas, histórias de interesse humano e o uso de determinados elementos jornalísticos, como a objetividade e a exatidão? O exame crítico feito aqui da cobertura realizada pela imprensa das eleições presidenciais de 1989 a 2002 indicou que o profissionalismo e a objetividade cresceram bastante de uma cobertura para outra e isso contribuiu para retratar a realidade política brasileira de forma mais justa e complexa.

Ao contrário do que se poderia imaginar num primeiro momento, esses valores do jornalismo liberal foram cruciais para permitir a incorporação de debates mais amplos na arena midiática, e para o tratamento de contradiscursos e aspirações da esquerda como democráticas e legítimas. Naturalmente, isso foi o resultado do processo contínuo da democratização do Brasil e conseqüência das pressões exercidas sobre a mídia por diversos setores da população, representantes da sociedade civil e novos líderes políticos – em oposição ao empresariado tradicional e às elites políticas oligárquicas que antes recebiam toda a atenção dos meios de comunicação. Foi através do equilíbrio que a grande mídia conseguiu refletir mais as divisões nos grupos de elite e as disputas políticas que estavam ocorrendo na sociedade brasileira em relação à direção que o país deveria caminhar na fase da pós-ditadura.

Este capítulo argumentará que os jornalistas contribuíram de fato para o processo de democratização através do uso de múltiplas identidades jornalísticas. Na atualidade, essas contribuições tornaram-se possíveis através do compromisso de muitos jornalistas com entendimentos progressistas sobre a noção de profissionalismo e de responsabilidade social, embora nem sempre essas visões tenham tido predominância nas redações. Os limites impostos assim a essas contribuições estavam menos relacionados ao uso ou não de algum elemento do jornalismo liberal, como a objetividade, e eram mais uma conseqüência das pressões políticas e também econômicas, de mercado, exercidas em cima do jornalismo diariamente. Será defendido neste capítulo que o modelo profissional e o regime da objetividade, hoje mais do que nunca, são princípios jornalísticos que não merecem ser descartados, e que de fato contribuíram nas duas últimas décadas para a realização de uma discussão mais madura e avançada da política brasileira e da representação de seus múltiplos interesses.

Se durante a ditadura houve uma série de restrições políticas, a atualidade foi mais dominada por limites econômicos, embora, como vimos nos capítulos anteriores, interesses políticos ainda impõem uma série de ameaças ao funcionamento do bom jornalismo independente a serviço do bem comum. O caso do preconceito no jornalismo, sublinhado na análise textual sobre a cobertura jornalística das eleições presidenciais, é um exemplo da transposição para as mensagens midiáticas de práticas partidárias que ainda existem nas redações, bem como a natureza politizada das organizações de mídia, apesar de supostos compromissos com a objetividade. É por causa da fragilidade do funcionamento desses elementos do jornalismo liberal nas redações que alguns críticos radicais (Kucinski, 1998) atacaram fortemente a grande imprensa, acusando o modelo profissional de ser falho e a mídia de favorecer candidatos que representavam o *establishment*.

A objetividade e o equilíbrio são, portanto, fundamentos cruciais nas tentativas para se explicar um mundo cada vez mais complexo, e que ultrapassa os argumentos de pensamento único, as posições ideológicas rígidas e as máximas acerca dos conflitos de classe (Lichtenberg, 2000). Advogamos aqui o fortalecimento contínuo dos princípios do jornalismo profissional combinados com os compromissos de serviço público em relação à notícia e aos ideais de responsabilidade social. Este capítulo examina ainda uma série debates internacionais sobre as culturas do jornalismo liberal antes de focar no caso particular do jornalismo contemporâneo brasileiro, defendendo o argumento de que, de fato, as duas culturas jornalísticas coexistem na fase contemporânea.

O jornalismo interpretativo e o comentário analítico também experimentaram uma expansão significativa no país, com as novas tecnologias e a internet facilitando a emergência de blogs políticos nos grandes jornais. A tradição de jornalismo opinativo manteve a sua influência, embora o jornalismo interpretativo tenha funcionado muito em subordinação também ao ideal da objetividade. A evidência reunida aqui sugere que no geral a imprensa brasileira esteve melhor quando conseguiu produzir uma cobertura equilibrada e profissional em detrimento do preconceito ideológico e do sensacionalismo. Exceções à parte, como a campanha das Diretas Já e o *impeachment* de Collor, quando jornalistas não se comportaram de forma "objetiva", mas assumiram uma posição favorável aos ideais da democracia universal. Eles acabaram produzindo uma cobertura sólida que contribuiu para pressionar pela mudança. Assim, diferentes culturas do jornalismo competiram entre si, como a objetividade e a militância jornalística. A relevância que cada uma teve no jornalismo brasileiro é o debate central investigado neste capítulo.

EQUILÍBRIO E EXATIDÃO NO JORNALISMO BRASILEIRO: PARTIDARISMO *VERSUS* PROFISSIONALISMO

Acadêmicos e historiadores (i.e. Schudson, 1978; Curran, 1985, Hallin, 2000) têm discutido as mudanças que ocorreram na imprensa norte-americana e européia a partir dos séculos 18 e 19, analisando o impacto que essas modificações tiveram na transformação da notícia em produto no século 20 e examinando ainda o declínio do partidarismo na imprensa em meio à consolidação do atual modelo comercial. No Capítulo 1, focamos no jornalismo brasileiro e em como este havia se transformado nos últimos dois séculos de sua existência (Seabra, 2002). Ressaltamos o surgimento da imprensa brasileira no final do século 19 até a última fase plural, que começou em torno dos anos 70. Waisbord (2002; 124) argumentou que o modelo do jornalismo comercial ganhou presença na América do Sul em torno dos anos 20 e 30, com o desenvolvimento de um mercado de consumo e a subida da classe média com sua influência política e econômica. A imprensa brasileira em torno de 1950 já era de fato um empreendimento comercial. No entanto, o caráter industrial da mídia brasileira foi maximizado principalmente a partir dos anos 70 e 80, à luz da lenta transição para a democracia e da entrada do país na arena do liberalismo de mercado.

Críticos, jornalistas e acadêmicos (Alzira de Abreu, 2001) examinaram como a grande imprensa se prendeu, durante o período da ditadura militar, mais a práticas oficiais, tendo raramente se engajado na crítica política, ao contrário da imprensa alternativa, cujo estilo jornalístico militante floresceu principalmente por causa do emprego do jornalismo "cão de guarda" e da publicação de casos de abusos dos direitos humanos, assumindo um papel dissidente político em relação ao regime militar (Kucinski, 1991; Waisbord, 2002). A imprensa alternativa praticamente desapareceu em meio ao retorno do país à democracia civil, e também como conseqüência do sufocamento imposto a esses jornais pelos generais durante toda a ditadura. Os jornalistas e a grande imprensa, no entanto, tiveram um papel significativo nas pressões para acelerar a volta para a democracia (Nassif, 2003; Alzira de Abreu, 2001; Conti, 1999) – caso emblemático é o da cobertura realizada pela *Folha* a favor das eleições diretas.

Como vimos, a última respiração do jornalismo autoral ou da militância jornalística foi sentida na cobertura da *Folha* durante as Diretas-Já, com o diário abraçando a comercialização e a tese do mercado livre/jornalismo "cão de guarda". Assim, conflitos entre o profissionalismo e a objetividade *versus* o partidarismo, num contexto de declínio dos princípios do jornalismo militante nas redações, são debates que dominaram a esfera pública midiática nas últimas décadas. Os jornais oscilaram entre as racionalidades da cidadania e do consumo, servindo como arenas de (um tanto) restrito debate público. Muitos jornalistas assumiram, portanto, tanto os ideais do serviço público como os compromissos com a compreensão da notícia como *commodity*.

Os jornalistas entrevistados para este livro se posicionaram de forma diferente em relação ao papel da imprensa no processo de transformação política e social. Alguns endossaram a posição radical e um tanto nostálgica do tipo de jornalismo praticado durante os anos de regime militar, considerados uma "fase" do jornalismo militante, racional e inteligente. Tais críticas minimizaram o potencial do jornalismo contemporâneo, classificando-o como muito dirigido ao mercado, e assim não reconheceram um crescimento no profissionalismo e na expansão do debate público que ocorreu na grande mídia neste exato período. Esses anos foram apontados por críticos como dominados pelo pensamento conservador (Carta, 2003; Arbex Jr., 1999; Kucinski, 1998). Eles praticamente não admitiram, ou minimizaram, as contribuições que os jornalistas e o jornalismo contemporâneo deram à democratização da sociedade brasileira em seguida ao final da ditadura.

Outros pintaram um retrato mais "realista" e complexo, assinalando tanto melhorias como admitindo regressões (Coelho, Lins da Silva, Nassif, Freitas, Ventura), embora alguns optaram por "celebrar o mercado como um deus todo-poderoso". Como investigado no Capítulo 2, a grande imprensa estava aliada ao regime militar, oferecendo pouca resistência a ele nas suas práticas jornalísticas diárias. Exceções incluíam, por exemplo, os casos de publicação de poemas pelo *Estadão*, as matérias da *Veja* sobre os direitos humanos e outros textos políticos publicados na época em que Mino Carta, jornalista veterano que também foi o responsável por seu lançamento (Alzira de Abreu, 2001), dirigia a revista. Todos esses fatos tornam problemáticas as visões de uma época "áurea" do jornalismo racional e politicamente ativo.

Conseqüentemente, o jornalismo contemporâneo e o princípio da objetividade do jornalismo liberal têm sido considerados por alguns desses críticos radicais como tendo contribuído para o declínio do engajamento jornalístico com os ideais democráticos.

Preocupações gerais foram expressadas em relação aos limites impostos à expansão do debate público por causa do favorecimento das estratégias de consumo e de *marketing* por parte das empresas de mídia, com os fundamentos do jornalismo liberal sendo vistos como funcionando para dar apoio às estruturas do *status quo*, desestimulando o compromisso com o ideário do jornalismo como serviço público. Essa é uma visão parcial e limitada de toda a questão. Debates em torno dos valores do jornalismo clássico, como o motivo da relevância ainda hoje do profissionalismo e do equilíbrio para a boa prática jornalística, devem ser explorados aqui em mais detalhe para somente depois situar melhor o caso brasileiro.

PERSPECTIVAS INTERNACIONAIS SOBRE A OBJETIVIDADE

Segundo historiadores e acadêmicos (Waisbord, 2002; Tumber, 1999; Schudson, 1978), uma leitura mais sofisticada do ideal da objetividade ganhou força entre os jornalistas americanos por causa do questionamento constante que eles fizeram de sua própria subjetividade. A crença de que o ser humano não consegue ser objetivo começou a crescer. A subjetividade assim teria de estar sujeita a certos métodos padronizados e a práticas específicas. Historiadores também ligaram o desenvolvimento da objetividade no jornalismo nos anos 20 e a sua transformação em um consenso do jornalismo liberal a diversas causas, como o aumento da predominância do pensamento científico nas civilizações ocidentais e o desenvolvimento das ciências sociais e da filosofia. Isso veio acompanhado da indagação dos jornalistas em torno da validade da existência de algo conhecido como fato. A objetividade foi vista também como algo vital para os *publishers* e a vontade crescente de eles abandonarem o caráter altamente politizado de suas publicações, a fim de não alienarem mais o público. Ela também começou a ser considerada uma necessidade por jornalistas que queriam que seu trabalho fosse levado a sério e valorizado profissionalmente, e que neste sentido fosse menos sujeito a ataques de preconceito e de deturpação (Tumber, 1999; Merritt, 1995; Schudson, 1978; Tuchman, 1972).

A introdução do telégrafo eletrônico em 1840 também foi mencionada como um fator crucial associado à emergência da objetividade da notícia como ideal profissional, com o seu serviço de reportagem ajudando a assegurar a codificação da objetividade como padrão normativo (Stuart Allan, 1997; 306). O modelo de "informação" e jornalismo "factual", por exemplo, foi representado principalmente pelo sucesso do *The New York Times* desde 1890. De acordo com Schudson, os jornalistas tinham naquela época um entendimento ingênuo e empírico da objetividade. Após a Primeira Guerra Mundial, uma leitura mais sofisticada da objetividade ganhou força, uma em que fatos eram vistos não como representando aspectos do mundo, mas sim declarações válidas a seu respeito (Schudson, 1978; 294). A partir de 1960, tanto críticos da imprensa como os defensores da objetividade viram este valor como o emblema do jornalismo americano, num contraste ao estilo sensacionalista e partidário mais associado ao tipo de jornalismo praticado na Europa (Schudson, 1978; Tumber, 1999).

Críticos têm argumentando que a objetividade serve como um sistema de defesa para jornalistas e organizações da mídia repudiarem acusações de preconceito (Tuchman, 1972, 1999). Tuchman (1972) afirmou que as normas profissionais contribuem na produção de matérias que dão sustentação à ordem dominante. Ela examinou a noção que um jornalista tem da objetividade através do enfoque em algumas práticas rotineiras jornalísticas, como a apresentação de todos os lados de uma história durante um determinado período (o critério do balanço) e o uso de aspas para incluir opiniões de entrevistados, procedimentos que garantem maneiras para o jornalista defender o seu trabalho. Os jornalistas podem então alegar que o material que eles têm em mãos é "objetivo", e que as posições incluídas na matéria não são suas, mas de outras pessoas.

Os jornalistas estão começando a admitir cada vez mais que questões institucionais e os seus próprios valores podem interferir na seleção das notícias e no ângulo escolhido para fazer a matéria, e que distorções partidárias muitas vezes são inevitáveis (Waisbord, 2002; 150). É por isso que acadêmicos e historiadores (i.e. Schudson, 1978, Merritt, 1995; Baker, 2002) costumam atacar a objetividade com o argumento de que tal valor não existe e serve somente para manter as estruturas do *establishment*, limitando a discussão e promovendo a passividade do público. Críticos discordam ainda sobre o que deve ser colocado em seu lugar. Alguns são a favor da substituição do regime da objetividade por formatos mais mobilizadores e capazes de atrair um público maior, mas eles não concordam em relação às formas ideológicas e a maneira de se fazer isso (i.e. Merritt, 1995; Baker, 2002). O equilíbrio também é tido por alguns críticos como ideologia centrista, mera tentativa de balançar a opinião de grupos de elite, que limita o compromisso do jornalismo com a esfera pública. Em sua defesa da centralidade da existência da mídia partidária, que pode ser controlada por grupos engajados na mobilização cívica, Baker (2002; 201-202) condena o equilíbrio como a "última coisa que a mídia mobilizadora precisa".

A postura de distanciamento associada à objetividade também tem sido atacada por certos setores da escola de jornalismo público dos Estados Unidos. Preocupados com o recuo dos norte-americanos para as suas próprias vidas privadas e com as manifestações de desinteresse destes por assuntos de interesse público, Merritt (1995) diz que "contar a notícia" não é o suficiente. Ele afirma que o próprio meio de sobrevivência da profissão é dependente na revitalização da vida pública. Merritt (1995; 365) vê a objetividade como algo que estimula o distanciamento dos jornalistas da realidade que eles cobrem. Ele vê o equilíbrio ainda como sendo a apresentação dos assuntos pelos jornalistas de forma bem oposta, todas contribuindo para desmotivar o debate. No entanto, o estímulo a um maior debate público pode ser atingido por meio do engajamento crítico com a noção de equilíbrio e a realização de um diálogo afiado entre a grande imprensa e a sociedade na qual ela está inserida. O jornalismo cívico, no entanto, tem sido também atacado por críticos dos princípios do jornalismo liberal, e tem sido inclusive considerado por alguns (Baker, 2002) meras boas intenções de marqueteiros liberais. Em sua crítica à prática do jornalismo cívico em alguns jornais dos Estados Unidos, Baker (2002; 160-161) nota as diferenças que existem entre a responsabilidade social e o jornalismo cívico, atacando o último como uma "técnica refinada para legitimar a ordem existente sem desafiar mais as estruturas de dominação".

Todas essas críticas estão perdendo o "xis" da questão. Estão exageradamente colocando a culpa pelo declínio na vida pública e pela crise mundial do jornalismo nas culturas liberais do jornalismo. A questão da queda do interesse em assuntos públicos é algo bem mais profundo. Pode-se argumentar – mas isso de novo está aberto ao debate – que está estreitamente ligado ao colapso do projeto modernista, ao aumento do relativismo, à subida do cinismo e ao fim das ideologias. Hallin (1994; 11) tem dito que os problemas da vida política nos Estados Unidos são políticos e não só jornalísticos, e que a solução para esses dilemas reside em parte nos partidos políticos e movimentos sociais, embora ele enfatize que alguma iniciativa precisa vir do próprio jornalismo. Em nível mundial, o jornalismo está refletindo este declínio do engajamento cívico porque uma grande parte da sociedade *não* está realmente interessada em política e na vida pública. Isso é principalmente o caso das sociedades capitalistas avançadas do Ocidente, que tem visto o surgimento dos profissionais de relações públicas e de políticos profissionais que estão estritamente envolvidos com assuntos públicos, alienando assim o grande público do debate. O último está lentamente caminhando rumo à esfera privada por causa disso.

Isso também não é um fenômeno novo do período "pós-moderno", pós-anos 60. Nos anos 20, Lippmann (1922) já havia detectado o pouco tempo que a maior parte das pessoas passava se informando sobre temas públicos, e como a maioria das pessoas formava idéias confusas em suas cabeças em relação à política e a outros interesses que transcendiam o seu pequeno grupo de amigos. A redução do interesse na política é, portanto, um fenômeno complexo que não pretendemos explorar aqui em maiores detalhes. Pode-se argumentar, no entanto, que no caso do Brasil o processo contínuo de democratização nas últimas duas décadas produziu exatamente o oposto, como o aumento da mobilização política, principalmente no contexto das eleições presidenciais, como vimos. Tais sentimentos têm coexistido com a desilusão e a apatia de vários segmentos da população, principalmente nos últimos anos, com os desapontamentos provocados pelos governos FHC e Lula.

Certos aspectos do modelo profissional – como a hostilidade um tanto inerente do jornalismo à política (por exemplo, a imprensa como fiscalizado do poder) e a adesão cega de alguns repórteres às questões técnicas – podem contribuir para desestimular o engajamento do público. Mas acreditamos que a essência do profissionalismo e do regime da objetividade não faz isso. Pois é importante para o jornalista colocar de lado os seus próprios preconceitos a fim de produzir matérias honestas que incluam interpretações antagônicas dos temas políticos (Hackett & Zhao, 1998; 230). Como Hallin (1994; 7) observa, o melhor jornalismo combina o compromisso profissional, a exatidão e o equilíbrio com um senso de compaixão.

Os principais ataques ao regime da objetividade, de acordo com Lichtenberg (2000, 238), são provenientes de críticos que dizem que a mídia deturpou as suas posições. Mas isso implica dizer que um equilíbrio pode ser atingido de alguma forma. Lichtenberg (2000) afirma ainda que a maioria dos críticos declara principalmente que o jornalismo não é, não pode e não deveria ser objetivo. Essas acusações são apoiadas em crenças relativistas e pós-modernas que consideram que a realidade é socialmente construída, e que a "verdade" é algo impossível de se atingir:

> Nós não podemos abandonar coerentemente o ideal da objetividade e, o que quer que seja que eles pensam, o fato é que os críticos da objetividade também não o abandonaram. Dizer que uma matéria jornalística não é objetiva é dizer que ela falha em providenciar a verdade... Como podemos saber que matérias americanas sobre a Guerra do Golfo são parciais, exceto em comparação com algumas outras narrativas possíveis e atuais? Nós sabemos como distinguir entre melhores e piores, entre matérias mais ou menos exatas... (Lichtenberg, 2000; 241-242).

Queremos aqui iniciar uma defesa da objetividade, concordando com o ponto de vista de Lichtenberg (2000), de que nós não devemos abandonar este ideal se a nossa meta é levar o jornalismo a sério, julgando os seus padrões na base de quais leituras do mundo são consideradas mais corretas e exatas em comparação a outras. Como vimos nos estudos de caso desta pesquisa, isso foi exatamente a questão-chave das reclamações apresentadas por políticos de centro-esquerda, de representantes da sociedade civil e outras organizações durante principalmente as primeiras eleições presidenciais realizadas após a ditadura – e também depois. Eles argumentaram que a imprensa não estava produzindo uma cobertura equilibrada, capaz de representar as suas posições em pé de igualdade. Neste livro, contrastamos as matérias mais objetivas com os textos mais preconceituosos, enfatizando as narrativas que podiam ser consideradas "melhores", ou que tentavam retratar a realidade brasileira de uma forma mais coerente e complexa. Como vimos, os preconceitos ideológicos acabaram por produzir argumentos rígidos ou pensamentos únicos, contribuindo para reforçar a continuidade de uma postura acrítica em relação aos candidatos oficiais (veja a Bibliografia referente aos capítulos 2, 3, 4 e 5).

Evidentemente, o regime do equilíbrio esconde uma luta social e política pelo acesso à mídia. Como destacam Hackett & Zhao (1998; 88), o regime da objetividade persiste principalmente porque "oferece aberturas, embora desiguais, a diferentes grupos sociais e culturais". Mas então o que fazer com as acusações de que o profissionalismo jornalístico (Tuchman, 1972, 1999) pode ser também uma forma efetiva de controlar o comportamento dos jornalistas? Profissionalismo, como discutido no Capítulo 1, é uma faca de dois gumes. Ele pode ser importante para os jornalistas porque permite maior autonomia editorial, protegendo os profissionais tanto das pressões internas e externas das chefias da grande imprensa, do governo ou ainda de acionistas (Hallin, 2000). Profissionalismo também pode significar coisas diferentes para diversas pessoas, e os jornalistas costumam ter uma vaga compreensão sobre o termo. Curran (1996; 101) nota corretamente que os jornalistas não recebem as credenciais e os controles regulatórios de outras profissões, o que deixa os jornalistas com um *status* ambíguo que pode tanto enfraquecer a sua vocação como criar confusões. Soloski (1989, 1999; 310) também destaca que o profissionalismo noticioso acaba controlando os jornalistas através do estabelecimento de padrões e normas de comportamento e dos sistemas de premiação e punição. Soloski corretamente aponta para como esse controle não é total porque o profissionalismo "fornece aos jornalistas uma base de poder independente", enquanto também dá aos profissionais "muita liberdade", com as organizações de notícia adotando procedimentos de novo para limitar esse mesmo profissionalismo.

Hallin (2000) é a favor de reter a filosofia do profissionalismo como forma de salvar a prática jornalística das pressões econômicas e políticas. Concordamos com este ponto. Hallin (2000) lamenta ainda que nos Estados Unidos o profissionalismo encontra-se enfraquecido nas Redações devido às limitações impostas pelo *marketing*. Ele assinala que eventos que vieram depois do consenso da Guerra Fria, como o Vietnã, o caso Watergate e as pressões exercidas por movimentos de direitos civis, diminuíram o "jornalismo objetivo" nos Estados Unidos, abrindo o caminho para a nova tendência de jornalismo interpretativo e subjetivo, que tomou conta de boa parte da mídia na Europa também. Esse último ponto pode ser questionado, uma vez que essas novas tendências não são necessariamente opostas à noção de objetividade. O jornalismo analítico não deve ser visto como antagônico da objetividade, pois parece evidente que um certo ideal de objetividade precisa ser mantido, mesmo, e sobretudo, em narrativas mais interpretativas e criativas sobre o mundo.

Em sua análise da cobertura da Guerra do Vietnã realizada pela mídia, Hallin (1986,1999) afirmou que a mudança no clima político culminou em modificações na forma de trabalhar com as notícias. A objetividade permitiu que certas visões de mundo pudessem ser tratadas como aceitáveis, quando antes não eram. Concluiu que o apoio ou a crítica a certas políticas depende do grau de consenso que elas gozam com o *establishment* político (Tumber, 1999; 288). Quando o consenso é forte, a mídia age de forma relativamente passiva e tende a reforçar o poder oficial. No entanto, quando as elites políticas estão divididas, a mídia se torna mais ativa. Para Hallin (1986, 1999; 331), a objetividade e o equilíbrio reinam na região do meio, que ele chama de esfera da controvérsia legítima – entre as esferas do consenso e do desvio. É na esfera da controvérsia que as disputas eleitorais e os debates legislativos de fato ocorrem.

O profissionalismo foi consolidado nos Estados Unidos em meados dos anos 40, tendo tido as suas raízes no modelo de jornalismo de "informação", liderado em parte pelo *The New York Times* (Hallin, 2000; Schudson, 1978). A noção de que a imprensa deveria servir ao público é proveniente dos valores do profissionalismo da chamada Era Progressista nos Estados Unidos (Hallin, 2000). O jornalismo se desenvolveu como uma ética do serviço público baseada na suposição de que os jornalistas deveriam servir ao público, e não a interesses partidários ou comerciais. Isso estava ligado estritamente ao apoio ao modelo da responsabilidade social defendido pela Comissão de Liberdade da Imprensa, que já naquela época havia identificado uma tendência crescente de concentração da mídia, além do aumento da comercialização, mostrando-se preocupada que isso pudesse colocar em risco o interesse público e a reportagem responsável.

O relatório da Comissão Hutchins elaborou a teoria da "responsabilidade social" da imprensa, que tem raízes profundas na tradição liberal norte-americana (Hallin, 2000). Cinco responsabilidades da imprensa foram identificadas: 1) providenciar uma narrativa inteligente dos eventos do dia através do compromisso com a reportagem objetiva; 2) servir como um fórum para a troca de críticas; 3) representar grupos diferentes da sociedade; 4) apresentar as metas da sociedade; e 5) servir ao direito do público de ser informado. Acadêmicos da área declararam que esse relatório e a sua reavaliação no clássico da Guerra Fria, *Four Theories of the Press,*[128] se tornaria o modelo universal para a prática jornalística em todo o mundo (Baker, 2002, 154). No entanto, o papel de responsabilidade social dos jornalistas, e os pontos estabelecidos pela comissão, foram criticados por aqueles que exigem que a mídia nos países capitalistas assuma um compromisso maior com os interesses democráticos (Baker, 2002).

Como discutido nos últimos capítulos, a consolidação do equilíbrio no jornalismo brasileiro, e o favorecimento do método profissional e, até certo ponto, da responsabilidade social dos jornalistas, permitiu que as visões de jogadores políticos que não pertenciam às chamadas elites tradicionais fossem tratadas de forma legítima. No último capítulo, vimos como a imprensa manteve padrões de objetividade, tendo raramente cedido às pressões partidárias e/ou

128 Silbert, Peterson & Schramm, Fred, Theodore & Wilbur: *Four Theories of The Press: The Autoritarian, Libertarian, Social Responsibility, and Soviet Communist Concepts of What the Press Should Be and Do*. Urbana: Universtity of Illinois Press, 1963.

de certos setores do mercado financeiro. Vimos também como a era FHC foi marcada por um consenso entre grupos de elite, com poucas críticas feitas pela grande imprensa até 1999. Depois disso, a mídia começou a refletir mais sobre as divisões na sociedade brasileira em relação ao governo. Examinamos assim como o processo de incorporação de posições sociais e contradiscursos nas páginas da mídia foi algo que aconteceu gradualmente, tendo começado com as Diretas-Já e se expandido nas últimas décadas.

Os princípios do jornalismo liberal, como a objetividade e a responsabilidade social, permaneceram importantes armas para o jornalismo em sua relação com a democracia. Esses elementos não deveriam ser subestimados por aqueles que às vezes colocam exigências excessivas e pouco realistas em cima dos sistemas de mídia e dos jornalistas. De fato, no Brasil de hoje convivem leituras múltiplas e diversas desses valores, com certos jornalistas focando na responsabilidade social e nos ideais do serviço público enquanto outros privilegiam o distanciamento objetivo.

ENTRE DOIS JORNALISMOS: MILITANTE E ROMÂNTICO *VERSUS* PROFISSIONAL

O liberalismo de mercado pavimentou assim o caminho para a mídia embarcar na tese do mercado livre/jornalismo "cão de guarda", expandindo a função de "cão de guarda" e a reportagem investigativa, aumentando o profissionalismo e melhorando a cobertura política. Nesse contexto, os valores do romantismo e do idealismo, associados ao tipo de jornalismo militante praticado nas redações principalmente durante os anos 70, deu espaço nos anos 90 para o pragmatismo e para as rotinas jornalísticas menos criativas. Como os estudos de caso publicados aqui evidenciaram, a ruptura total com os valores do passado não ocorreu à luz do colapso da ditadura. Os conflitos surgiram em relação aos diferentes entendimentos do papel que o jornalista deveria ter e que de fato representavam um reflexo das tensões que existiam na sociedade brasileira entre instituições altamente politizadas e as demandas crescentes do mercado.

Nas duas últimas décadas, os jornalistas oscilaram de forma contraditória entre diferentes identidades jornalísticas, ora assumindo postura militante, distanciada e objetiva, enquanto outros optaram por uma visão mais libertária do jornalismo, e outros, ainda, por uma de responsabilidade social. Os jornalistas não abraçaram totalmente a imparcialidade e a objetividade (Lins da Silva, 1991), mas mostraram compromisso maior com a exatidão da informação (Waisbord, 2002), com o profissionalismo, o equilíbrio e a responsabilidade social.

Muitos jornalistas entrevistados para este livro trabalham hoje para a grande mídia e são jornalistas veteranos, tendo vivido as mudanças entre os dois jornalismos. Eles adaptaram a responsabilidade social e os ideais de serviço público às exigências de uma mídia mais voltada para o mercado. Dois campos opostos foram formados: um que favorece uma volta às formas partidárias do jornalismo (Kucinski, 1998), ou a um entendimento mais militante ou de cidadania em relação à notícia (Dines, 2003), enquanto outro defende a objetividade combinada com preocupações de responsabilidade social, mas inserida na lógica de mercado. O jornalista veterano Bernardo Kucinski, que escreveu sobre o papel da imprensa alternativa durante a ditadura, praticamente nega que haja nas redações da grande imprensa jornalistas petistas. Ele vê o jornalismo atual como muito voltado para o mercado e os jornalistas como profissionais passivos, que trabalham em ambientes conservadores. "Você não pode dizer que há petistas nas redações. Deve ter sido um período muito curto quando havia alguns petistas nas redações. Na verdade, quando a maioria era, os estudantes, os professores. Agora você olha para os jornais – o *Estadão*, a maioria não é, o *JB*, não, o *Globo*... agora, há a *Folha*. Foi na *Folha* que essa tese foi desenvolvida..."

Essa é uma visão um tanto simplista de todo o quadro. Como foi mencionado no Capítulo 2, durante o período da ditadura a grande imprensa era fortemente censurada, com poucos casos verificados de resistência dos jornalistas em comparação à imprensa alternativa. Entre os grandes veículos, os mais censurados foram *O Estado de S. Paulo*, *Veja*, *Jornal do Brasil* e *Folha de S.Paulo*, mas em períodos e contextos diferentes (Alzira de Abreu, 2001; Carta, 2003). *Veja*, lançada apoiada numa linha editorial política e interpretativa forte traçada por Mino Carta, foi um dos principais veículos da grande imprensa que enfrentou problemas com os censores. De acordo com Mino, foi censurada até 1976, quando pressões militares forçaram sua saída da redação para que a censura pudesse ser removida (Alzira de Abreu, 2003).

Janio de Freitas, colunista da *Folha* e jornalista veterano, enfatizou como o clima de medo predominava nas redações durante os anos 70. Segundo ele, isso culminou com os jornalistas sendo obrigados a deixar os jornais para ir para casa. Janio colocou numa perspectiva mais realista o heroísmo nostálgico criado por alguns jornalistas em torno do período:

> O comportamento da mídia era de total aliança com o regime. Durante a maior parte dos anos da ditadura, eu não trabalhei nos jornais. Eu fazia parte do grupo de jornalistas que não era querido pelo regime. Eu não trabalhei de 1964 a 1966. Em 1967, no começo da abertura do regime durante o governo de Costa e Silva, eu estava dirigindo o jornal *Última Hora*. Esta meia-liberdade foi mantida em condições razoáveis para a prática jornalística... O problema era que o regime queria mais da grande imprensa, e introduziu a censura mais uma vez.

Inquietações em relação à objetividade também fizeram parte das discussões realizadas durante os anos de ditadura. Escrevendo no contexto dos anos de repressão, e aflito por causa da "manipulação" dos fatos, o acadêmico e jornalista Nilson Lage (1979, 24) advogou a favor da objetividade:

> [...] a proposta de uma linguagem absolutamente transparente, por trás da qual se apresentasse o fato íntegro, para que o leitor produzisse o seu julgamento, conduziu os jornalistas a uma atitude de indagação e lhes deu, em certas circunstâncias, o poder de buscar o seu próprio ponto de equilíbrio, desenvolvendo um conceito de verdade extraído dos fatos com o extraordinário poder de convencimento dos próprios fatos (citado em Moretzsohn, 2002; 203).

Escrevendo ainda durante os anos da redemocratização sobre as influências do modelo norte-americano no jornalismo brasileiro, Lins da Silva (1990) também apontou para a distância que havia entre o reconhecimento da teoria democrática liberal da imprensa e a atividade de colocá-la em prática, tensões que prevaleceram durante os anos 90 e também depois. "[...] no Brasil, todos dizem que são objetivos, mas quase ninguém é [...] isso é, no sentido de ser muito partidário na cobertura, com títulos de matérias editorializados e uma clara preferência por uma tendência política ou ideologia, distorção intencional dos fatos para favorecer uma visão particular do mundo" (1990; 101).

Assim, as alegações de objetividade podem se tornar bastante problemáticas no Brasil, um país mergulhado em instituições altamente politizadas. No entanto, o sentimento de responsabilidade social em relação à sociedade brasileira e seus problemas permaneceu, funcionando ao lado dos princípios profissionais, mas em oposição ao jornalismo partidário ou à militância partidária, que foram minimizados nos últimos anos, mas que estão longe de terem desaparecido. Defensor da importância de ver o jornalismo como função que privilegia os valores do interesse público, o colunista de *O Globo* Zuenir Ventura, veterano jornalista, enfatizou que esse valor não deve ser confundido com a "militância política":

> Eu não sei se é possível falar de uma geração que olha para o jornalismo de forma diferente. Nós vivemos num momento no país quando um jornalista não pode nem escolher viver sem uma preocupação social porque isso é algo tão presente nas nossas vidas. A realidade social do Rio [...] você tropeça em cima de crianças cheirando cocaína [...]. Qualquer cidadão do Rio ou de qualquer outra cidade precisa ser muito insensível a isso. Você não pode confundir no entanto a responsabilidade social com a militância política. Você não pode vestir a camisa de uma religião, partido ou empresa [...]. Você tem de ir a uma situação sem prejulgamentos.

A leitura de Ventura sobre o profissionalismo e a responsabilidade social é a mesma de muitos jornalistas de elite no Brasil, embora outros colocam mais ênfase na ação da imprensa como mediadora ou transmissora de informação no modelo do "Quarto Poder". Mario de Andrada e Silva, editor da Reuters para a América Latina, enfatiza o papel "informacional" da imprensa, argumentando que a função da mídia é "informar a sociedade sobre tudo que ela não sabe e gostaria de saber ou precisa saber". Bucci (2000), que já escreveu bastante sobre a questão da ética no jornalismo, afirma que para o jornalista ser um bom profissional ele precisa ser um democrata por natureza. Esses sentimentos indicam que há uma ligação entre as práticas instrumentais do jornalismo liberal e a necessidade de servir aos interesses dos leitores/público, uma constatação que ajuda a exemplificar o que o jornalismo deveria de fato ser, ou é de fato.

Racionalidades em torno da concepção de cidadania e a necessidade de servir ao público são, portanto, elementos não exclusivos das culturas jornalísticas militantes ou da "velha" geração dos jornalistas dos anos 70, como alguns críticos radicais chegaram a sugerir. Também não são só os jornalistas de elite que favorecem os ideais da responsabilidade social. Ao contrário do que poderia aparecer à primeira vista, há também um segmento dos jornalistas da nova geração que tem mostrado preocupações com a atual crise da mídia, defendendo que a imprensa assuma mais a sua função de mediadora social à luz do crescimento das pressões comerciais. A repórter Juliana Braga, assessora de imprensa da ONG francesa *Medecins Sans Frontieres* (Médico Sem Fronteiras), destaca:

> O jornalismo precisa ter um papel social, chamando a atenção para as irregularidades que existem na sociedade e enfatizando mais os trabalhos das pessoas que realmente contribuem para o desenvolvimento do país. Eu não acredito que a mídia tenha liberdade total [...]. Mas eu acho que a gente avançou mais em relação a outros períodos históricos do Brasil. Talvez a mídia brasileira ainda não saiba como fazer uso de sua nova liberdade [...], que agora é pressionada mais do que nunca pelos interesses comerciais...

Sem dúvida, a nova geração de jornalistas que entrou na profissão na fase da pós-ditadura chegou equipada com diferentes entendimentos sobre o seu papel. Nem todos endossaram os ideais de serviço público. Esses jornalistas foram influenciados pela tradição do carreirismo americano, eram mais céticos em relação à política partidária e menos influenciados pelos ditames ideológicos (Dimenstein, 1996; Kucinski, 1998). A ideologia do profissionalismo é mais bem exemplificada por fatores como o aumento do nível educacional dos jornalistas, com a entrada no campo de repórteres treinados na faculdade, como Braga, a criação de mecanismos de regulamentação da profissão e a abertura das possibilidades para os jornalistas fazerem carreira. Os jornalistas podem agora receber prêmios prestigiosos por seu trabalho.

Essa entrada de uma nova geração de jornalistas no mercado é o reflexo e a conseqüência da crescente profissionalização do jornalismo brasileiro desde os anos 70, com os diplomas de faculdade funcionando como linha divisória entre a reportagem profissional e a não profissional. Isso é certamente um contraste ao tipo de jornalismo praticado no passado, quando a paixão do jornalista e o seu talento criativo eram considerados mais importantes que a educação universitária. As redações do passado eram cheias de repórteres boêmios, aspirantes a poetas e políticos em oposição à geração computador e internet dos anos 90. Por um lado, a expansão do profissionalismo deu nova credibilidade e seriedade à profissão do jornalista, mas, por outro, também colocou-o em pé de igualdade a outros profissionais liberais.

José Arbex Jr. avaliou a mudança que ocorreu na profissão no contexto das discussões das reformas ocorridas na *Folha* a partir de 1984:

> As reformas de 1984 foram difíceis e duras. Elas tiveram importância porque consolidaram a idéia do jornalismo como uma profissão, e por causa disso ele está sujeito a normas que precisam ser respeitadas como qualquer outra profissão. Isso foi muito positivo porque ajudou a tirar a ideologia do jornalismo brasileiro e criou ainda padrões de excelência. Também foi negativo porque aparentemente ela transformou o jornalismo num "produto" como qualquer outro, como uma blusa ou sapato, por exemplo.

No Capítulo 2, ressaltamos como jornalistas como Arbex Jr., que escreveu sobre as mudanças ocorridas no jornalismo da *Folha*, encontraram dificuldades em continuar a trabalhar em redações da grande mídia devido ao crescimento dos valores do consumo e do *marketing*. O que esses críticos acharam mais problemático foram o aumento das pressões excessivas do *marketing* e o alto individualismo visto nos jornalistas da nova geração.

Ex-assessor de imprensa de Lula, o jornalista veterano Ricardo Kotscho, que trabalhou durante os dois períodos e experimentou as duas culturas jornalísticas, sinalizou para a possibilidade de combinar o melhor dos dois mundos:

> Eu acho que o jornalismo romântico era muito mais que um tipo de comportamento. Por exemplo, todos fumavam na redação [...]. A reunião para discutir as notícias se tornou algo mais burocrático que era realizado às nove horas, quando antes era à noite, quando cada jornalista costumava sair, encontrar o seu chefe e concordar sobre alguma coisa que seria feita no próximo dia. Não havia muita disciplina. Neste sentido eu digo que há extremos. Eu acho necessário ter disciplina e controlar o tempo, mas eu acho que precisa haver liberdade de criação e principalmente de estilo.

Eu endosso a sugestão de Kotscho, de que pode ser possível combinar o que há de melhor dos dois modelos. Esse debate é investigado mais adiante na Conclusão deste livro, quando será defendida a necessidade de fortalecer o atual sistema midiático, reforçando os seus aspectos democráticos e as identidades jornalísticas múltiplas para que o sistema possa enfim atender aos interesses diversos de diferentes grupos no Brasil.

Dito isso, a objetividade foi uma cultura jornalística crucial que grandes jornais como *Folha* e *O Globo* precisavam incorporar. Esses valores contribuíram para levantar os padrões de qualidade e para diminuir o partidarismo, garantindo um mínimo de equilíbrio na cobertura das eleições presidenciais do período democrático.

OBJETIVIDADE E O JORNALISMO DE INFORMAÇÃO NA *FOLHA DE S.PAULO* E EM *O GLOBO*

O jornal *Folha de S.Paulo* pode ser visto como um símbolo das transformações que ocorreram no jornalismo entre as duas formas mencionadas anteriormente: o jornalismo romântico/militante mais associado aos anos 70 e o modelo profissional característico do atual jornalismo contemporâneo. Críticos de uma posição mais radical atacaram as reformas da *Folha*, bem como o modelo da objetividade, alegando que este serve de fato a interesses dominantes conservadores, estimulando a passividade e o conformismo entre os jornalistas (Moretzsohn, 2002; Arbex Jr., 1999; Kucinski, 1998). Em sua discussão sobre a objetividade, Moretzsohn (2002) opõe o profissionalismo à militância, sugerindo que o primeiro automaticamente impede o funcionamento da crítica jornalística, considerada inerente ao último. Moretzsohn elege a *Folha* como um bom exemplo para debater os choques entre estas duas formas de jornalismo, com o militante tendo atingido o seu pico durante a campanha das Diretas-Já e o modelo profissional emergindo com as reformas do jornal em 1984.

A *Folha* admite de fato na sua versão editorial de 2001 (última versão) que não "há objetividade no jornalismo". Ela reconhece a existência da pluralidade de opiniões e de interpretações, nota o impacto que a subjetividade exerce nos vários procedimentos de seleção das notícias, mas declara que o jornalista deveria buscar ser "o mais objetivo possível". De acordo com o seu *Manual da Redação*, isso significa lidar com os fatos "com um certo distanciamento e frieza", o que não quer dizer "apatia e indiferença". Pode-se dizer então que a atual leitura de objetividade pela *Folha* está um tanto ligada à visão crítica ou mais sofisticada do termo que Schudson fez referência em sua discussão sobre as mudanças na concepção do termo desde a sua ascensão nos Estados Unidos nos anos 20. Ela também se define em linhas parecidas com a análise descrita por Lichtenberg.

No entanto, da mesma forma que o restante da imprensa contemporânea, a *Folha* encontrou dificuldades em manter o modelo que ela mesma advogava, muito em razão das disputas políticas que sacudiram o Brasil no período pós-ditadura. Como vimos, críticos radicais acusaram a imprensa de parcialidade e de ter defendido os candidatos do *establishment*, além de ter relutado em se engajar com maior profundidade no exame de assuntos sociais. Como a pesquisa para este livro revelou, não foi exatamente o caso. Embora Otavio Frias Filho, diretor de redação da *Folha* e um dos herdeiros do grupo, admitiu que os donos mostraram uma tendência para apoiar o PSDB e os jornalistas, o PT, este livro argumentou que o equilíbrio utilizado nas coberturas contribuiu para neutralizar ou diminuir as práticas partidárias, com nem todos os veículos de mídia endossando de forma explícita a agenda tucana, e com críticas feitas nas páginas da grande imprensa em relação aos candidatos que representavam o *status quo*. Além disso, a dissidência e a contradição estavam bastante altas nas páginas da mídia, com contradiscursos sendo legitimados, eventualmente, pela grande mídia, enquanto múltiplos grupos foram incorporados às representações do mercado com todas as suas dinâmicas.

Os jornalistas que trabalham com o modelo da objetividade no jornalismo contemporâneo admitiram, porém, que esse princípio tem lá as suas limitações, detectando inclusive algumas implicações negativas que ocorrem devido à utilização excessiva ou pouco crítica desse valor. Colunista e membro do Conselho Editorial da *Folha*, Marcelo Coelho comparou no Capítulo 5 a cobertura mais equilibrada da imprensa das eleições de 2002 a outras formas mais engajadas de reportagem política, como a cobertura das Diretas-Já pela *Folha*, considerado um exemplo positivo de jornalismo militante. Coelho acha que a paixão que existia na reportagem política de antes decaiu na cobertura das últimas eleições presidenciais. Este ponto é um exemplo das inquietações que afligem muitos jornalistas, a de que excessivas preocupações com a objetividade podem acabar contribuindo para sufocar a criatividade jornalística.

Indagado sobre o modelo de objetividade da *Folha*, Frias Filho fez a defesa de um entendimento crítico do conceito, apontando para alguns de seus impactos negativos:

> Eu não acredito na objetividade absoluta. Há técnicas que estão disponíveis para o jornalismo para torná-lo mais objetivo. Há certas matérias que são mais objetivas que outras. Eu acho que uma forma mais opinativa e militante pode coexistir em paralelo, como nos blogs. Mas eu acho que, dentro da prática do jornalismo, nós precisamos buscar este ideal de objetividade. Nos anos 80 e 90, este modelo objetivo avançou mais no Brasil. A imprensa brasileira hoje é mais objetiva do que era há 15 anos. Mas eu acho que há aspectos negativos também. A conseqüência que era o caso dos anos 50, quando eles eram claramente jornais partidários ligados a partidos políticos... Era uma forma de jornalismo mais militante com menos objetividade, mas os veículos tinham mais personalidade e eram diferentes.

Portanto, as culturas jornalísticas do profissionalismo e da objetividade avançaram nas redações em conseqüência do processo de profissionalização das indústrias de mídia brasileiras, algo que começou a ocorrer principalmente após a ditadura. Alzira de Abreu (2002) conta que a modernização do sistema de mídia era considerada uma estratégia política pelos generais militares, e estava embutida em noções autoritárias de segurança nacional. "A imprensa, o rádio e a TV já dependiam de publicidade para sobreviver e os maiores anúncios vinham de empresas públicas e de instituições governamentais. Eles (generais militares) censuraram, mas eles também financiaram a modernização da maior parte dos jornais que ainda estão no mercado hoje..." (Alzira de Abreu, 2002; 24-25). Portanto, após a queda da ditadura, os jornais se viram confrontados com uma multiplicidade de interesses e de públicos, e com a necessidade de se adaptar a uma realidade mais complexa e contraditória, em contraste com a dicotomia simplista do preto no branco do período da ditadura (como generais militares *versus* sociedade civil).

O profissionalismo foi uma necessidade do liberalismo de mercado. Jornais como *O Globo*, que eram vistos como tendo ligações bastante estreitas com o regime militar, conduziram reformas para minimizar o caráter oficialista do diário, abrindo-o para um público maior e conquistando novos leitores. Assim como a *Folha*, o diário carioca optou por investir num modelo de jornalismo informacional e tem conseguido maior sucesso na empreitada. As reformas de *O Globo* foram realizadas à luz das tentativas de minimizar a imagem do jornal como uma espécie de porta-voz do governo militar autoritário. Ela também teve o propósito de adaptar o diário às novas exigências de mercado.

Quando o jornalista Evandro Carlos de Andrade assumiu a direção de redação de *O Globo*, em 1972, o jornal começou a embarcar nessas reformas, tendo como alvo um público mais jovem na luta para fazê-lo competir com o popular *Jornal do Brasil* (Alzira de Abreu, 2002). Mas as reformas só começaram a levantar vôo de fato a partir de meados dos anos 90. *O Globo*, assim como a *Folha*, tentou adotar uma estratégia parecida com a do *The New York Times*, que em 1896 começou a subir à posição de liderança através da ênfase no modelo "informacional", em vez do estilo "contador de história" (Schudson, 1978).

De acordo com o colunista de *O Globo* e ex-diretor de redação Merval Pereira, a estratégia de Evandro era focar o jornal apenas na notícia. Isso era uma tentativa de minguar as acusações de que o diário estava favorecendo a ditadura:

> *O Globo* foi marcado durante a ditadura por duas características: era um jornal que apoiou o governo militar e era acusado de manipular as notícias, e a segunda característica, que foi feita de propósito por Evandro a fim de neutralizar estas críticas, era fazer um jornal estritamente baseado na notícia. Ele publicava tudo, era muito noticioso, e então ele virou um jornal que tornou-se indispensável para ler. Essa foi a maneira que o Evandro conseguiu para compensar a ação de *O Globo*, que era muito oficial.

A segunda geração dos Marinho começou a assumir posições de comando nos diversos veículos da organização, no jornal, TV e nas estações de rádio, principalmente nos anos 90. A entrada em cena da nova geração deu cara nova, mais refrescante e uma dimensão mais inclusiva às Organizações Globo, elementos apontados por vários jornalistas entrevistados aqui. Em meados dos anos 90, *O Globo* embarcou em mais uma reforma que definitivamente teria um impacto maior na política editorial do diário. Chiarini (2002; 168) notou que inicialmente a reforma tinha a intenção de ser apenas um trabalho estético, mas que de 1992 a 1995 o projeto ganhou apoio editorial. A idéia de investir num estilo jornalístico mais interpretativo encontrou sustentação contra a prática anterior de publicar tudo.

O atual diretor de redação de *O Globo*, Rodolfo Fernandes, frisou que a profissionalização do jornal foi uma das principais motivações que levaram o jornal a optar por realizar mudanças editoriais:

> A reforma de *O Globo* teve outra intenção, de ir mais a fundo nas notícias [...]. A cara do jornal não muda de um dia para o outro [...]. Mas eu gostaria de dizer que a idéia de que *O Globo* queria mostrar uma nova cara já existia antes de 1985, quando o Merval (Pereira) assumiu [...]. O que eu quero dizer por profissionalização é que os acionistas de *O Globo* decidiram deixar a redação e dar o comando do jornal para os profissionais de mídia.

Merval destacou que a cobertura política de *O Globo* mudou nos últimos anos através do reforço de padrões profissionais, acrescentando que o jornal se abriu mais para novas vozes após a segunda geração dos Marinho assumir o comando:

Eu comecei a trabalhar aqui (*O Globo*) em 1968. Era um jornal muito associado ao discurso oficial, e ao governo de várias maneiras. Você não tinha um esquema muito profissional e as pessoas eram mal pagas. O jornal começou a se tornar mais profissional quando o Evandro entrou em 1971... Com o *impeachment* de Collor, a mídia começou a se tornar mais independente em relação ao Estado. Mas ainda há muita influência do governo e de pressões políticas. Como eu te contei, o processo foi gradual e lento. Nós ganhamos espaço pouco a pouco. Foi um trabalho de paciência... e o João Roberto teve um papel importante aqui... Ele sempre foi uma figura presente, intercedendo no sentido de abrir mais espaços... Até durante o tempo da ditadura, com a abertura que começou no governo Geisel, *O Globo* começou a avançar mais na cobertura política. Nós publicamos muitas matérias factuais importantes antes dos outros. Um exemplo foi o decreto da anistia. Ele foi publicado no dia em que o projeto de anistia foi assinado...

A inclusão dos valores do jornalismo liberal, como o equilíbrio, e a ênfase em fatos permitiu que o diário pudesse expandir a representação de vozes em suas páginas, com discursos articulados por ONGs, profissionais liberais e representantes da centro-esquerda começando a ser considerados noticiosos da mesma maneira que eram os do grande empresariado e das elites e fontes tradicionais da política.

O colunista de *O Globo* e criador das páginas de opinião, Luiz Garcia, ressaltou as angústias enfrentadas pelo diário devido à necessidade de equilibrar os diversos discursos:

> Nós tivemos no começo de 1970 a transferência das Organizações Globo para a segunda geração. João Roberto Marinho assumiu *O Globo*. Eu acho que houve uma mudança de mentalidade. A página de Opinião era algo que teve muito a ver comigo. Quando eu entrei no *Globo*, havia quatro colunistas escrevendo aos domingos: ... Otto

> Lara Resende, Roberto Campos e outro, todos mais ou menos com tendências conservadoras, com a exceção do Otto. A parte editorial nasceu da idéia da página aberta... No mesmo esquema que você tem no *NY Times* e em outros jornais americanos... Nós fizemos um esforço enorme para atrair o pensamento de esquerda para *O Globo*. E nós conseguimos isso de tal maneira que hoje tivemos que procurar alguém de direita que pudesse escrever bem, e que poderia escrever para o jornal [...] e então a gente ficou com o Olavo de Carvalho, e nós nos arrependemos disso um pouco [...]. Toda a esquerda tem acesso a *O Globo*: Elio Gaspari, Zuenir Ventura, Verissimo [...]. E todos os ativistas [...] as ONGs. Nós estamos fazendo algo equilibrado.

Janio de Freitas, que participou das reformas gráficas do *Jornal do Brasil* nos anos 60, argumentou que as modificações feitas no conteúdo de *O Globo* aconteceram numa resposta competitiva ao sucesso da *Folha*:

> Eu acho que não foi avaliado ainda o papel que a *Folha* teve no cenário do jornalismo brasileiro. Como eu te disse, os jornais (durante a ditadura) estavam numa situação de compromisso e proximidade com o regime [...] a *Folha* [...] principalmente após o lançamento da página 3, que publicava diferentes tendências de debate, começa a publicar artigos com linhas contraditórias [...]. Além de todas as qualidades desta iniciativa há a coragem de começar a praticá-las durante a ditadura [...] a *Folha* publicou um artigo do Luís Carlos Prestes, de pessoas notoriamente da esquerda [...]. Mas eu acho que isso foi importante porque contaminou os outros jornais. *O Globo*, por exemplo, é um jornal que se abriu [...]. Isso foi a notória influência da percepção que a nova geração dos Marinho trouxe ao jornal, também uma resposta ao sucesso da *Folha*. Havia um momento em que o que a *Folha* estava fazendo era inovador e corajoso... Por causa do cenário institucional em que a gente vive desde 1985 [...], isso não demanda mais coragem política.

O colunista da *Folha* destacou ainda como hoje os jornais brasileiros começaram a ficar muito iguais, um argumento que foi levantado aqui diversas vezes também por outros jornalistas. Pode-se considerar isso como, até certo ponto, uma conseqüência negativa do surgimento e da consolidação do modelo de jornalismo informacional e objetivo, com os jornais perdendo em criatividade e em "militância positiva" justamente por causa disso. Tais contradições obrigam a reavaliar a relevância que o regime da objetividade e do profissionalismo possui para o atual jornalismo contemporâneo.

A IMPORTÂNCIA DA OBJETIVIDADE E DO PROFISSIONALISMO PARA O JORNALISMO

Por que a objetividade ainda é importante para o jornalismo e por que motivo deveríamos defendê-la se é possível reconhecer que esse princípio tem as suas limitações? Será que tais valores contribuem para desengajar os leitores? Este livro defende que a atual crise do jornalismo está menos relacionada ao processo de favorecimento da objetividade no jornalismo, e mais ligada a uma série de *restrições* políticas e econômicas que incluem a maximização da concentração da mídia e o rebaixamento de certos padrões de qualidade para atingir públicos maiores. Como destacou Lichtenberg (2000), a objetividade deve ser ainda a linha que guia o jornalismo, se a meta é tentar retratar um mundo cada vez mais complexo sem recorrer aos preconceitos ideológicos e às paixões pessoais.

Lippmann (1922) tem sido, de acordo com críticos como Schudson (1978), um dos porta-vozes mais fortes em defesa do ideal da objetividade. "Enquanto as nossas mentes ficam mais profundamente conscientes do nosso próprio subjetivismo, nós encontramos prazer no método objetivo que doutro modo não estava lá", escreveu Lippmann. Para ele, a virtude era a recusa de creditar os nossos próprios gostos e desejos como base para entender o mundo, e o distanciamento, o desinteresse e a maturidade formavam algumas das marcas da moralidade (citado em Shudson, 1978; 155). Lippmann (1922; 126) também apontou para o fato de que a pessoa tem a tendência a acreditar no absolutismo de suas próprias idéias. "Enquanto os homens estão prontos para admitir que há dois lados para uma 'questão', eles não acreditam que há dois lados para o que eles consideram um 'fato'".

De fato, uma leitura ligeiramente ingênua da objetividade ou um entendimento cego do que seja um fato têm marcado a compreensão de alguns jornalistas sobre o que o jornalismo deveria representar para a sociedade brasileira. Alguns têm se prendido a um entendimento excessivamente distanciado da objetividade ("Eu sou objetivo, não dá para ver?"). É como se isso fosse o que eles de forma inconsciente acham que é exigido pelo atual modelo de jornalismo voltado para o mercado. Tal posicionamento tem incitado radicais a criticarem os valores do jornalismo liberal, considerando-os falhos e ineficazes. Os jornalistas que mergulham em tais leituras da objetividade não vêem, no entanto, que o conceito não deveria significar indiferença fria ou uma ênfase excessiva nos aspectos técnicos da notícia. Não deveria haver razão para se ater somente às fontes oficiais e ao uso rígido da linguagem, ou ainda cair na armadilha de acreditar que todo argumento precisa ter um contra-argumento imediatamente. Isso inevitavelmente leva à falta de criatividade, personalidade e dinamismo na produção de uma matéria ou na realização de uma cobertura, como Coelho, Frias Filho e Kotscho corretamente destacaram.

Dessa forma, um compromisso crítico com os ideais da responsabilidade social e uma leitura progressista do profissionalismo são fundamentais para impedir um apoio mecânico ou até hipócrita à noção de objetividade. Pois é o sistema como um todo que precisa buscar representar as visões conflitantes que existem na sociedade na qual estão inseridos. Apesar das ambigüidades em relação às identidades jornalísticas, os estudos de caso apresentados neste livro mostraram que uma leitura amplamente mecânica da objetividade esteve presente, mas que esta não prevaleceu nas últimas duas décadas.

Dado o reconhecimento de que a objetividade total é algo inatingível, e que a subjetividade exerce um papel central nos valores e nos julgamentos que são feitos pelos jornalistas diariamente, deve-se buscar assegurar algum tipo de equilíbrio através do exame dos fatos por ângulos múltiplos e diferentes pontos de visão, a fim de se obter a interpretação mais exata e rica possível. Objetividade não deveria significar a falta de questionamento de figuras de autoridade, mas um compromisso com maneiras de abordar assuntos oficiais e de governo que fazem jus à complexidade dos pontos de vista existentes e dos debates em torno dos temas pertinentes à questão levantada. Os estudos de caso apresentados aqui apontaram como os projetos para o país, tanto de centro-esquerda como de centro-direita, sofreram de excessos, com as administrações de FHC e Lula tendo produzido aspectos positivos e negativos. Nesse sentido, considera-se que uma análise mais completa e apartidária dos governos é "melhor" para o entendimento da complexidade da realidade brasileira sob estas duas administrações, em oposição a uma postura excessivamente partidária, que teria a tendência de minguar os erros dos dois, além de salientar os do oponente.

O pensamento liberal clássico já havia levantado a questão da importância da indagação contínua e das idéias tomadas como fatos consumados. Pois, como J. S. Mill argumentou (em Keane: 1991; 19), mesmo que uma opinião contenha toda a verdade, e nada além da verdade, ela vai logo degenerar em preconceito, então a humanidade deve continuar a refletir sobre o que ela começou a enxergar como um fato. É difícil fazer isso se a pessoa insiste nos argumentos militantes ou partidários, que raramente levam em consideração a complexidade da natureza dos problemas. Isso não quer dizer que a objetividade não possa coexistir com outras formas de jornalismo militante.

Evidentemente, um sistema de mídia complexo requer identidades jornalísticas múltiplas que possam atender a diferentes públicos, com a identidade política de certos grupos precisando de estímulos para que estes possam realmente superar a sua opressão e suas limitações e lutar por uma causa justa através de canais de mídia comunitários ou regionais (Baker, 2002). Esses grupos evidentemente precisam se engajar no uso de setores cívicos e alternativos da mídia, que são de fato partidários, para colocar a sua causa perante a sociedade. Mas a grande mídia forte que pretende promover o debate público não deveria funcionar com o partidarismo ou com a luta para o avanço de grupos particulares, sejam políticos ou comerciais. Ela precisa favorecer o equilíbrio e o profissionalismo, já que o grande público precisa ter acesso, tanto quanto possível, aos mais diversos lados de uma questão. Assim, a indagação sobre como os jornalistas conseguiram contribuir para avançar a democracia nos anos contemporâneos através do compromisso com os princípios do jornalismo liberal é um debate crucial que merece ser investigado aqui em maior profundidade.

JORNALISMO E DEMOCRACIA: A CONTRIBUIÇÃO DOS JORNALISTAS PARA O PROCESSO DE DEMOCRATIZAÇÃO

Como os jornalistas conseguiram contribuir para o processo de democratização em meio ao crescimento dos valores instrumentais e profissionais, em detrimento do idealismo jornalístico? Examinamos a mudança de um modelo de jornalismo militante mais associado à imprensa alternativa dos anos da ditadura para o estilo comercial de hoje. Pode-se dizer que a imprensa alternativa e a grande mídia assumiram dois papéis em períodos diferentes: a primeira funcionou durante o regime militar como um veículo de resistência, enquanto a imprensa comercial na era do mercado livre realizou uma dupla função de atender ao interesse público e a endossar a concepção da notícia como um *commodity*. Isso não quer dizer que os jornalistas e a grande imprensa não contribuíram para o colapso do regime militar e a volta à democracia civil.

Casos como o da cobertura da *Folha* da campanha das eleições diretas em 1984, a publicação de matérias de abusos aos direitos humanos por *Veja* durante os anos 70 e o papel exercido por alguns jornalistas econômicos de *O Globo* (Alzira de Abreu, 2001) são exemplos das contribuições feitas pela grande imprensa ao processo de aceleração da queda do regime. Waisbord (2002) tem falado das contribuições da imprensa realizadas durante a fase contemporânea, principalmente a função da mídia de "cão de guarda" e o aumento do jornalismo investigativo, sublinhando alguns exemplos, como as matérias de Caco Barcellos para a TV Globo sobre a violência policial e as de Gilberto Dimenstein para a *Folha* sobre a prostituição infantil na Amazônia.

Os jornalistas tiveram papéis diversos em fases diferentes da história do país. Nas últimas duas décadas, assumiram compromissos com o avanço da democracia através do estabelecimento de padrões profissionais, executando a função de Quarto Estado e a ação de "cão de guarda", endossando valores de responsabilidade social, investindo no profissionalismo e aplicando o equilíbrio na cobertura política. No entanto, as contribuições tiveram os seus limites. Elas têm raízes principalmente na dependência que ainda existe na grande imprensa dos anúncios do governo e de outras formas de subsídios, bem como nas relações promíscuas entre jornalistas e políticos, fato que contribuiu para enfraquecer a tese do jornalismo "cão de guarda" (Waisbord, 2002; Freitas, 2004). Preconceitos em relação às políticas de esquerda também ocorreram. Foi a dependência das estruturas do Estado que produziu maiores *pressões políticas*. Nós vimos como a imprensa relutou para criticar o governo Collor, uma acusação parecida que a mídia no geral recebeu no caso das denúncias de corrupção que surgiram durante os oito anos de governo Fernando Henrique, e ainda nos esquemas de corrupção que emergiram no primeiro mandato de Lula.

Como vimos, a fase contemporânea viu debates opostos surgirem em relação à função que os jornalistas tiveram na promoção das mudanças sociais e políticas. Como observado no Capítulo 1 e discutido nos argumentos feitos contra a objetividade, críticos radicais (Kucinski, 1998; Moretzsohn, 2002) lamentaram o declínio do jornalismo romântico, colocando a culpa pela falta de engajamento na política por parte da geração mais jovem de jornalistas no crescimento do profissionalismo. Apoiando-se em visões um tanto aistóricas que tendem a ver as indústrias de mídia como empreendimentos estáticos que funcionam para reproduzir a ideologia dominante, essas críticas têm minimizado o impacto das contribuições jornalísticas do período contemporâneo. Elas são ainda pessimistas em relação ao jornalismo contemporâneo, afirmando que este modelo mais voltado para o mercado não deixa espaço para a transformação.

Essa é uma leitura um tanto simplista da mídia que não reconhece que os meios de comunicação podem mudar como resultado de influências externas históricas, políticas, sociais e econômicas. Ela também ignora as diferenças de geração entre os "velhos" jornalistas em oposição aos "novos", assumindo muito rapidamente que os últimos são totalmente alienados, que não entendem de política ou que são incapazes de aplicar leituras progressistas à compreensão do profissionalismo jornalístico. Essas críticas radicais parecem, portanto, ignorar uma série de influências, como o funcionamento dúbio das forças de mercado, que podem servir em diferentes momentos tanto para liberar como para oprimir, as tendências autoritárias do Estado, bem como a sua função libertadora e o fato de que as contribuições nos últimos anos na área da cobertura política foram possíveis precisamente por causa dos princípios do jornalismo liberal.

Waisbord (2002; 185) diz que os veículos de comunicação e os jornalistas de fato têm aspirações políticas, mas que os profissionais de imprensa raramente passam muito tempo pensando a respeito dessas questões. De acordo com ele, eles tendem a se preocupar com assuntos profissionais específicos, como a exatidão da informação e as manchetes chamativas, em vez dos grandes ideais da democracia que os analistas transferem para a imprensa. De acordo com esse argumento, os jornalistas ficam mais inquietos com o caráter noticioso de uma matéria, com a opinião dos editores e seus superiores do que com o impacto que esta poderá causar na sociedade. Isso é, no entanto, apenas uma maneira parcial de olhar para o funcionamento do jornalismo nas sociedades contemporâneas. De fato, os valores do jornalismo instrumental favorecem as rotinas jornalísticas padronizadas, que podem diminuir a criatividade e limitar o debate. Dito isso, essa constatação não deve servir como razão para descartar os esforços para continuar a buscar o ideal da objetividade, que não deve ser visto como um elemento oposto ao jornalismo interpretativo e analítico, mas em vez disso como o outro lado da mesma moeda.

Argumentamos aqui como muitos jornalistas fazem leituras críticas desses valores. Além do mais, tais ideais jornalísticos podem indiretamente funcionar a serviço da democracia, em contraste ao caráter mais explícito das práticas militantes. Este livro ressaltou a importância desses valores jornalísticos para a melhoria da reportagem política da grande imprensa. Nesse sentido, foi justamente por causa da emergência de valores como a justiça na cobertura política, atenções dadas ao equilíbrio e a exatidão que os jornalistas conseguiram contribuir e representar numa lente mais madura e crítica a experiência brasileira, sendo capazes de enxergar para além dos preconceitos ideológicos e a repudiar, quando possível, as pressões políticas e econômicas.

Os anos contemporâneos viram os jornalistas exercerem um papel de *facilitadores* e *promotores* do debate público, apesar das ambigüidades existentes em torno das identidades jornalísticas e das imposições do "jornalismo de *marketing*", que muitas vezes contribuiu para nivelar o debate por baixo. Os estudos de caso conduzidos aqui mostraram conquistas positivas, bem como tendências regressivas na cobertura feita pela imprensa das eleições presidenciais do período pós-ditadura (veja a Bibliografia para os Capítulos 2, 3, 4 e 5).

Os avanços incluíram o estímulo ao diálogo nas páginas da mídia com representantes de esquerda e com outros movimentos sociais; o crescimento da função de "cão de guarda" e do profissionalismo, e a crítica das estruturas do Estado e dos candidatos políticos que representam o *status quo*. Regressões incluíram algumas tendências sensacionalistas em conseqüência das pressões de mercado e o *denuncismo* enfatizado por alguns jornalistas (Nassif, 2003; Dines, 2003) na cobertura da mídia do *impeachment* de Collor de 1992, como foi discutido no Capítulo 3. Houve ainda os preconceitos *político-ideológicos* contra "a esquerda", os preconceitos de classe e as diversas deturpações detectadas na cobertura política durante todo o período visto aqui (veja capítulos e Bibliografia).

Alguns críticos radicais vêem o período da ditadura como o único momento em que os jornalistas exerceram influência de fato e praticaram a crítica política, seja na imprensa alternativa ou em certos setores da grande mídia. Durante os anos 60 e 70, muitos jornalistas entraram na lista dos "subversivos", com jornalistas influentes sendo removidos de seus cargos e posições devido às pressões exercidas pelas forças militares em decorrência de suas simpatias pela esquerda ou meramente por seus ideais democráticos (como Abramo da *Folha* em 1979; Dines do *JB* em 1978 e Mino de *Veja* em 1976). Em relação ao falecido barão da imprensa, Roberto Marinho, tem se tornado notório entre círculos acadêmicos (Abreu, 2002) e jornalísticos, com fontes não declaradas afirmando que o empresário, quando se viu pressionado para demitir "jornalistas comunistas" de sua empresa, respondeu com irritação dizendo que ele era capaz de "cuidar de seus próprios comunistas". Marinho teria feito essa afirmação porque *O Globo* foi apontado por alguns como tendo protegido jornalistas perseguidos (Dines, 1993, citado em Waisbord, 2002, 182).

Muitos jornalistas, no entanto, temiam ser censurados ou presos por razões fúteis ou motivos pouco claros, ou simplesmente por serem de esquerda. Zuenir Ventura, por exemplo, passou três meses na prisão, tendo descoberto recentemente que o seu nome estava incluído num documento do governo de 1975 como a pessoa que coordenava o "esquema comunista" na imprensa.[129] "Esta era uma acusação totalmente absurda. Eu nunca fui membro do Partido Comunista", disse Zuenir.

Os anos contemporâneos já foram diferentes nesse aspecto. Jornalistas de diferentes tendências ideológicas povoaram os jornais, com o crescimento do profissionalismo permitindo a entrada em cena de uma geração de jornalistas mais jovens que contribuíram para reduzir os engajamentos ideológicos com a notícia. Pressões políticas foram sufocadas na fase da pós-ditadura, com a retirada da censura direta feita aos jornais e o decréscimo das práticas de autocensura. Assim, o liberalismo de mercado permitiu a profissionalização e a modernização das redações, trazendo ainda uma série de melhorias para o trabalho jornalístico, como o crescimento dos valores da objetividade e a maior participação dos leitores como cidadãos-consumidores da grande mídia, seja através de cartas ou de comentários *on-line* (*blogging*) ou de debates com editores e políticos.

A nova e tão falada liberdade de imprensa, no entanto, tem sido relativa. As restrições políticas e econômicas ainda persistem. O último, por exemplo, tem impedido maiores críticas às estruturas de poder, como a questão do aumento da concentração de renda e a continuidade da existência da desigualdade social no Brasil. Os jornalistas também se sentem compelidos pelas pressões de mercado

129 Alberto Dines lembra claramente do início da censura na Redação do *Jornal do Brasil*: "Eu fui contratado em 1962 para dar continuidade à reforma, mas até 1968 eu não tinha ação política no jornal. Em 1968, com a imposição do AI-5, eu já via os censores entrarem na minha sala, e a partir dali em adiante eu decidi tornar claro que a gente estava sob censura. Após isso, houve uma negociação com os censores de que a censura seria tirada e a autocensura entraria em seu lugar".

a simplificar ou "despolitizar" os debates públicos para atingir um público maior e para não alienar ou assustar os anunciantes.

Os jornalistas no Brasil conseguiram, no entanto, contribuir de várias maneiras nas últimas duas décadas, mesclando valores da responsabilidade social com compromissos de serviço público e exigências comerciais, ou ainda através de uma postura democrática militante que era um contraste à posição mais estritamente partidária associada aos anos da ditadura. Dito isso, nós vimos como o fortalecimento de uma imprensa verdadeiramente livre no Brasil é ainda um processo em construção que caminha de mãos dadas com a consolidação do projeto democrático. Dessa maneira, ela ultrapassa o poder que os jornalistas poderão ter em sua arena de trabalho. Portanto, as melhorias na sociedade brasileira, principalmente nos níveis de igualdade econômica e na contínua expansão da esfera pública política, são essenciais se a meta é tornar o jornalismo mais democrático. Porém como os jornalistas poderão aumentar a sua parcela de contribuições para acelerar e consolidar este processo ainda é a principal pauta do dia.

PROFISSIONALISMO E AUTONOMIA JORNALÍSTICA: O FUTURO PAPEL DO JORNALISTA

Como os jornalistas podem contribuir no futuro para fortalecer a liberdade de imprensa no Brasil? Se o período romântico acabou, como o jornalismo pode continuar a propagar os valores da democracia na atual era "pragmática"? Estas são questões difíceis de serem respondidas. Como foi examinado no Capítulo 1, a crise financeira da mídia brasileira culminou em cortes de vagas e no crescimento da instabilidade do emprego nas redações. Isso teve um impacto nas práticas jornalísticas. O resultado foi o aumento do conformismo entre os jornalistas e o medo de assumir riscos. Muitos têm argumentado que os problemas que a mídia no país tem passado desde meados dos anos 90 são o resultado de uma combinação de fatores, e que incluem a influência da atual crise mundial do jornalismo; o processo específico da democratização da sociedade brasileira e as próprias dificuldades financeiras das indústrias de mídia devido à instabilidade econômica do país.

Naturalmente, o fato de que a própria profissão do jornalista está se tornando redundante, o seu prestígio encontra-se em declínio e a qualidade dos padrões de certos jornais nacionais está em queda coloca o profissionalismo e a busca pela independência numa posição bastante delicada. No contexto dos debates internacionais (Bardoel, 1996) sobre a redundância da atividade jornalística em meio ao surgimento das novas tecnologias e ainda o acesso maior dos cidadãos às fontes jornalísticas sem a intermediação desses profissionais, defende-se aqui que os jornalistas ainda têm papel central a realizar no processo em construção do espaço democrático na grande imprensa e na sociedade brasileira.

Em artigos onde expressou inquietações sobre o fato de que os jornalistas estão se tornando descartáveis à luz do impacto das novas tecnologias nos empregos tradicionais e em virtude das mudanças que estão ocorrendo no ambiente de trabalho, Bardoel (1996; 386-387) vê os jornalistas continuando a exercer uma função no recrutamento e na seleção de assuntos relevantes. "O jornalismo não vai, como na era da mídia de massa, controlar o debate público, mas ele vai assumir a liderança em direcionar e defini-lo" (Bardoel, 1996; 387).

Devido às desigualdades sociais e econômicas que ainda existem na sociedade brasileira, que não é tão saturada em termos de mídia como é o caso talvez dos Estados Unidos ou da Grã-Bretanha, a individualização das comunicações não ocorreu ainda no Brasil. Nos últimos anos, no entanto, houve um aumento no número de *sites* de internet e *blogs* de jornalistas de elite ligados aos grandes jornais. Apesar disso, o papel da imprensa como promotora do debate público, e a relevância que uma grande e forte mídia comercial ainda tem na edificação da cultura cívica nacional, não está em queda.

Sérgio Dávila, correspondente especial da *Folha* em Washington ganhador do Prêmio Esso de Jornalismo por sua cobertura da Guerra do Iraque, enfatizou que a análise assumirá uma função central no jornalismo brasileiro do futuro:

> Sim, na atual situação, eu acho que eu faço parte de uma espécie em risco de extinção (o repórter especial). Mas eu concordo com você quando diz que a (nova) função do jornal será a análise, o

> engajamento no contexto histórico das matérias e na memória do que o leitor viu durante as 24 horas na televisão e na internet. E aqui o correspondente especial terá um papel crucial.

A adoção, pelos jornais de qualidade, de um modelo jornalístico mais analítico certamente depende de um melhor treinamento intelectual dos jornalistas contemporâneos. As ambigüidades que ainda existem em relação às identidades jornalísticas evidentemente nos obrigam a definir melhor o que se espera do jornalista profissional contemporâneo. Estudos acadêmicos de posições diversas (Lins da Silva, 1990; Kucinski, 1998; Arbex Jr., 2001) traçaram alguns dos vícios da nova geração de jornalistas que abraçaram de forma pouca crítica os ditames do jornalismo de mercado. Entre alguns dos vícios maiores desses jornalistas estão o corporativismo excessivo; a relutância em aceitar críticas, em fazer uma reflexão de sua própria atividade e de seu papel profissional; a (forte) tendência ao antiintelectualismo; o *approach* arrogante à noção de objetividade e a resistência a entrar em maiores discussões sobre ética profissional (Lins da Silva, 1990; Bucci, 2000). Críticos têm ressaltado ainda como os jornalistas contemporâneos se mostram mais preocupados com o prestígio pessoal e o carreirismo acima de qualquer outra coisa, sem o desejo de melhorar a sua própria conduta profissional com a meta de influenciar e agir sobre a realidade.

Aflições certamente surgem de novo em relação às possíveis limitações e regressões que podem ocorrer no campo jornalístico à luz dos progressos dos últimos anos. A capacidade individual do jornalista de fazer a diferença, por exemplo, está se tornando mais difícil e talvez um sonho distante para muitos em face das excessivas pressões provenientes de diversas esferas. O ex-diretor de redação da *Veja*, Mario Sergio Conti, hoje diretor da revista *Piauí*, considera que a imprensa brasileira regrediu nos últimos anos devido à crise financeira:

> O desemprego é o maior problema no Brasil [...] o aspecto regressivo do capitalismo no país, a dinâmica do capitalismo no país é [...] o capitalismo financeiro. Do ponto de vista da imprensa, eu acho que houve uma regressão. As revistas que foram lançadas durante o período,

> como *Época*, não contribuíram para nada. Os jornais estão perdendo em relevância em termos de identificação social. Desta maneira, o jornalista não se arrisca por medo de perder o emprego.

Augusto Nunes, ex-diretor de redação do *Jornal do Brasil* e arquiteto das reformas do *Estadão*, manifestou preocupações parecidas:

> Eu não vi melhorias na imprensa nos últimos anos, eu só a vi ficar pior. Se você olhar para a *Veja* quando eu comecei, em 1973, 1974 (eu estava lá até 86) [...]. Por exemplo, no segmento internacional [...] só grandes nomes trabalharam comigo. Eles eram escritores estabelecidos. Agora você tem um padrão muito baixo de qualidade que foi provocado pelos salários baixos, pela redução nas exigências e pela crise financeira [...]. Eu acho que o jornal do futuro vai ser mais sólido. Os leitores serão mais fiéis. Eles serão leitores que são muito parecidos aos [...] leitores de livros, que são um número pequeno no Brasil. Mas a tendência é que isto aumente.

Nassif (2003) também defende que o jornalista brasileiro do futuro seja mais sofisticado e profissional, tendo melhor capacidade de análise e possuindo um maior senso crítico, fugindo ainda da tendência cômoda e preguiçosa de endossar as idéias do "senso comum" na sua ânsia de fazer a identificação com o leitor comum. Crítico do que ele classifica como o "jornalismo *fast-food*", os argumentos de Nassif estão bem na linha daqueles articulados por Bardoel (1996). Sua visão também está de acordo com a defesa da importância da objetividade para o jornalismo e o aumento dos padrões do jornalismo profissional, porque são esses valores, quando usados corretamente, que garantem um maior engajamento com a complexidade dos problemas da nossa atual e confusa realidade.

Baker (2002) advoga ainda a transferência de maiores poderes para os jornalistas. Segundo ele, são essas "pessoas no controle que podem ser cruciais numa indústria que luta com a tensão entre a maximização do lucro e [...] a criatividade profissional e os valores públicos" (Baker, 2002; 100). Endossamos essa visão da necessidade de dar impulso à autonomia jornalística, mas vemos isso principalmente ligado à expansão do profissionalismo nas redações, com mais independência editorial sendo dada aos jornalistas como forma de lhe permitir reagir contra as pressões.

Apesar de tudo, os últimos anos viram algumas melhorias nas habilidades intelectuais dos jornalistas, algo que não está relacionado apenas ao fato de que a nova geração recebeu treinamento universitário em detrimento da anterior. Os jornalistas, principalmente da nova geração, estão aos poucos se mostrando mais dispostos e interessados em discutir assuntos jornalísticos e a ética profissional, sentindo-se menos constrangidos em fazê-lo. *Sites* na internet sobre comunicação e a mídia brasileira, como o *Comunique-se* (www.comunique-se.com.br) e o *Observatório da Imprensa* (www.observatoriodaimprensa.com.br) contribuíram a partir de meados dos anos 90 para estimular debates entre jornalistas e a sociedade sobre as atividades da imprensa, servindo ainda para observar o comportamento da imprensa e para cobrar equilíbrio e ética no trato com a notícia. Dines (2003) aponta que o *Observatório*, lançado por ele na década de 1990, contribuiu para treinar a população e os jornalistas a observarem melhor a mídia, criando uma tradição entre os jornalistas brasileiros de realização de conversas informais sobre jornalismo e críticas da mídia.

Os progressos detectados na atualidade, como as melhorias na reportagem política e a maior consciência da atividade jornalística por parte dos profissionais de mídia e da própria sociedade, têm sido um pouco abalados pela crise financeira que atingiu a indústria de mídia nos últimos anos, mas não estão em risco. O jornalismo brasileiro e os jornalistas conseguiram manter um certo grau de profissionalismo e qualidade apesar das crises. Evidentemente, os jornalistas ainda têm um papel crucial a realizar no contínuo processo de democratização da sociedade, e podem continuar a contribuir mais através de um maior compromisso com os ideais de serviço público na reportagem política. Os jornalistas, no entanto, devem evitar um apoio cego à objetividade e o comodismo e a atitude preguiçosa de ater-se aos formatos jornalísticos do *fast food* e das regras excessivas do jornalismo voltado para o mercado (Nassif, 2003).

Em meio ao aumento da concentração da mídia, a formação de conglomerados internacionais e as dependências nos anúncios de governo ou em empréstimos, as contribuições dos jornalistas podem e devem continuar a ser feitas, mas certamente serão em meio a uma série de limitações. Para que esta situação mude, outras transformações precisam acontecer no país. Assim, as contribuições dos jornalistas estão relacionadas também tanto às modificações nos sistemas de mídia como um todo, bem como ao fortalecimento dos princípios democráticos na sociedade brasileira, em outras palavras, à democratização maior do contexto socio-político e econômico do país.

CONCLUSÃO

Este trabalho destacou como o desempenho da imprensa na cobertura das eleições presidenciais melhorou de forma significativa nas últimas duas décadas. Conflitos e contradições prevaleceram nos últimos anos em relação aos entendimentos diferentes das culturas jornalísticas e de suas identidades. Os estudos de caso apresentados aqui indicaram que tanto o profissionalismo como a objetividade tiveram um papel importante no estabelecimento de padrões de qualidade na reportagem política. Os princípios do jornalismo liberal acabaram permitindo que os jornalistas dissecassem a realidade brasileira de forma mais aprofundada, dando legitimidade a contradiscursos e autorizando a incorporação de diferentes identidades e atores políticos na arena midiática. Isso, como vimos, foi a conseqüência um tanto natural da expansão da democracia representativa no país e do crescimento dos mercados na fase da pós-ditadura.

O Capítulo 6 discutiu os debates opostos (Nassif, 2003; Bucci, 2000; Kucinski, 1998; Lins da Silva, 1990) sobre as contribuições realizadas pelos jornalistas e pelo jornalismo brasileiro à melhoria geral da mídia e do sistema político democrático do país. Examinou as mudanças do tipo de estilo romântico de jornalismo praticado durante a ditadura à consolidação do atual modelo comercial e profissional nas redações, investigando os argumentos radicais e liberais em relação às ações dos jornalistas tanto durante a ditadura como na atualidade. Os liberais também fizeram análises diferentes dos atuais problemas da imprensa brasileira e do futuro papel reservado para os jornalistas. Conti (1999) e Nunes (2003) apontaram para regressões que ocorreram nos últimos anos devido ao impacto da crise financeira da mídia na produtividade jornalística; Nassif (2003) destacou os excessos das pressões de mercado provenientes do modelo de jornalismo dos anos 90, enquanto Bucci (2000) sublinhou o fortalecimento dos ideais democráticos na mídia e o crescimento da maturidade dos jornalistas.

No contexto das pressões vindas do Estado e dos acionistas, do aumento das fusões entre grupos nacionais e transnacionais, tais elementos da cultura jornalística liberal não deveriam ser considerados falhos, mas essenciais para a continuidade de um mínimo de padrão de qualidade no jornalismo, um que seja capaz de endossar racionalidades do interesse público. O profissionalismo funciona na reportagem política como uma arma contra outras formas de controle político e econômico. Este capítulo também examinou brevemente alguns dos debates articulados em torno do impacto que a crise financeira da mídia e as modificações no cenário internacional e nacional tiveram na profissão do jornalista. Excessos de mercado contribuíram para forçar o nivelamento por baixo de alguns dos padrões jornalísticos, promovendo o surgimento dos chamados jornalistas do *marketing* com seus entendimentos pouco críticos da objetividade. Outros problemas que surgiram nos últimos anos têm sido principalmente o aumento das demissões em massa realizadas nas redações, fatos que estimularam inquietações em torno da capacidade de se manter os padrões de qualidade jornalístico e a função da imprensa de servir como veículo do Quarto Estado.

A imprensa brasileira nos últimos anos, porém, conseguiu se recuperar ligeiramente e tem conseguido manter determinados padrões de qualidade, como o profissionalismo na reportagem política, o equilíbrio e a crítica política. Esses elementos não estão em risco. Ademais, a competição de mercado permitiu o surgimento de vários sites na internet sobre jornalismo e outros tópicos relacionados, estimulando debates em torno de práticas jornalísticas e da ética profissional. Os jornalistas também têm se mostrado mais dispostos a melhorar suas habilidades intelectuais e práticas, um fator que pode contribuir para fortalecer o futuro sistema de mídia no Brasil, discussões articuladas no capítulo final deste trabalho.

7. MÍDIA E DEMOCRACIA NO BRASIL: EM DIREÇÃO A UM ACORDO "REALISTA"

INTRODUÇÃO

A principal conclusão deste livro é que a grande imprensa comercial contribuiu para o avanço da democracia nas últimas duas décadas. As instituições liberais começaram a se consolidar de forma definitiva a partir dos anos 80. O Brasil conseguiu expandir a sua entrada no mercado global, abraçando os princípios-chave do pensamento neoliberal que tomou conta dos países da América Latina, principalmente a partir da década de 1990. Paralelo a isso, o Brasil experimentou a expansão do pluralismo político, vendo um aumento dos valores socialdemocratas como conseqüência até natural do processo de democratização que estava em curso desde os meados dos anos 80. A grande imprensa passou por uma série de transformações que ultrapassou a mera retirada da censura editorial, o engajamento com a cobertura das eleições diretas para presidente e a introdução de regras de mercado nas redações. No final da ditadura, a imprensa comercial conseguiu agir como um fórum restrito mas influente de debate entre as elites, mediando discussões políticas entre os diversos setores do *establishment*, incluindo representantes da sociedade civil, do Estado e do mercado.

A imprensa gradualmente começou a repercutir as divisões políticas que existiam na sociedade brasileira, e que, como vimos, resultaram na maior consolidação dos valores liberais democráticos nas redações brasileiras. Os avanços incluíram o crescimento do profissionalismo; a promoção de mais diálogo entre os políticos; a manifestação e o exame das exigências feitas pela sociedade civil; um contraste à atenção exclusiva dada às fontes oficias; e a legitimidade maior conferida aos contradiscursos da oposição. Maiores espaços foram criados para a realização de uma reportagem mais consciente, crítica e equilibrada de diversos temas políticos, com a mídia ganhando maior independência política *vis-à-vis* o Estado em comparação aos anos da ditadura.

Este trabalho focou quatro linhas de investigação sobre as mudanças ocorridas na imprensa nas últimas duas décadas: a) a natureza da relação entre a mídia e o Estado; b) a mídia e o mercado; c) a mídia e a sociedade civil; e d) a mídia e o jornalismo. O mercado serviu como uma força tanto para a inclusão de novos cidadãos na esfera pública como funcionou como elemento impulsor da criação de novos consumidores de produtos da mídia. Portanto, a comercialização veio acompanhada do profissionalismo e do aumento do debate público. Novos espaços da mídia também foram abertos devido à competição proporcionada pelo mercado, com maiores grupos sendo representados pela grande mídia e novos canais de comunicação proliferando em meio ao crescimento da segmentação.

Os excessos de mercado, no entanto, contribuíram para o surgimento de diversos tipos de preconceitos ideológicos, simplificações do debate político e novamente a restrição a novos públicos. A comercialização culminou em mais concentração da mídia. Limites emergiram de novo em relação à vontade da imprensa de fiscalizar o poder, de contribuir para a democracia servindo como um veículo do Quarto Estado (Waisbord, 2000, cit. em Hafez, 205, 148). Dúvidas surgiram mais uma vez em relação à capacidade da mídia de aprofundar realmente o pluralismo político.

Há riscos sendo impostos à maior expansão de debate público por causa da contínua incorporação das culturas jornalísticas ocidentais nas redações brasileiras e o aumento da influência da lógica de mercado? Isso é um debate que surge quando tentamos pintar um cenário mais democrático para a mídia brasileira no futuro. Argumentamos aqui que a consolidação dos ideais do jornalismo liberal e a comercialização foram no geral fatores positivos para a indústria de mídia no Brasil, e que é simplista ver a imprensa como mera defensora do *status quo* conservador e a arena midiática como um espaço exclusivo da luta de classes. As organizações jornalísticas se beneficiaram durante este período tanto do pluralismo político como da expansão econômica, ao mesmo tempo que elas foram pressionadas por essas mesmas forças. A imprensa, no entanto, encontrou dificuldades de cumprir as exigências do ideal liberal de imprensa livre devido às ligações cultivadas com o Estado e o fato de que está sujeita às instabilidades do capitalismo brasileiro. Melhorias no desempenho da mídia foram então conseqüência da crescente competição do mercado aliada à maior democratização política.

Mostramos também como houve uma tensão entre a democracia política e o liberalismo de mercado. Como vimos, a mídia brasileira foi fortemente influenciada pela idéia da notícia como produto destinado ao consumo e por uma série de tendências jornalísticas de âmbito internacional, como as técnicas do *infotainment* jornalístico e as matérias de interesse humano, em detrimento de debates políticos mais aprofundados. A mídia oscilou entre a adoção do modelo comercial anglo-americano, expandindo o profissionalismo e investindo na criação de um "mercado de massa" emergente, e a articulação de preocupações político-democráticas em resposta às pressões de diversas esferas sociais por maior inclusão política, social e econômica. Devido às particularidades históricas e culturais do sistema brasileiro de mídia, múltiplas identidades jornalísticas invadiram as redações em conseqüência também dos conflitos que estavam ocorrendo na sociedade brasileira em torno de diferentes projetos democráticos para o Brasil.

Este capítulo examina as principais perguntas levantadas no Capítulo 1 e discute os resultados desta pesquisa. Levando em consideração os problemas da mídia brasileira, defende-se aqui a importância da criação de um complexo sistema de mídia que possa trabalhar com diferentes tipos de jornalismo capazes de servir a públicos diversos e múltiplos, muitas vezes com interesses conflitantes. A fim de melhorar os potenciais democráticos do mercado de jornais, advoga-se neste livro o reforço das culturas jornalísticas liberais nas redações e o fortalecimento das habilidades profissionais e analíticas dos jornalistas, para que estes possam estar mais preparados para retratar as complexidades da realidade brasileira.

A expansão e o fortalecimento do setor de mídia pública (e não estatal) sustentada por compromissos do ideal de serviço público também são uma necessidade, e não estão na contramão da história, como afirmam os defensores da televisão comercial. Esta pode servir de fato como um contrabalanço ao predomínio do setor comercial no setor (Curran, 1991, 2000). Numa era internacional de crescente comercialização da mídia e do aumento do autoritarismo político de alguns países ocidentais, tanto nos Estados Unidos como na América Latina, tais mecanismos funcionariam para resguardar o jornalismo de pressões externas e internas político e econômicas. Assim, só um sistema de mídia mais complexo e democrático pode realmente fazer justiça aos múltiplos interesses da população brasileira.

A IMPRENSA BRASILEIRA E A DEMOCRACIA: DEBATES SOBRE INTERVENÇÃO PÚBLICA, LIBERDADE DO MERCADO, SOCIEDADE CIVIL E JORNALISMO

PERSPECTIVAS GERAIS

De que forma a imprensa refletiu, avançou, impediu ou contribuiu para a mudança? Até que ponto desafiou posições dominantes ou apenas refletiu as tendências da opinião pública? Qual foi o papel exercido pelos jornalistas no processo da democratização e depois? Estas foram algumas das perguntas levantadas no Capítulo 1, que examinou os debates internacionais liberais e radicais sobre as relações entre a mídia e a democracia nas sociedades em desenvolvimento e as discussões acadêmicas sobre o papel que a grande imprensa brasileira teve na democratização do país nas últimas duas décadas.

Este livro avaliou ainda a evolução da grande imprensa nestes últimos anos, destacando como este processo ocorreu de forma contraditória e está além dos argumentos simplistas que enxergam os sistemas de comunicação como meramente refletindo os desejos da opinião pública ou impedindo a mudança da sociedade a todo custo. Também colocamos este debate num contexto histórico, sublinhando o ponto de que os sistemas de mídia são instituições culturais complexas e não entidades de elite estáticas imunes a diversas formas de pressão. Vimos como em períodos distintos os veículos de comunicação agiram de forma diferente de acordo com o contexto histórico específico e as influências sociais, econômicas e políticas do momento.

Uma série de forças impeliu assim as mudanças na imprensa brasileira. Entre elas, as exigências feitas por novos grupos sociais por informação democrática e correta, em contraste a outras formas de jornalismo partidário ou a reportagens oficialistas; as pressões impostas aos mercados para que estes se expandissem e a democratização crescente das instituições sociais e políticas do país. O mercado sem dúvida deu nova força para a grande mídia, tendo funcionado, no entanto, como uma faca de dois gumes. A maior independência da imprensa e o aumento da sofisticação nas práticas de reportagem política foram conquistados por um lado, ao mesmo tempo que ocorreram simplificações do debate e a emergência das técnicas do *infotainment* na grande mídia.

As principais conclusões deste livro podem ser resumidas em quatro pontos principais: 1) a mídia comercial (imprensa de mercado) contribuiu para avançar a democracia, funcionando como uma mediadora do debate público e um instrumento de luta política, apesar de uma série de fatores políticos e econômicos terem impedido a realização de maiores progressos; 2) os jornalistas contribuíram de diferentes maneiras, assumindo um papel de responsabilidade social, adotando uma leitura profissional progressista ou ainda se engajando na militância democrática; 3) houve a inclusão na esfera pública midiática de interesses de maiores segmentos da população (a sociedade civil), mas isso ainda precisa ser mais aprofundado e estendido para incluir setores menos privilegiados da sociedade brasileira; e 4) o Estado deixou o autoritarismo e caminhou rumo à socialdemocracia liberal (ainda um tanto frágil), soltando levemente a mão que segurava a imprensa e mostrando um potencial crescente para o exercício de um papel mais inclusivo e voltado para o serviço público em seu relacionamento com a mídia e a sociedade brasileira. Esses pontos serão examinados em mais detalhe nesta Conclusão.

Eu concordo com o entendimento gramsciano de Hallin (1994; 12) de que a mídia é uma instituição cultural que reproduz uma visão mundial compatível com as estruturas de poder na sociedade, e que este processo está aberto a rupturas. Contrastamos a crítica de Hallin ao modelo de propaganda elaborado por Chomsky, e a sua defesa da perspectiva hegemônica, ao argumento de Kucinski (1998) do caráter elitista da mídia brasileira e à ênfase colocada por Lins da Silva (1984) na existência do conflito operando dentro da grande mídia, debates desenvolvidos no Capítulo 1. Como vimos, os espaços midiáticos no Brasil estiveram tomados pelas divisões das elites em relação às maneiras de se avançar o processo democrático em meio ao colapso da ditadura. A mídia serviu portanto como um fórum (restrito mais influente) de debate entre as elites.

Oxhorn e Starr (1999; 135) argumentam que as elites tecnocratas na América Latina, nos anos 80, desmantelaram as "fundações institucionais de substituição de importações, populismo e clientelismo", colocando o neoliberalismo em seu lugar. O neoliberalismo puro, no entanto, logo mostrou as suas limitações, gerando somente uma "distribuição pequena dos benefícios", e levando ao "colapso das coalizões neoliberais nos anos 90" (1999; 136). Como vimos, a transição gradual de volta à democracia foi conduzida através de uma série de pactos entre as elites, os quais nasceram das negociações que se seguiram à derrota das Diretas-Já. Logo depois, a desilusão crescente com a rigidez do projeto "neoliberal" levou ao fortalecimento da oposição e à formação de um consenso em torno da necessidade de se combinar princípios do liberalismo econômico com ideais socialdemocratas.

Como destacado nos Capítulos 1 e 6, alguns acadêmicos e jornalistas mostraram um otimismo exagerado em virtude do aumento da competição de mercado verificado no setor da comunicação, enquanto outros se comportaram de forma demasiadamente pessimista em relação à capacidade da mídia de se tornar mais representativa. Críticos radicais (Arbex Jr., 2004; Kucinski, 1998) enfatizaram o caráter elitista da mídia brasileira, vendo pouco espaço para a contradição. Outros que se identificaram mais com uma posição crítica liberal, como Bucci (2000) e Nassif (2003), embarcaram numa investigação da mídia que situa tal debate em um contexto histórico, político e econômico bastante específico. Eles sublinharam as limitações de mercado, que tendem a crescer mais ainda, como vimos, enquanto reconheceram progressos. Este livro evitou olhar assim para as organizações de mídia como meros "empreendimentos do mal" que estão atrás apenas do lucro, e cuja meta exclusiva é enriquecer os acionistas e os donos, e olhou a mídia como palco de conflito de diversas agendas político-econômicas. Assim, tais posições são perspectivas conceitualmente inadequadas para se explorar as complexidades existentes na relação entre a mídia de uma forma geral, não só a brasileira, e o processo democrático.

Indicamos aqui um distanciamento crítico em relação aos excessos da economia política crítica, tendo evitado e ressaltado bastante a tendência distorcida da teoria liberal da mídia de celebrar a "troca livre de idéias" no mercado. A pesquisa qualitativa, histórica e comparativa apresentada aqui esculpiu na verdade um debate bem mais sofisticado, mergulhando num estudo detalhado sobre as forças que exerceram impacto nos sistemas de comunicação e que contribuíram para que a grande imprensa mudasse nos últimos 20 anos. Não retratamos uma história linear de progresso da imprensa, mas em vez disso mostramos uma via contraditória formada por avanços e rupturas, com padrões institucionais históricos de clientelismo político e partidarismo da mídia, por exemplo, persistindo e influenciando o presente. Os progressos não seguiram uma linha estreita voltada para cima, com os anos investigados aqui tendo sido marcados por descontinuidades e retornos a velhas práticas, como a corrupção governamental e os preconceitos ideológicos midiáticos.

Como observado no Capítulo 1, "democracia" é um termo de definição problemática, que se tornou uma palavra vazia. Mas a palavra ainda é relevante hoje. Pode ser entendida aqui como significando a expansão dos direitos políticos, incluindo o direito de participar da vida política. Porém consideramos democracia algo que vai além disso, uma forma de *pertencer* e *influenciar* dada comunidade. Pois democratizar a mídia brasileira não é simplesmente eliminar a interferência do Estado, mas sim tornar as instituições da grande mídia e do sistema (complexo) de comunicação mais acessíveis como um todo, responsáveis e participativos, abrindo cada vez mais espaços para a entrada de novos atores na arena midiática.

Também se faz necessário democratizar ainda mais os discursos midiáticos e as rotinas jornalísticas, reduzindo os preconceitos ideológicos e expandindo o profissionalismo. Democratizar estes espaços é informar ainda melhor o público e garantir um papel maior para os veículos de comunicação (privados e públicos) na construção de uma sociedade mais igualitária. Se o *raison d'être* do jornalismo é a existência de uma esfera pública democrática, então a expansão dos processos democráticos nos sistemas de mídia como um todo são de uma importância crucial para que se possa fortalecer o caráter democrático da sociedade brasileira. Assim, para se entender melhor como a imprensa mudou e as maneiras como ela contribuiu para as transformações sociais e políticas, e como certos progressos dos anos contemporâneos podem ser expandidos, é necessário enfatizar mais claramente como diferentes esferas (o mercado, o Estado, a sociedade civil e o jornalismo) influenciaram a mídia brasileira nas últimas décadas.

O MERCADO E A MÍDIA

De fato um dos grandes dilemas dos países da América Latina têm sido se as reformas de mercado poderiam dar ânimo à democracia ou contribuir para inibi-la. O liberalismo econômico até o fim da ditadura, por exemplo, estava imerso num ambiente antidemocrático, com a exclusão social e política sendo vista como essencial para o sucesso econômico (Oxhorn & Starr, 1999; 19). Com o colapso da ditadura, o mercado foi visto como força libertadora de um Estado anteriormente opressivo. O liberalismo econômico foi até certo ponto inclusivo, devido ao aumento do mercado de consumo que emergiu através da estabilização da economia em meados dos anos 90. O liberalismo de mercado criou de fato os meios para a incorporação de segmentos mais amplos da sociedade civil como membros legítimos da esfera pública do país, e também como consumidores. A comercialização excessiva, no entanto, culminou na expansão da concentração da mídia, com o liberalismo econômico mostrando-se incapaz de produzir a distribuição de renda, o que logo resultou na articulação de argumentos favoráveis a uma maior intervenção do Estado na economia.

O liberalismo de mercado permitiu uma série de melhorias no desempenho da grande imprensa, levando à modernização dos jornais, que se viram obrigados a se abrir mais na luta para conquistar novos públicos. Assim, os aspectos mais democráticos do sistema de mídia do Ocidente, como o regime da objetividade, o profissionalismo e a função de "cão de guarda" (Waisbord, 2000), foram consolidados nas redações brasileiras num momento em que esses valores estavam entrando em crise nas sociedades capitalistas avançadas e sendo atacados até mesmo por críticos radicais (Zhao & Hackett, 2005; 23).

Como explorado no Capítulo 1, a grande imprensa durante esse período tornou-se mais concentrada e mais inclinada em direção ao mercado. Como vimos, um dos problemas-chave da mídia brasileira tem sido a instabilidade financeira, fator que exerce forte pressão nos sistemas de mídia para maximizar os seus lucros. No Capítulo 1, argumentou-se como a crise na mídia brasileira é também o resultado do impacto de fatores internacionais, incluindo a influência da queda do *boom* da internet e a retraída do ideal de convergência. A mídia brasileira experimentou assim uma expansão, e depois uma crise econômica em seguida aos investimentos feitos na extensão da televisão a cabo e satélite, que deram pouco retorno em termos de lucro.

A concentração do setor da mídia comercial e as sinergias entre as empresas cresceram durante todo esse período, enquanto por outro lado o avanço do mercado criou os meios para a produção de veículos de comunicação dirigidos a um público segmentado e ainda a uma mídia comunitária ou alternativa (como *Carta Capital*, a revista brasileira mais à esquerda, e os *sites* de mídia na internet). O aumento da competição de mercado contribuiu para ampliar a diversidade da mídia: novos meios começaram a explorar uma variedade de assuntos políticos e gostos, enfraquecendo os impactos mais negativos da concentração da mídia. As crises financeiras que sacudiram a grande imprensa, no entanto, forçaram muitas empresas a cortar os seus investimentos, produzindo conseqüências na produção jornalística e no emprego. Jornais perderam anúncios e leitores como resultado do declínio da qualidade.

A liberalização do mercado e a expansão das práticas de regulação, nos anos 90, principalmente em relação à televisão por cabo e a entrada de interesses internacionais no mercado de mídia no país, têm reduzido o papel do Estado como regulador e controlador da mídia. Como discutido no Capítulo 1, poucas obrigações públicas foram impostas alguma vez à radiodifusão e à mídia de uma forma geral, com poucas restrições existindo para a formação de monopólios e para o aumento da comercialização. O mercado foi autorizado a se desenvolver com uma certa liberdade. Os compromissos com o interesse público, no entanto, têm sido reconhecidos pelas indústrias de jornais e são mais fortes, por exemplo, do que é o caso da atual fraca e geralmente partidária mídia pública. O relatório anual da Associação Nacional dos Jornais (ANJ) de 2005, sobre um aumento de 5% na circulação dos jornais, sublinhou como os diários tinham um papel vital "[...] na construção da cidadania e no fortalecimento da democracia", considerados a "maior contribuição que o meio poderia fazer para o país".

Como mostrado de forma clara no exame de estudos de caso apresentado neste livro, o mercado não conseguiu servir a todas as necessidades dos brasileiros. Em sua discussão sobre como a Primeira Emenda americana existe para proteger a deliberação democrática e não a "liberdade de mercado", Schudson (2003; 201) observou que a censura de mercado é reduzida em países com um "forte cargo de guarda do Estado de uma mídia independente", como é o caso da Grã-Bretanha com o seu serviço público de mídia (BBC) e outras nações da Escandinávia, onde o Estado subsidia impressos para as minorias. Assim, as maneiras como o Estado brasileiro pode corrigir as falhas de mercado e fortalecer os compromissos com o caráter público da atual mídia pública constituem um debate necessário e vital para se ter à luz das discussões sobre como este pode assumir um papel mais voltado para o bem comum da população no setor da comunicação.

A MÍDIA E O ESTADO

Inquietações democráticas têm crescido no século 20 em relação ao aumento da concentração da mídia e a comercialização excessiva do setor, principalmente no que diz respeito aos riscos que estes fatores podem apresentar para a maior expansão do debate plural democrático. Críticas internacionais sobre a mídia provenientes, tanto da posição liberal como radical, têm mostrado uma tendência para formular argumentos opostos sobre as maneiras em que a intervenção pública e a regulação podem assegurar o compromisso da indústria de mídia com o interesse público. Eles discordam no entanto sobre o que constitui a liberdade de imprensa e sobre como agir para corrigir as falhas de mercado (Hackett & Zhao, 2005; Schudson, 2003; Hallin, 2000).

Os defensores da tradição liberal, por exemplo (Lichtenberg, 1990), são a favor da auto-regulação em vez da interferência do Estado para proteger a liberdade da mídia, fazendo objeções à interferência regulatória que possa ter efeitos na liberdade de expressão (Hardy, 2004; p. 318). Apóstolos do mercado enxergam os argumentos sobre a necessidade de intervenção pública como entraves à competição total, os quais ainda colocam em risco a liberdade de imprensa. Já os críticos do liberalismo de mercado defendem o fortalecimento dos poderes do Estado como forma de proteger os interesses públicos. Devido ao desenvolvimento tardio do liberalismo no Brasil, debates radicais e liberais sobre a intervenção pública ganharam importância nos últimos anos, como foi o caso da maximização das pressões por reformas na mídia e dos pedidos feitos para o fortalecimento da mídia pública no Brasil (Bucci, 2004), uma das propostas defendidas por este livro.

A teoria liberal da imprensa tem as suas raízes no pensamento do liberalismo clássico, principalmente na tradição democrática que via o Estado como autoritário e suspeitava que este estava tentando sufocar a imprensa. Nós vimos como o Estado brasileiro saiu do autoritarismo, algo que ainda estava presente durante a campanha das Diretas-Já em 1984, quando setores da imprensa ainda lutavam por liberdade de expressão, para uma estrutura corrupta e fraca durante a era Collor (1989-1992) e para uma instituição mais democrática durante os governos de Fernando Henrique Cardoso e de Lula. Isso ocorreu apesar da proliferação do liberalismo de mercado, com sua ideologia de interferência mínima do Estado. Nos Capítulos 2 e 3, vimos ainda como a imprensa cobriu as campanhas políticas e presidenciais de 1984 e 1989 em meio a um ambiente de forte constrangimento político, elementos que se enfraqueceram a partir de meados dos anos 90, com as eleições de 1994 e 2002 saindo das restrições *político-ideológicas* (o Estado) para embarcar nas *limitações econômicas* (o mercado), como os Capítulos 4 e 5 enfatizaram.

Durante esse tempo, o Estado teve uma relação conflituosa com a mídia, abandonando a postura de total censura e controle para uma de pouca interferência, apesar da mídia ainda ser relativamente dependente do Estado. As organizações de mídia começaram a exercer um papel político mais poderoso na sociedade brasileira e na política na fase da pós-ditadura. Por causa de suas práticas clientelistas e paternalistas, que favorecem os setores mais privilegiados da sociedade brasileira ao criar grupos corporativistas, o Estado tem sido o alvo constante dos ataques de elites influenciadas pelo pensamento "neoliberal", com suas críticas às estruturas estatais em nome da total liberdade que deve ser dada ao mercado.

O relacionamento entre a mídia e o Estado tem sido marcado pela dependência. Como destacado no Capítulo 1, o Estado brasileiro – principalmente durante a ditadura, mas também depois – contribuiu fortemente para o desenvolvimento do mercado de jornais e para a modernização da televisão (Abreu, 2002; Lins da Silva, 1984). A radiodifusão brasileira, no entanto, teve de se sujeitar a assumir compromissos de interesse público definidos pela Constituição Federal de 1988, apesar destes não terem entrado em vigor. O intervencionismo estatal tem se caracterizado por uma mistura de práticas clientelistas, de controle da censura, financiamento e regulação, e menos por preocupações com o interesse público. Os laços com o Estado foram enfraquecidos, mas se mantiveram nos anos 90. Certas legislações de interesse do mercado de mídia, por exemplo, foram aprovadas nos últimos anos por governos federais, incluindo a legislação sobre a TV a cabo, a privatização do sistema de telecomunicações e a permissão para a participação do capital estrangeiro no mercado nacional. Além disso, a importância que a mídia deu às eleições presidenciais, como vimos, é um fator que por si atesta para o poder crescente do Estado na sociedade brasileira e a sua influência nas organizações da mídia.[130]

Waisbord (2000) ressaltou como a intervenção estatal na América Latina tem tido como meta principal o reforço dos poderes governamentais em detrimento da promoção de formas democráticas de comunicação. A regulação da radiodifusão se construiu através do controle do Estado, com políticos e presidentes no passado tendo usado a distribuição de licenças de rádio

130 Em 2002, por exemplo, representantes das indústrias de mídia informaram os candidatos presidenciais de sua aguda crise financeira, que deixou o setor acumular dívidas no valor de US$ 4 bilhões.

e de televisão como troca de apoio político. Em contraste com os diários do Rio de Janeiro e de São Paulo, que ganharam mais independência política e econômica nos últimos anos, a mídia regional e local continuou a ser partidária. Políticos da oligarquia e grupos ligados a diversas igrejas, como a Universal do Reino de Deus, também controlam estações de rádio e emissoras de televisão, tendo participação bastante ativa no atual setor da mídia pública. Waisbord (2000; 16) também destacou que, apesar do estilo americano de se fazer jornalismo, os subsídios governamentais e os empréstimos tornaram-se indispensáveis para a sobrevivência dos jornais brasileiros, com poucas exceções. Apesar de algumas variações anuais, os críticos apontaram para o fato de que o Estado tem sido o principal anunciante da imprensa escrita (Salwen & Garrison 1991; Heuvel & Dennis, 1995, cit. em Waisbord, 2000; Lima, 1996). Os governos também controlaram as decisões de importação de equipamentos, as declarações de dispensa de impostos e o perdão das dívidas com bancos pertencentes ao Estado, com disputas em torno do papel do jornal sendo usadas pelo governo, principalmente nos anos 80, como uma forma de cultivar uma mídia *lapdog* (cão dócil), e não *watchdog* (cão de guarda) (Lins da Silva, 1986; Waisbord, 2000).

O Estado brasileiro teve uma história bastante diferente da européia e a norte-americana, com a primeira sendo marcada por uma tradição de maior ativismo em contraste com a última. Como observam Hallin e Mancini (2004; 49), nas comparações que fazem dos diferentes sistemas de mídia no mundo ocidental, espera-se do Estado europeu que medeie as disputas entre o capital e o trabalho, e que este também intervenha nos mercados de mídia para assegurar metas coletivas, como o pluralismo político. Na esfera midiática, ele tem combinado o autoritarismo e o paternalismo com elementos participativos. Hallin & Papathanassopoulos (2002; 3) apontaram para as similaridades que existem entre os sistemas de mídia da América Latina e os da Europa do Sul, embora nas últimas décadas tenha havido uma expansão do modelo liberal americano nos veículos de comunicação do Brasil. Entre as características em comum estão: 1) a baixa circulação do jornais; 2) uma tradição de reportagem politizada; 3) a instrumentalização (uso político) da mídia privada; 4) a politização da radiodifusão e a regulação; e 5) o desenvolvimento limitado da autonomia jornalística.

Como vimos, *todos* estes pontos podem ser identificados no sistema de comunicação do país. No entanto, como a pesquisa para este livro revelou, é problemático e simplista colocar a grande imprensa brasileira debaixo destas cinco categorias. O sistema mudou de forma significativa nas últimas décadas, com o profissionalismo crescendo e a reportagem partidária caindo, apesar de as eleições de 2006 terem mostrado a fragilidade da existência destes elementos do jornalismo liberal nas redações brasileiras.

Acadêmicos interpretaram as transformações recentes que ocorreram nos sistemas de mídia europeus, como as pressões comerciais exercidas sobre a mídia pública, como representando uma caminhada rumo à adoção total do modelo comercial americano (Hallin & Mancini, 2004; Curran & Seaton, 1997), algo popularmente conhecido como a "americanização" dos sistemas de comunicação, e que estaria sendo feito no campo da comunicação de acordo com as regras da globalização (Blumler & Gurevitch, 2001). Apesar das pressões comerciais, o governo da Grã-Bretanha continua a reconhecer a importância do sistema de serviço público (Public Service Broadcasting) para a democracia deliberativa do país.[131] No Brasil, a consolidação e a incorporação dos modelos do jornalismo anglo-americano nas últimas décadas têm tido no geral uma função benigna e não "imperialista", como poderia se supor à primeira vista. A mídia brasileira conseguiu desse modo manter um forte caráter nacional e cultural, enquanto mesclou o regime da objetividade, um princípio do jornalismo ocidental, com as aflições das racionalidades de cidadania e da comercialização.

A história do autoritarismo político no Brasil e do clientelismo de Estado têm dado combustível aos argumentos que apontam as soluções como provenientes exclusivamente da esfera do mercado livre. Ela acaba por produzir o contra-efeito de uma celebração cega dos poderes deste mesmo mercado, algo que tem marcado o pensamento brasileiro dos anos 90. No entanto, mercado e Estado

131 Em setembro de 2004, o Partido Trabalhista defendeu a continuidade do imposto pago pela população (conhecido como *licence fee*) para os próximos dez anos, declarando a importância da BBC permanecer o principal serviço público de radiodifusão do país.

podem tanto impor ameaças à liberdade de imprensa como servir de força libertadora. Desse modo, o jornalismo pode ser pressionado tanto pelo autoritarismo político como pela comercialização irrestrita – ou ainda por ambas ao mesmo tempo ou ainda em épocas diferentes. Um sistema ideal de mídia democrática é, então, o que tem a representação total de vários segmentos, incluindo o Estado, o mercado, os setores cívicos e alternativos.

Curran (1991, 2000; 142-149) desenhou um modelo alternativo para um sistema de mídia complexo que tem como meta ser uma terceira via entre o liberalismo e o marxismo. Ele combina tanto práticas de mercado como de Estado, e advoga uma relação complexa com o poder midiático (Hardy, 2004; 340). Para Curran, o modelo propriamente dito não existe em nenhum país, mas é baseado em diferentes práticas de nações européias, e é assim destinado a criar espaços para a comunicação de pontos de vista opostos. O modelo alternativo de Curran tem no seu centro o serviço público de TV, estando em sua volta os setores comercial, social, cívico e profissionais (1991, 2000; 140-148). O setor cívico é composto principalmente de partidos políticos, movimentos sociais e grupos de interesse; o setor profissional é controlado por profissionais da comunicação; o privado tem como meta principal responder às demandas e gostos populares, mas também pode agir como "cão de guarda", enquanto o mercado social representa os interesses de mídias minoritárias.

Defendemos aqui o fortalecimento do sistema de comunicação no Brasil em linhas parecidas, mas com a mídia comercial no centro deste modelo, em vez do setor público, por causa das particularidades da experiência brasileira. O setor público deve servir como contrabalanço ao comercial e não tomar o seu lugar, afinal, um sistema de mídia avançado e realmente democrático precisa funcionar com diversos modelos jornalísticos que concorram entre si. Há espaço agora, sem dúvida, para o Estado aprofundar o seu compromisso com o interesse público, estimulando a competição de mercado mas também alocando recursos para outros setores cívicos e alternativos como forma de melhorar a *qualidade* e a *diversidade* da esfera pública do país. Uma agenda de trabalho sobre esses assuntos vitais deve ser buscada com mais empenho, com mais debates ainda sobre os tipos de medidas que precisam ser adotadas para que o processo de democratização seja fortalecido. Concomitantemente, o papel que a sociedade civil poderá ter aqui é também de crucial importância.

A SOCIEDADE CIVIL E A MÍDIA

Nas últimas décadas, a sociedade civil e a opinião pública tiveram uma ação influente e fundamental na política brasileira. A expansão da consciência social, a organização política e a percepção de vários setores da população brasileira de que era necessário realizar mudanças forçou os meios de comunicação a melhorar o seu desempenho e a responder às novas idéias que estavam surgindo. O período coberto aqui viu modificações na correlação de forças e nas estruturas de poder da sociedade brasileira, com a inclusão na grande imprensa, na esfera pública e na arena de decisão política de novos políticos do centro e da esquerda, movimentos sociais (como o MST), representantes da sociedade civil (como a ABI, CNBB), lideranças sindicais, artistas, intelectuais, professores universitários e estudantes (como a UNE) com perfil mais crítico ou identificados mais com o campo da centro-esquerda. O aumento da consciência política e de um maior conhecimento e sofisticação das classes baixas e médias culminaram ainda em exigências de maior participação na sociedade *mainstream* e na arena política central.

Vários movimentos e interesses políticos competiram durante estes anos todos por mais poder e influência na esfera pública. Esses grupos sociais foram institucionalizados principalmente nos anos 90 (Cardoso, 1994), com a imprensa incorporando-os como fontes de notícia legítimas e jogadores ativos no palco político. A representação das posições e agendas desses grupos na mídia, no entanto, ocorria quase sempre em meio a muito conflito e estigma. Esses grupos funcionaram como importantes associações de formação de opinião (Keane, 1991), influenciando a opinião pública de elite e exercendo pressões nos sistemas de mídia de diversas formas, de acordo com os momentos históricos específicos. Durante as eleições presidenciais, esses atores da sociedade civil, em conexão com outros partidos, foram os responsáveis por articular as agendas sociais na mídia em relação a assuntos que iam do desemprego à desigualdade econômica e a violência.

A agenda de opressão por parte do Estado, por exemplo, emergiu com bastante força durante o movimento das Diretas-Já, em 1984, e do *impeachment* de Collor, em 1992. Esses grupos trouxeram para a sociedade e a arena política central valores como a ética na política, o humanismo cultural e o capitalismo responsável.

Até que ponto a sociedade civil foi realmente fortificada e incluída na sociedade central brasileira é algo que ainda está aberto para debate. Os movimentos sociais cresceram e conquistaram novos espaços, mas a sua influência junto às estruturas-chave de poder não é grande, fato refletido por exemplo na cobertura limitada dada a certos movimentos e assuntos sociais (como a desigualdade econômica e a pobreza). Arbex Jr. (2004) tem falado do preconceito existente na mídia em relação ao Movimento dos Trabalhadores Rurais Sem Terra (MST), algo refutado parcialmente por outros jornalistas. O veterano jornalista Alberto Dines (2003) enfatizou como certos esforços foram de fato feitos pela grande imprensa para cobrir movimentos sociais, como o MST, através de uma lente mais simpática, mas que isso foi um processo contraditório que mesclou o apoio da opinião pública com períodos de hostilidade de segmentos da população e da mídia devido a erros cometidos por esse movimento.

No Capítulo 2, foi examinado como grupos equipados com melhores recursos conseguiram explorar estrategicamente a relação com organizações de mídia como a *Folha* para apresentar as suas agendas para o público. No Capítulo 3, vimos como a sociedade civil influenciou de novo a opinião pública, reunindo-se com as forças de mercado contra um Estado fraco durante a campanha do *impeachment* de 1992. No Capítulo 4, o seu papel foi relativamente menor em meio à expansão do mercado e ao impulso dado ao consumismo, com 2002, no entanto, vendo a sociedade civil emergir de novo a favor de uma progressão do Estado através da eleição de Lula.

Apesar de o pluralismo político e os sistemas de partidos múltiplos terem crescido a partir de 1989, com várias legendas competindo no Congresso, as diferenças ideológicas diminuíram. Em contraste com os anos da ditadura, quando ideologias e campos opostos tornaram-se evidentes (uma esquerda fraca e uma direita forte), o período coberto aqui tem se destacado pela expansão da esquerda e pelo enfraquecimento da direita, com os dois setores andando rumo ao campo do centro em meio ao declínio (lento) das posições e identidades ideológicas mais claramente definidas em linhas antagônicas. Contrariamente à queda dos partidos de massa tradicionais dos Estados Unidos e da Grã-Bretanha, o Brasil não tem visto uma diminuição do interesse pela política, ao contrário, temos assistido a uma proliferação de siglas e a um maior envolvimento *com a política* e mobilização.

Da mesma maneira que outros países em desenvolvimento, estratégias de *marketing* e o profissionalismo político invadiram o mundo da política brasileira, com os pequenos movimentos de pressão política sendo substituídos pela *lifestyle politics* ou pela política de identidade. Isso parece ter ficado evidente durante as eleições de 2002, em meio ao gigantesco esquema de *marketing* organizado pela campanha do PT, significando claramente um afastamento do estilo de política mais comunitário e intimista praticado durante as Diretas-Já, por exemplo. No Brasil de hoje, a política é um empreendimento fortemente motivado pelo *marketing*, com o sistema de formação de coalizões políticas (para assegurar alianças de governabilidade no Congresso) estimulando a corrupção, o paternalismo de Estado e o clientelismo político.

Como debatido no Capítulo 2, a leitura contemporânea do conceito de Habermas de esfera pública é, ainda, uma maneira crucial de se avaliar o relacionamento entre a mídia e a democracia, principalmente no caso de democracias em formação, como é o da brasileira. Como observa Hallin (1994; 3), para Habermas a esfera pública é uma arena que fica entre o Estado e os interesses privados do mercado, precisando ter autonomia e ser mantida distante de ambas. Assim, se examinamos o papel que a sociedade civil teve no Brasil a partir de uma perspectiva habermasiana, notando a influência que a periferia pode ter nos principais centros de poder, pode-se dizer que a sociedade civil, apesar de suas fraquezas, conseguiu formar uma esfera pública ligeiramente mais organizada, influenciando os espaços centrais da mídia com novas idéias e valores. Ela se situou, portanto, num espaço entre o mercado e o Estado, juntando-se a um ou a outro em resposta aos interesses específicos desses grupos no determinado momento histórico (como o mercado durante as Diretas e o

Estado em 2002). Assim, as formas como o jornalismo foi influenciado por estas forças diversas, e como reagiu a elas, é um assunto fundamental, para ser examinado à luz de uma deliberação sobre *como* o jornalismo brasileiro contribuiu para a mudança.

A MÍDIA E A PRÁTICA JORNALÍSTICA

Vimos nesta pesquisa como houve um crescimento das rotinas do jornalismo profissional nas redações e no jornalismo brasileiro de uma forma geral, com maiores preocupações sendo manifestadas em relação ao equilíbrio da reportagem política, apesar da persistência de práticas partidárias e do aumento das pressões comerciais, uma conseqüência do predomínio do atual modelo de jornalismo voltado para o mercado. Os Capítulos 2 ao 5 mostraram como a imprensa, muito mais do que a televisão – que permanece mais voltada para o entretenimento –, experimentou as tensões de tentar cumprir as demandas democráticas e, ao mesmo tempo, intensificar as práticas do *marketing*.

Argumentamos aqui ainda como a consolidação da ideologia do profissionalismo nos anos 90 foi importante para a mídia brasileira, que havia se aliado ao regime militar e produzido reportagens no geral oficiais durante todos os anos da ditadura (1964-1985). O profissionalismo resultou nos jornalistas influenciando e mediando o debate público durante a cobertura das eleições presidenciais, combinando técnicas jornalísticas com estratégias para levantar alguns assuntos para a discussão pública. Os jornalistas agiram de forma heróica em alguns casos, usando a militância na luta contra a opressão do Estado, como ocorreu durante as Diretas-Já, ou endossando ainda uma leitura mais coerente da notícia, capaz de refletir as disputas políticas, como aconteceu durante as eleições de 2002 e, em menor grau, também em 1994.

Durante a ditadura, o jornalismo tornou-se fortemente dependente das fontes de notícias militares e empresariais. Como foi argumentado, houve casos esporádicos de resistência jornalística, com a militância ficando mais restrita à imprensa alternativa. De forma parecida ao surgimento do regime da objetividade nos Estados Unidos durante os anos 20, que foi visto como uma ideologia progressista que acabou por sufocar a mídia partidária, o profissionalismo permitiu que a imprensa brasileira no período contemporâneo se tornasse (lentamente) mais inclusiva e sofisticada, e isso foi o resultado tanto do crescimento do pluralismo político e da maior democratização da sociedade brasileira como uma conseqüência do próprio aumento da competição de mercado nestes últimos anos.

Identidades jornalísticas diversas competiram entre si nas redações, incluindo o distanciamento frio e os ideais de serviço público. Muitos jornalistas, no entanto, assumiram um *ethos* de responsabilidade social em detrimento de uma postura militante ou passiva, vestindo a camisa do profissionalismo crítico que encontrava apoio nos anseios da opinião pública, e que também encontrava eco nas próprias aspirações democráticas destes mesmos jornalistas. Os jornalistas tornaram-se mais assertivos em relação às elites e às figuras de autoridade, ficando mais agressivos e poderosos. Setores da mídia pública também lentamente começaram a adquirir um novo *ethos*, com um aumento da consciência entre os jornalistas que trabalhavam para essas instituições da necessidade de aderir ao interesse público.

O jornalista e acadêmico Eugênio Bucci enfatizou a ausência de uma cultura democrática nos recursos da comunicação pública, sublinhando como isso tem sido um obstáculo para a criação de um serviço público que tenha verdadeiro compromisso com os ideais de serviço público:

> O que existe é uma apropriação por aqueles que ocupam posições nas instituições públicas que focam na atividade comunicacional [...]. É muito diferente do que na Grã-Bretanha [...]. A democratização do país nos anos recentes não tem produzido mudanças nos termos da lei. O que vimos são algumas mudanças em termos de conteúdo e comportamento na organização destas firmas. Com a melhoria do comportamento da imprensa comercial em termos de independência e exatidão, como resultado da democratização da sociedade brasileira, houve uma mudança na cultura jornalística. E isso colocou pressão nas instituições públicas, que começaram a se sentir inibidas de agir como representantes do Estado. A audiência média da televisão pública é de 2% [...]. A TV Cultura, principal televisão pública, tem um orçamento de US$ 120 milhões por ano, menos em 30 vezes o

> que a TV Globo tem [...]. Assim, temos uma mídia pública que possui no geral uma tradição não democrática, com exceções aqui e ali, mas com uma enorme necessidade de mudança.

A questão da expansão da TV pública no Brasil, num cenário no qual tem sido excluída e apropriada por interesses não públicos, como aponta Bucci, tem sido objeto de bastante controvérsia nos últimos anos. Em 2007, o debate ganhou força, com o governo Lula, em meio a um tiroteio intenso, tendo anunciado a destinação de recursos para o lançamento de uma rede pública de televisão junto com o lançamento da TV digital.

Como argumentei no Capítulo 6, o profissionalismo pode ser considerado uma faca de dois gumes, com a grande mídia podendo fazer uso desse valor para controlar o comportamento dos jornalistas. No período da pós-ditadura, as organizações da mídia no Brasil têm continuado a ser instituições políticas. A autonomia jornalística é ainda muito limitada, com os jornalistas ainda sujeitos ao confronto e às pressões da chefia em relação a certas matérias políticas delicadas, bem como vendo-se na obrigação de simplificar debates políticos e a nivelar por baixo as notícias em resposta às exigências de mercado.

Os estudos de caso publicados neste livro, no entanto, revelaram claramente que a imprensa brasileira não esteve meramente sujeita aos desejos e interesses dos donos e acionistas, mas que ela foi usada por jornalistas, representantes da sociedade civil e outros como *instrumentos* para a mudança política e social e também para o avanço da ideologia do liberalismo econômico. Nós vimos ainda como o *ethos* liberal da imprensa se expandiu, com mais espaços sendo criados na arena *mainstream* midiática para a formulação de pontos de vista provenientes do campo da centro-esquerda, algo que começou a ocorrer num espaço que até recentemente era visto como altamente conservador e resistente à mudança.

Como vimos, as transformações ocorreram devido a uma série de razões, com o jornalismo se beneficiando tanto da militância política (positiva) a favor dos valores da democracia universal, como do profissionalismo e da objetividade. Veículos como a *Folha de S.Paulo*, o *Jornal do Brasil* e, em menor grau, *O Globo* e a revista *Isto É* flertaram mais com a esquerda e incluíram maiores públicos de posições distintas na sua arena do que foi o caso, por exemplo, de *Veja* e *Estadão*. Semelhante ao que ocorre nos Estados Unidos, setores mais identificados com o campo da direita no Brasil estão começando a acusar a mídia brasileira, principalmente após 2002, de ter um perfil mais associado à esquerda liberal, acusando todos os jornalistas de serem *petistas* e a mídia de ser *lulista*, o que é de novo uma enorme simplificação, pois o perfil é bastante variado e inclui também vários conservadores entre os mais jovens, como foi discutido no Capítulo 6. Este ataque é assim um reverso do argumento tradicional articulado por críticos radicais (Kucinski, 1998) em relação ao caráter fortemente elitista da mídia brasileira.

O período coberto neste livro também não viu o declínio da cobertura política devido à expansão da comercialização. No entanto, parece evidente que uma certa despolitização do debate ocorreu. Os jornais dedicaram ao menos quatro páginas diárias à cobertura das campanhas presidenciais, com suplementos especiais sendo produzidos durante os meses de pico. As matérias de política buscaram ser mais independentes em relação ao Estado, mais críticas e sofisticadas e menos partidárias. A profissionalização das indústrias da mídia e o critério do equilíbrio também culminaram na criação de uma *network* que incluiu conexões entre jornalistas, editores e vários partidos e grupos sociais. Lula e o PT gradualmente construíram relações mais influentes, embora ainda um tanto turbulentas e imersas no conflito, com a chefia da grande imprensa, enquanto outros grupos sociais também montaram relações de troca de informação e de geração de apoio. Jornais como *Folha* e *O Globo* se distanciaram ainda das ligações com setores mais conservadores, criando aberturas em suas páginas a parcelas mais amplas da sociedade brasileira, procurando ofuscar a sua própria identidade política na busca por mais leitores.

Ao contrário de países como a Grã-Bretanha e os Estados Unidos, que construíram os seus sistemas de comunicação apoiados numa tradição liberal forte de independência da mídia, nós vimos como a mídia no Brasil encontrou dificuldades de consolidar o modelo comercial anglo-americano. Os grandes jornais brasileiros possuem uma circulação relativamente pequena, de um total de quase 6,9 milhões de jornais vendidos diariamente, como vimos no Capítulo 1. Também sofreram por causa da instabilidade econômica nos anos 90, embora tenham mostrado uma ligeira recuperação nos últimos anos. Vimos ainda como o desenvolvimento da imprensa livre chegou tarde ao país e ainda está em processo de fortificação. A mídia brasileira também se viu fortemente influenciada pelas várias tendências internacionais do jornalismo, que incluem o *infotainment*, e também pelo crescimento da publicação de escândalos de corrupção e do aumento do cinismo na reportagem política. Desse modo, a democracia liberal de mercado abriu caminho para a expansão da reportagem de confronto e para o jornalismo *denuncista*.

Falando de uma perspectiva norte-americana, Schudson (2003) identificou algumas tendências jornalísticas internacionais em toda a imprensa, como o aumento da cobertura negativa na política, a obsessão com informações de bastidores e a proliferação do estilo de reportagem intimista. Schudson está preocupado com o fato de que há muitas críticas sendo feitas pela mídia americana à política, enquanto a preocupação central deste livro tem sido a indagação sobre como fazer com que as críticas (construtivas) contribuam para fortalecer a democratização. A maximização da reportagem política agressiva, da função de "cão de guarda" e das críticas às autoridades pode ser vista como armas democráticas jornalísticas importantes para sociedades que até recentemente eram altamente submissas em relação ao governo. No entanto, não se pode dizer que esse cinismo é a mesma coisa que a apatia identificada por críticos dos países desenvolvidos, e de fato ela é diferente disso em muitos aspectos. Sem dúvida o jornalismo brasileiro dos anos 90 conseguiu embarcar em ataques mais agressivos contra políticos. Isso, porém, foi muito mais uma conseqüência direta da liberdade recém-adquirida da imprensa, além do desejo de muitos brasileiros de verem mais ética na política e no governo.

A política brasileira e o jornalismo estão provavelmente destinados a se tornarem mais cínicos. Como destacado no Capítulo 6, não se considera que o regime da objetividade deveria receber a culpa pela atual insatisfação com a política. Ao contrário talvez das práticas mais consumistas de países saturados pela mídia, como os Estados Unidos e a Grã-Bretanha, no Brasil as aflições com a cidadania são ainda formuladas nas páginas da mídia, com este livro indicando uma ampliação do debate público e das discussões das agendas dos candidatos em meio à ênfase colocada também nas técnicas de entretenimento na política (como o destaque dado para as personalidades e qualidades de Lula e FHC), até como conseqüência direta das pressões do *marketing*.

No Capítulo 2 investigamos a mudança ocorrida no jornalismo brasileiro, que caminhou rumo a um modelo profissional, sublinhando ainda como vários avanços democráticos tornaram-se possíveis precisamente por causa da comercialização. Tanto a adoção por *O Globo* como pela *Folha* de um formato jornalístico mais voltado para a informação refletiu isso, conforme argumentado nos Capítulos 2 e 6. Apesar de as agendas sociais e de esquerda terem sido mais trabalhadas na imprensa, tanto as pressões políticas como as econômicas, como vimos, culminaram na emergência de notícias preconceituosas em relação a esses assuntos. Os preconceitos midiáticos identificados aqui incluíram: a) os *preconceitos institucionais*, que traduziam a mentalidade conservadora de algumas organizações da mídia e o processo gradual e lento em direção à abertura de maiores espaços nas arenas para novas vozes e idéias; b) *preconceitos culturais e sociais*, que podem ser vistos como um reflexo do autoritarismo da cultura hierárquica brasileira; e c) os *individuais*. Como demonstrado aqui, esses preconceitos surgiram principalmente devido à imposição de práticas comerciais e das restrições políticas em relação à proliferação de contradiscursos na grande imprensa. Mas o profissionalismo jornalístico, as exigências feitas pela sociedade civil, a organização política e os valores democráticos de mercado acabaram funcionando para sufocá-los.

Ao contrário do que diz Schudson (2003; 48), os preconceitos na mídia brasileira são menos o resultado das rotinas do jornalismo organizacional – tais culturas liberais jornalísticas podem até ser melhoradas para diminuir esses exatos preconceitos –, e são mais o reflexo das preferências dos donos da mídia, das influências culturais, das atitudes individuais e das restrições econômicas e políticas. Os preconceitos, no entanto, foram reduzidos de uma cobertura presidencial para outra em decorrência da consolidação lenta de princípios do jornalismo liberal, bem como por causa das pressões do público por uma mídia menos partidária, embora em 2006 a cobertura das eleições presidenciais tenha sido acusada de ter sido fraca em objetividade e profissionalismo e rica em disputas partidárias travadas na arena midiática.

Apesar de todas as suas falhas no entanto, a mídia hoje consegue dar aos brasileiros informação mais sofisticada, analítica e crítica em comparação ao que fazia antes, com uma representação da política feita de forma menos partidária. As dificuldades de elaborar análises mais complexas e menos simplistas dos interesses conflitantes que existem na sociedade brasileira no entanto ainda existem e são bastante fortes. Aos poucos está havendo a produção de um debate político mais justo e consciente, apesar do retorno volta e meia dos preconceitos ideológicos e de outras simplificações em relação à realidade sociopolítica brasileira. O público midiático também ficou mais crítico, querendo que a grande imprensa se dirigisse a eles como consumidores e cidadãos. O equilíbrio funciona para impedir a publicação de matérias falsas e de preconceitos que podem servir para manter certos privilégios. Como argumentado, a mídia até certo ponto também regrediu, sofrendo do impacto (negativo) das tendências internacionais jornalísticas, como o *infotainment*, e testemunhando ainda uma expansão da concentração da mídia e uma excessiva comercialização.

Todos esses fatores levantam dúvidas em relação aos limites que podem surgir e ser impostos de novo ao processo de fortalecimento da arena do debate público, algo que foi construído com muita luta durante os últimos anos. Dito isso, para nós, é errado discutir melhorias na qualidade da esfera pública através de uma postura nostálgica em relação ao jornalismo militante e à forma de funcionamento das organizações de mídia nos anos 70, ou adotando outra atitude de condenar rapidamente a subida definitiva do entretenimento nos anos 90. Como destacado neste livro, a mídia brasileira hoje está melhor do que esteve no passado sob vários aspectos, apesar de certo empobrecimento do debate que também ocorreu nestes últimos anos e da tendência ainda existente de massificação da notícia e de pressões políticas e econômicas. A grande mídia tem um papel ainda vital a cumprir no processo de fortificação da democracia, algo um tanto incipiente e que está em fase de construção, em um cenário onde a concentração da mídia está se expandindo e a exclusão social de segmentos da população (como públicos da mídia) continua a ser uma realidade persistente.

CONCLUSÃO

Este livro dissecou o papel da imprensa e dos jornalistas nas transformações políticas e sociais que ocorreram no Brasil nas últimas duas décadas, assinalando para uma série de melhorias no desempenho da mídia e apontando para confrontos por causa de interesses econômicos e políticos específicos. Foi mostrado como a imprensa serviu como mediadora do debate público, vivenciando tensões nas tentativas feitas de trabalhar com o público como consumidor e cidadão. Como vimos, esse processo foi marcado por contradições, reafirmações e rupturas de discursos dominantes. É difícil prever onde estaria a sociedade brasileira em termos de transparência, debate público e representação da democracia política se não tivessem havido matérias pioneiras e campanhas publicadas pela imprensa, passando pelas matérias de tortura e abuso dos direitos humanos publicadas por *Veja* nos anos 70 e pelas práticas do período contemporâneo estudadas aqui, incluindo o movimento das Diretas-Já de 1984, a cobertura da imprensa do *impeachment* de 1992 e as eleições de 2002, para destacar as principais.

O processo de democratização no Brasil é um projeto ainda em andamento, com a democracia sendo uma instituição ainda frágil. Ameaças ocasionalmente surgem em relação à continuidade de governos, com os casos de corrupção crescendo ou se tornando rotineiros. O Brasil não passou a limpo a história dos excessos cometidos durante a ditadura; grupos sociais ainda possuem influência restrita e as elites empresariais e tradicionais continuam a exercer poderoso domínio sobre a política e a economia brasileira. Desigualdades econômicas e sociais continuam a ser problemas graves que exigem soluções urgentes, apesar de os últimos anos terem visto uma redução na disparidade econômica devido às políticas de distribuição e ao assistencialismo, e ainda por causa da maior inclusão social e do crescimento dos indicadores educacionais. A sociedade civil se fortaleceu também. O Estado está aos poucos assumindo um papel de participação democrática na vida brasileira. Sem dúvida, um Estado e uma sociedade civil fortes, além de um mercado mais preocupado com o interesse público, podem ajudar a assentar as fundações para uma sociedade democrática mais avançada e representativa, com a mídia contribuindo para isso.

Um sistema de mídia complexo precisa ser fortificado para que possa representar melhor as várias necessidades de diversos segmentos da sociedade brasileira. Defendeu-se aqui um papel maior para a mídia pública, para que esta venha a servir de contrabalanço ao setor comercial. Sublinhou-se ainda a importância do reforço dos princípios do jornalismo liberal na imprensa comercial como forma de garantir um debate mais equilibrado e de qualidade na arena pública midiática. Num momento em que os países da América Latina estão procurando fortalecer as suas democracias, apesar das diferenças entre as nações e os seus governantes, é crucial examinar agendas de trabalho que possam dar impulso ao caráter democrático dos sistemas de comunicação e do jornalismo brasileiro, para que estes possam responder melhor às exigências de inclusão social e econômica e de maior representação política da sociedade.

BIBLIOGRAFIA

LIVROS

Abramo, Cláudio, *A Regra do Jogo – o Jornalismo e a Ética do Marceneiro*. São Paulo: Companhia das Letras, 1988.

Abreu, Alzira Alves de; Lattman-Weltman, Fernando & Kornis, Mônica Almeida, *Mídia e Política no Brasil – Jornalismo e Ficção*. Rio de Janeiro: FGV, 2003; p. 7-75, 129-183.

Abreu, Alzira Alvez de; Lattman-Weltman, Fernando e Rocha, Dora, *Eles Mudaram a Imprensa – Depoimentos ao CPDOC*. Rio de Janeiro: FGV, 2003.

Abreu, Alzira Alves, "Jornalismo Cidadão". Em: *Estudos Históricos*. Rio de Janeiro: FGV, 2003, nº 31; p. 25-40.

_____, *A Modernização da Imprensa (1970-2000)*. Rio de Janeiro: Jorge Zahar, 2002.

Abreu, Alzira Alves de; Israel Beloch, Fernando Lattman-Weltman e Sérgio Tadeu de, *Almanaque Abril 2004 – Brasil*. São Paulo: Editora Abril, 2004.

Adghirni, Zélia Leal, "Jornalismo Online e Identidade Profissional do Jornalista". Em: Gonzaga Motta, Luiz (org.), *Imprensa e Poder*. Brasília: Universidade de Brasília, 2002; p. 151-167.

Adorno, Theodor e Horkeimer, Max, *Dialects of Enlightenment*. Londres: Verso.

Adorno, Theodor, *The Cultural Industry: Selected Essays on Mass Culture*. Londres: Routledge, 1985; p. 29-131, 187-203.

Alasuutari, Pertti, *Researching Culture – Qualitative Method And Cultural Studies*. Londres: Sage, 1995.

Allan, Stuart (ed.), *Journalism: Critical Issues*. Berkshire: Open University Press, 2005.

_____, "News and The Public Sphere: Towards a History of Objectivity And Impartiality". Em: Bromley, Michael & O'Malley, Tom (eds.), *A Journalism Reader*. Londres: Routledge, 1997; p. 296-329.

Althusser, Louis, "Ideology And The Ideological Apparatuses". Em: Althusser, L., *Lenin And Philosophy And Other Essays*. Nova York: Monthly Review Press, 1971; p. 127-189.

Amaral, Roberto, "Imprensa e Controle da Opinião Pública (informação e representação no mundo globalizado)". Em: Gonzaga Motta, Luiz (org.), *Imprensa e Poder*. Brasília: Universidade de Brasília, 2002; p. 75-103.

Amaral, Roberto & Guimarães, C., "Media Monopoly in Brazil". Em: *Journal of Communication*, 44, 1994; Autumn, nº 4, p. 26-38.

Anderson, Benedict, *Imagined Communities*. Londres: Verso, 1983.

Arbex Jr., José, *Showrnalismo – a Notícia Como Espetáculo*. São Paulo: Casa Amarela, 2001; p. 139-171.

_____, "Uma Outra Comunicação é Possível". Em: Moraes, Denis (org.), *Por Uma Outra Comunicação – Mídia, Mundialização Cultural e Poder.* Rio de Janeiro/São Paulo: Record, 2003; p. 385-401.

Bagdikian, Bem, "The Media Monopoly". Em: Tumber, Howard (ed.), *News: a Reader*. Oxford: Oxford University Press, 1999; p. 148-155.

Bahia, Juarez, *Jornal, História e Teoria – História da Imprensa Brasileira*. São Paulo: Ática, 4ª ed., 1990; p. 318-398.

Baker, C. Edwin, *Media, Markets And Democracy*. Cambridge: Cambridge University Press, 2002.

Bantz, Charles R., "News Organizations: Conflict as a Crafted Cultural Norm". Em: Tumber, Howard (eds.), *News: a Reader.* Oxford: Oxford University Press, 1999; p. 134-142.

Bardoel, Jô, "Beyond Journalism: A Profession Between Information Society And Civil Society". Em: Tumber, Howard (ed.), *News: A Reader*. Oxford: Oxford University Press, 1996; p. 379-393.

Barret, Oliver, "Media Imperialism: Towards an International Framework For The Analysis of Media Systems". Em: Curran, James, Gurevitch, Michael & Woolacott, Janet (eds.), *Mass Communication And Society*. Londres: Edward Arnold And Open University, 1977; p. 116-134.

Basile, Sidnei, *Elementos do Jornalismo Econômico*. Rio de Janeiro: Campus, 2002.

Bell, Allan & Garrett, Peter (eds.), *Approaches to Media Discourse*. Oxford: Blackwell Publishing, 2005.

Bell, Norman, *Discourse And Social Change*. Cambridge: Polity Press, 1998.

_____, *Media Discourse*. Londres: Arnold, 1995; p. 1-20, 53-74, 176-204.

_____, *Language And Power*. Londres: Longman, 1989.

Benitez, José A., "Imperialismo, Subdesenvolvimento, Divida Externa". Em: *Comunicação na América Latina – Desenvolvimento e Crise*. São Paulo: Papirus, 1989; p. 39-47.

Bennett, W. Lance, *News – The Politics of Illusion*. Longman Classics, 2002; p. 4-49.

Berger, Arthur Asa, *Media Analysing Techniques*. Londres: Sage, 1982, 1991.

Bignell, Jonathan, *Media Semiotics – An Introduction*. Manchester: Manchester University Press, 1997.

Blumler, Jay G. & Gurevitch, Michael, "Rethinking The Study of Political Communication". Em: Curran, James & Gurevitch, Michael (eds.), *Mass Media And Society*. Londres: Arnold, 2000; p. 155-172.

_____, *The Crisis of Public Communication*. Londres: Routledge, 1995; p. 97-111.

Bobbio, Norberto, *Democracy And Dictatorship*. Cambridge: Polity Press, 1989; p. VII-22, 133-167.

Bonfim, João Bosco Bezerra, "Ideologia no Discurso da Mídia – o Poder das Palavras e as Palavras do Poder". Em: Gonzaga Motta, Luiz (org.), *Imprensa e Poder*. Brasília: Editora da Universidade de Brasília, 2002; p. 327-343.

Bourdieu, Pierre, "On Symbolic Power". Em: *Language And Symbolic Power*. Harvard: Harvard University Press, 1991; p. 163-170.

Bourdieu, Pierre, "A Opinião Pública Não Existe". Em: *Questões de Sociologia*. Rio de Janeiro: Marco Zero, 1983; p. 173-183.

_____, *Distinction – A Social Critique of The Judgment of Taste*. Londres: Routledge, 1979; p. 9-208, 260-386, 466-491.

_____, *Sobre a Televisão*. Rio de Janeiro: Jorge Zahar, 1997.

Bourdieu, Pierre; Barrett, O. & Newbold, C. (eds.), *Approaches to Media: A Reader*. Londres: Edward Arnold.

Brandford, Sue & Kucinski, Bernardo, *Brazil – Carnival of The Oppressed*. Nottingham: Russel Press, 1995.

_____, *Politics Transformed: Lula And The Worker's Party in Brazil*. Londres: Latin American Bureau, 2003.

Branston, Gill & Stafford, Roy, *The Media Student's Book*. Londres: Routledge, 1999, 2003.

Breed, Warren, "Social Control in The Newsroom: A Functional Analysis". Em: Tumber, Howard (ed.), *News: A Reader*. Oxford: Oxford University Press, 1995; p. 79-85.

Bressan, Silvio, "Reforma Administrativa". Em: Lamounier, Bolívar & Figueiredo, Rubens (orgs.), *A Era FHC – Um Balanço*. São Paulo: Cultura Editores Associados, 2002; p. 369-395.

Bromley, Michael & O'Malley, Tom (eds.), *A Journalism Reader*. Londres: Routledge, 1997.

Bucci, Eugênio, *Sobre Ética e Imprensa*. São Paulo: Companhia das Letras, 2000.

Budge, Ian; Crewe, Ivor; McKay, David & Newton, Ken, *The New British Politics*. Essex: Longman, 1998; p. 304-341, 586-630, 647-678.

Bulmer, Martin & Rees, Anthony M., *Citizenship Today – The Contemporary Relevance of T. H. Marshall*. Cambridge: Polity Press, 1996; p. 1-25, 66-80, 269-278.

Burch, Martin & Moran, Michael (eds.), *British Politics: A Reader*. Manchester: Manchester University Press, 1979; p. 85-91, 157-167.

Caldas, Álvaro, *Deu no Jornal – O Jornalismo Impresso na Era da Internet*. São Paulo: Edições Loyola, 2002.

Calhoun, Craig (ed.), *Habermas And The Public Sphere*. Cambridge, Massachusetts e Londres: MIT Press, 1997; p. 1-50, 73-143, 359-402.

Canclini, Nestor, *Consumidores e Cidadãos – Conflitos Multiculturais da Globalização*. Rio de Janeiro: Editora UFRJ, 1999.

Caparelli, Sergio, *Televisão e Capitalismo no Brasil*. Porto Alegre: L&PM, 1982; p. 9-93, 115-185.

Cardoso, Fernando Henrique, *Charting a New Course – The Politics of Globalization And Social Transformation*. Nova York/Oxford: Rowman & Littlefield Publishers, 2001; p. 96-122, 162-172.

_____, "Communication For a New World". Em: Melo, José Marques de (org.), *Communication For a New World – Brazilian Perspectives*. São Paulo: ECA/USP, 1993; p. 9-19.

Cardoso, Ruth, "A Trajetória dos Movimentos Sociais". Em: *Anos 90: Política e Sociedade no Brasil*. São Paulo: Brasiliense, 1994; p. 81-114.

_____, "Sociedade Civil e Meios de Comunicação no Brasil". Em: Melo, José Marques de (org.), *Comunicação e Transição Democrática*. Porto Alegre: Mercado Aberto/Intercom, 1985; p. 118-128.

Carneiro, Alan Dias; Lattman, Fernando, & Ramos, Plínio de Abreu, *A Imprensa Faz e Desfaz um Presidente*. Rio de Janeiro: Nova Fronteira, 1994.

Carvalho, José Murilo de Carvalho, *Cidadania no Brasil – O Longo Caminho*. Rio de Janeiro: Civilização Brasileira, 2001; p. 197-231.

Castañeda, Jorge G., *Utopia Desarmada – Intrigas, Dilemas e Promessas da Esquerda Latino-Americana*. São Paulo: Companhia das Letras, 1994; p. 325-395.

Chiarini, Adriana, "As Reformas de *O Globo* e do *Correio Braziliense*". Em: Gonzaga Motta, Luiz (orgs.), *Imprensa e Poder*. Brasília: Editora da Universidade de Brasília, 2002; p. 167-181.

Conti, Mario Sérgio, *Notícias do Planalto – A Imprensa e Fernando Collor*. São Paulo: Companhia das Letras, 1999.

Cook, Timothy E., *Governing With The News: The News Media as a Political Institution*. Chicago: University of Chicago Press, 1998; p. 61-117.

Curran, James, "Media And Democracy: The Third Way". Em: *Media And Power*. Londres: Routledge, 2002; p. 217-248.

_____ (ed.), *Media Organizations in Society*. Londres: Arnold, 2000; p. 107- 126, 151-173.

Curran, James & Park, Myung-Jin (eds.), *De-Westernizing Media Studies*. Londres: Routledge, 2000.

_____, "Rethinking Media And Democracy". Em: Curran, James & Gurevitch, Michael (ed.), *Mass Media And Society*. Londres: Arnold, 2000; p. 120-155.

_____, "Newspapers: Beyond Political Economy". Em: Briggs, Adam (eds.), *The Media: An Introduction*. Nova York: Longman, 1998; p. 81-97.

Curran, James & Seaton, Jean, *Power without Responsibility – The Press And Broadcasting in Britain*. Londres: Routledge, 1997; p. 5-128, 161-173, 209-302, 358-372.

_____, "Rethinking The Media as a Public Sphere". Em: Dahlgren, P. & Sparks, C. (eds.), *Communications And Citizenship – Journalism And The Public Sphere*. Londres: Routledge, 1991; p. 1-27.

Curran, James; Gurevitch, Michael & Woollacott, Janet, "The Study of The Media: Theoretical Approaches". Em: Boyd-Barrett, Oliver & Braham, Peter (eds.), *Media, Knowledge And Power*. Londres: Routledge, 1987; p. 57-80.

Dagnino, Evelina, *Anos 90: Política e Sociedade no Brasil*. São Paulo: Brasiliense, 1994.

_____, "Os Movimentos Sociais e a Emergência de Uma Nova Noção de Cidadania". Em: *Anos 90: Política e Sociedade no Brasil*. São Paulo: Brasiliense, 1994; p. 103-119.

Dahlgren, Peter, "Media, Citizenship And Civic Culture". Em: Curran, James & Gurevitch, Michael, *Mass Media And Society*. Hodder Arnold Publication, 2000; p. 310-329.

Dahlgren, Peter & Sparks, Colin, *Journalism And Popular Culture*. Londres: Sage, p. 1-96.

_____, *Television And The Public Sphere – Citizenship, Democracy And The Media*. Londres: Sage Publications, 1995; p. 1-24, 71-158.

_____, *Communications And Citizenship – Journalism And The Public Sphere in The New Media Age*. Londres: Routledge, 1991; p. 1-58.

Da Matta, Roberto; Moraes, Antônio Ermírio e outros (orgs.), *Brasileiro: Cidadão?* São Paulo: Cultura Editores Associados, 1992.

Da Matta, Roberto, *Carnival, Rogues And Heroes – An Interpretation of The Brazilian Dilemma*. Londres: University of Notre Dame Press, 1991.

_____, *A Casa e a Rua – Espaço, Cidadania, Mulher e Morte no Brasil*. São Paulo: Brasiliense, 1985; p. 25-81.

Davis, Aeron, *Public Relations Democracy – Public Relations, Politics And The Mass Media in Britain*. Manchester: Manchester University Press, 2002; p. 3-60, 109-150, 171-183.

Deacon, David; Pickering, Michael; Golding, Peter & Murdock, Graham, *Researching Communications – A Practical Guide to Methods in Media And Cultural Analysis*. Londres: Arnold, 1999.

Deacon, David & Golding, Peter, *Taxation And Representation – The Media, Political Communication And The Poll Tax*. Londres: John Libbey, 1994; p. 1-21, 21-149.

Diani, Mario, "The Concept of Social Movement". Em: *The Sociological Review 40*, 1992; p. 1-25.

Dimenstein, Gilberto & Souza, Josias de, *A História Real*. São Paulo: Ática, 1994.

Dines, Alberto, *O Papel do Jornal – Uma Releitura*. São Paulo: Summus, 1986, 4ª ed.

Dines, Alberto; Fernandes, Florestan Jr. & Salomão, Nelma (orgs.), *Histórias do Poder – 100 anos de Política No Brasil, vol. 1: Militares, Igreja e Sociedade Civil*. São Paulo: Editora 34, 2000; p. 243-261, 375-393.

_____, "Media Criticism – Um Espaço Mal-dito". Em: Silva, Carlos Eduardo Lins da, *Comunicação, Hegemonia e Contra-informação*. São Paulo: Cortez, 1982; p. 147-154.

Dizard, Wilson Jr., *A Nova Mídia – a Comunicação de Massa na Era da Informação*. Rio de Janeiro: Jorge Zahar, 2000.

Downing, John; Mohammadi, Ali & Sreberny-Mohammadi, Annabelle (eds.), *Questioning The Media*. Londres: Sage, 1995.

During, Simon (ed.), *The Cultural Studies Reader*. Londres: Routledge, 1993.

Eagleton, Terry, *Ideology: An Introduction*. Londres: Verso, 1991; p. 193-220.

Epstein, Isaac, "Conquistando o Bem-Estar Social: Dimensões para o Novo Desenvolvimento". Em: *Comunicação na América Latina – Desenvolvimento e Crise*. São Paulo, Papirus, 1989; p. 53-60.

Fairclough, Norman, "Political Discourse in The Media: an Analytical Framework". Em: Bell, Allan & Garrett, Peter (eds.), *Approaches to Media Discourse*. Oxford: Blackwell Publishing, 2005; p. 142-163.

Faleiros, Vicente de Paula, "A Reforma do Estado no Período FHC e as Propostas do Governo Lula". Em: Rocha, Denise & Bernardo, Maristela (orgs.), *A Era FHC e o Governo Lula: Transição?* Brasília: INES, 2004; p. 33-64.

Fallows, James, *Breaking The News – How The News Media Undermine American Democracy.* Nova York: Pantheon Books, 1996.

Faoro, Raymundo, *Existe um Pensamento Político Brasileiro?* São Paulo: Ática, 1994; p. 19-85.

Fejes, F., "Media Imperialism: An Assessment". Em: *Media, Culture And Society 3*, 1981; p. 281-289.

Ferreira, Soraya Viegas, "A Imagem de Collor nas Capas da Revista *Veja* – Construção, Consolidação e Queda de um Mito". Rio de Janeiro: UFRJ (mimeo.), 1996.

Fiske, John, *Television Culture*. Londres: Routledge, 1987.

Fiske, John & Hartley, John, *Reading Television.* Londres: Routledge, 1978, 2003.

Forgacs, David (ed.), *A Gramsci Reader – Selected Writings 1916-1935.* Londres: Lawrence & Wishart; p. 304-369.

Foucault, Michel, *The Archeology of Knowledge*. Londres: Verso, 1972; p. 21-76, 79-88, 141-148, 166-177.

Fraser, Nancy, "Rethinking The Public Sphere: A Contribution to The Critique of Actually Existing Democracy". Em: Calhoun, Craig (ed.), *Habermas And The Public Sphere.* Cambridge, Massachusetts e Londres: MIT Press, 1997; p. 109-143.

Garnham, Nicholas, "The Media And The Public Sphere". Em: Calhoun, Craig (eds.), *Habermas And The Public Sphere.* Cambridge, Massachusetts e Londres: MIT Press, 1997; p. 359-377.

_____, "Contribution to a Political Economy of Mass Communication". Em: Collins, Richard; Curran, James; Garnham, Nicholas; Scannell, Paddy; Schlesinger, Philip & Sparks, Colin (eds.), *Media Culture And Society: A Critical Reader*. Londres: Sage Publications, 1986; p. 9-33.

Giddens, Anthony, *The Third Way And Its Critics.* Londres: Polity Press, 2000; p. 1-55.

_____, *Modernity And Self-Identity.* Cambridge: Polity Press, 1994; p.70-98.

_____, *Beyond Left And Right – The Future of Radical Politics.* Londres: Polity Press, 1994.

_____, *The Consequences of Modernity*. Londres: Polity Press, 1990.

Godoy, Marcelo, "Direitos Humanos e Violência". Em: Lamounier, Bolívar & Figueiredo, Rubens (orgs.), *A Era FHC – Um Balanço.* São Paulo: Cultura Editores Associados, 2000; p. 421-455.

Golding, Peter & Elliott, Philip. "News And News Production". Em: Marris, Paul & Thornham, Sue (eds.), *Media Studies: A Reader*. Edinburgo:

Edinburgh University Press, 1996; p. 632-644.

Golding, P. & Murdoch, G., "Culture, Commercialism And Political Economy". Em: Curran, James & Gurevitch, Michael (eds.), *Mass Media And Society*. Londres: Arnold, 1991; p. 11-31.

Golding, P; Murdoch, G. & Schlesinger, P. (eds.), *Communicating Politics: Mass Communication And The Political Process*. Nova York: 1986; p. 37-53.

Golding, Peter & Middleton, Sue, *Images of Welfare – Press And Public Attitudes to Poverty*. Oxford: Martin Robertson, 1982; p. 112-159, 205-249.

Golding, Peter, "Media Professionalism in The Third World: The Transfer of an Ideology". Em: Curran, James; Gurevitch, Michael & Woolacott, Janet (eds.), *Mass Communication And Society*. Londres: Edward Arnold And Open University, 1977; p. 219-314.

Gonzaga Motta, Luiz (org), *Imprensa e Poder*. Brasília: Editora da Universidade de Brasília, 2002.

Gurevitch, Michael; Bennett, Tony; Curran, James & Woollacott, Janet (eds.), *Culture, Society And The Media*. Londres: Routledge, 1982; p.5-91, 113-174.

Habermas, Jürgen, *Between Facts And Norms*. Cambridge: Polity Press, 1997; p. 287-388.

Habermas, Jürgen, "Further Reflections on The Public Sphere" e "Concluding Remarks". Em: Calhoun, Craig (eds.), *Habermas And The Public Sphere*. Cambridge, Massachusetts e Londres: MIT Press, 1997; p. 421-479.

_____, "The Emergence of The Public Sphere". Em: *The Polity Reader in Cultural Theory*. Cambridge: Polity Press, 1994; p. 81-90.

_____, *The Structural Transformation of The Public Sphere*. Cambridge: Polity Press, 1962.

Hackett, Robert A. & Zhao, Yuezhi (eds.), *Democratizing Global Media – One World, Many Struggles*. Lanham, Nova York e Oxford: Rowman & Little Field Publishers, Inc., 2005; p. 1-37.

_____, *Sustaining Democracy? Journalism And The Politics of Objectivity*, Toronto: Garamond Press, 1998; p. 82-107, 136-239.

_____ (ed.), "Representation, Meaning And Language". Em: Hall, Stuart *Representation, Cultural Representations And Signifying Practices*, Londres: Sage, 1997; p. 15-29.

_____, "The Crisis of Labourism". Em: Curran, James (ed.), *The Future of The Left*. Cambridge: Polity Press, 1984; p. 23-39.

_____, "Encoding/Decoding". Em: Hall, S.; Hobson, Dorothy; Lowe, Andrew & Willis, Paul (eds.), *Culture, Media, Language*. Londres: Hutchinson, 1980; p. 128-139.

_____, "Culture, The Media And The 'Ideological Effect'". Em: Curran, James; Gurevitch, Michael & Woolacott, Janet (eds.), *Mass Communication And Society*. Londres: Edward Arnold e Open University, 1977; p. 315-348.

Hallin, Daniel C. & Mancini, Paolo, *Comparing Media Systems – Three Models of Media And Politics*. Cambridge: Cambridge University Press, 2004; p. 1-17, 21-86, 251-306.

Hallin, Daniel C. & Papathanassopoulos, Stylianos, "Political Clientelism And The Media: Southern Europe And Latin America in Comparative Perspective". Em: *Media, Society And Culture*, vol. 24, nº 2, Sage Publications, 2002; p. 175-195.

_____, "Commercialism And Professionalism in The American News Media". Em: Curran, James & Gurevitch, Micheal (eds.), *Mass Media And Society*. Londres: Arnold, 2000; p. 218-238.

_____, *We Keep America on Top of The World – Television Journalism And The Public Sphere*. Londres: Routledge, 1994; p. 1-58, 170-181.

_____, "The 'Uncensored War': The Media And Vietnam" (1986). Em: Tumber, Howard (ed.), *News: A Reader*, Oxford: Oxford University Press, 1999; p. 329-339.

Hardy, Jonathan, *Convergence And Commercial Speech: A Study of The Dynamics And The Regulation of Cross-Media Promotion in The UK Media* (tese), 2004.

Harrie, Eva, "The Newspaper Market". Em: Harrie, Eva (org.), *Nordicom – The Nordic Media Market: Media Companies And Business Activities, Denmark, Finland, Iceland, Norway And Sweden*. Göteborg University Press, 2003; p. 29-49.

Herman, Edward S. & Chomsky, Noam, *Manufacturing Consent – The Political Economy of The Mass Media*. Nova York: Pantheon Books, 2002; p. 1-37, 87-143.

_____, *The Myth of The Liberal Media*. Nova York: Lang, 1999; p. 1-23, 31-43, 55-71, 131-155, 257-317.

Holanda, Sergio Buarque de, *Raízes do Brasil*. Rio de Janeiro: Livraria José Olympio Editora, 1979.

Holmes Stephen, "Liberal Constraints on Private Power?: Reflections on The Origins And Rationale of Access Regulation". Em: Lichtenberg, Judith (ed.), *Democracy And The Mass Media*. Nova York: Cambridge University Press, 1990; p. 21-55.

Holub, Renate, *Antonio Gramsci – Beyond Marxism And Postmodernism*. Londres: Routledge, 1992; p. 69-117, 151-191.

Hutchison, David, *Media Policy: An Introduction*. Oxford: Blackwell, 1999; p. 1-27.

Ianni, Octavio, *Imperialismo na América Latina.* Rio de Janeiro: Civilização Brasileira, 1994; p. 149-207.

Jaguaribe, Helio; Iglesias, Francisco; Santos, Wanderley Guilherme; Chacon, Vamireh & Comparato, Fábio, *Brasil, Sociedade Democrática.* Rio de Janeiro: José Olympio Editora, 1985; p. 224-330.

Jameson, Frederic, *Postmodernism or The Cultural Logic of Late Capitalism.* Durham: Duke University Press, 1991; p. 1-67, 260-279.

Jorge, Vladimyr Lombardo, "A Cobertura do Congresso Nacional Pelos Jornais Brasileiros (1985-1990)". Em: *Estudos Históricos,* nº 31. Rio de Janeiro, 2003; p. 64-81.

Keane, John, *Civil Society – Old Images, New Versions.* Cambridge: Polity, 1998.

_____, *The Media And Democracy.* Cambridge: Polity Press, 1991; p.12-53, 95-181.

_____, "Introduction: Democracy And The Decline of The Left". Em: Bobbio, Norberto, *Democracy And Dictatorship.* Cambridge: Polity Press, 1989; p. VII-XXIX.

Kelley, David & Donway, Roger, "Liberalism And Free Speech". Em: Lichtenberg, Judith (ed.), *Democracy And The Mass Media.* Nova York: Cambridge University Press, 1990; p. 66-102.

Krippendorff, Klaus, *Content Analysis – An Introduction to Its Methodology.* Londres: Sage, 1980.

Kucinski, Bernardo, "A Primeira Vítima: A Autocensura Durante o Regime Militar". Em: Carneiro, Maria Luiza Tucai, *Minorias Silenciadas: História da Censura no Brasil.* São Paulo: IMESP/FHPES/EDUSP, 2002; p. 531-551.

_____, *Jornalismo Econômico,* São Paulo: Edusp, 2000; p. 11-29, 167-192.

_____, *A Síndrome da Antena Parabólica – Ética no Jornalismo Brasileiro.* São Paulo: Fundação Perseu Abramo, 1998.

Lahóz, André, "Renda e Consumo". Em: Lamounier, Bolívar & Figueiredo, Rubens (orgs.), *A Era FHC – Um Balanço.* São Paulo: Cultura Editores Associados, 2002; p. 71-99.

Lamounier, Bolívar & Figueiredo, Rubens (orgs.), *A Era FHC – Um Balanço.* São Paulo: Cultura Editores Associados, 2002.

_____, *Partidos e Utopias: o Brasil no Limiar dos Anos 90.* São Paulo: Edições Loyola, 1991; p. 127-150.

_____, *De Geisel a Collor – O Balanço da Transição.* São Paulo: Idesp-Sumaré, 1990.

_____, *Partidos Políticos e Consolidação Democrática – O Caso Brasileiro*. Rio de Janeiro: Editora Brasilense, 1986; p. 80-116.

Leon, Osvaldo, "Para Uma Agenda Social em Comunicação". Em: Moraes, Denis (org.), *Por Uma Outra Comunicação – Mídia, Mundialização Cultural e Poder*. Rio de Janeiro: Record, 2003; p. 401-414.

Leonelli, Domingos & Oliveira, Dante, *Diretas-Já – 15 meses que Abalaram a Ditadura*. Rio de Janeiro: Editora Record, 2004.

Leys, Colin, *Market-Driven Politics – Neo-liberal Democracy And The Public Interest*. Londres: Verso, 2001; p. 1-29, 81-122.

Lichtenberg, Judith, "In Defence of Objectivity Revisited". Em: Curran, James & Gurevitch, Michael (eds.), *Mass Media And Society*. Londres: Arnold, 1991; p. 238-255.

_____, *Democracy And The Mass Media*, NY: Cambridge University Press, 1990; p. 1-128.

_____, "Foundations And Limits of Freedom of The Press". Em: *Democracy And The Mass Media*. Nova York: Cambridge University Press, 1990; p. 102-136.

Lima, Venício A. de, *Mídia – Teoria e Política*. São Paulo: Fundação Perseu Abramo, 1996; p. 17-53, 89-251.

Linhares, Maria Yedda (org.), *História Geral do Brasil*. Rio de Janeiro: Campus, 1990.

Lins da Silva, Carlos Eduardo, "Política e Comércio Exterior". Em: Lamounier, Bolívar & Figueiredo, Rubens (orgs.), *A Era FHC – Um Balanço*, São Paulo: Cultura Editores Associados, 2002; p. 295-331.

_____, *O Adiantado da Hora: A Influência Americana Sobre o Jornalismo Brasileiro*. São Paulo: Summus, 1990.

_____, *Mil Dias – Os Bastidores de uma Revolução em um Grande Jornal*. São Paulo: Trajetória Cultural, 1988. Reedição ampliada: *Mil Dias – Seis Mil Dias Depois*. São Paulo: Publifolha, 2005.

_____, *Muito Além do Jardim Botânico – Um Estudo Sobre a Audiência do Jornal Nacional da Globo entre Trabalhadores*. São Paulo: Summus, 1985; p. 13-46.

_____, *Comunicação, Hegemonia e Contra-Informação*. São Paulo, Cortez, 1982; p. 17-23.

Lippman, Walter, *Public Opinion*. Transaction Publishers, 1922, 1998; p. 3-170, 253-293, 317-369.

Llobera, Josep, "Historical And Comparative Research". Em: Seale, Clive (ed.), *Researching Society And Culture*. Londres: Sage, 1998; p. 72-80.

Lyotard, Jean-Francois, *The Postmodern Condition: A Report on Knowledge*. Minneapolis: University of Minnesota Press, 1984; p. 3-23.

Manning, Paul, *News And The News Sources – A Critical Introduction*. Londres: Sage Publications, 2001; p. 1-171.

Marcondes Filho, Ciro, *A Saga dos Cães Perdidos*. São Paulo, Hacker Editoras, 2000.

_____, *Jornalismo Fin-de-Siècle*. São Paulo: Scritta, 1993; p. 83-149.

_____, *O Capital da Notícia*. São Paulo: Editora Ática, 1986.

Marcuse, Herbert, *One-Dimensional Man*. Londres: Routledge, 1964.

Marques de Melo, José, *História do Pensamento Comunicacional*. São Paulo: Paulus, 2003.

_____ (ed.), *Communication For a New World – Brazilian Perspectives*. São Paulo: ECA/USP, 1993.

_____ (org.), "Comunicação na América Latina: A Conjuntura Pós-Desenvolvimentista". Em: *Comunicação na América Latina – Desenvolvimento e Crise*. São Paulo: Papirus, 1989; p. 13-38.

Marris, Paul & Thornham, Sue (eds.), *Media Studies – A Reader*, Edinburgh: Edinburgh University Press, 1996.

Martin-Barbero, Jean, *Communication, Culture And Hegemony – From The Media to Mediations*. Londres: Sage Publications, 1993; p. 6-85, 149-187.

Martins da Silva, Luiz, "Imprensa e Cidadania: Possibilidades e Contradições". Em: Motta, Luiz Gonzaga (org.), *Imprensa e Poder*. Brasília: Editora da Universidade de Brasília, 2002; p. 47-75.

Mattelart, Armand, "Comunicação, Hegemonia e Novas Tecnologias na América Latina". Em: Lins da Silva, Carlos Eduardo, *Comunicação, Hegemonia e Contra-informação*. São Paulo, Cortez, 1982; p. 98-105.

McChesney, Robert W. & Hackett, Robert, "Beyond Wiggle Room: American Corporate Media's Democratic Deficit, It's Global Implications And Prospects For Reform". Em: Hackett, R. A. & Zhao, Yuezhi (eds.), *Democratizing Global Media – One World, Many Struggles*. Lanham, Nova York e Oxford: Rowman & Little Field Publishers, Inc., 2005; p. 225-245.

McChesney, Robert W., *Rich Media, Poor Media – Communication Politics in Dubious Times*. Urbana e Chicago: University of Illinois Press, 1999; p. 1-15.

_____, *Corporate Media And The Threat to Democracy*. Nova York: Seven Stories Press, 1997; p. 5-74.

McLuhan, Marshall, *Understanding Media – The Extension of Man*, Londres: Routledge, 1964, 1997; p. 3-33.

McManus, John H., "Market Drive Journalism: Let The Citizen Beware".

Em: Tumber, Howard (ed.), *News: A Reader*. Oxford: University of Oxford, 1999; p. 180-191.

McNair, Brian, *News And Journalism in The UK: A Textbook*. Londres: Routledge, 1999; p. 3-47.

_____, *An Introduction to Political Communication*. Londres e Nova York: Routledge, 1995; p. 3-66.

Merritt, David, "Why Telling The News is Not Enough". Em: Tumber, Howard (ed.), *News: A Reader*. Oxford: Oxford University Press, 1999; p. 365-379.

Mill, J. S., "Of The Liberty of Thought And Discussion". Em: Bromley, Michael & O'Malley, Tom (eds.), *Journalism: A Reader*. Londres: Routledge, 1997; p. 22-28.

Mill, James, "Liberty of The Press". Em: *Journalism: A Reader*. Londres: Routledge, 1811; p. 16-21.

Milner, Henry, *Sweden: Social Democracy in Practice*. Nova York: Oxford University Press, 1989; p. 1-101.

Moraes, Denis (org.), *Por Uma Outra Comunicação – Mídia, Mundialização Cultural e Poder*. Rio de Janeiro: Record, 2003.

Moraes, Denis; Vilches, Lorenzo; Sodré, Muniz; Ramos, Murilo César; Dreifuss, René Armand & Brasil, Sérgio de Souza (orgs.), *Globalização, Mídia e Cultura Contemporânea*. Campo Grande: Letra Livre, 1997.

Moretzsohn, Sylvia, "Profissionalismo e Objetividade: o Jornalismo na Contramão da Política". Em: Gonzaga Motta, Luiz (org.), *Imprensa e Poder*. Brasília: Editora da Universidade de Brasília, 2002; p. 199-217.

Morley, David, *Home Territories: Media, Mobility And Identity*. Londres/Nova York: Routledge, 2000.

_____, *Spaces of Identity: Global Media, Electronic Landscapes And Cultural Boundaries*. Londres/Nova York: Routledge, 1995.

_____, "Texts, Readers, Subjects". Em: Hall, S.; Hobson, Dorothy; Lowe, Andrew & Willis, Paul (eds.), *Culture, Media, Language*. Londres: Hutchinson, 1980; p. 163-177.

Nassif, Luiz, *O Jornalismo dos Anos 90*. São Paulo: Futura, 2003.

_____, "Política Macroeconômica e Ajuste Fiscal". Em: Lamounier, Bolívar & Figueiredo, Rubens (orgs.), *A Era FHC – Um Balanço*. São Paulo: Cultura Editores Associados, 2002; p. 39-71.

Negrine, Ralph, *Politics And The Mass Media in Britain*. Londres/Nova York: Routledge, 1989; p. 1-20, 152-179.

Neto, Antônio Fausto, "Vozes do *Impeachment*". Em: Matos, Heloísa (org.),

Mídia, Eleições e Democracia. São Paulo: Página Aberta, 1994; p. 159-189.

Nicolau, Jairo, "Do Regime Militar à Democracia Atual (1964-2000)". Em: Nicolau, Jairo, *História do Voto no Brasil.* Rio de Janeiro: Jorge Zahar Editor, 2002; p. 55-72.

_____, *Multipartidarismo e Democracia*. Rio de Janeiro: FGV, 1996.

Niemeyer Lamarão (orgs.), *Dicionário Histórico-Biográfico Brasileiro pós-1930*. Rio de Janeiro: FGV, 2001.

Novelli, Ana Lucia, "O Projeto *Folha* e a Negação do Quarto Poder". Em: Gonzaga Motta, Luiz (org), *Imprensa e Poder*. Brasília: Editora da Universidade de Brasília, 2002; p. 181-199.

Oliveira, Ribamar, "Emprego". Em: Lamounier, Bolívar & Figueiredo, Rubens (orgs.), *A Era FHC – Um Balanço.* São Paulo: Cultura Editores Associados, 2002; p. 99-137.

Orwell, George, "The Prevention of Literature". Em: Bromley, Michael & O'Malley, Tom (eds.), *Journalism: A Reader.* Londres: Routledge, 1997; p. 159-165.

O'Sullivan, Tim; Dutton, Brian & Rayner, Philip, *Studying The Media*. Londres: Arnold, 1994,1998.

O'Sullivan, Tim & Jewkes, Yvonne (eds.), *The Media Studies Reader.* Londres: Arnold, 1997.

Oxhorn, Philip & Starr, Pamela K., *Markets And Democracy in Latin America – Conflict or Convergence?* Colorado: Lynne Rinner Publishers, 1999; p. 2-38, 103-154.

Paiva, Raquel (org.), *Ética, Cidadania e Imprensa*. Rio de Janeiro: Mauad, 2002.

Park, Robert E., "News as a Form of Knowledge: a Chapter in The Sociology of Knowledge". Em: Tumber, Howard (ed.), *News: A Reader*, Oxford: Oxford University Press, 1999; p. 11-16.

Pedro, Antônio, *História do Brasil*. São Paulo: Editora FTD, 1987.

Peres, Liege Socorro Albuquerque, "O Período Collor – Análise da Cobertura das Revistas *Veja* e *Isto É* de Antes da Eleição Presidencial Até o *Impeachment*". São Paulo: USP (mimeo.), 1998.

Philo, Greg & Miller, David, *Market Killing – What The Free Market Does And What Social Scientists Can do About It.* Londres: Londgman, 2001; p. 3-79.

Philo, Greg & Berry, Mike, *Bad News From Israel*. Londres: Pluto Press, 2004; p. 91-103.

Pinsky, Jaime & Pinsky Bassanezi, Carla, *História da Cidadania*. São Paulo: Contexto, 2003.

Power, Timothy J., *The Political Right in Postauthoritarian Brazil – Elites, Institutions And Democratisation.* Pennsylvania: Pennsylvania State University Press, 2000; p. 204-234.

Protzel, Javier, "Changing Political Cultures And Media Under Globalism in Latin America". Em: Hackett, Robert A. & Zhao, Yuezhi (eds.), *Democratizing Global Media – One world, Many Struggles.* Lanham, Nova York/Oxford: Rowman & Little Field Publishers, Inc., 2005; p. 101-121.

Ramos, Murilo Cesar, "O Papel dos Meios de Comunicação de Massa na Abertura Política Brasileira". Em: Melo, José Marques (org.), *Comunicação e Transição Democrática.* Porto Alegre: Mercado Aberto, 1985; p. 246-263.

Reeves, Geoffrey, *Communications And The 'Third World'.* Londres: Routledge, 1993; p. 1-70, 101-126.

Rodrigues, Alberto Tosi, *Diretas-Já – O Grito Preso na Garganta.* São Paulo: Fundação Perseu Abramo, 2003.

Rodrigues, Malena Rehbein, "Agendando o Congresso Nacional: do Agenda-Setting à crise da Democracia Representativa". Em: *Imprensa e Poder.* Brasília: Editora da Universidade de Brasília, 2002; p. 103-125.

Rosen, Jay, *What are Journalists For?.* New Haven/Londres: Yale University Press, 1999; p. 1-16, 19-80, 177-248, 262-300.

Rubim, Antonio Albino Canelas, "Das Visibilidades das Eleições de 2002: Uma Reflexão Acerca dos Enlaces Entre Política, Mídia e Cultura". Em: *Comunicação e Política,* v. IX, nº 3, 2002; p. 189-207.

Schudson, Michael, *The Sociology of News.* Nova York/Londres: W.W. Norton & Company, 2003; p. 11-114, 197-213.

Schudson, Michael, "Was there Ever a Public Sphere? If so, when? Reflections on The American case". Em: Calhoun, Craig (ed.), *Habermas And The Public Sphere.* Cambridge/Massachusetts/Londres: MIT Press, 1997; p. 143-164.

Schudson, Michael, "The Sociology of News Production Revisited". Em: Curran, James & Gurevitch, Michael (eds.), *Mass Media And Society.* Nova York: Edward Arnold, 1992; p. 141-159

_____, *Discovering The News – A Social History of American Newspapers.* Nova York: Basic Books, 1978; p. 3-61, 121-164, 176-194.

Scott, Alan, *Ideology And The New Social Movements.* Londres: Unwin Heyman, 1990; p.13-80.

Seabra, Roberto, "Dois Séculos de Imprensa no Brasil: Do Jornalismo Literário à Era da Internet". Em: Gonzaga Motta, Luiz (org.), *Imprensa e Poder.* Brasília: Editora da Universidade de Brasília, 2002; p. 31-47.

Seale, Clive, *Researching Society And Culture*. Londres: Sage Publication, 1998.

_____, *The Quality of Qualitative Research*, Londres: Sage Publications, 1999; p. 2-7, 32-49, 106-109,140-177.

Shohat, E. & Stam, Robert, *Unthinking Eurocentrism*. Londres: Routledge, 1994.

Siebert, Fred S.; Peterson, Theodore & Schramm, Wilbur, *Four Theories of The Press*. Urbana: University of Illinois Press, 1956; p. 1-103.

Silva, Francisco Carlos Teixeira da, "Brasil, em Direção ao Século XXI". Em: Linhares, Maria Yedda (org.), *História Geral do Brasil*. Rio de Janeiro: Campus, 2000; p. 385-445.

_____, "A Modernização Autoritária: do Golpe Militar à Redemocratização 1964/1984". Em: Linhares, Maria Yedda (org.), *História Geral do Brasil*. Rio de Janeiro: Campus, 2000; p. 351-385.

Silverman, David, *Doing Qualitative Research – a Practical Handbook*. Londres: Sage, 2000.

Sinclair, John, *Latin America Television: A Global View*. Oxford: Oxford University Press, 1999; p. 63-92.

Singer, André, "Saúde". Em: Lamounier, Bolívar & Figueiredo, Rubens (orgs.), *A Era FHC – Um Balanço*. São Paulo: Cultura Editores Associados, 2002; p. 501-537.

_____, *Esquerda e Direita no Eleitorado Brasileiro – As Eleições Presidenciais de 1989 e 1994*. São Paulo: Edusp, 1999.

Skidmore, Thomas E., *Brazil – Five centuries of Change*. Oxford: Oxford University Press, 1999; p. 189-234.

Slater, Don, "Analysing Cultural Objects: Content Analysis And Semiotics". Em: Seale, Clive (ed.), *Researching Society And Culture*. Londres: Sage, 1998; p. 233-244.

Sodré, Muniz, *Claros e Escuros – Identidade, Povo e Mídia no Brasil*. Rio de Janeiro: Vozes, 1999.

Soloski, John, "News Reporting And Professionalism: Some Constraints on The Reporting of The News". Em: Tumber, Howard (ed.), *News: A Reader*. Oxford: Oxford University Press, 1989/1999; p. 308-320.

Sorj, Bernardo, "Fernando Henrique Cardoso, o Sociólogo e Político". Em: *A Construção Intelectual do Brasil Contemporâneo: da Resistência à Ditadura ao Governo FHC*. Rio de Janeiro: Jorge Zahar Editora, 2001; p. 115-125.

Spicer, Neil, "Combining Qualitative And Quantitative Methods". Em: Seale, Clive (ed.), *Esearching Society And Culture*. Londres: Sage, 2004; p. 294-303.

Splichal, Slavko, *Public Opinion – Developments And Controversies in The Twentieth Century.* Nova York: Rowman & Littlefield Publishers, 1999; p. 4-85, 167-312.

Sreberny, Annabelle, "The Global And The Local in International Communications". Em: Curran, James & Gurevitch, Michael (eds.), *Mass Media And Society*. Londres: Arnold, 2000; p. 93-119.

Staffan, Sundin, "Trends in Media Ownership in The Nordic Countries". Em: Harrie, Eva (org.), *Nordicom – The Nordic Media Market: Media Companies And Business Activities, Denmark, Finland, Iceland, Norway And Sweden.* Gotemburgo: Göteborg University Press, 2003; p. 13- 19.

Straubhaar, Joseph, "Brazil: The Role of The State in World TV". Em: Morris, Nancy & Waisbord, Silvio (eds.), *Media And Globalisation – Why The State Matters.* Oxford/Nova York: Rowman/Littlefield Publishers, 2001; p. 133-153.

Straubhaar, Joseph D., "The Electronic Media in Brazil". Em: Cole, Richard R. (ed.), *Communication in Latin America: Journalism, Mass Media And Society.* Scholarly Resources Inc, 1996; p. 217-245.

Street, John, *Mass Media, Politics And Democracy.* Nova York: Palgrave, 2001.

Strinati, Dominic, *An Introduction to Theories of Popular Culture.* Londres: Routledge, 1995.

Takeshita, Toshio, "Exploring The Media's Role in Defining Reality: from Issue Agenda-Setting to Attribute Agenda-Setting". Em: McCombs, Maxwell; Shaw, Donald L. & Weaver, David (eds.), *Communication And Democracy – Exploring The Intellectual Frontiers in Agenda-Setting Theory.* Londres: Lawrence Erlbaum Associates, 1997; p. 15-27.

Tavares, José Nilo, "Desenvolvimento na Nova República: Contradições da Transição Política". Em: *Comunicação na América Latina – Desenvolvimento e Crise.* São Paulo: Papirus, 1989; p. 49-52.

Telles, Vera da Silva, "Sociedade Civil e a Construção de Espaços Públicos". Em: *Anos 90: Politica e Sociedade no Brasil.* São Paulo: Brasiliense, 1994; p. 91-103.

Thompson, John B., *Ideologia e Cultura Moderna.* Petrópolis: Vozes, 1995.

_____, "The Theory of The Public Sphere: a Critical Appraisal". Em: *The Polity Reader in Cultural Theory.* Cambridge: Polity Press, 1994; p. 91-99.

Thussu, Daya Kishan, *International Communication – Continuity And Change.* Londres: Arnold, 2000; p. 11-21, 53-82.

Traquina, Nelson & Mesquita, Mario, *Jornalismo Cívico.* Lisboa: Livros Horizonte, 2003.

Travancas, Isabel Siqueira, *O Mundo dos Jornalistas*. São Paulo: Summus, 2ª ed., 1993; p. 81-100.

Tuchman, Gaye, "Objectivity as a Strategic Ritual: an Examination of Newsmen's Notions of Objectivity". Em: Tumber, Howard (ed.), *News: A Reader.* Oxford: Oxford University Press, 1972/1999; p. 297-308.

Tumber, Howard (ed.), *News: A Reader*, Oxford: Oxford University Press, 1999.

Tunstall, Jeremy & Machin, David, *The Anglo-American Media Connection*. Oxford: Oxford University Press, 1999.

Tunstall, Jeremy, *Television Producers*. Londres: Routledge, 1993; p. 157-226.

Ungar, Sanford J., "The Role of The Press in Strengthening Democracy". Em: Lichtenberg, Judith (ed.), *Democracy And The Mass Media*. Nova York: Cambridge University Press, 1990; p. 368-396.

Van Dijk, Teun A., "Opinions And Ideologies in The Press". Em: Bell, Allan & Garrett, Peter (eds.), *Approaches to Media Discourse.* Oxford: Blackwell Publishing, 2005; p. 21-64.

Velho, Gilberto, "A Vitória de Collor". Em: *Projeto e Metamorfose – Antropologia das Sociedades Complexas*. Rio de Janeiro: Jorge Zahar Editora, 1994; p. 71-76.

Vieira, Liszt, *Cidadania e Globalização*. Rio de Janeiro: Record, 2000.

Villas-Bôas Corrêa, *Conversa com a Memória – A História de Meio Século de Jornalismo Político*. Rio de Janeiro: Objetiva, 2002.

Vogel, Luiz Henrique, "Mídia e Democracia: o Pluralismo Regulado Como Arranjo Institucional". Em: *Estudos Históricos*, nº 31, 2003; p. 106-126.

Waisbord, Silvio, "Media in South America – Between The Rock And The Hard Place of The Market". Em: Curran, James & Park, Myung-Jim (eds.), *De-Westernising Media Studies*. Londres: Routledge, 2000; p. 50-63.

_____, *Watchdog Journalism in South America: News, Accountability And Democracy.* Nova York: Columbia, 2000.

_____, "Leviathan Dreams: State And Broadcasting in South America". Em: *The Communication Review*, 1 (2), 1995; p. 201-221.

Weber, Max. *On Charisma And Institution Building*. Chicago: University of Chicago Press, 1968.

Weber, Maria Helena, "Mídia e Eleições Relações (Mal)ditas". Em: *Comunicação e Espetáculo da Política*. Porto Alegre: Editora Universidade/UFRGS, 2000; p. 47-67.

_____, "A Cara Pintada da Política Brasileira". Em: *Comunicação e Espetáculo da Política*. Porto Alegre: Editora Universidade/UFRGS, 2000; p. 81-96.

Werneck, Nelson Sodré, *História da Imprensa no Brasil*. Rio de Janeiro: Mauad, 1998.

JORNAIS E ARTIGOS DA INTERNET

Alves, Ivson, "Globo Adere ao Lula Já". Em: www.comunique-se.com.br, 01/10/2002.

_____, "O Governo Lula na Arena da Comunicação". Em: www.comunique-se.com.br, 04/2002/2003.

Arbex Jr., José, "Os Assinantes Pagam, *Veja* Mente". Em: *Brasil de Fato*, 17/03/2005.

Asthana, Anushka, "Tories Attack 'Left-wing Intellectuals' at The BBC Over Miners Drama". Em: www.guardian.co.uk, 27/2002/2005.

"BBC Licence Fee Secure For The Next 10 Years at Least". Em: www.scotsman.com, 05/06/2004.

"Brasil: Mídia é Mais Confiável Que Governo". Em: www.oglobo.globo.com, 05/05/2006.

Brasil, Antônio, "O Fim de Uma Era". Em: www.comunique-se.com.br, 12/10/2003.

Breguez, Sebastião, "O Jornalismo no Final do Século XX". Em: www.saladeprensa.org, 06/2000.

Cantanhêde, Eliane, "Coalizão Das Diretas-Já se Desfez Rápido". Em: www.folha.com.br, 19/04/1999.

Coelho da Graça, Milton, "Papai Faz Uma Coisa, Filho Diz Outra". Em: www.comunique-se.com.br, 23/08/2004.

Conti, Mario Sérgio, "TV Brasileira, 50 Anos – O Dono do Mundo". Em: www.folha.com.br, 16/09/2000.

Costa, Luciano Martins, "Jornais de Papel – Imprensa Entre o Tsunami e a Glaciação". Em: www.observatoriodaimprensa.com.br, 22/03/2005.

_____, "Mídia, BNDES e a Crise – Os Perigos da Intimidade Com o Poder". Em: www.observatoriodaimprensa.com.br.

Dines, Alberto, "De 'Fenômeno 'Midiático' à Guerrilha Contra a Mídia". Em: www.observatoriodaimprensa.com.br, 10/08/2005.

_____, "O Que Fazer Para Sair do Buraco". Em: *Observatório da Imprensa*/TVE Brasil, 15/03/2005.

_____, "20 Anos de Democracia". Em: www.observatoriodaimprensa.com.br, 03/03/2005.

_____, "Roberto Marinho – Globo e Globalização, Eis a Questão". Em: www.observatoriodaimprensa.com.br, 14/08/2003.

_____, "Lula Faz Gols, Mídia Engole Frangos". Em: www.observatoriodaimprensa.com.br, 03/07/2003.

Domingos, João, "Ancinav Combaterá o Fascismo da Mídia, Diz Gil". Em: www.estadao.com.br, 14/09/2004.

Felix, Jorge, "O Governo Quer a Mídia de Joelhos". Em: www.aol.com.br, 21/10/2003.

"*Folha* e UOL se Unem para Abrir Capital". Em: www.folha.com.br, 04/01/2005.

Fraga, Plínio, "Primeiro Comício das Diretas Uniu Lula e FHC", Em: www.folha.com.br, 23/11/2003.

Garcia, Luiz, "CFJ em Debate". Em: *Observatório da Imprensa*, 07/09/2004.

Genoíno, José, "Viés Autoritário de Quem?". Em: www.estadao.com.br, 28/08/2004.

Hashizume, Maurício, "BNDES Reserva R$ 2 bilhões Para Socorrer Empresa Com Dívida". Em: www.cartamaior.com.br, 01/06/2004.

Herscovitz, Heloiza Golbspan, "O Que Pensam os Jornalistas", www.observatoriodaimprensa.com.br, 20/06/2000.

"A Imprensa Julgada". Em: www.veja.com.br, 11/04/1984.

"Jornalistas Acham Desempenho Pessoal de Lula Ruim". Em: www.comunique-se.com.br, 03/01/2006.

"Jornalistas Discordam da Criação de Conselho". Em: *O Globo*, 26/08/2004.

Konder, Leandro, "Esquerda e Direita no Brasil, Hoje". Em: www.folha.com.br, 13/04/2006.

Kostcho, Ricardo, "Que se Passa?". Em: www.folha.com.br, 14/09/2004.

Kucinski, Bernardo, "Uma Nova Ética Para uma Nova Modernidade". Em: www.observatoriodaimprensa.com.br, 19/01/2003.

Lei de Imprensa (9 de Fevereiro de 1967).

Lima, Venício A. de, "Existe Concentração na Mídia Brasileira? Sim". Em: www.observatoriodaimprensa.com.br, 01/07/2003.

"Lula Ironiza Falta de Apoio de Jornalistas ao CFJ". Em: www.oglobo.globo.com, 17/08/2004.

"A Mídia e o BNDES". Em: www.estadao.com.br, 26/11/2003.

Pompeu de Toledo, Roberto, "Roberto Marinho – Rosebud!". Em: www.veja.com.br, 13/08/2003.

Preston, Peter, "Are Newspapers Burnt Out?". Em: www.theguardian.co.uk, 21/11/2004.

Projetos Editorias Folha de S.Paulo (1981, 1984, 1985, 1986-1987, 1988-1989 & 1997) em www.folha.com.br, 17/06/2003.

Relatório Anual de Defesa da Liberdade de Imprensa – Associação Nacional de Jornais do Brasil, 1º de Dezembro, 2005.

Ribeiro, Eduardo, "A Imprensa no Divã". Em: www.observatoriodaimprensa.com.br, 19/08/2004.

"O Século da Desigualdade". Em: www.oglobo.globo.com, 30/09/2003.

Setti, Ricardo A., "Quem Agüenta Tanto Noticiário Político?". Em: www.observatoriodaimprensa.com.br, 03/08/2005.

Siqueira, Ethevaldo, "TV Cultura em Crise". Em: www.observatoriodaimprensa.com.br, 07/03/2006.

_____, "TV Cultura Concretiza o Sonho da TV Pública". Em: www.estadao.com.br, 03/01/2006.

Sosnowski, Alice, "Lula Eliminou a Necessidade da Imprensa". Em: www.comunique-se.com.br, 01/12/2006.

Vieira, Enio & Beck, Martha, "Desigualdade: Brasileiros Vivem Melhor, Mas Abismo Não Diminui". Em: www.oglobo.globo.com.br, 15/07/2005.

Weissheimer, Marco Aurélio, "Outro Jornalismo é Possível?". Em: www.carta-maior.com.br, 02/2002/2004.

"40 Anos de Emendas e Remendos Regulatórios". Em: *Mídia Com Democracia – Revista do Fórum Nacional pela Democratização da Comunicação*, Janeiro de 2006, nº 1.

"Um Brasil Mais Justo". Em: *PT Notícias – Jornal do Diretório Nacional do Partido dos Trabalhadores*, ano VII, Especial, Dezembro, 2005.

ARTIGOS E OUTROS

A. CAPÍTULO 2

Lançamento da campanha (maio 1983 a janeiro de 1984)

"PMDB Quer Sair da Imobilidade Com Campanha Das Diretas". Em: *O Globo*, 20/05/1983.

"As Eleições Diretas Contra a Ruína". Em: *Veja*, 09/11/1983.

"Campanha Para as Diretas já Começou". Em: *Folha de S.Paulo*, 12/11/1983.

"Eu Sou a Favor Das Diretas, Diz Figueiredo". Em: *Folha de S.Paulo*, 17/11/1983.

"Um Diretista no PDS". Em: *Veja*, 23/11/1983.

"Eleições Diretas é o Caminho". Em: *Folha de S.Paulo*, 27/11/1983.

"*Diretas* nas ruas" (*Folha de S.Paulo*, 28/11/1983);

"Manifestação de 15.000 Exige Volta Das Eleições Diretas". Em: *Folha de S.Paulo*, 28/11/1983.

"Para as Eleições Diretas – o País Inteiro Levanta a Bandeira". Em: *Isto É*, 30/11/1983.

"Sarney: Eleições Indiretas Não São Negociáveis Para o PDS". Em: *O Globo*, 03/12/1983.

"Um Elemento de Esperança". Em: *O Globo*, 07/12/1983.

"A Hora Das Ruas". Em: *Isto É*, 07/12/1983.

"Sucessão Sem Precipitação". Em: *O Globo*, 09/12/1983.

"*Diretas* ou consenso". Em: *Isto É*, 14/12/1984.

"Ulysses Insiste em ir Para Sarney Para as Eleições Diretas". Em: *O Globo*, 7/12/1983.

"Eleições, a Maior Esperança em 84". Em: *Folha de S.Paulo*, 01/01/1984.

"Progressistas da Oposição Definem Planos Para as Eleições Diretas". Em: *O Globo*, 10/01/1984.

"Eleições Indiretas Pode Levar País ao Caos, Avisa Ulisses". *Folha de S.Paulo*, 11/01/1984.

"Manifestação no Paraná Testa as Eleições Diretas". Em: *Folha de S.Paulo*, 12/01/1984.

"Diretas-Já Gera um Novo Marketing". Em: *Folha de S.Paulo*, 12/01/1984.

"Campanha Cresce Depois de Ato em Curitiba". Em: *Folha de S.Paulo*, 14/01/1984.

"Lula Condena o Lançamento de Candidatos". *Folha de S.Paulo*, 15/01/1984.

"Manifestação monstro assume caráter supra-partiditário". *Folha de S.Paulo*, 15/01/1984.

"Esperança é o Slogan de Maluf". Em: *Jornal do Brasil*, 17/01/1984.

"Maluf Entra Mal Mas Sai Bem do Planalto". Em: *Jornal do Brasil*, 18/01/1984.

"OAB Lidera o Manifesto Nacional Por Eleições Diretas". Em: *Folha de S.Paulo*, 19/01/1984.

"Golbery dá um Cheque Branco Para Maluf". Em: *Jornal do Brasil*, 20/01/1984.

"Montoro Garante a Tranqüilidade Para a Manifestação da Sé". Em: *Folha de S.Paulo*, 20/01/1984.

"Mobilização Pelas Eleições Diretas Une País do Norte ao Sul". Em: *Folha de S.Paulo*, 22/01/1984.

"Cortina de Silêncio". Em: *Folha de S.Paulo*, 22/01/1984.

"Televisões Tentam Esconder a Campanha". Em: *Folha de S.Paulo*, 22/01/1984.

"Cidade Vive Expectativa Ansiosa de Encher a Sé". *Folha de S.Paulo*, 25/01/1984.

"População se Engaja Numa Festa Não Vista Antes". Em: *Folha de S.Paulo*, 26/01/1984.

"300.000 Nas Ruas Pelas Diretas". Em: *Folha de S.Paulo*, 26/01/1984.

A primeira grande manifestação das eleições diretas (janeiro de 1984)

"Na Sé, Um Grito Agudo Pelas Eleições Diretas". Em: *Folha de S.Paulo*, 26/01/1984.

"Multidão Lota Praça da Sé Durante Manifestação Pelas Eleições Diretas". Em: *Jornal do Brasil*, 26/01/1984.

"Mobilização Pelas Eleições Diretas Leva Multidão à Praça da Sé". *O Globo*, 26/01/1984.

"Multidão Vai à Sé Para Pedir Eleições Diretas". Em: *Estado de S. Paulo*, 26/01/1984.

"PDS Agora Espera Para Decisão Presidencial". Em: *Estado de S. Paulo*, 26/01/1984.

"Sé: Multidão, Discursos, Chuva e Música". Em: *Estado de S. Paulo*, 26/01/1984.

"Eleições Diretas". Em: *Estado de S. Paulo*, 26/01/1984.

"Manifestação Para as Eleições Diretas Reúne Uma Multidão Durante Horas em São Paulo". Em: *Jornal do Brasil*, 26/01/1984.

"A Manifestação da Sé". Em: *O Globo*, 27/01/1984.

"Lições da Manifestação da Sé". Em: *Estado de S. Paulo*, 27/01/1984.

"Lições da Sé". Em: *Folha de S.Paulo*, 27/01/1984.

"Tancredo: Tese do Consenso Impede Radicalização". Em: *O Globo*, 28/01/1984.

Pico das Diretas-Já (fevereiro 1984 a março de 1984)

"O Gigante Que Acorda". Em: *Isto É*, 01/2002/1984.

"Eu Quero Votar Para Presidente". Em: *Veja*, 01/2002/1984.

"Osmar Santos – Aqueles Que Torcem Querem Votar". Em: *Veja*, 01/2002/1984.

"Ato de Provocação". Em: *Folha de S.Paulo*, 02/2002/1984.

"Lula Quer Intensificar Campanha Para Levar Mais de um Milhão Para as Ruas". Em: *Folha de S.Paulo*, 03/2002/1984.

"A Chama Liberal, Clara, Mas Tímida". Em: *Folha de S.Paulo*, 04/1984.

"Ética contra o povo". Em: *Folha de S.Paulo*, 05/2002/1984.

"Montoro Vai Levar Documento Das Diretas Para o Congresso". Em: *Folha de S.Paulo*, 05/2002/1984.

"Brizola: a Esquerda Vai, Mas Ela não Vai Falar". Em: *O Globo*, 07/2002/1984.

"Direção da Campanha Será Definida Hoje". Em: *Folha de S.Paulo*, 07/2002/1984.

"Radicais Irritam Montoro". Em: *Estado de S. Paulo*, 11/2002/1984.

"Sim, Amarelo". Em: *Folha de S.Paulo*, 12/2002/1984.

"Governadores Evitam Desafiar o Planalto". Em: *Folha de S.Paulo*, 12/2002/1984.

"Vivendo Com Demônios". Em: *Folha de S.Paulo*, 12/2002/1984.

"Festa Para as Diretas Abre o Carnaval". Em: *Folha de S.Paulo*, 13/2002/1984.

"Empresário Antonio Ermírio de Moraes Critica Generais e Pede Eleições Diretas". Em: *Folha de S.Paulo*, 15/2002/1984.

"Chamado Para a Razão". Em: *Jornal do Brasil*, 16/2002/1984.

"Praça Sé continua a Falar, Diz Ulisses". Em: *Folha de S.Paulo*, 16/2002/1984.

"Manifestação Pró-Diretas Reúne 50.000 no Centro do Rio". Em: *Folha de S.Paulo*, 17/2002/1984.

"Mobilização a Favor Das Diretas Acontece Calmamente e Reúne Milhões no Rio". Em: *O Globo*, 17/2002/1984.

"Na Rua Rumo à Democracia". Em: *Folha de S.Paulo*, 17/2002/1984.

"Onde Está o Verdadeiro Radicalismo?". Em: *Jornal do Brasil*, 17/2002/1984.

"Sacode o Colégio, Este é o Apelo de Ulisses". Em: *Folha de S.Paulo*, 19/2002/1984.

"Bye, Bye, 64 (Uma Viagem Pela Caverna Das Diretas)". Em: *Folha de S.Paulo*, 19/2002/1984.

"Tancredo Diz Que o Movimento da Oposição Não é Vingança". Em: *O Globo*, 20/2002/1984.

"Ato de Provocação". Em: *Folha de S.Paulo*, 21/2002/1984.

"Empresários Começam a Articular um Esquema Pró-Aureliano". Em: *Folha de S.Paulo*, 22/2002/1984.

"Diretas Tem um Comando Nacional". Em: *Folha de S.Paulo*, 23/2002/1984.

"Minas Faz Hoje a Grande Manifestação Pró-Diretas". Em: *Folha de S.Paulo*, 24/2002/1984.

"Minas Vai Para as Ruas Exigir Eleições Diretas". Em: *Folha de S.Paulo*, 25/2002/1984.

"Ulisses só Aceita Diálogo Organizado Pela Voz Das Ruas". Em: *Folha de S.Paulo*, 25/04/1984.

"Vingança, Uma Palavra Que Está Fora do Dicionário da Oposição". Em: *Folha de S.Paulo*, 26/2002/1984.

"O Grito Dos Mineiros". Em: *Veja*, 29/2002/1984.

"'Socialismo Não é a Solução', diz cardeal Josef Glemp". Em: *Estado de S. Paulo*, 02/03/1984.

"Carnaval Das Eleições Diretas". Em: *Folha de S.Paulo*, 04/03/1984.

"Governo Age Contra as Diretas-Já". Em: *Folha de S.Paulo*, 04/03/1984.

"Festividade Política Invade as Ruas". Em: *Folha de S.Paulo*, 06/03/1984.

"O PDS e as Diretas-Já". Em: *Folha de S.Paulo*, 08/03/1984.

"Governo Quer Eleições Indiretas a Todo Custo". Em: *Folha de S.Paulo*, 10/03/1984.

"Comitê Nacional Define Manifestações Pró-Diretas". Em: *Folha de S.Paulo*, 15/03/1984.

"Vice-Presidente Sugere a Ulysses Que Ele Deveria Confrontar o Radicalismo". Em: *Estado de S. Paulo*, 16/03/1984.

"Sucessão Sem Autoridade". Em: *O Globo*, 16/03/1984.

"Maluf Sugere Que Figueiredo Adie Sua Mensagem". Em: *O Globo*, 22/03/1984.

"Rio Une 200.000 Pessoas Nas Ruas Pelas Diretas". Em: *Folha de S.Paulo*, 22/03/1984.

"Brasil Não Merece Isso". Em: *Folha de S.Paulo*, 23/03/1984.

"Brasil Vive a Maior Crise de Sua História". Em: *Folha de S.Paulo*, 31/03/1984.

"Vinte Anos Depois". Em: *Folha de S.Paulo*, 31/03/1984.

Fase final da campanha (abril e maio de 1984)

"Proposta de Figueiredo é Rejeitada Pela Oposição". Em: *Folha de S.Paulo*, 02/04/1984.

"Ciclo de 64 Está Perto do Fim, Dizem Políticos". Em: *Folha de S.Paulo*, 02/04/1984.

"Um Nome Para Observar". Em: *Isto É*, 04/04/1984.

"Greve é Contra as Diretas-Já". Em: *Folha de S.Paulo*, 05/2002/1984.

"Pesquisa Revela Que Líderes Indireitistas Não Serão Reeleitos". Em: *Folha de S.Paulo*, 08/04/1984.

"Rio Está Pronto Para Unir 1 Milhão em Manifestação". Em: *Folha de S.Paulo*, 09/04/1984.

"Emoção, o Tom Dos Discursos. e da Participação Dos Artistas". Em: *O Globo*, 11/04/1984.

"No Rio, Mais de 1 Milhão Pedem as Diretas". Em: *Folha de S.Paulo*, 11/04/1984

"O Grande País Reencontra a Nação". Em: *Folha de S.Paulo*, 11/04/1984.

"Diretas: Manifestação Vai da Candelária à Cinelândia". Em: *O Globo*, 11/04/1984.

"Foi a Maior Concentração Política na História da Cidade". Em: *O Globo*, 11/04/1984.

"O Impacto Das Manifestações Das Eleições Diretas Muda o País". Em: *Folha de S.Paulo*, 15/04/1984.

"Todo Mundo Vai Para a Manifestação". Em: *Folha de S.Paulo*, 15/04/1984.

"São Paulo Faz a Maior Manifestação Política". Em: *Folha de S.Paulo*, 17/04/1984.

"Figueiredo Oferece as Diretas. Somente em 88". Em: *Estado de S. Paulo*, 17/04/1984.

"Manifestação em São Paulo Ultrapassa Protesto no Rio". Em: *O Globo*, 17/04/1984.

"Um Passo Além Das Diretas-Já". Em: *Folha de S.Paulo*, 17/04/1984.

"Use Amarelo para as Diretas!". Em: *Folha de S.Paulo*, 18/04/1984.

"Rio Falou Com Todo o Brasil". Em: *Isto É,* 18/04/1984.

"A Proposta do Governo Não Muda Nada, Diz Ulisses". Em: *Folha de S.Paulo,* 18/04/1984.

"O Grito da Candelária". Em: *Veja,* 18/04/1984.

"Diretas no Vídeo". Em: *Veja,* 18/04/1984.

"Governo Começa a Reagir a 'Pressões'". Em: *Folha de S.Paulo,* 18/04/1984.

"Emergência de Novo em Brasília". Em: *Folha de S.Paulo,* 19/04/1984.

"Diretas-Já, Responde Ulisses". Em: *Folha de S.Paulo,* 20/04/1984.

"Em Brasília, Repressão com Prisões e Tiros". Em: *O Globo,* 20/04/1984.

"Do Ultimato à Emergência". Em: *O Globo,* 20/04/1984.

"O muro de Brasília". Em: *Folha de S.Paulo,* 21/04/1984.

"Ao cidadão". Em: *Folha de S.Paulo,* 22/04/1984.

"Outro País, Pronto Para Proclamar 'Nós Ganhamos'". Em: *Folha de S.Paulo,* 22/04/1984.

"Jornalistas Usam a Cor Amarela Para as Diretas". Em: *Estado de S. Paulo,* 23/04/1984.

"Brasília, Cidade Proibida". Em: *Folha de S.Paulo,* 23/04/1984.

"Para Lula, Governo Não Quer Negociar". Em: *Folha de S.Paulo,* 23/04/1984.

"Sociedade Civil Exige Eleições Diretas, Tancredo Agora Quer Negociar". Em: *Folha de S.Paulo,* 24/04/1984.

"Unida, Sociedade Civil Deseja Eleições Diretas Agora". Em: *Folha de S.Paulo,* 24/04/1984.

"No Seu Cavalo Branco, o Executor vê a Cerimônia Passar". Em: *Folha de S.Paulo,* 24/04/1984.

"Censura Corta as Notícias Das Estações de Televisão". Em: *Globo,* 25/04/1984.

"Diretas: o Bloqueio do Governo". Em: *Veja,* 25/04/1984.

"Figueiredo considera Tancredo um "nome confiável". Em: *Folha de S.Paulo,* 25/04/1984.

"A sessão de Votação é Hoje Mas Brasília Aprovou Ontem as Diretas". Em: *Folha de S.Paulo,* 25/04/1984.

"A Nação Frustrada – Embora Tenha Havido Uma Maioria de 298 Votos, Faltaram 22 Para Aprovar as Eleições Diretas". Em: *Folha de S.Paulo,* 26/04/1984.

"20 Deputados do PDS Não Mantêm o Compromisso". Em: *Folha de S.Paulo,* 26/04/1984.

"Sem o Apoio do PDS, a Emenda Das Eleições Diretas é Rejeitada". Em: *Folha de S.Paulo,* 26/04/1984.

"Rádio e TV São Proibidas de Identificar os Votantes". Em: *Folha de S.Paulo,* 26/04/1984.

"Figueiredo Ameaça Com Mais Medidas Enérgicas". Em: *Folha de S.Paulo,* 26/04/1984.

"Unidas, CUT e Conclat já articulam greves". Em: *Folha de S.Paulo,* 26/04/1984.

A derrota (abril e maio de 1984)

"Decepção no Vigésimo Quinto Dia". Em: *Folha de S.Paulo,* 26/04/1984.

"Congresso Rejeita as Diretas". Em: *Jornal do Brasil,* 26/04/1984.

"Não há Votos Suficientes Para as Diretas-Já". Em: *Estado de S. Paulo,* 26/04/1984.

"Planalto Diz Que Não Vai Negociar". Em: *Folha de S.Paulo,* 27/04/1984.

"A Briga Continua". Em: *Isto É,* 02/05/1984.

B. CAPÍTULO 3

1987/1988

"Collor Diz Que País Está Num Jogo Sem Juiz". Em: *Jornal do Brasil,* 07/04/1987.

"Collor Exige Pulso Firme de Sarney". Em: *Estado de S. Paulo,* 22/04/1987.

"Eu Vou Acabar Com os Marajás". Em: *Veja,* 22/04/1987.

"Collor Condena Supersalários de Deputados". Em: *O Globo,* 07/06/1987.

"Collor se Lança Como Presidente Contra os Velhos". Em: *Estado de S. Paulo,* 26/01/1988.

"Caçador de Marajás do Serviço Público". Em: *Veja,* 23/03/1988.

"Lula Está na Frente". Em: *Veja,* 23/11/1988.

1989

Histórias da pré-campanha

"O Recreio Acabou, Diz Collor Para os Funcionários Públicos". Em: *Estado de S. Paulo,* 17/01/1989.

"Bilhete Azul". Em: *Veja,* 01/2002/1989.

"Congresso é Campeão na Contratação de Parentes". Em: *Jornal do Brasil,* 19/2002/1989.

"Funcionários Públicos: a Reação ao Abuso" e "Fantasmas e Parentes Protegidos Começam a Irritar o País". Em: *Veja,* 01/03/1989.

"O Espectro do Brizola – 'É Janio ou Quércia?'". Em: *Isto É,* 22/03/1989.

"Collor é Manipulado Pela Direita, Acusa Brizola". Em: *Isto É,* 18/04/1989.

"Fraudes no Seguro Social Crescem". Em: *Folha de S.Paulo,* 23/04/1989.

Collor sobe

"Gallup Exclusivo – Collor Está em Primeiro". Em: *Isto É,* 26/04/1989.

"Lula Diz Que Greves Consolida Democracia". Em: *O Globo,* 28/04/1989.

"Ações da CUT e Greves Tiram os Votos de Lula". Em: *Jornal do Brasil,* 30/04/1989.

"Excessos Nas Greves Preocupa o PT" e "Ibope: Greves Podem Impedir a Democracia". Em: *O Globo,* 07/05/1989.

"Collor Acha Que é Possível Ser Eleito no Primeiro Turno". Em: *O Globo,* 11/05/1989.

"Lula Não Recua e dá Total Apoio às Greves". Em: *O Globo,* 12/05/1989.

"PSDB Tenta se Mostrar na TV Como Uma Opção Viável". Em: *O Globo,*

12/05/1989.
"'Moderados Podem Apoiar Collor ou Janio". Em: *O Globo*, 12/05/1989.
"Collor Ganharia de Brizola Por 26% a 23% Nas Grandes Cidades". Em: *O Globo*, 13/05/1989.
"O Caçador de Marajás Não Consegue Atingir a Caça". Em: *O Globo*, 14/05/1989.
"O Fenômeno da Pré-Campanha". Em: *Jornal do Brasil*, 14/05/1989.
"Biografia de Collor é Marcada Pela contradição". Em: *Jornal do Brasil*, 14/05/1989.
"Collor Cria Uma Campanha Com a Imagem do Sucesso". Em: *O Globo*, 16/05/1989.
"A Estrela Levanta Vôo". Em: *Veja*, 17/05/1989.
"O Anti-Brizola – a Direita se Collore". Em: *Isto É*, 17/05/1989.
"Collor Admite um Segundo Acordo Com Usineiros Mas Rejeita Críticas". Em: *Folha de S.Paulo*, 21/05/1989.
"Collor Rejeita o Apoio da 'Linha-Dura'". Em: *Estado de S. Paulo*, 24/05/1989.
"Lula Faz um 'Check up' e Desafia Rivais". Em: *Estado de S. Paulo*, 25/05/1989.
"Contrato do Collor Com os Usineiros Favorece Senadores". Em: *Folha de S.Paulo*, 25/05/1989.
"Muitos Obstáculos no Caminho de Collor"/"Apoio é Tanto Que Escapa ao Controle". Em: *O Globo*, 28/05/1989.
"Ex-Governador Não Cumpriu as Promessas Eleitorais". Em: *Folha de S.Paulo*, 28/05/1989.
"Para Brizola, Collor é o Candidato das 'Elites'". Em: *Folha de S.Paulo*, 29/05/1989.
"Collor Usou US$ 550 000 Para 'Gastos Gerais'". Em: *Folha de S.Paulo*, 30/05/1989.
"O Marajá Das Urnas Festeja". Em: *Veja*, 31/05/1989.
"Collor: 'Pacto de Moncloa'. Em: *O Globo*, 01/06/1989.
"Collor Tenta Explicar na TV Porque Apoiou Maluf em '85". Em: *Jornal do Brasil*, 01/06/1989.
"Alagoas Vai Contra Collor". Em: *Estado de S. Paulo*, 02/06/1989.
"Hitler Provoca Debate Entre Brizola e Collor". Em: *Jornal do Brasil*, 07/06/1989.
"Convergência: Collor, Aureliano e Afif"/"Collor Está na Frente Porque Ele Não é de Esquerda". Em: *O Globo*, 08/06/1989.
"Plataforma de Collor de Mello Anima Empresários Paulistas". Em: *O Globo*, 09/06/1989.

"Comunismo Enfrenta o Seu Maior Desafio". Em: *O Globo*, 11/06/1989.

"Collor Perto da Maioria Absoluta"/"Collor Lidera Com 43%. O Resto cai". Em: *O Globo*, 11/06/1989.

"Collor Contratou Consultoria Sem Competição". Em: *Folha de S.Paulo*, 12/06/1989.

"Mudanças estruturais". Em: *O Globo*, 17/06/1989.

"Votos Militares: Poucos Mas Muito Disputados". Em: *O Globo*, 18/06/1989.

"Sem Pedir Permissão". Em: *Veja*, 21/06/1989.

"Sem Golpe ou Hesitações". Em: *O Globo*, 25/06/1989.

"Lula Ganha na Escola de São Vicente de Paulo"/"Um Estudante (Collor) Com um Abraço, Recorde de Ausências". Em: *Jornal do Brasil*, 28/06/1989.

"Lula Estimula Invasão de Terra". Em: *Estado de S. Paulo*, 30/06/1989.

"Collor: 'Covas Não Defende Liberalismo Com Sinceridade'". Em: *O Globo*, 02/07/1989.

"Alagoas Vai Contra Collor". Em: *Estado de S. Paulo*, 02/07/1989.

"Lula Quer Que Brasil Seja Líder do Terceiro Mundo". Em: *Folha de S.Paulo*, 03/07/1989.

"Thatcher dá Aulas em Privatização". Em: *O Globo*, 05/07/1989.

"Collor Promete Modernizar o País". Em: *O Globo*, 13/07/1989.

"Roberto Marinho Torna Explícito Apoio a Collor". Em: *Folha de S.Paulo*, 17/07/1989.

"Salada Completa". Em: *Isto É*, 19/07/1989.

"Collor Vai Para o Governo, Acusa e é Acusado de Corrupção". Em: *Jornal do Brasil*, 25/07/1989.

"Desinteresse Nas Eleições Chega a 42%". Em: *Folha de S.Paulo*, 30/07/1989.

Agosto/setembro de 1989

"Partido em Ponto Morto". Em: *Veja*, 02/08/1989.

"PT Acusa a Imprensa de Trabalhar Contra a Campanha Presidencial de Lula". Em: *Folha de S.Paulo*, 07/08/1989.

"Collor Joga Pesado na Ofensiva". Em: *Veja*, 09/08/1989.

"Newton Quer Quércia Coordenador da Campanha". Em: *O Globo*, 10/08/1989.

"Collor Pede Aos Rivais Uma Campanha de Alto Nível". Em: *O Globo*, 14/08/1989.

"Ulysses Promete Acabar Com Fome no País". Em: *O Globo*, 14/08/1989.

"Pensão de Estado Acusa o Candidato". Em: *O Globo*, 17/08/1989.

"Collor Vai Para o Bonfim e Prevê Onda de Apoio Pelo País". Em: *O Globo*, 18/08/1989.

"Polícia Encontra Bombas Nos Escritórios de Lula". Em: *Estado de S. Paulo*, 29/08/1989.
"Lula Acusa a Direita de Criar Instabilidade no País". Em: *Folha de S.Paulo*, 29/08/1989.
"PT Quer Lula Com um Discurso Radical". Em: *O Globo*, 30/08/1989.
"Um Trabalhador Vai à Luta na Sucessão". Em: *Veja*, 06/09/1989.
"Perfil de Collor Revela Uma Personalidade Explosiva". Em: *Estado de S. Paulo*, 10/09/1989.
"Collor e Brizola: os Detalhes da 'Plataforma'". Em: *O Globo*, 10/09/1989.
"Roberto Marinho Muda de Posição e Permite Debate na TV Globo". Em: *Jornal do Brasil*, 13/09/1989.

Fase final

"Agressividade Faz Collor Subir Rápido". Em: *Folha de S.Paulo*, 12/11/1989.
"Sucesso Público". Em: *Veja*, 15/11/1989.
"Reforma Agrária e Dívida separa PSDB do PT". Em: *Folha de S.Paulo*, 19/11/1989.
"O Prodígio Das Urnas". Em: *Veja*, 22/11/1989.
"PT já Admite Mudar Partes Dos '13 Pontos'". Em: *Folha de S.Paulo*, 25/11/1989.
"PSDB Teme 'República Sindical' do PT". Em: *O Globo*, 25/11/1989.
"PT Muda Programa Para Ganhar Apoio". Em: *Estado de S. Paulo*, 28/11/1989.
"Lula Admite Mudar Programa do Partido Para Ganhar Maior Apoio". Em: *Jornal do Brasil*, 28/11/1989.
"A Hipótese de Lula". Em: *Veja*, 29/11/1989.
"Dívida e Reforma Agrária Não São Negociáveis, Diz Lula". Em: *Folha de S.Paulo*, 29/11/1989.
"Imprensa Fica Longe do Debate Com os Candidatos". Em: *Folha de S.Paulo*, 01/12/1989.
"Collor e Lula Trocam Acusações na Televisão". Em: *O Globo*, 04/12/1989.
"Pesquisa Aponta Lula Como Ganhador do Debate". Em: *Folha de S.Paulo*, 05/12/1989.
"Debate Teve Uma Grande Audiência". Em: *O Globo*, 05/12/1989.
"Datafolha: Lula Ganha de Collor no Debate Por 39% a 35%". Em: *O Globo*, 05/12/1989.
"Contrato Prova Nepotismo". Em: *Jornal do Brasil*, 05/12/1989.
"Reformas no Leste Ultrapassam o PT". Em: *Estado de S. Paulo*, 06/12/1989.
"Estados Unidos: Turbulências Com Lula ou Collor". Em: *O Globo*, 10/12/1989.

"Planos Econômicos do PRN e do PT". Em: *Estado de S. Paulo*, 10/12/1989.

"Lula Quer Quebrar a Parede da Fome". Em: *Jornal do Brasil*, 12/12/1989.

"Leitores Acham Que *Folha* Não Apóia Ninguém". Em: *Folha de S.Paulo*, 13/12/1989.

"Lula Usa Discurso Moderado Como Tática Eleitoral". Em: *Folha de S.Paulo*, 15/12/1989.

"Collor Tentou Manter a Ofensiva e Ser Mais Agressivo". Em: *Folha de S.Paulo*, 15/12/1989.

"Caso For Eleito, Collor Vai Ter Duas Metas: Empresas do Estado e Monopólios". Em: *O Globo*, 16/12/1989.

"Contra Inflação, Receitas Parecidas". Em: *O Globo*, 17/12/1989.

"Collor Tenta Quebrar o Isolamento e Define um Plano Para Conquistar a Sociedade Civil". Em: *Folha de S.Paulo*, 19/12/1989.

"Collor Promete Ser a Voz Dos Oprimidos e Derrotados". Em: *O Globo*,19/12/1989.

"Caçador de Marajás' Nasceu Com Política no Sangue". Em: *O Globo*, 19/12/1989.

"Collor Celebra: 'Nós Destruímos o PT'". Em: *O Globo*, 19/12/1989.

"Globo Esquece Jornalismo e Faz um Programa de Propaganda do Collor". Em: *Folha de S.Paulo*, 21/12/1989.

"Collor Não Muda a Sua Rotina na Brasília de Sua Juventude". Em: *O Globo*, 24/12/1989.

"Presidente da TV Globo Reafirma Seu Apoio a Collor". Em: *Folha de S.Paulo*, 24/12/1989.

"O Dia do Caçador". Em: *Veja*, 24/12/1989.

Governo Collor (1990/1991)

"O Caçador da Imagem Perdida". Em: *Jornal do Brasil*, 11/2002/1990.

"A Imprensa Encontrou o Napoleão". Em: *Isto É*, 14/2002/1990.

"Polícia Federal Invade a *Folha*". Em: *Folha de S.Paulo*, 24/03/1990.

"O Levante Fascista". Em: *Folha de S.Paulo*, 24/03/1990.

"Qualquer Semelhança Não é Mera Coincidência". Em: *Folha de S.Paulo*, 25/03/1990.

"Resistência é Necessária". Em: *Folha de S.Paulo*, 25/03/1990.

"A Coerência de Collor". Em: *Folha de S.Paulo*, 25/03/1990.

"Um Retorno ao Equilíbrio". Em: 28/03/1990.

"Ele Complica a Vida do Governo". Em: *Isto É*, 19/10/1990.

"PC Nomeia, Demite e Recebe Acusações". Em: *Estado de S. Paulo*, 21/10/1990.

"Carta Aberta ao Presidente da República". Em: *Folha de S.Paulo*, 25/04/1991.

O cenário pré-*impeachment* (1992)

"Em Nome da Verdade". Em: *Jornal do Brasil*, 19/05/1992.

"Governadores Recomendam Prudência". Em: *Estado de S. Paulo*, 21/05/1992.

"Oposição Insiste Numa Comissão Parlamentar Sobre o 'PC'". Em: *Estado de S. Paulo*, 22/05/1992.

"Pedro Collor Faz um Teste de Insanidade". Em: *Estado de S. Paulo*, 22/05/1992.

"Junqueira Diz Que Investigação Das Acusações Não Vai Causar Uma Crise". Em: *Estado de S. Paulo*, 22/05/1992.

"Pedro Collor Aponta em Vídeo o Esquema PC do Governo". Em: *Folha de S.Paulo*, 22/05/1992.

"Pedro Collor Retorna ao Ataque". Em: *Folha de S.Paulo*, 24/05/1992.

"Em SP, 43% Querem a Saída de Collor". Em: *Folha de S.Paulo*, 26/05/1992.

"Firma Denunciada Por Pedro se Beneficiou de um Empréstimo Rápido". Em: *Folha de S.Paulo*, 27/05/1992.

"Polícia Federal Antecipa Testemunha de Pedro Collor Sobre as Denúncias". Em: *Folha de S.Paulo*, 27/05/1992.

"Chegou ao Planalto". Em: *Veja*, 27/05/1992.

"Collor se Irrita Com Denúncias e Pede Para Não o Deixarem só". Em: *Jornal do Brasil*,, 22/06/1992.

"Collor Tenta Dar um Basta na TV às Denúncias". Em: *Folha de S.Paulo*, 22/06/1992.

"Collor Diz Que Vai Acabar o Mandato". Em: *Jornal do Brasil*, 23/06/1992.

"Maioria Acha Que Collor Agiu com o PC". Em: *Folha de S.Paulo*, 25/06/1992.

"Não Vai Passar". Em: *Jornal do Brasil*, 26/06/1992.

"O Vento Soprou Longe". Em: *Jornal do Brasil*, 28/06/1992.

"Isolado Por Causa do Collorgate, Presidente Tenta Salvar Mandato na TV Hoje". Em: *Folha de S.Paulo*, 30/06/1992.

"Renuncie Agora". Em: *Folha de S.Paulo*, 30/06/1992.

"Collor Ataca Denúncias e Condena 'Intriga'". Em: *Jornal do Brasil*, 01/07/1992.

"O Collor Implausível". Em: *Isto É*, 01/07/1992.

"Collor Ataca o 'Golpe Sindical'". Em: *Folha de S.Paulo*, 03/07/1992.

"Eriberto, o Brasileiro". Em: *Isto É*, 08/07/1992.

"Jogo Obscuro". Em: *Jornal do Brasil*, 25/07/1992.

"PT Apresenta Secretária Que Acusa Vieira de Armar Uma Fraude". Em: *Jornal do Brasil*, 30/07/1992.

Oposição Pode Aprovar o *Impeachment* já". Em: *Folha de S.Paulo*, 30/07/1992.

Campanha do *impeachment* (agosto e setembro de 1992)

"Anos Rebeldes – Estudantes vão às Ruas Pelo *Impeachment*". Em: *Folha de S.Paulo*, 12/08/1992.

"Collor Pede às Pessoas Para Usarem Verde e Amarelo". Em: *Jornal do Brasil*, 14/08/1992.

"Use Preto em Protesto – Rio Faz o Maior Ato de *Impeachment*; Collor Usa Caixa na Guerra das Cores". Em: *Folha de S.Paulo*, 15/08/1992.

"Luto". Em: *Folha de S.Paulo*, 15/08/1992.

"Goldemberg (Ministro da Educação) Denuncia Extorsão". Em: *Estado de S. Paulo*, 15/08/1992.

"Use Preto em Protesto – "70% Acham Que o Congresso Deve Aprovar o *Impeachment* de Collor". Em: *Folha de S.Paulo*, 16/08/1992.

"Collor Derrotado no Teste Das Cores". Em: *Estado de S. Paulo*, 17/08/1992.

"Indignação Faz Ressurgir o Movimento Dos Estudantes". Em: *Estado de S. Paulo*, 17/08/1992.

"Felicidade, Felicidade". Em: *Veja*, 19/08/1992.

"Ministro Militar Condena 'Radicalismo'". Em: *Estado de S. Paulo*, 20/08/1992.

"Collor e PC Farias Escaparam do Bloqueio do Cruzado em 1990". Em: *Jornal do Brasil*, 22/08/1992.

"Estudantes Tomam as Ruas Com Novas Idéias"/"Vazio Separa Geração Dos Anos '68 Dos Caras Pintadas de '92'". Em: *Estado de S. Paulo*, 24/08/1992.

"Jovens Pedem Fim do Individualismo". Em: *Estado de S. Paulo*, 24/08/1992.

"Texto de Intelectuais Pede Por *Impeachment*". Em: *Folha de S.Paulo*, 24/08/1992.

"CPI Enfraquece o Governo e Pavimenta o Caminho Para o *Impeachment*". Em: *Jornal do Brasil*, 25/08/1992.

"CPI Conclui Que Collor Desonra a Presidência e Sugere *Impeachment*". Em: *Folha de S.Paulo*, 25/08/1992.

"Dezenas de Milhares Pedem o *Impeachment* Nas Ruas". Em: *Folha de S.Paulo*, 26/08/1992.

"CPI Aprova o Documento, Collor Perde Apoio Parlamentar e Está Quase Sozinho". Em: *Estado de S. Paulo*, 27/08/1992.

"Ainda Faltam 12 Votos Para o *Impeachment*". Em: *Folha de S.Paulo*, 28/08/1992.

"Não há Mais Tempo a Perder". Em: *Jornal do Brasil*, 30/08/1992.

"Oposição Pode Aprovar *Impeachment*". Em: *Folha de S.Paulo*, 30/08/1992.

"O Presidente Tem de Sair". Em: *Veja*, 02/09/1992.

"Confiança em Collor Está Abalada, Diz Marinho". Em: *Folha de S.Paulo*, 12/09/1992.

"Sarney: 'Collor é Expulso da História'". Em: *Globo*, 19/09/1992.

"Volta às Ruas". Em: *Veja*, 23/09/1992.

"Oposição Vai Usar Rádios Para Convocar Deputados". Em: *Folha de S.Paulo*, 26/09/1992.

"A Grande Lição". Em: *Jornal do Brasil*, 29/09/1992.

"Câmara Aprova o *Impeachment* Com 441 Votos Contra 38 – Collor Está Fora do Poder"/"País Celebra o 'Sim' Com Carnaval". Em: *O Globo*, 30/09/1992.

"Renuncia Agora". Em: *O Globo*, 30/09/1992.

"O Clã Começou Com a Dinda". Em: *O Globo*, 30/09/1992.

"Uma Marca Fora de Moda". Em: *O Globo*, 30/09/1992.

"E Ele Ficou Sozinho". Em: *O Globo*, 30/09/1992.

"Na Campanha Presidencial, Estilo Agressivo". Em: *O Globo*, 30/09/1992.

"Cooper Com Legendas: Uma Nova Maneira de Fazer Política". Em: *O Globo*, 30/09/1992.

"Collor Aceita a Decisão Mas Não Renuncia". Em: *O Globo*, 30/09/1992.

"Sim – 441 X 38 – O Povo Festeja, Collor já Prepara a Transição e Itamar Fica Com um Ministério". Em: *Jornal do Brasil*, 30/09/1992.

"Povo Chora, Dança e Canta o Hino Nacional". Em: *Jornal do Brasil*, 30/09/1992.

"Não há Limites Para Chegar a Presidência". Em: *Jornal do Brasil*, 30/09/1992.

"Victória da Democracia – *Impeachment*! Câmara Tira Collor em Sessão Histórica; Presidente Aceita a Decisão e Itamar Assume Hoje". Em: *Folha de S.Paulo*, 30/09/1992.

A Hora Dos Brasileiros". Em: *Jornal do Brasil*, 30/09/1992.

"Collor Fora". Em: *Estado de S. Paulo*, 30/09/1992.

"Página Virada". Em: *Veja*, 30/09/1992.

A derrota de Collor: a fase final

"Geração *Impeachment*". Em: *Veja*, 07/10/1992.

"Acusação Compara Collor a Dorian Gray". Em: *Jornal do Brasil*, 11/11/1992;

"Dornbusch Faz um Réquiem Para um Fraudador". Em: *Folha de S.Paulo*, 16/11/1992.

"Documento Que Denuncia Collor é Aprovado". Em: *Folha de S.Paulo*, 28/11/1992.

"Lula Quer Que Collor Deixe o País". Em: *Estado de S. Paulo*, 30/11/1992.

"Marinho Declara Que Foi o Responsável Pela Eleição". Em: *Estado de S. Paulo,* 01/12/1992.

"Collor Está Ligado a 42 Acusações". Em: *Estado de S. Paulo,* 09/12/1992.

"Decisão Anti-Patriota". Em: *Estado de S. Paulo,* 22/12/1992.

"O Homem e Suas Máscaras". Em: *Jornal do Brasil,* 24/12/1992.

"Collor de Novo se Coloca em Posição de Vítima". Em: *Jornal do Brasil,* 24/12/1992.

"Collor Renuncia Mas é Incapaz de Obstruir o Processo de *Impeachment*". Em: *Estado de S. Paulo,* 30/12/1992.

"Super-herói se Rendeu ao Collor Real". Em: *Estado de S. Paulo,* 30/12/1992.

"Escândalos Marcam a Administração". Em: *Estado de S. Paulo,* 30/12/1992.

"Collor Renuncia Três Anos Após a Vitória". Em: *Folha de S.Paulo,* 30/12/1992.

"Eriberto França Defende Punição Para Collor e PC". Em: *Folha de S.Paulo,* 30/12/1992.

"Collor só Vai Poder Disputar Eleição em 2002". Em: *Folha de S.Paulo,* 31/12/1992.

C. CAPÍTULO 4

Primeiros momentos da campanha eleitoral de 1994

"Grande Tacada – o Desafio de Fernando Henrique é a Última Chance de Itamar Franco". Em: *Veja*, 26/05/1993.

"Festival de Frutas Coloridas – na Busca Por Votos, Lula Abandona o Vermelho e Fernando Henrique Diz Que é "um Pequeno Mulato" e Que Tem o pé "na Cozinha". Em: *Veja*, 08/06/1994.

"Collor Modernizou a Economia, Diz Tucano"/"Collor Critica Fernando Henrique". Em: *Folha de S.Paulo*, 11/06/1994.

"PT Brilha Mas Também Provoca Medo – Quem é o Partido Que Empurra a Caravana de Lula, Promove Agitação e Está na Frente Nas Pesquisas?". Em: *Veja*, 15/06/1994.

"FH Vai Dizer no Rádio e na TV Que é o Anti-Lula". Em: *O Globo*, 16/06/1994.

"Cardoso Promete Criar um Novo Capitalismo". Em: *Jornal do Brasil*, 27/06/1994.

Julho de 1994

"Brasil Entra na Fase do Real". Em: *O Globo*, 01/07/1994.

"Vendas Estavam Fracas Antes do Real"/"Trabalhadores Entram no Real Com Uma Perda de 9%". Em: *Estado de S. Paulo*, 01/07/1994.

"O Que Pode Impedir o Sucesso do Real"/"Quem Ganha e Quem Perde Com o Real". Em: *Estado de S. Paulo*, 01/07/1994.

"Lula Nega Que Mentiu Sobre o Real". Em: *Jornal do Brasil*, 01/07/1994.

"Maioria da População em SP Aprova o Real". Em: *Folha de S.Paulo*, 02/07/1994.

"Eleitorado de Lula Aprova o Plano Real". Em: *Estado de S. Paulo*, 02/07/1994.

"FH Chama Lula de Profeta do Caos". Em: *O Globo*, 02/07/1994.

"Fiesp Critica a Associação do Plano Real a FHC". Em: *Folha de S.Paulo*, 02/07/1994.

"Cautela Faz Lula Adotar um Discurso Vago". Em: *Estado de S. Paulo*, 03/07/1994.

"Cardoso Defende Punição Para Empresários". Em: *Estado de S. Paulo*, 03/07/1994.

"Uma Moeda no Caminho Das Urnas". Em: *O Globo*, 03/07/1994.

"Cardoso Aposta Numa Bipolarização Rápida". Em: *Jornal do Brasil*, 04/07/1994.

"PT Prepara um Contra-Ataque ao Real". Em: *O Globo,* 04/07/1994.

"Cardoso Promete Fazer Uma Revolução Fiscal". Em: *Jornal do Brasil,* 05/07/1994.

"Lula e FHC Preparam Uma 'Guerra de Índices'". Em: *Folha de S.Paulo,* 05/07/1994.

"Para Brasilianista, FHC Ignora Pobreza". Em: *Folha de S.Paulo,* 05/07/1994.

"FHC Chama Lula de 'Candidato da Inflação'". Em: *Folha de S.Paulo,* 06/07/1994.

"FH: 'Lula Torce Por Inflação'". Em: *O Globo,* 06/07/1994.

"Divisão de Águas – Última Pesquisa Antes do Real Mostra Uma Tendência Para Uma Polarização Que Pode Ser Acentuada Com a Nova Moeda". Em: *Isto É,* 06/07/1994.

"Cardoso Diz Para Lula 'Chamar a Sunab'". Em: *Jornal do Brasil,* 06/07/1994.

"Lei e Mercado Vão Conter Preços, Diz Cardoso". Em: *Estado de S. Paulo,* 07/07/1994.

"Eleitorado Aprova Plano Real; Intenções de Voto em Lula Caem". Em: *Folha de S.Paulo,* 07/07/1994.

"Riscos Reais". Em: *Jornal do Brasil,* 07/07/1994.

"PT Vai Panfletar Contra o Plano Real". Em: *Jornal do Brasil,* 09/07/1994.

"Cardoso Celebra Uma Semana de Real". Em: *Jornal do Brasil,* 09/07/1994.

"Lula Cai Nas Pesquisas Depois da Entrada do Real". Em: *Folha de S.Paulo,* 10/07/1994.

"Crise Ameaça o Sucesso do Real e de FH". Em: *O Globo,* 10/07/1994.

"Pobreza Desafia Futuro Presidente". Em: *O Globo,* 10/07/1994.

"Revista *Isto É* Manipula Foto de Candidato do PT". Em: *Folha de S.Paulo,* 12/07/1994.

"A Personalidade Dupla do PT". Em: *Estado de S. Paulo,* 12/07/1994.

"FH Chama Rivais do Real de 'Picaretas'". Em: *O Globo,* 13/07/1994.

"Baixo Salário, Sim Senhor". Em: *Isto É,* 13/07/1994.

"Lula Sente o Golpe". Em: *Isto É,* 13/07/1994.

"Para Opositores de FHC, Real Vai "Quebrar" o País". Em: *Folha de S.Paulo,* 17/07/1994.

"PT Lança Panfleto Para Tentar Quebrar a Resistência Dos Empresários". Em: *O Globo,* 17/07/1994.

"PT Ameaça Revelar Documentos Com Denúncias Contra FH". Em: *O Globo,*18/07/1994.

"Lula Teme Que o Tetracampeonato do Brasil Vai Beneficiar FH". Em: *O*

Globo, 19/07/1994.
"FHC Usa o Tetracampeonato Brasileiro Como Arma de Marketing Eleitoral". Em: *Folha de S.Paulo*, 19/07/1994).
"Tetracampeonato Brasileiro Expande Comércio e fé no Real". Em: *Estado de S. Paulo*, Suplemento econômico, 19/07/1994.
"Cardoso Tenta Capitalizar Clima de Otimismo". Em: *Jornal do Brasil*, 19/07/1994.
"O Professor Aprende a Lição". Em: *Isto É*, 20/07/1994.
"PT e PSDB Tentam Uma Aliança Desde 1991". Em: *Estado de S. Paulo*, 24/07/1994.
"Páginas de Campanha". Em: *Veja*, 27/07/1994.
"Cardoso Faz um Discurso Como Pai do Plano Real. Em: *Jornal do Brasil*, 29/07/1994.
"Campanha do Real Favorece FHC, Diz Lula". Em: *Folha de S.Paulo*, 29/07/1994.
"FH Promete um Governo de Consenso". Em: *O Globo*, 29/07/1994.
"Candidatos Têm Propostas Vagas Para a Pobreza". Em: *Jornal do Brasil*, 29/07/1994.
"Fiesp Tira Diretor Que Criticou o Plano". Em: *Folha de S.Paulo*, 29/07/1994.
"Crescimento de Cardoso Esquenta as Eleições". Em: *Jornal do Brasil*, 30/07/1994.
"Plano Real Tem 72% de Aprovação". Em: *Folha de S.Paulo*, 31/07/1994.
"Campanha Muda de Direção Com o Plano Real". Em: *Estado de S. Paulo*, 31/07/1994.
"Imagem de Lula Tem Sido Forjada Desde 1989". Em: *Estado de S. Paulo*, 31/07/1994.
"Real Transfere Votos de Lula Para Cardoso". Em: *Jornal do Brasil*, 31/07/1994.
"Globalização Subdesenvolvida". Em: *Folha de S.Paulo*, 31/07/1994.

Agosto de 1994

"Real Acelera Disputa Entre FH e Lula". Em: *O Globo*, 01/08/1994.
"Cortesões' Lançam FHC Candidato a Rei do Brasil". Em: *Folha de S.Paulo*, 02/08/1994.
"Cresce a Identificação Entre FHC e o Plano Real". Em: *Folha de S.Paulo*, 04/08/1994.
"Cheque de Najun Turner é Achado em Conta do PT". Em: *Jornal do Brasil*,

06/08/1994.
"Pai do 'Consenso' Endossa o Real". Em: *Folha de S.Paulo*, 07/08/1994.
"FH Desafia PT Para Ver Quem Está Com o Povo". Em: *O Globo*, 08/08/1994.
"Lula Vai Desafiar FH a ir Para as Fábricas". Em: *O Globo*, 09/08/1994.
"O PT no Mercado Negro". Em: *Isto É*, 10/08/1994.
"Plano Real Faz o Candidato do PT Perder Votos no Eleitorado Com Baixa Renda". Em: *Estado de S. Paulo*, 12/08/1994.
"A Era do Real". Em: *Jornal do Brasil*, 12/08/1994.
"Ricupero Diz Que Plano Real Não é Para Distribuir Renda". Em: *Estado de S. Paulo*, 13/08/1994.
"Duelo PT Versus PSDB Põe Amigos em Confronto". Em: *Jornal do Brasil*, 14/08/1994.
"Lula Vai Diminuir os Ataques ao Plano Real". Em: *Jornal do Brasil*, 14/08/1994.
"Plano Conquista Maioria da População". Em: *Estado de S. Paulo*, 14/08/1994.
"Lula Vai Radicalizar Discurso Contra FH". Em: *O Globo*, 14/08/1994.
"As Palavras e as Coisas". Em: *Folha de S.Paulo*, 14/08/1994.
"Real Faz Vendas Crescer Nos Arredores". Em: *Jornal do Brasil*, 14/08/1994.
"Tucano Critica a Proposta de um Estado Mínimo". Em: *Folha de S.Paulo*, 14/08/1994.
"PT Acusa Cardoso de se Aliar Com os 'Colloridos'". Em: *Jornal do Brasil*, 16/08/1994.
"Militantes do PT Perderam a Direção Com o Real". Em: *Jornal do Brasil*, 16/08/1994.
"Nós Fazemos Jornalismo"/"PT Ataca Mas Não Explica". Em: *Isto É*, 17/08/1994.
"FH Pode Ser Eleito no Primeiro Turno". Em: *O Globo*, 20/08/1994.
"Poder de Consumo da Classe Média Cai". Em: *Folha de S.Paulo*, 20/08/1994.
"Caravana do Real". Em: *Isto É*, 24/08/1994.
"FH Diz Que Ataques ao Real Vão Derrotar o PT". Em: *O Globo*, 21/08/1994.
"O Plano Real Está Sendo Eleito". Em: *Jornal do Brasil*, 21/08/1994.
"Mais Pobres Melhoram a Qualidade do Consumo". Em: *Estado de S. Paulo*, 22/08/1994.
"Coração e Mente Divide Intelectuais". Em: *Estado de S. Paulo*, 24/08/1994.

"Esperança no Real Determina Voto em 94"/"Pragmatismo Ultrapassa Ideologia". Em: *Jornal do Brasil*, 25/08/1994.

Real é Atacado Por Todos os Candidatos". Em: *Jornal do Brasil*, 25/08/1994.

"FHC Tenta Negociar Estado e Mercado". Em: *Folha de S.Paulo*, 26/08/1994.

"Tucanos Revelam Seu Programa Governamental; Lula Acusa FHC de Plágio". Em: *Folha de S.Paulo*, 26/08/1994.

"FH: Protesto da CUT Foi Contra País". Em: *O Globo*, 27/08/1994.

"Ricupero Diz Que Real Vai Levar a Pacto Social". Em: *Jornal do Brasil*, 27/08/1994.

"FHC Apóia Medidas Duras Pró-Real". Em: *Folha de S.Paulo*, 28/08/1994.

"Os Radares Que Orientam o Vôo de Cardoso". Em: *Jornal do Brasil*, 28/08/1994.

"Inflação do Real Deixa Cardoso na Defensiva". Em: *Jornal do Brasil*, 30/08/1994.

"FHC e Lula Divergem Sobre a Economia". Em: *Folha de S.Paulo*, 30/08/1994.

"Uso Eleitoral da Inflação Preocupa Cardoso". Em: *Estado de S. Paulo*, 31/08/1994.

"Inflação de Agosto Faz PSDB Esperar Uma Disputa no Segundo Turno". Em: *Folha de S.Paulo*, 31/08/1994.

"FHC também Sofre". Em: *Isto É*, 31/08/1994.

1º de setembro/10 de outubro de 1994

"Ricupero: Cobertura do Real na TV Ajuda FH". Em: *O Globo*, 03/09/1994.

"Ricupero Pede Para Sair e Coloca em Crise o Real e a Campanha do PSDB". Em: *Jornal do Brasil*, 04/09/1994.

"Ricupero Pede Para Sair e Abala Campanha". Em: *Estado de S. Paulo*, 04/09/1994.

"A Face Totalitária do Derrotado". Em: *Estado de S. Paulo*, 04/09/1994.

"FH e Lula Travam Uma Guerra no TSE". Em: *O Globo*, 05/09/1994.

"PT Planeja Denúncias Contra FHC". Em: *Folha de S.Paulo*, 05/09/1994.

"Lula e Brizola se Unem Contra FHC". Em: *Folha de S.Paulo*, 06/09/1994.

"PSDB Reage e Associa Lula a Inflação". Em: *Folha de S.Paulo*, 06/09/1994.

"PT Prepara Protestos Contra a CUT". Em: *O Globo*, 06/09/1994.

"Eleitorado do Cardoso Mantém Votos". Em: *Estado de S. Paulo*, 07/09/1994.

"Militar ou Não Militar?". Em: *Isto É*, 07/09/1994.

"Corrida Por Votos e Por Dinheiro". Em: *Veja*, 07/09/1994.

"Faca de Dois Gumes". Em: *Jornal do Brasil,* 07/09/1994.
"Programa de Tucano Favorece Agenda Social". Em: *Estado de S. Paulo,* 08/09/1994.
"FH Vai Fazer do Desenvolvimento o Seu Alvo". Em: *O Globo,* 08/09/1994.
"FHC Trabalha Para Ganhar no Primeiro Turno". Em: *O Globo,* 09/09/1994.
"Denúncias Não Afetam a Campanha de Cardoso". Em: *Jornal do Brasil,* 11/09/1994.
"Para Eleitorado, Real na TV Ajuda Tucano". Em: *Jornal do Brasil,* 11/09/1994.
"Real Entra na Sua Melhor Fase". Em: *Jornal do Brasil,* 11/09/1994.
"Plano Real Mantém a Confiança de 83%". Em: *Estado de S. Paulo,* 11/09/1994.
"Similaridades Marcam Programas de Governo". Em: *Estado de S. Paulo,* 11/09/1994.
"Radicais Ganham Mais Espaço Com Saída de Tendler". Em: *O Globo,* 11/09/1994.
"77.000 Trabalhadores de Aço Param em Greve no ABC". Em: *Estado de S. Paulo,* 13/09/1994.
"O Efeito Máquina". Em: *Veja,* 14/09/1994.
"Documento do FMI Pede Mais Explicações Sobre o Plano". Em: *Folha de S.Paulo,* 13/09/1994.
"A Moeda Que Veio Dos Graúdos". Em: *Veja,* 14/09/1994.
"FHC Aposta na Desintegração do PFL e Quer Apoio da Esquerda e da Direita". Em: *Folha de S.Paulo,* 14/09/1994.
"Lula Diz Que FH Usa Discurso Fascista, da Extrema-Direita". Em: *O Globo,* 14/09/1994.
"Lula Inicia Uma Guerra de Informação Contra FH". Em: *O Globo,* 16/09/1994.
"Temperatura Máxima na Campanha". Em: *O Globo,* 18/09/1994.
"'Ele Vai Ser Presidente no Primeiro Turno'". Em: *Estado de S. Paulo,* 19/09/1994.
"Empresários Elogiam Lula na Fiesp Mas Criticam o PT". Em: *O Globo,* 20/09/1994.
"Na Fiesp, Lula Ataca Importados". Em: *Folha de S.Paulo,* 20/09/1994.
"Inflação é a Mesma Como no Pico do Cruzado". Em: *Jornal do Brasil,* 21/09/1994.
"Até Onde Vai o Real?". Em: *Isto É,* 21/09/1994.
"PT Considera a Eleição Uma Fraude". Em: *O Globo,* 22/09/1994.

"Lula Ataca o Processo Eleitoral". Em: *O Globo*, 23/09/1994.

"Liderança do PSDB defende direito à reeleição". Em: *Jornal do Brasil*, 27/09/1994.

"Lula Aposta na Emoção e FH na Razão". Em: *O Globo*, 27/09/1994.

"Chegando ao Final". Em: *Veja*, 28/09/1994.

"TSE Demora um Tempo Para Investigar o Uso da Máquina". Em: *Jornal do Brasil*, 28/09/1994.

"FHC Recebe Apoio de Pemedebista da AL e de Usineiro Que Apoiou Collor". Em: *Folha de S.Paulo*, 28/09/1994.

"Lula Compara Brasil a Uma República de Bananas"/"Guerra Das Bananas". Em: *Isto É*, 28/09/1994.

"Direito de Resposta"/"Uma Agressão à Informação". Em: *Isto É*, 28/09/1994.

"Eu Sou a Esquerda Possível. O PT é Careta". Em: *Isto É*, 28/09/1994.

"O Candidato do Futuro". Em: *Jornal do Brasil*, 29/09/1994.

"Lula já Admite Colaborar Com FH". Em: *O Globo*, 29/09/1994.

"Predição da Vitória a Cardoso Favorece Mercado Financeiro". Em: *Jornal do Brasil*, 30/09/1994.

"FHC Elogia Lula de Novo, Mas Diz Queridos Pais, Ele Permanece 'Fiel' ao PFL". Em: *Folha de S.Paulo*, 01/10/1994.

"Brizola vê Ditadura do "Modelo Econômico". Em: *Jornal do Brasil*, 01/10/1994.

"Empresários Petistas São Vaiados em Frente ao Mercado Financeiro". Em: *Folha de S.Paulo*, 01/10/1994.

"Lula Defende o Voto 'Rebelde' Para Ganhar". Em: *Jornal do Brasil*, 01/10/1994.

"A Nossa Opção". Em: *Estado de S. Paulo*, 02/10/1994.

"Pesquisas Indicam Vitória de Cardoso Hoje". Em: *Estado de S. Paulo*, 03/10/1994.

"Investidores Americanos Apostam em FH". Em: *O Globo*, 03/10/1994.

"Lula Quer Moderar o Programa do PT". Em: *Folha de S.Paulo*, 03/10/1994.

"Campanha de Lula Começou Com Caravanas". Em: *Jornal do Brasil*, 03/10/1994.

"Pesquisas Confirmam Eleição de Cardoso no Primeiro Turno". Em: *Estado de S. Paulo*, 04/10/1994.

"O Príncipe Mulato". Em: *Estado de S. Paulo*, 05/10/1994.

"Eles Têm o País no Topo da Língua"/"O Duelo no Papel". Em: *Veja*, 05/10/1994.

"Milagre de Julho". Em: *Isto É,* 05/10/1994.

"Cardoso Fala Hoje Como Presidente". Em: *Jornal do Brasil,* 06/10/1994.

"Para Touraine, Cardoso Derrota o Passado". Em: *Estado de S. Paulo,* 06/10/1994.

"Cardoso Promete Fazer Uma Transição Calma". Em: *Estado de S. Paulo,* 07/10/1994.

"Crônica de Uma Campanha de Uma Nota só". Em: *Jornal do Brasil,* 07/10/1994.

"O Presidente – a Força da Vitória". Em: *Jornal do Brasil,* 07/10/1994.

"Taxa de Inflação é a Menor Desde 73". Em: *Jornal do Brasil,* 07/10/1994.

"PT Não Assimilou a Derrota Ainda". Em: *Estado de S. Paulo,* 08/10/1994.

"Cardoso Quer a Sociedade na Luta Contra a Injustiça". Em: *Jornal do Brasil,* 09/10/1994.

"Real Abriu a Era do Consenso no Brasil". Em: *O Globo,* 09/10/1994.

"Lula Prepara o Futuro do Novo PT". Em: *Jornal do Brasil,* 09/10/1994.

"Fernando Henrique dá o Ritmo". Em: *Isto É,* 12/10/1994.

"Lula Tropeçou na Moeda". Em: *Veja,* 12/10/1994.

D. CAPÍTULO 5

Abril a junho 2002

"CNI e Fiesp: Resistência a Lula Diminuiu". Em: *O Globo*, 24/04/2002.

"As Datas de Lula". Em: *Isto É*, 01/05/2002.

"Por Que Lula Assusta o Mercado". Em: *Veja*, 22/05/2002.

"FH e Oposição Reagem a Soros, Que Diz Que Para o Mercado, ou é Serra ou o Caos". Em: *O Globo*, 09/06/2002.

"Não Temos Medo de a Oposição Assumir o Poder, Diz Empresário". Em: *O Globo*, 13/06/2002.

"Planos Expõem Desafio Social Maior Que Soluções". Em: *Estado de S. Paulo*, 14/06/2002.

"Até o PT Está Com Medo". Em: *Veja*, 19/06/2002.

"Deu Trabalho, Mas Lula Atraiu o Capital". Em: *Veja*, 26/06/2002.

Julho de 2002

"Brasileiros Podem Votar Sem Medo, Diz FHC na Argentina". Em: *Folha de S.Paulo*, 06/07/2002.

"Instituto Mapeia a Cobertura Dos Jornais". Em: *Folha de S.Paulo*, 14/07/2002.

"Quem Vai Ser o Anti-Lula?". Em: *Veja*, 17/07/2002.

"Ciro Passa Serra e Campanha Tucano Entra em Crise". Em: *Estado de S. Paulo*, 17/07/2002.

"Tucano Aposta em 'Lealdade e Companheirismo'". Em: *Estado de S. Paulo*, 18/07/2002.

"Ciro: 'País Está de Joelhos'". Em: *Jornal do Brasil*, 19/07/2002.

"Lula Quer Centralizar Debate na Questão do Desemprego". Em: *Estado de S. Paulo*, 19/07/2002.

"Sem Serra, FHC Apóia Lula, Diz PT". Em: *Folha de S.Paulo*, 19/07/2002.

"Lula Compara Relacionamento Com Banqueiros a Namoro". Em: *Estado de S. Paulo*, 23/07/2002.

"Ciro se Aproxima de Lula e Pode Ganhar no Segundo Turno". Em: *Estado de S. Paulo*, 26/07/2002.

"Lula Lamenta Nova Ajuda ao FMI". Em: *Estado de S. Paulo*, 26/07/2002.

"FHC Ataca Mercado, Que Ele Chama de Destruidores". Em: *Estado de S. Paulo*, 27/07/2002.

"Serra Defende um Plano Social Baseado no Real". Em: *Jornal do Brasil*, 28/07/2002.

"Dólar Atinge o Pico e País Envia Missão Para o FMI". Em: *Estado de S. Paulo*, 30/07/2002.

"Acordo Com FMI Não Seduz Oposição". Em: *Folha de S.Paulo*, 30/07/2002.

"Ciro Dispara". Em: *Isto É*, 31/07/2002.

"Lula Alice no País Das Maravilhas". Em: *Veja*, 31/07/2002.

"Na Fiesp, Lula Ataca Ciro e Passividade de Empresários". Em: *Folha de S.Paulo*, 31/07/2002.

"Petista Não Assusta Fiesp, Mas Não Convence". Em: *Estado de S. Paulo*, 31/07/2002.

Agosto de 2002

"Eleitorado Liga Lula a Empregos e Serra a Saúde". Em: *Folha de S.Paulo*, 04/08/2002.

"Lula Quebra o Gelo". Em: *Isto É*, 07/08/2002.

"Serra é o Líder de Aparições Comerciais na Pré-Campanha". Em: *Folha de S.Paulo*, 07/08/2002.

"Lula Apóia Acordo Com FMI, Mas Culpa o Governo Pela Crise". Em: *Folha de S.Paulo*, 08/08/2002.

"Ajuda ao País Anima Mercado Financeiro Nos Estados Unidos e na Europa". Em: *Estado de S. Paulo*, 09/08/2002.

"Para Serra, Negociação Com o Fundo é Positiva". Em: *Estado de S. Paulo*, 09/08/2002.

"Ciro Faz Duras Críticas ao Pacote de Ajuda do FMI". Em: *Estado de S. Paulo*, 09/08/2002.

"Lula Critica, Mas Diz Que o Pacote é 'Inevitável'". Em: *Estado de S. Paulo*, 09/08/2002.

"'Chega de Discutir o Superávit Primário', Diz Lula". Em: *Estado de S. Paulo*, 10/08/2002.

"Turbulência Atinge de Novo o Mercado Com Medo Político". Em: *Estado de S. Paulo*, 10/08/2002.

"Uma Transição Civilizada". Em: *Estado de S. Paulo*, 13/08/2002.

"FHC Convoca Candidatos Para Discutir Transição". Em: *Estado de S. Paulo*, 13/08/2002.

"Lula Não Mete Mais Medo". Em: *Isto É*, 14/08/2002.

"Ciro Diz Que Ele Não Será 'Domesticado' Como Lula". Em: *Estado de S. Paulo*, 14/08/2002.

"O Mercado Pode ir Para o Inferno. Eu Vou Fazer o Que Está no Meu Plano". Em: *Estado de S. Paulo*, 15/08/2002.

"Para Lula, País Precisa 'Recuperar a Sua Auto-Estima'". Em: *Estado de S. Paulo,* 17/08/2002.

"Cenário Torna o Discurso Dos Candidatos Parecido". Em: *Estado de S. Paulo,* 18/08/2002.

"Política é Mais Desenvolvida Que o Social e o Econômico". Em: *O Globo,* 18/08/2002.

"Ciro: 'País Está de Joelhos'". Em: *Jornal do Brasil,* 19/08/2002.

"Setor Financeiro'Sufoca' o Brasil, Diz FHC". Em: *Estado de S. Paulo,* 21/08/2002.

"FHC Culpa o Mercado Pela Visão Negativa do País". Em: *Estado de S. Paulo,* 22/08/2002.

"PT Anuncia Que Vai Preservar os Projetos de FHC". Em: *Estado de S. Paulo,* 23/08/2002.

"Fazendeiros, FIESP e Febraban". Em: *Veja,* 28/08/2002.

"Lula Elogia Políticas Econômicas da Ditadura". Em: *Estado de S. Paulo,* 30/08/2002.

"A Ética Ultra-Light do PT". Em: *Estado de S. Paulo,* 30/08/2002.

Setembro de 2002

"Lula Vira o Xodó Dos Empresários". Em: *Jornal do Brasil,* 01/09/2002.

"Esquerda e Bovespa Selam Aliança Estratégica". Em: *Estado de S. Paulo,* 01/09/2002.

"Tucano Acusa Rival de Covardia e de Apoiar a Ditadura". Em: *Estado de S. Paulo,* 01/09/2002.

"Os Dois Discursos de Lula". Em: *Folha de S.Paulo,* 02/09/2002.

"FHC Não Acredita em Caça às Bruxas Após a Eleição". Em: *Estado de S. Paulo,* 04/09/2002.

"Para Lula, Vitória do PT Pode Mudar América do Sul". Em: *Estado de S. Paulo,* 04/09/2002.

"Lula Usa Falta de Diploma Para Criticar FHC". Em: *Folha de S.Paulo,* 05/09/2002.

"Oposição Reage ao Acordo do FMI e Quebra Trégua com FHC". Em: *Folha de S.Paulo,* 06/09/2002.

"Filósofo Aponta Para a Falta de Coerência do PT". Em: *Folha de S.Paulo,* 08/09/2002.

"Serra Investe Contra 'Lula Paz e Amor'". Em: *Folha de S.Paulo,* 10/09/2002.

"52% Preferem Candidatura de Oposição a FHC". Em: *Folha de S.Paulo,* 10/09/2002.

"O Sociólogo Não Corrigiu o País". Em: *Jornal do Brasil*, 11/09/2002.

"MST Diz Que Vai Para a Rua Declarar Seu Apoio a Lula". Em: *Folha de S.Paulo*, 11/09/2002.

"Guerra do Emprego Domina Campanha". Em: *Jornal do Brasil*, 13/09/2002.

"Lula Apela ao Nacionalismo e Ganha Militares". Em: *Estado de S. Paulo*, 14/09/2002.

"O Discurso de Lula Não é de Esquerda, Diz MST". Em: *Folha de S.Paulo*, 16/09/2002.

"Serra Reage a Rumores Sobre Uma Possível Vitória de Lula e Radicaliza Ataques Contra o PT". Em: *Folha de S.Paulo*, 17/09/2002.

"'A Propaganda de Serra é Fascista e Ilegal', Diz Ciro". Em: *Estado de S. Paulo*, 18/09/2002.

"Lula Um Passo da Maioria Absoluta". Em: *Jornal do Brasil*, 18/09/2002.

"Para Dirceu, Serra é um Terrorista Político". Em: *Jornal do Brasil*, 19/09/2002.

"Medo e Equilíbrio". Em: *Jornal do Brasil*, 19/09/2002.

"A 'Precificação' de Uma Vitória de Lula". Em: *Estado de S. Paulo*, 19/09/2002.

"Ciro: 'Aqueles Que Acham Que Devemos Colocar Fogo Devem Votar no Lula'". Em: *Estado de S. Paulo*, 19/09/2002.

"'Nós Precisamos de Continuidade', Defende FHC". Em: *Estado de S. Paulo*, 20/09/2002.

"PT Prepara um Texto em Conjunto Com o Mercado Financeiro Para Conter o Nervosismo do Mercado". Em: *Folha de S.Paulo*, 20/09/2002.

"Presidência Não Exige Diploma, Diz FHC". Em: *Estado de S. Paulo*, 21/09/2002.

"Lula Cai e Está Mais Longe de Ganhar no Primeiro Turno"/"Pesquisa aponta Para Uma Piora da Avaliação do Governo FHC". Em: *Estado de S. Paulo*, 21/09/2002.

"Guerra Além do Mercado". Em: *Folha de S.Paulo*, 21/09/2002.

"Presidência Não Exige Diploma". Em: *Estado de S. Paulo*, 21/09/2002.

"Não há Nenhuma Razão Para a Pré-Tensão Eleitoral". Em: *Estado de S. Paulo*, 21/09/2002.

"Sucessão na Direção do Tudo ou Nada". Em: *Jornal do Brasil*, 22/09/2002.

"Aprovação ao Governo FHC Cai Para 23%". Em: *Folha de S.Paulo*, 22/09/2002.

"Planos Põem Agenda Social a Reboque da Economia". Em: *Estado de S. Paulo*, 22/09/2002.

"Candidatos Prometem Avançar Mais". Em: *O Globo*, 22/09/2002.

"País Tem 800.000 Famílias Esperando Reforma Agrária". Em: *O Globo*,

22/09/2002.
"Lula Provoca Medo, Mas Pior Crise Foi Vivida Com Collor". Em: *Jornal do Brasil*, 23/09/2002.
"Marca Histórica". Em: *Jornal do Brasil*, 23/10/2002.
"Empresário vê em Lula um Estadista e Declara Voto". Em: *Folha de S.Paulo*, 23/09/2002.
"Desemprego é o Maior Desde 98. Em São Paulo, é o Maior na História". Em: *Jornal do Brasil*, 24/09/2002.
"FH Admite Que País Cresceu Pouco". Em: *Jornal do Brasil*, 24/09/2002.
"Elite Cede ao PT, Diz *Financial Times*". Em: *O Globo*, 24/09/2002.
"O Mercado Responde a Lula". Em: *Estado de S. Paulo*, 24/09/2002.
"Dólar a R$ 3,575 Bate Todos os Recordes do Real". Em: *Estado de S. Paulo*, 24/09/2002.
"Fator Lula Pressiona Moeda, Diz Loyola". Em: *Estado de S. Paulo*, 25/09/2002.
"O PT Está Preparado Para a Presidência?". Em: *Veja*, 25/09/2002.
"Ganância, Medo e Ignorância Dirigem o Mercado". Em: *Estado de S. Paulo*, 27/09/2002.
"Malan: 'Mercado é Ignorante'". Em: *Jornal do Brasil*, 27/09/2002.
"PT Admite Que Não é 'Realista' Criar 10 Milhões de Empregos Formais". Em: *Folha de S.Paulo*, 27/09/2002.
"Jornais Oscilam Durante a Campanha". Em: *Folha de S.Paulo*, 27/09/2002.
"Lula Vai a Banqueiros Para Tentar Acalmar o Mercado". Em: *Estado de S. Paulo*, 28/09/2002.
"Lula um Ponto da Vitória no Primeiro Turno". Em: *Jornal do Brasil*, 29/09/2002.
"Com 49% Dos Votos Válidos, Lula Está a um Ponto de Ganhar no Primeiro Turno". Em: *Folha de S.Paulo*, 29/09/2002.
"PT e Jesus São Vítimas do Preconceito Das Elites". Em: *Estado de S. Paulo*, 30/09/2002.
"Brizola Espera o Sinal de Lula Para Apoiá-lo". Em: *Folha de S.Paulo*, 30/09/2002.
"Aos Evangélicos, Lula Compara Sua História à de Jesus Cristo". Em: *Folha de S.Paulo*, 30/09/2002.

Outubro de 2002 – Segundo turno e vitória

"Roberto Setúbal: 'Lula é o Próximo Presidente do Brasil'". Em: *O Globo*, 01/10/2002.
"Nova Pesquisa Indica Maior Chance de Segundo Turno". Em: *Estado de S. Paulo*, 01/10/2002.

"Lula Diz Que Quer um BC Social". Em: *O Globo*, 01/10/2002.

"Petista é de Novo Apontado Como Demônio". Em: *Jornal do Brasil*, 02/10/2002.

"A Inoportuna Soberba de Lula". Em: *Estado de S. Paulo*, 02/10/2002.

"Eles Lularam na Fase Final". Em: *Veja*, 02/10/2002.

"Lula Chora no ABC e Sinaliza Para a Vitória no Primeiro Turno". Em: *Folha de S.Paulo*, 02/10/2002.

"PT Poderá Implementar Uma Socialdemocracia Real, Diz Delfim". Em: *Folha de S.Paulo*, 03/10/2002.

"Fiesp Defende Governo de Coalizão e Pacto social". Em: *Estado de S. Paulo*, 04/10/2002.

"Lula Deve Conter os Radicais do PT, Diz Piva". Em: *Folha de S.Paulo*, 04/10/2002.

"Para 38%, Lula Ganhou o Debate". Em: *Folha de S.Paulo*, 05/10/2002.

"A Maior Eleição da História". Em: *Jornal do Brasil*, 06/10/2002.

"Brasileiros Vão às Urnas em Busca de Mudança". Em: *Estado de S. Paulo*, 06/10/2002.

"Economia Não Será um Deus Todo-Poderoso". Em: *Estado de S. Paulo*, 08/10/2002.

"A Volta Que o Mundo Deu". Em: *Veja*, 09/10/2002.

"Lula Quer Votos Até Daqueles Que São 'Contra a Mudança'". Em: *Folha de S.Paulo*, 09/10/2002.

"PT Cresce Mais do Que 50% e Forma a Maior Bancada no Congresso". Em: *Folha de S.Paulo*, 09/10/2002.

"Serra Ataca e Diz Que País Pode se Tornar Uma Venezuela se Lula Ganhar". Em: *Folha de S.Paulo*, 11/10/2002.

"Mais Transparência". Em: *Jornal do Brasil*, 11/10/2002.

"Lula Diz Que Governo Faz 'Terrorismo Econômico'". Em: *Estado de S. Paulo*, 12/10/2002.

"'Para Ficar Pior, é Melhor Não Mudar', Diz FHC". Em: *Folha de S.Paulo*, 12/10/2002.

"Ciro Diz Que Lula Tira Proveito do 'Fascismo' do Serra". Em: *Folha de S.Paulo*, 12/10/2002.

"PT Não Vai Dar a Outra Face ao Serra, Avisa Lula". Em: *Estado de S. Paulo*, 13/10/2002.

"Eleitorado Votou Pela Mudança, e Não Pela Ideologia". Em: *Estado de S. Paulo*, 13/10/2002.

"PT Quer Acalmar o Mercado". Em: *Jornal do Brasil*, 14/10/2002.

"Para Empresários, País Cresce Com Lula ou Serra". Em: *Folha de S.Paulo*, 14/10/2002.

"Serra Diz Que Ele é Mais de Esquerda Que Lula". Em: *Estado de S. Paulo*, 16/10/2002.

"Com Atrizes, Lula e Serra se Engajam em um 'Duelo do Medo'". Em: *Folha de S.Paulo*, 17/10/2002.

"País de FHC Concentra Renda; Gasto Social Impede Mais Pobreza". Em: *Folha de S.Paulo*, 17/10/2002.

"Pobreza Cai Nos 'Grotões', Mas Desigualdade Regional Persiste". Em: *Folha de S.Paulo*, 17/10/2002.

"Serristas Unificam 'Teoria do Caos'". Em: *Folha de S.Paulo*, 17/10/2002.

"O Que Causa o Medo". Em: *Estado de S. Paulo*, 17/10/2002.

"Temperatura da Campanha se Eleva na Fase Final". Em: *Estado de S. Paulo*, 18/10/2002.

"PT Admite Negociar Com o FMI Mais Cortes Nos Gastos Governamentais". Em: *Folha de S.Paulo*, 18/10/2002.

"Anos FHC Registram a Menor Inflação na História do Brasil". Em: *Folha de S.Paulo*, 18/10/2002.

"PT Ajuda a Acalmar o Mercado". Em: *Jornal do Brasil*, 18/10/2002.

"Gastos Sociais Perderam Espaço no Governo FHC". Em: *Folha de S.Paulo*, 19/10/2002.

"Duscurso do Serra Ajuda Líderes do Golpe, Diz Venezuela". Em: *Folha de S.Paulo*, 19/10/2002.

"Desigualdade no Brasil é Aberração". Em: *Jornal do Brasil*, 20/10/2002.

"Para Lula, Serra Revive Arena e a 'Apologia do Medo'". Em: *Estado de S. Paulo*, 22/10/2002.

"'Se o PT Ganhar, o MST Vai Invadir', Ataca Roriz". Em: *Estado de S. Paulo*, 22/10/2002.

"Com FHC, Bancos Têm Lucro Muito Mais Que Investidores". Em: *Folha de S.Paulo*, 22/10/2002.

"O Que os Radicais do PT Querem". Em: *Veja*, 23/10/2002.

"Nem Todos Que Votaram em Lula São do PT". Em: *Veja*, 23/10/2002.

"Lula: 'Eu Acho Que o Serra Vai Votar em Mim'". Em: *Jornal do Brasil*, 24/10/2002.

"Real Valorizado Cria um Baixo Crescimento Econômico". Em: *Folha de S.Paulo*, 24/10/2002.

"Nós Vamos Ganhar, Seja Quem Ganhe', Diz FHC". Em: *Estado de S. Paulo*, 25/10/2002.

"*Folha* Manteve Uma Distância no Segundo Turno". Em: *Folha de S.Paulo,* 25/10/2002.

"No Debate da TV Globo Que Encerrou a Campanha, Lula e Serra Discutem a Subida de Salários". Em: *O Globo,* 26/10/2002.

"Onda Petista Não é Confirmada nos Estados". Em: *O Globo,* 27/10/2002.

"Pesquisas de Boca-de-Urna Apontam Vitória Histórica de Lula". Em: *Estado de S. Paulo,* 27/10/2002.

"Para PT, 'Herança' é de Dívidas e de Juros Altos". Em: *Jornal do Brasil,* 27/10/2002.

"A Rosa do Povo". Em: *Jornal do Brasil,* 27/10/2002.

"Os 13 Desafios de Lula". Em: *Estado de S. Paulo,* 27/10/2002.

"Lula Promete Governar 'Sem Preconceito, Ouvindo Todo Mundo'". Em: *O Globo,* 27/10/2002.

"Lula Provavelmente Será Eleito Hoje Após Uma Espera de 13 Anos". Em: *O Globo,* 27/10/2002.

"O PT, 22 Anos Depois: do Radicalismo ao Pragmatismo". Em: *O Globo,* 27/10/2002.

"País Elege o Herdeiro de Uma Das Maiores Dívidas Sociais do Mundo". Em: *Jornal do Brasil,* 27/10/2002.

"Choque de Realidade". Em: *Jornal do Brasil,* 28/10/2002.

"'Eu Fui Eleito Pelo PT, Mas eu Serei Presidente de Todos os Brasileiros'". Em: *Estado de S. Paulo,* 28/10/2002.

"Lula é Presidente"; "Petista Vai Ser o Primeiro Governante de Esquerda do País"/"'Brasil Votou Sem Medo de Ser Feliz', Diz Lula". Em: *Folha de S.Paulo,* 28/10/2002.

"Petistas Tomam as Ruas Para Comemorar Vitória". Em: *Folha de S.Paulo,* 28/10/2002.

"Governo Lula Começa a Ser Construído Amanhã". Em: *Jornal do Brasil,* 28/10/2002.

"Lula lá". Em: *Jornal do Brasil,* 28/10/2002.

"Brasil da Silva – o Capital se Aproxima do Trabalho". Em: *Jornal do Brasil,* 28/10/2002.

"'É a Realização de um Sonho', Comemora Lula". Em: *Estado de S. Paulo,* 28/10/2002.

"Depois de 22 Anos, Lula Leva o PT ao Poder". Em: *Estado de S. Paulo,* 28/10/2002.

"Lula Colocou o Mercado de Capitais na Agenda". Em: *Estado de S. Paulo,* 28/10/2002.

"Vitória Reflete a Esperança Dos Latino-Americanos". Em: *O Globo*, 28/10/2002.

"Lula: um dos Mais Votados do Mundo". Em: *O Globo*, 28/10/2002.

"Emoção Com o Resultado Das Urnas". Em: *O Globo*, 28/10/2002.

"Familiares e Assessores de Imprensa Choram Uma Vitória esperada há 13 Anos". Em: *O Globo*, 28/10/2002.

"A Emoção do Presidente". Em: *Jornal do Brasil*, 29/10/2002.

"Lula Torna o Combate à Fome Uma Prioridade". Em: *Jornal do Brasil*, 29/10/2002.

"Palavra do Presidente – Esperança Sem Medo". Em: *Jornal do Brasil*, 29/10/2002.

"Lula Foi o Maior Vencedor". Em: *Estado de S. Paulo*, 29/10/2002.

"Esperança Sem Medo". Em: *Estado de S. Paulo*, 29/10/2002.

"'A Democracia Foi Consolidada', Diz FHC". Em: *Estado de S. Paulo*, 30/10/2002.

"Presidente Inaugura Transição Histórica". Em: *Estado de S. Paulo*, 30/10/2002.

"Lula Muda a História na Oposição". Em: *Veja*, 30/10/2002.

"Brasil Votou Por Lula, e Não Pelo PT". Em: *Estado de S. Paulo*, 30/10/2002.

"Os Vermelhos Chegaram ao Poder". Em: *Veja*, 30/10/2002.

"Uma Transição Histórica". Em: *O Globo*, 30/10/2002.

ENTREVISTAS COM JORNALISTAS

Alves, Ivson (abr/2003)
Andrada e Silva, Mário (set/2003)
Arbex Jr., José (fev/2004)
Beraba, Marcelo (10/05/2004)
Braga, Juliana (mar/2003)
Brasil, Antonio (mar/2003)
Bucci, Eugenio (08/2005)
Carta, Mino (07/01/2004)
Coelho, Marcelo (16/12/2004)
Coelho da Graça, Milton (21/01/2004)
Conti, Mário Sérgio (11/06/2004)
Costa, Cristiane (Março, 2003)
Dimenstein, Gilberto (12/2002/2004)
Dines, Alberto (06/01/2004)
Fernandes, Rodolfo (10/01/2005)
Freitas, Jânio de (04/03/2004)
Frias Filho, Otavio (05/01/2004 e 27/05/2004)
Garcia, Luiz (11/2002/2004)
Kamel, Ali (29/04/2004)
Kotscho, Ricardo (13/05/2004)
Kucinski, Bernardo (13/05/2004)
Lins da Silva, Carlos Eduardo (13/2002/2004)
Martins, Américo (20/05/2003)
Nassif, Luis (15/12/2004)
Nunes, Augusto (18/05/2004)
Pereira, Merval (19/05/2004)
Rossi, Clóvis (30/01/2004)
Simões, Rogério (03/08/2004)
Singer, André (jan/2005)
Ventura, Zuenir (09/04/2004)
Villas-Boas Corrêa (19/01/2004)

SOBRE A AUTORA

Carolina Matos é doutora em Mídia e Comunicação pelo Goldsmiths College, da Universidade de Londres. Trabalhou para diversos jornais no Brasil, incluindo *Folha de S.Paulo, Tribuna da Imprensa, O Dia, Globo Online* e a agência de notícias *Reuters*, em editorias de política, cultura e internacional. Participou de vários congressos no exterior (Portugal, Suécia, Dinamarca, Egito e EUA), sobre jornalismo e mídia e é autora de artigos acadêmicos e resenhas na área de cinema e política.

Foi professora visitante na Goldsmith e nas Universidades de East London (UEL) e St. Mary's University College, na Inglaterra, ministrando disciplinas de história da mídia, teoria da comunicação e globalização e a mídia. Atualmente é *Fellow* em Comunicação Política no Departamento de Mídia e Comunicação na LSE (London School of Economics) da Universidade de Londres e pesquisadora na área de análises comparativas de sistemas políticos e de mídia pública entre países da Europa, América Latina e EUA.

Este livro foi impresso em julho de 2008
pela gráfica Cromossete sobre papel
Chamois fine dunas 80 g/m².